法学教育研究

（第二辑）

Studies on Legal Education

主　　编　刘定华　张　辉
执行主编　郭　哲　蒋云贵
副 主 编　许中缘　宋　玲

知识产权出版社
全国百佳图书出版单位

图书在版编目(CIP)数据

法学教育研究.第二辑/刘定华,张辉主编.—北京:知识产权出版社,2015.11
ISBN 978-7-5130-3935-2

Ⅰ.①法… Ⅱ.①刘… ②张… Ⅲ.①法学教育—研究—中国 Ⅳ.①D92-4

中国版本图书馆CIP数据核字(2015)第279866号

责任编辑:李燕芬 **责任出版**:刘译文
装帧设计:薛 磊

法学教育研究(第二辑)
刘定华 张 辉 主编

出版发行:	知识产权出版社有限责任公司	网　　址:	http://www.ipph.cn
社　　址:	北京市海淀区马甸南村1号(邮编:100088)	天猫旗舰店:	http://zscqcbs.tmall.com
责编电话:	010-82000860转8173	责编邮箱:	nancylee688@163.com
发行电话:	010-82000860转8101/8102	发行传真:	010-82005070/82000893
印　　刷:	北京中献拓方科技发展有限公司	经　　销:	各大网上书店、新华书店及相关专业书店
开　　本:	787mm×1092mm 1/16	印　　张:	32.75
版　　次:	2015年11月第1版	印　　次:	2015年11月第1次印刷
字　　数:	471千字	定　　价:	78.00元

ISBN 978-7-5130-3935-2

编者的话

《法学教育研究》(第二辑)是湖南法学教育研究会2014年年会和2015年年会有关法学教育研究的部分成果。2014年10月,中共中央通过的《关于全面推进依法治国若干重大问题的决定》,不仅给中国的法学教育指明了方向,提出了新的更高的要求,同时也给法学教育的研讨提供了更为广泛的题材。因此,与《法学教育研究》(第一辑)相比,第二辑的选题面更广,内容也更为丰富。

本辑收录的内容不仅有普通高校深化法学教育改革的论述,也有党校行政学院关于干部法律继续教育问题的探讨;既有法律本科、职业技术学院法律教育的再研究,也有对研究生法学教育问题的剖析和对策之分析;既有对法学知识和技能培养方法改革研究之深化,也有对法律信仰和法律伦理教育的践行与思考。如此等等,足以说明湖南法学教育的改革又向前迈了一步。

遗憾的是,本辑仍然缺乏对湖南高校法学教育合作机制运行及经验的总结;实习基地建设的问题与经验也尚未见之于省级法学教育研讨会的公开场合。我们期待,下一辑的《法学教育研究》会见到这方面研究和实践的成果。

编　者

二〇一五年十月十八日

目　录

法学教育前沿

法学教育改革

教学方法研究

实践教学探索

人才培养创新

法学教育前沿

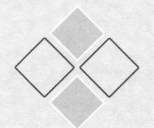

谈法律专业实践教学的“漾翅模式”*

黄　捷**

摘　要：湖南师范大学法学院最近数年来，在法律专业实践教学过程中进行了一些新的尝试。主要表现为：团队式的实践学习活动（被许多同志称之为“漾翅模式”）。该模式的活动内容包括：集体开展真正的法律实务实践、开展漾翅杯比赛、参与县级政府法治形象考察等等。通过实践，同学们感受到了社会的疾苦，感受到实现法律正义的艰难，看到了法律生活的严肃和瑕疵，体会到作为法科学生自己的责任。同学们更加感受到知识和能力的重要及学习训练的紧迫，对法治、法治精神有了更深刻的理解和向往。更重要的是理解到法治的实现是不易的过程，需要越来越多的法律人为之奋斗努力。

关键词：法律实践　漾翅模式　漾翅杯

在我国现行高等教育体系中，从教育部的学科规范要求到各大学院校的教学计划，相对于整个大学教育而言，大家都很强调教学中实践环节的重要性。而法律专业作为实践性更为突出的专业，更加需要重视通过法律职业的实践以及模拟现实的实践型教学手段，让学生得到培养和训练，增强其技能，巩固其能力。通过实践教学提高学生运

---

* 本文为2015年湖南省法学教育年会约稿论文。

** 黄捷，湖南师范大学法学院教授，博士生导师，湖南省法学会诉讼法学研究会会长。

用法律规范分析解决实际问题的能力,包括法律推理的能力、事实调查的能力、沟通交流的能力、谈判游说的能力、辩论说理的能力、撰写法律文书启动司法程序的能力等一系列法律职业所必备的能力和素质。法律专业教育的质量在很大程度上取决于上述法律职业技能的训练水平。当然,所有法学学生的就业前景也与其法律运用能力密切相关。

如何在现有条件下,创新教育手段和实践教学平台,将法律信仰伴随着法律知识通过法律专业学习中的实践活动融入每位同学的神经系统和血脉中,从而落实到全部教学过程之中,通过实践教学手段使学生在掌握基本的法律知识的同时,学会"感受"、"运用"和"体验",从而具有与其知识相适应的能力。笔者在湖南师范大学法学院本科生中,实施了六年多的新型实践教学尝试,取得了一定教学效果。本文尝试对该方式方法做一些归纳,以探索和寻求法律专业实践教学的新兴之路。

一、法律专业实践教学的一般模式

我国法律专业教育,主要的培养目标是为社会输送和造就具有法律信仰,德、智、体全面发展,能够胜任我国法治国家建设中的立法、执法和司法工作,以及法律服务工作需要的专业人才。这种人才应当具有社会主义法治理念、德才兼备、知识能力复合多元、具有较强实务能力。也就是说,每一位法律学生通过法律专业的学习,至少应当能够掌握法学基本原理,具备从事法律职业所要求的法律专业知识,熟悉法律术语,养成法律思维习惯,具有常识性的法律方法和法律职业能力;能思考和探索实务中发生的各种复杂问题,能综合运用法律专业知识,解决实务中发生的一般问题,对复杂问题具有独立思考和判断能力;能够胜任执法和司法,以及法律服务等实务部门的职业工作,能够以坚定的法律信仰,对职守负责,对法律忠诚。

法律专业实践教学模式总的来说相对于全部专业各层次而言都具有通用性。在我国当前的法律专业教学中,实践教学的设计与实施还没有精细化,尚不存在专门针对专科、本科或研究生不同层次分别实施的专属的实践教学。好的教学形式一旦成型,往往可以在不同教学层次中通用。所以探索法律专业实践教学的内容总体来说,可以适用于法律专业的所有教学层次,有益于全面改进法律专业教学。但在培养法律专业专科、本科、研究生的每一个专业层次的学习中,实践教学所占的比重应当有所区分,从而彰显出培养的重点之不同。

当前,我国设有法律专业的高校约有 740 余所,各个法学院校自行开展的实践教学呈现出趋同性和形式化的模式,总体上包括模拟法庭、法律诊所、案例教学、司法实习、法律咨询与调查等教学模式。

(一) 模拟法庭教学

模拟法庭是每一个法学院在专业教学中最常用的实践教学方式。模拟法庭通过案情分析、角色划分、法律文书准备、预演、正式开庭等环节模拟刑事、民事、行政审判及仲裁开庭的过程。从而使得学习者对自已所学的知识有了体验性的了解。

模拟法庭教学法是相对比较成熟的法律专业实践教学方法,有许多优点:(1) 可以巩固同学们对法学理论知识的掌握,促进其对知识的运用,提升专业能力。同学们通过扮演法官、检察官、律师、原告、被告、第三人等各种法庭角色,体验各个角色的法律地位及其权利义务的实现过程,通过体验而获得对于专业知识的运用能力。(2) 可以促进同学们提高分析事实、适用法律的能力,锻炼文书写作本领,增强综合素质。(3) 进行模拟法庭法律实务能力训练,对学习者而言,可以达到简易而便捷的效果,是成本较低、成效较好的实践性教学方法之一。

模拟法庭教学法的主要不足包括 :(1) “模拟”的局限性。模拟过程毕竟和真实的法庭表现存在“真”和“假”的区别,以模拟的方式得到的法律经验显然是间接的,缺乏在真正的案件中所能感受的紧张、亢奋、压力、动力、责任和对案件结果的期待与不安等真实体验。(2) “模拟”的封闭性。模拟法庭演绎的案件往往都是发生过的判例或案情,各方的行为及其法律效果皆有定论。缺乏真实案件进行时的张力和活力,缺乏案件中各方力量的对冲和平衡,当然也缺乏锻炼运用法律知识对应和平衡这些力量元素的空间和氛围。

(二) 法律诊所教育

法律诊所教育也称之为“临床法律教育”。指仿效医学院学生在医疗诊所临床实习的做法,原则上在有律师执业经验的教师指导下,将学生置于“法律诊所”中,为生活困难而又迫切需要法律援助的人提供法律咨询,“诊断”其法律问题,开出“处方”。以此促进学生对法律理论的深入理解。此法有助于培养法学学生的职业技能和职业道德意识,特别是律师职业技能,一定程度上实现了法学理论与法律实践的统一。

“诊所式法律教育(Clinical Legal Education)是20世纪60年代在美国法学院兴起的法律实践课程。这种模式是仿效医学院利用诊所实习培养医生的形式,设立某种形式和内容的法律诊所,使学生接触真实的当事人和处理真实案件,在诊所教师的指导下学习、运用法律,培养学生运用法律的实际能力,促使学生对法律的深入理解,缩小学院知识教育与职业技能的距离,培养学生的职业意识观念。”[1] 我国从2000年9月开始,借鉴美国法学院的经验,北京大学、清华大学、中国人民大学、武汉大学、中南财经政法大学、华东政法大学、复旦大学等七所重点院校加入由美国福特基金支持的“诊所式”法学实践教育,后来又有多所院校加入,展开诊所式法学实践教育。其他没有加入该项基金的院校也凭着自己对诊所教育的理解开展实践性教学。诊所式法律教育逐步在我国高校法律专业中站稳脚跟,成为各高校法学专业开展法律实践教学的重要形式。

诊所教育的优点:(1) 相比于模拟法庭的方式方法,诊所教育中学生直接接触到了真实的案件,能直接锻炼和提高学生的法律实践能力。(2) 学生的实践学习场景由其他实践教育中的可控模式,演变为真实案件中的不可控模式,增强了对学生知识运用能力的训练,促使学生思维具有开拓性和创造性、预见性,可以有效地提升学生的法律职业能力。

法律诊所在当前各高校开设实施的主要不足在于:(1) 通过诊所

---

[1] 参见田宏伟:《诊所式法律教育:法学实践课改革新尝试——美国法律实践教学对我国法学教育的启示》,载《教育探索》2007年第1期。

给予学生的训练是有限的。这种有限性表现为:可以接受训练的学生范围是有限的;每一个案件能给予的训练和提高,只能限于报名参与诊所学习而且接触案件获得老师指导的学生。师生在诊所学习中类似于以师徒相随的方式,进行经验传授和体验,无法让更多的学生共同感受和分享体验。(2)参加学习的学生在案件办理中发挥的作用是有限的。因为,参与诊所学习的学生,大多只是跟随指导老师,在老师的带领下参与案件的办理,其所承担的责任及获得的锻炼都是极其有限和不足的。(3)诊所教育方式在各个高校运行实践过程中的表现,并没有像人们最初期待或理论讨论的那样令人欣赏和鼓舞。笔者实际了解到,部分高校的诊所教育在运行过程中,表现出经费不足,激励模式不定、师生学习情趣不佳、阴晴不一、运行不畅等问题。学生因此受益的人数和获得的经验感受受到了较大的限制。

(三)案例教学

案例教学是一种通过模拟或者重现现实生活中的一些场景,让学生把自己纳入案例场景,通过讨论或者研讨来进行学习的一种教学方法。通过案例教学鼓励同学们独立思考,注重学生能力的培养,强化了师生的双向沟通,对法律专业学生的学习具有很好的作用。高校教学中,除了法学专业,管理科学中也非常重视运用该方法开展教学活动。

案例教学法是法律专业学习中最常见和最容易适用的实践性学习方法,具有经验性和情景训练特色,能够大大提高同学们的学习兴趣,对于参与学习的学生具有很好的训练和提高。其优点是:简便易行,受益人多。但相对于模拟法庭和法律诊所,其不足亦是显而易见的,主要是体验性不足,缺乏模拟或临场中的角色认知和以此为基础的知识运用等。

(四)法庭观摩

法庭观摩严格说来不能算作一种独立的法律实践教学形式。它是在法律专业学习过程中,通过老师或同学们自行联络安排,到真实的法庭中旁听和观摩针对特定案件的法庭审理的审判过程,从而感受法律知识的运用与具体法律问题的处理,促进学生获得法律活动的感性知识,并获得对法律活动真实场景的内心体验。

通过让学生到真实的法律场景中感受法律活动,使学生获得基本的、间接的法律工作经验,培养学生在未来的职业工作中获得心理上的预期或憧憬。这种模式属于比较基础和浅显的体验增强性的活动,多适宜于法律专业的初学者。

除上述诸种比较常见的法律实践教学方式外,许多学者将法律专业实习、法律咨询、法律宣传等活动也列为法律实践教学方法,稍有勉强之嫌。

总体而言,上述这些被称为法律实践教育的教学法都存在着一些共性:(1) 流于形式,僵化,效果不佳;(2) 学生的热忱度不高,综合能力提高不明显;(3) 具体实践环节缺乏系统的理论指导;(4) 最重要的是法治信仰未能在实践中获得有效树立。

二、法律专业实践教学的新尝试——漾翅模式

这里所称的新型尝试,指的是湖南师范大学最近数年来,在法律专业实践教学过程中摸索尝试的新兴实践教学形式,已经被部分专家称为"漾翅模式"。也即以漾翅法律实践团队为代表的一种法律实践性的学习方式。

该学习方式,根据目前得到的社会反响和参与同学们自身的体会,尚未肯定。其主要的内容包括以下几个方面:

(一) 团队式法律服务实践活动

1. 以团队集体为基础的法律实践性学习活动

湖南师范大学法学院有两个有一定影响力的学生团队:"漾翅法律实践团队"和"瞠翅法律实践团队"(以下简称"漾翅团队"和"瞠翅团队")。两个团队均开展了直接为弱势当事人提供法律援助的法律实践,也即都在实践中直接担任当事人的代理人走上法庭、仲裁庭参与诉讼或仲裁,参与纠纷调解或谈判等。

漾翅法律实践团队由本科生组成,六年来已经直接办理的案件约

有80余起;眐翅法律实践团队由研究生组成,其中主要以法律专业研究生为主,处理的案件约有20余起。

漾翅团队和眐翅团队的实践模式是一种与美国诊所不同的、全新的培养法科学生理论联系实际,增强实践能力的模式。该模式是通过学生自我管理、集体学习、团体实践而开展,经过六年之后,同学们兴致不减,团队牢不可破。自2009年湖南师范大学法律专业本科生代理凤凰山庄居民起诉长沙市政府一案之后,该漾翅法律实践团队宣告产生至今。眐翅研究生实践团队是2011年在原有眐翅学习型团队基础上重新衍生出以法律实践为主的“眐翅法律实践团队”。以两个团队的实践性学习内容与形式而言,既荟萃了部分法律诊所教育的特点,但又与美国诊所式教育截然不同,数年来已经初步形成稳定的学习运作形式,受到了广大学生的欢迎和喜爱。

2. 漾翅和眐翅法律实践团队的来历和性质

漾翅法律实践团队是缘于2009年“凤凰山庄起诉长沙市政府拆迁程序违法”一案,湖南师范大学法学院本科三年级的30多位学生在笔者的带领下成立一个法律实践小组,开展充满不确定元素的法律实践,最后赢得了诉讼,被誉为“以法律的名义向野蛮拆迁说不”[1]的典范,案件胜诉后,在全社会产生了深远的反响,实践小组亦因此得以保留,同学们通过该种方式继续开展法律援助和实践性学习,该实践小组亦被命名为“漾翅”,含义为:同学们好似一群“丑小鸭”,羽翼未丰,但可以通过法律实践摇晃和舒展翅膀,待时而飞,成为美丽的天鹅。此后,该小组继续以此模式展开实践性学习和探索,逐步发展为今天相对成型的团队式学习模式。

眐翅研究生团队原来是湖南师范大学法学研究生中,以程序法研究方向的同学为主所组成的学习团队,十余年来该团队以学习例会、年会、礼会[2]研讨为主要活动方式,开展集体研究性学习。随着本科生漾翅法律实践团队的成型和产生影响,在原眐翅研究生团队基础

〔1〕《新京报》发表的社论标题,见《新京报》2010年4月1日A02版。

〔2〕此处所称的例会、年会和礼会,是指该团队在学期的每周二有一次学习研讨活动,每学年有一次邀请已经毕业的师兄师姐返校共同进行的学术联谊活动,每次新生加入或老生毕业都有一次特定的迎新和送行纪念活动。简称为“例会、年会、礼会”。

上,一部分本科生阶段的漾翅队员考入研究生之后,加入眐翅研究生团队,继续发扬漾翅的实践性学习的优势,密切联系实际开展法律实践性学习,眐翅团队随之开始在原有学习型活动的基础上,2011 年成立了以法律实践为主要活动方式的眐翅法律实践小组,被称为“眐翅法律实践团队”。

漾翅和眐翅法律实践团队显然不属于正式的社会组织,他们是学生组成的学习性组织。因此,笔者认为:漾翅和眐翅法律实践团队的性质是建立在高等院校法律专业学生(本科和研究生)中的学习性组织。是在不违反国家法律和所在学校校纪校规的前提下,在老师指导下由各位热衷法律实践的同学自发组成的专业性、实践性的学习组织;但他们的另一面亦是在法律许可的范围内面向社会提供有限法律援助性服务的服务性组织。

3. 团队式法律实践学习活动的基本形式

漾翅和眐翅法律实践团队的实践式学习活动大约可以分为六种具体形式:

(1) 直接出庭办理案件。漾翅队员和眐翅队员最突出的法律实践方式是直接出庭为当事人提供法律服务。在我国民事诉讼法和刑事诉讼法 2012 年、行政诉讼法 2014 年修订之前,漾翅和眐翅团队直接接受当事人委托便可以推出合适的同学以公民代理或辩护的方式直接来到法庭参与诉讼。三大诉讼法分别修订之后,普通公民必须经过社会团队或人民团队的推荐才可以担任具体案件中的代理人或辩护人。

漾翅和眐翅团队当前的办案流程基本情况是:团队以集体名义接受当事人委托之后,通过集体收集整理法律法规,以及集体学习研讨之后,推举相应的同学作为案件的拟任代理人或辩护人,再经由湖南省法学会程序法学研究会或其他法学团体推荐,正式担任当事人的代理人或辩护人;再到法院办理相关手续,获得认可。之后根据案情调查或阅卷等活动,再将其调研来的资料交由集体研讨,确定代理意见和出庭方案,然后再出庭为当事人维护合法权益。整个过程中,指导老师担任了监督和审核把关的作用,但不直接干预,活动通过同学们以老带新和集体参与的方式进行。

漾翅和盰翅的法律实践性学习模式引起了较大的社会反响，先后有多家媒体报道了该种学习形式，还有许多媒体报道了他们所办理的部分案件。许多专家亦对其进行了分析，统称它们为“漾翅模式”。

同学们走向真实的法庭，感受真实的法律脉搏跳动。从大量案件的办理过程中同学们感受到了社会的疾苦，感受到实现法律正义的艰难和社会渴望，看到了法律生活的严肃和现实的瑕疵，体会到作为法科学生自己的责任；感受到知识和能力的重要和学习训练的紧迫。实践过程中的社会信任乃至胜诉的成果令队员们产生了无比的自豪，办案的艰辛和当事人的疑惑又使队员们因能力不足而惭愧与自责，从而爆发出旺盛的学习热情和努力奋斗的精神。

漾翅队员以本科大二、大三年级同学为主体，目前已经更换了七个批次的队员。盰翅团队以在读的程序法方向研究生，尤其是程序法方向导师所指导的法律专业研究生为主体，目前已经更新了三批队员，经过数年的实践，漾翅和盰翅已经形成了特有的以专业学习为目的，以对社会弱者提供有限法律服务为特定功能，专门用于拓展法律学生专业能力的实践窗口。

（2）演习式模拟法庭。漾翅和盰翅团队每一起具体的案件，需要派出队员作为当事人的直接代理人出庭诉讼或应诉。但在出庭之前，需要结合所承办的具体案例开展模拟法庭活动。此时进行各种特定形式的模拟法庭活动，具有了针对性的练兵性质，类似于军队战前的针对性练兵或演习。

漾翅和盰翅队员出征之前，遵循团队学习惯例皆应当开展出庭前的演练和案情模拟审判，因为真正案情临战的压力会使参与训练的同学具有和普通模拟法庭不一样的紧张感和责任感。

（3）案例讨论例会。盰翅法律实践团队沿袭了原有的盰翅学习团队定期开展学术沙龙活动的惯例；漾翅团队通过向盰翅团队学习，亦借鉴和模仿开展了类似的沙龙、例会等学习活动。在强调法律实践的氛围中，该项活动的主题主要围绕承办案例展开，有时亦转向法律热点问题展开讨论。通常分三个阶段进行，第一阶段由队员们推选出主讲人，由主讲人从法律的角度去分析案情，发表自己的观点和看法。第二阶段，由主讲人以外的队员（通常提前指定点评人和秩序发言人的顺序)针对发言内容进行点评或讨论。第三阶段,由团队辅导员或老师予以点评。该项活动的目的在于促使队员们养成思辨的习惯,既根据案情凝聚大家智慧,有利于办理案件,又帮助大家一起锻炼能力,熟悉法律,了解热点动态,提高和培养队员们实际运用法律的能力。

(4)社区咨询服务。漾翅和眶翅法律实践团队队员经常通过访问当事人,顺便就地开展多种形式的“学生进社区”活动,为闻讯而来的群众提供咨询、代写法律文书等服务。亦通过该服务,拓展了实践队员的能力,考验了临场同学的知识能力与运用,增强其求知欲,丰富了队员们的社会经验。

(5)针对式的课堂案例学习。漾翅和眶翅团队所办理的部分案件,通过相关授课老师引入或介绍直接进入课堂,成为广大同学讨论进而思考学习各门法学课程的重要切入点。

真实的案例,大多都能引起广大同学的兴趣,尤其是身边同学参与办理的案件。通过同学们讨论或老师讲解,可以进一步引导广大同学知晓法律是活生生的社会活动,感受随案件动态的进展而呈现出的喜怒哀乐,结合所学课程提出值得同学们思考的问题,进入理论学习。该案例教学因为针对性更强,而且来自于同学的身边,真实感强烈,所以,对于启发广大同学的学习兴趣和学习热情,具有无可比拟的优势和吸引力。

穿插以案说法,法理启迪,讨论争鸣等方式方法,对同学们的学习促进作用是全面的和自然的,既能使广大同学有学习兴趣,产生学习愿望,又能使广大同学结合实务从而增强理解能力,牢固掌握专业知识。

(6)参与专业学术会议,承担会务和列席会议。眶翅团队队员被老师要求提交论文参与湖南程序法学研究会每年举行的学术年会,漾翅队员则被安排帮助进行会务活动,列席会议。通过聆听会议,参与讨论,帮助整理会议纪要等,增强了队员们的组织能力、思辨能力、分析能力和交际能力等综合素质。

湖南省法学会程序法学研究会是湖南省法学会领导下的一个主要以程序法基础理论、程序法律文化和广义的程序法为其研究对象,进而研究部门程序法(本学会将诉讼法律程序、行政法律程序、宪法程序、仲裁法律程序、其他社会活动法律程序等视为自己的部门程序法系列之中)的法律团体。该程序法学研究会每年举行学术研讨年会和其他小型学术研究活动,积极探索推动法治进步的学术理论和社会实践。漾翅和瞪翅团队队员分别于2010年10月、2011年11月、2012年12月、2013年12月,以及2015年1月,参加了该程序法学研究会的年会,以及该研究会平时举办的多次小型研讨会,在参与学术活动的同时同学们自己的理论水平也获得提高。

上述六种具体实践式学习模式,以直接办理案件的方式为龙头,其他形式为辅助,整体上对漾翅和瞪翅法律实践团队队员有较大的帮助,队员们在参与这些活动之后,普遍感到很有意义,很受益。

根据上述所介绍的学习方式,该模式中团队式实践学习的特点归纳如下:

——集体学习

——自我管理

——以老带新

——团队荣誉和个人名誉相结合

——法学社团推荐和指导

除了上述六种学习方式可以被归纳为团队式实践学习模式以外,漾翅和瞪翅团队还有一项重要的活动,亦可以列为实践式学习,但和上述的形式又有所不同,这就是“漾翅杯”比赛。

(二)“漾翅杯”比赛

为增强法律学生的法律实务水平和能力,湖南省程序法学研究会和法学院2014年初率先在本科生中发起了“漾翅杯”比赛,进而又发起了本科生和研究生共同进行的“漾翅杯友谊赛”比赛,以及纯粹研究生彼此之间的“瞪翅杯”比赛。因瞪翅杯与漾翅杯形式相同,故仍沿用“漾翅杯”称谓。该类型比赛,和普通的模拟法庭比赛不同,其能够促使不同院校和不同层级的法律专业学习者,更加深入交流专业实践经验并发挥各自的专长,提高理论联系实际的能力。“漾翅杯”比赛旨在提高学生的法律实践能力,让其学会在学习法律知识的同时又能将知识运用于实践。期望所有法律专业的同学能借此机会充分展示自己,互相交流实践经验,增强实践能力。

经笔者归纳,漾翅杯比赛具有以下一些特点:

(1) 仿真演绎、等比例浓缩真实诉讼程序规则,使比赛具有依法进行的“程序性”。

(2) 现场拆封比赛案卷,所有比赛代表队,均现场拟制文书,使比赛具有“考试性”。

(3) 每一代表队比赛角色现场抽签确定,根据角色,运用知识,解决法律问题,使比赛具有“对抗性”。

(4) 比赛案卷全部来自真实案例,但抽去影响比赛的原有诉讼文书和裁判文书,使比赛具有“真实性”。

(5) 评委全程参与,独立评议亮分,去掉最高分和最低分,得出最后得分,使比赛具有“公正性”。

(6) 上述的程序性、考试性、对抗性、真实性、公正性等组合在一起,使比赛具有了“趣味性”。

关于漾翅杯比赛,湖南师范大学夏新华教授和法律专业朱伟涛合写的文章对此做了理论上的归纳。“所谓法律实践教学法,是指让学生直接参与真实法律事务或法律纠纷的处理过程,并获得指导、帮助,从中领悟、运用所涉及的法律技术的教学模式。实践,首先意味着要真实。因此,严格地讲,传统的模拟法庭采用虚构案件或者没有真实证据材料支持的案件,没有严格完整的全程诉讼程序,都不能称作为法律实践教学。……鉴于此,湖南师范大学法学院先行先试,由黄捷教授领衔,定期举办的‘漾翅杯’法律实践技能大赛正是对法律专业职业化教育的教学方法的改革创新,一切以实战化要求进行,有意制造真实性和随机性的突发情况,尽可能接近真实案件处理的情况。以这种真正贴近实战的训练,突出学生分析、解决实际问题的能力,让同学们在学习法律知识的同时又能将知识运用于实践,发挥各自的专长理论,交流专业实践经验,增强法律专业的法律实务水平和职业能力,展示法硕学子的风采”[1]。

---

〔1〕 参见夏新华、朱伟涛:《法律硕士实践教学的改革与创新——以湖南师范大学“漾翅杯”法律实践技能大赛为例》,载《当代教育理论与实践》2014 年 12 月。

第6卷第12期 当代教育理论与实践 Vol.6 No.12
2014年12月 Theory and Practice of Contemporary Education Dec. 2014

法律硕士实践教学的改革与创新

——以湖南师范大学"漾翅杯"法律实践技能大赛为例

夏新华，朱伟涛

（湖南师范大学 法学院，湖南 长沙 410081）

摘 要：针对我国法律硕士实践教学的困境，湖南师范大学法学院通过举办"漾翅杯"法律实践技能大赛，以实战要求进行实践技能训练，以赛带练调动学生积极性，以真实化、随机化的全真环境模拟，着力培养实务能力和法律思维，突出了学生分析、解决实际问题的能力，增强了法律硕士的法律实务水平和职业能力，展示法硕学子的风采。

关键词：法律硕士；实践教学；漾翅杯；技能大赛

中图分类号：G64 文献标志码：A 文章编号：1674－5884（2014）12－0046－03

图1 夏新华教授和朱伟涛撰写发表的论文截图

2014年12月5日和7日，湖南程序法学研究会邀请湖南省内11所高校举行了校际法学院之间的漾翅杯比赛，产生了非常好的竞赛效果，对提高学生的法律实务能力具有极大的促进。各参赛学校师生反响热烈，积极支持漾翅杯继续进行。比赛中有一条比赛口号激动人心："漾翅杯，大舞台；胆小鬼，不敢来"，口号激励着法律专业学子们的斗志和竞技热情，更伴动着作为法科学生必须具有法律工作能力的内在要求。漾翅杯适合所有法律专业学生的实践性训练，有益于法律专业教育培养目标的实现。

湖南师范大学另一个有关法律专业培养方式创新的方式是让同学们走出去，参与对法治国家和法治政府建设的促进活动，即县级政府法治形象评议。评议本身是老师们进行的，但评议的基础工作则大都交给了本专业的本科生和研究生们。

（三）县级政府法治形象考察

湖南省程序法学研究会发起并主办，以湖南师范大学法学院为重要支撑并且结合法律专业实践教学的需要，2014年进行了评议湖南全省县级政府法治形象的活动。

该活动于2014年9月便由数十名同学开始工作，耗时近半年，收集每一个县级政府的相关法治信息。另外，还有30多位同学分组，足迹踏遍了湖南省每一个县城，拍摄法治元素的资料，进行民意问卷调查。

此种实践方式，直接把同学们推向校门之外，让他们通过调查访问，以及考察拍照，收集与县级政府法治形象有关联的各种元素，以帮助判断和解读县级政府法治形象的优劣和强弱。这个过程中，同学们了解国家社会的法治进程、感受人民疾苦，并且将这种认知融入自己的专业知识中,极大地提升了他们的专业认同和进取意识。

该活动刚刚进行了第一次尝试。按照预案,今后准备每年都进行。届时都会安排较多的同学参与其中,接受锻炼。

该活动引发了较大的社会反响,已经被法制日报、中新社、新华社、央视网、湖南经济电视台、法制周报、株洲日报等多家媒体报道和关注。参与的同学们则在这种活动中,身心皆受到较大的洗礼,心中激发出对法治的信心和为法治奉献一己之力的自豪。

以上三种类型、多种具体形式的实践学习,也即是湖南师范大学老师和学生们共同创造的培养法律专业学生在实践教学方面的新型尝试,已经被部分同志称之为"漾翅模式"。该漾翅模式是否具有启迪意义,以及是否对于兄弟院校有参考价值,尚待进一步总结和观察,也需要兄弟院校教师和学生们考察和鉴别。

三、创新实践教学的部分体会

自主创新开展实践教学,百味杂陈。体会中包括两方面,一方面是积极感受;另一方面是尚存在许多不足。

(一) 积极感受

通过新型的法律实践性学习,有利于铸造同学们向往法治的灵魂,提升法治理念,增强同学们的法治信仰和社会责任。包括:

(1) 通过实践,同学们感受到了社会的疾苦,感受到实现法律正义的艰难,看到了法律生活的严肃和瑕疵,体会到作为法科学生自己的责任。

(2) 同学们感受到知识和能力的重要和学习训练的紧迫。广大同学都因为漾翅和睚翅的实践而对法治、法治精神有了更深刻的理解和向往。更重要的是理解到法治的实现是不易的过程,需要越来越多的法律人为之努力奋斗。

(3) 漾翅和睚翅法律实践团队通过集体学习和实践,专业能力有了明显提升。同学之间、同学和其他法律执业者之间彼此的认同感和对专业的学习信心得到了强化,铸就了良好的法治意识和精神;应对社会问题的技巧和能力都有提高,同学间的情谊亦得到增强。

(二) 尚存问题

上述的法律实践学习形式,统一存在着以下几点困难或不足:

(1) 课余属性。上述的实践式学习,到目前为止都还属于课程之外进行的实践活动。暂时都没有将其列入计划课程。造成的后果便是,同学们必须处理好课程学习和专业实践的关系。一旦产生冲突,如何请假,或者该不该请假,一直成为同学们纠结的节点,实践亦难以有效持续性进行。

(2) 经费困难。上述的实践性活动都需要一定的经费作为支撑。但目前实践活动的耗费是通过捐助获得的,还有一部分是团队式办理案件时,由当事人所支付的办案成本耗费。在现有状况下,活动资金数量少而开支需求旺盛。导致实践活动常常因此而不得不减少项目或停止实践。

(3) 社会团体或人民团体推荐办理案件遭遇质疑。根据 2012 年修订后的民事诉讼法和刑事诉讼法的规定,未取得律师职业资格的公民,必须在有社会团体或人民团体推荐的情况下,才能够担任民事诉讼案件中的代理人或刑事诉讼案件中的辩护人。因此,法科学生在上学期间,直接办理案件必须获得符合条件的推荐,而且应当得到有经验指导老师的指导。但是笔者在指导同学们实践过程中,尚存在少量司法机关和司法人员对此认识不一,阻碍或质疑推荐行为,或刁难学生代理人、辩护人的现象。

(4) 部分社会主体或司法人员刁难和阻碍,制造困难。

(三) 完善漾翅法律实践学习模式的若干建议

(1) 建议开展或准备借鉴漾翅、眐翅模式的高校将指导工作列入教学计划。漾翅模式和美国诊所模式是不同的,其中一点便是其业余属性。但是指导老师在其中同样具有关键的地位和作用。因为业余属性,目前老师的工作是自愿的和无价的。但若要更多的人投入期间,则可参照美国诊所模式,考虑将关于眐翅法律实践的工作问题纳入教学工作计划,让其成为教学工作的一部分,将老师的付出计入工作考核,有利于激励更多有经验的老师为之提供指导。

(2) 将学生的实践性学习列入课程考核。建议准备进行上述实践活动的高校将上述实践活动的内容,纳入法律专业课程学习体系,使同学们的实践活动本身成为必修课或选修课的学习内容,并在同学们期末考核、毕业考核中有所体现,如此必将有利于激励广大同学更加积极地投身法律实践,在火热的法律现实活动中,获得关于法律的真正知识。

(3) 将法律专业的法律实践性学习活动和国家法治建设实践结合起来。笔者以为,如果能够将校园内的学习和校园外真实演绎的法律生活结合起来,以此作为培养法律专业研究生的一个氛围和平台,同时亦将一校的实践学习和其他学校的法律实践学习相结合,将能更有效和更大面积地联动、整合资源,以培养新时代所需要的高端实用人才,让目前开展的实践学习带来更广泛的效应。

(4) 建议国家、高校增设法律实践性学习探索类的课题,鼓励探索。

中南林业科技大学法学教育的发展与特色*

周训芳 **　向佐群***

中南林业科技大学法学教育坚持以本科教育为主，积极发展研究生教育。现有法学一级学科硕士学位授权点1个，二级学科硕士学位授权点6个，在校本科学生近300人，硕士研究生80多人。经过多年的发展，逐渐凝练出较为明显的学科特色和优势，形成了环境与资源保护法学、刑法学、法学基础理论、宪法与行政法学、民商法学、诉讼法学等6个学科方向。

一、中南林业科技大学法学教育的发展历程与体会

（一）中南林业科技大学法学教育的发展历程

1. 中南林业科技大学法科本科专业发展基本情况

在20世纪80年代，法学还只是政法院校的专门专业，中南林业科技大学还仅仅隅于林学专业，这是苏联式的高校教育，不宜于培养综合性人才，无法满足社会之需求。刚进入90年代，国家对其改革，

---

* 本文为2015年湖南省法学教育年会约稿论文。

** 周训芳，男，1965年生，1984年毕业于复旦大学，教授，博士生导师，中南林业科技大学政法学院院长。

*** 向佐群，女，1968年生，1992年毕业于中南政法学院（现中南财经政法大学），现为中南林业科技大学政法学院教授、硕士生导师。

各高校应与国际高校教育接轨,高校应办成综合性的高校,过去的专业太单一,各高校积极回应,中南林业科技大学也不落伍,相继申请招收法科、商科等专业的学生,于1993年首次招收法科的学生。我校从1993年到1996年招收的学生是专科,学制2—3年,开设的课程主要是法科的通识课程:宪法学、民法学、刑法学、法理学、经济法学、商法学、外法史、中法史、婚姻法与继承法、诉讼法学、知识产权法学、律师与公证、司法文书写作、国际私法、国际公法、国际经济法等课程,也开设了林业院校的特色课程如林业法学、林业行政管理学等,至1997年我校培养的法科学生主要就业方向是各地的林业公安、林业检察等部门,现这些学生成为林业执法部门的中坚力量。

于1997年始,我校开始招收法科本科学生,于2005年我校每年招收法科本科学生200人左右,应该是法科学生的鼎盛时期,其后招收本科学生每况愈下,最少的一年是49人,现在慢慢有所回升,每年招收八十多人。我校法学专业本科毕业生的职业主要在以下几个方面:律师、警官、检察官、法官、行政机关公务员;到大公司主管法律事务;从事法学研究。

2. 中南林业科技大学环境与资源法学硕士点发展基本情况

我校的林学、生态学、环境科学一直是传统学科,也是强势学科,在20世纪90年代就有硕士点和博士点,我校其他的新兴学科必须依托原有优势学科的资源予以发展,法科也一样。于2002年,我校的法学学科下的二级学科环境与资源保护法学学科挂靠于我校的环境科学招收硕士研究生,授予环境科学理学硕士学位。

我校环境与资源法学依托环境科学、林学、生态学逐步发展,以"两型社会"建设、生态文明制度建设、环境权、森林与野生动植物保护制度、湿地保护制度、环境污染防治制度、环境行政管理制度等为研究重点,形成了自己独特的研究领域和学术风格,于2005年获得环境与资源保护法学二级学科硕士学位授权点,实现了我校文科硕士点的突破;2006年,环境与资源保护法学二级学科成为湖南省重点学科,也成为我校"十一五"期间唯一的文科省部级重点学科。

我校环境与资源法学在学术研究上形成三个独特的研究领域,即环境法原理、环境刑法、环境行政法方向,在湖南省乃至全国都有一定的学术影响。

3. 中南林业科技大学法学一级硕士点发展基本情况

自2005年我校获得环境与资源法学的二级硕士点后,不断培育其他二级学科的发展,形成了五大二级学科学术团队:刑法学团队、法学理论团队、宪法与行政法学团队、诉讼法学团队、民商法学团队,整合了法学学科的师资力量,壮大了法学的学科群团队,并依托于环境与资源法学的研究领域,分别从环境刑法、环境法学理论、环境行政法、环境公益诉讼、环境侵权与救济等领域进行研究,既支撑和推动了环境与资源保护法学学科的发展,又开拓了其他二级学科的学术发展。经过几年科研教学的努力,于2010年,我校在获得环境与资源法学二级学科的学位授予权的基础上获得了法学一级学科硕士学位授权点,现根据我校的法学师资的基本情况,下设六个二级学位点,即法理学、刑法学、宪法与行政法学、环境与资源保护法学、民商法学、诉讼法学,随着我校法学师资与学科研究的不断成长,将来还可以在其他领域有所突破,招收其他二级学科的硕士研究生。

(二)中南林业科技大学法学教育的体会

1. 专业和学科的成长,离不开学校领导的关怀和支持

从1993年起,学校领导对法学院的学科建设给予了极大的支持。我们从1993年起招收专科学生, 1997年起招收本科学生,到2001年起挂靠环境科学招收研究生,再到2006年起单独招收环境法学专业研究生,并成为湖南省的重点学科,无不倾注了学校领导的心血。

2. 团队建设很重要

法学院有一个很好的领导集体,有一个很正确的指导思想,始终把教学科研和学科建设摆在核心地位。学院的行政领导同志和其他行政人员,都能认识到学科建设的极端重要性。一遇到学术活动,他们都全力以赴地支持,心甘情愿地在幕后做好服务工作。没有他们的全力支持,就不可能取得学科建设的成绩。法学院的教师队伍尽管很年轻,梯队也没有完全形成,但是,大家团结一致,集体攻关,互相支持,使得法学院从一个十分弱小的学院发展到拥有了一个法学一级学科硕士学位授权点,缩小了与学校其他强势学科的距离。没有这样一

个团结战斗、积极向上的优秀群体,是什么事情都做不成的,学科带头人也就成为无源之水、无本之木。

3. 学科带头人责任重大

作为一个学科带头人,要保持谦虚谨慎、脚踏实地、刻苦钻研的优良学风,要有奉献精神、牺牲精神和集体主义精神,要关心同志,团结同志,帮助同志。不但自己要不断地取得新成绩,还要带好整个学术团队,使大家都不断地取得新成绩。学科带头人要做好大家的表率,要率先垂范,各方面严格要求自己;要作风正派,处事公道,学风严谨;要遵守学术规范,有科学精神,有责任感和使命感。因此,学科带头人肩上的担子很重。

4. 实践教学很重要

法学既是一个博大精深的理论体系,更是一门实践科学。法学最主要的任务就是通过解决各种社会纠纷,实现社会公正,维护社会正义。而“模拟法庭”作为法学专业的实践教学形式,是法科大学生成才的一个十分重要的途径。“模拟法庭”通过审判实务的模拟,将法学理论与司法实践相结合,培养广大同学的法律职业技能。它以其实践性和综合性的优势,弥补了理论学习的不足,在培养基础扎实、知识深厚、具有创新精神和实践能力的新型法律人才方面,发挥着十分重要的作用。

我们的办学虽然取得了一定成效,积累了一些经验,但是还存在许多差距和不足。首先,我们的办学层次不健全,没有博士学位授权点。其次,我们没有省部级以上重点学科,没有省部级教学科研平台。最后,我们的师资队伍在学科分布上不平衡,还缺少具有全国影响力的学术带头人。

二、中南林业科技大学法学教育的特色

(一) 法学学科发展路径与其他高校不同

1. 我校本科法学专业设置的课程与就业面向的特色

我校从开始进行法学教育就本着服务林业的目的,开设的课程上具有一定的特殊性,除了开设其他院校法学学生应该学习的通识课程

外，还开设了林业法学、林业概论、林业行政管理学等与林业有关的课程，这样培养的学生相较于其他学校的法科专业学生具备了林业行政的优势，所以我们学生就业就多了一个面向，并且随着环境保护的日益重要，在加强环境、林业行政执法队伍的建设方面，我校法科学生具有一定的优势。我们培养的法学专科、本科的学生有很多就职于林业公安、林业检察、林业行政部门。

2. 我校法学学科的发展是依托我校的林学、生态学、环境科学等优势学科的发展

我校的法学研究生的招生先是挂靠在环境科学学科里，没有独立的招生资格，随着学科的发展，我校在环境科学学科下孵化出环境与资源法学二级学科硕士点。获得环境与资源法学的硕士点后，依然紧密结合我校的优势学科生态学、林学、环境科学，发展环境与资源法学的独特的研究方向，如林业法学、环境法原理、环境刑法、环境行政法，并获取湖南省重点学科资金的资助。然后以环境与资源法学为基点，孵化出法学的其他二级学科，获得法学一级学科硕士学位授予权，这种路径是其他高校所不具有的，我校的法学学科的研究与发展一直是走在与其他传统法学专业发展不同的非常道上，既结合了我校的优势，也呼应了当代社会发展的需求，架起了一座自然科学与社会科学并举的研究桥梁。

（二）学科研究方向与研究内容具有的特色

本一级学科经过 17 年发展历程，形成了环境与资源保护法学、法学理论、刑法学、宪法学与行政法学、诉讼法学、民商法学等六个稳定的研究方向，形成了自己的优势。

在发展六个二级学科的同时，注意紧扣我国生态文明建设和依法治国的时代主题，以环境、资源、生态为主题，整合法学学科力量，以生态文明建设、环境资源保护、农村土地经营制度改革和法治政府建设为学科建设的重点方向，广泛参与环境保护、生态文明建设、森林资源保护、生态效益补偿、农村土地承包经营权流转、环境侵权救济、环境犯罪、环境公益诉讼等方面的立法论证和政策调研活动；参与了国家的《自然保护区法》、《循环经济法》、《森林法》、《湿地保护条例》等法律法规的立法论证和立法咨询,在全国范围内广泛开展了环境法制普法宣传教育活动;参与湖南省法治办、湖南省政府法制办、湖南省人民检察院、湖南省司法厅、湖南省环保厅等组织的立法论证、立法听证、批准逮捕听证、普法宣传、钟山说法电视访谈等活动,建言献策,积极参与地方政府法治建设,为依法治国和法治湖南建设贡献智慧;开展学术研讨,撰写专著、论文和研究报告,积极为依法行政、行政管理体制改革、生态文明建设、生态效益补偿、集体林权制度改革献计献策。

以林学、生态学、环境科学等学校优势学科为依托,开展多学科交叉研究,创建了林业法学、环境刑法、环境行政法等新兴法学分支学科,来解决生态建设和环境保护所面临的重大理论与实践问题。

1. 环境法原理的研究特色

环境法原理方向主要对人与自然和谐发展的基本要求和实现途径、环境公平、环境权、可持续发展进行了探索,为人与自然和谐发展目标的实现提供了理论指导。对环境权、基因权、发展权等基本理论问题进行了前沿性研究,并形成了丰硕的成果,丰富了我国的环境法基本理论。在发展权理论研究方面,运用生态主义观点阐释发展权,法律必须以维护"整个人类的利益"为己任,承认生存在地球上的任何生物,都可以依其自然属性和进程在地球上生存和繁衍。对农民土地权益、林地产权、农民环境权等进行了研究,为新农村建设与我国集体林权制度改革提供了理论支撑。

2. 环境刑法的研究特色

对污染型环境犯罪因果关系证明进行研究,契合了"两型社会"建设的刑法救济需要;对环境资源的刑法救济机制和具体环境犯罪惩罚途径进行探讨,探求资源刑法保护的正确路径;林业渎职犯罪的研究为国家预防和惩治该类犯罪提供了决策参考;对欧盟"通过刑法保护环境"的环境政策问题进行探讨,有助于指导我国环境刑事政策的制定;将环境法、刑法、刑事诉讼法交叉进行研究,创新了环境法律保护研究的新路径,拓宽了环境法和刑事法理论研究的学术视野;尝试在诉讼法领域研究污染型环境犯罪的诉讼程序,这一研究走在全国前列。

3. 环境行政法研究特色

把环境法与行政法、宪法、行政管理实施对接,寻求交叉的研究领域,形成了三个稳定的研究方向:林业政策与法律研究、环境行政管理基本制度、环境管理政策;持续关注林业行政执法的各项制度的改革、我国物权法的出台对我国林业制度的冲击以及我国集体林权制度改革的重大社会实践;对我国30年的政府环境政策与管理能力的研究,提出生态环境政策工具的指导变革方案;对我国城市环境治理的信息型政策工具研究,为我国建立两型社会建设提供理论基础;对环境法的新兴制度环境税费制度、环境责任保险制度进行了研究,为环境问题的解决提供了新的思路。

三、中南林业科技大学法学教育的未来设想

(一)我校对于法学本科、研究生教育的未来设想

1. 专业定位向培养复合型人才方向转变

第一,注重法律素质的培养。要从过去偏重法律知识传授向着重现代法律观、法律精神、法律思维方法、法律解释、法律推理、法律论证等法律技术的训练方面转变。

第二,重视多学科的熏陶。加强外语和计算机技能培养,加强历史、哲学、经济学、社会学、政治学等多学科的知识和理论教育,把更多的法科学生培养成为具有良好人文素质、知识结构合理的复合型人才。

第三,加强职业伦理的训练。提高法律人才的道德素养和公共责任心,使法律专业的学生在受教育阶段就牢固树立权利和义务观念、民主和法治观念、公正和效率观念、理性与宽容精神,并在今后执法、司法和其他法律工作中践行这些观念和精神。

2. 教学改革向实践性、应用性倾斜

第一,在重视法学理论知识的同时还要加强职业教育,以培养律师为基本目的,适当采用法律实务技巧训练的判例教学法。

第二,对教学内容和教学手段之间的关系进行充分认识。理论法学与应用法学因其内容的差异应采取不同的教学方法。大班、小班还是小组授课,是否采用多媒体,是否利用网络,是否有教材或指导书等,要因时而变、因地制宜。

第三,从培养法律人才的角度出发,在法学教育中充分重视学生法律思维的训练,把培养学生良好的法律思维品质看做法学教育的重中之重。同时,也应要求学生掌握较为系统的法学知识。

3. 素质教育与专业教育的有机结合

依据教育部关于国家中长期人才培养规划要求,在教育思想更新、教学模式、教学内容和教学方法改革方面,进一步实施有效的改革和探索,加强教师教书育人理念,鼓励教师努力提高自身修养,在教学活动中实施全过程、全方位和全员育人,将素质教育融入专业教育过程之中。学院将积极求真务实、崇尚创新的校园文化和学术氛围,通过学术讲座,实施学生创新工程,开展学生课内外学术、科技、文化活动和社会实践,提高学生的人文素质、科技素质和心理素质。

4. 构建高素质教师队伍

在师资队伍建设方面:一是围绕学科建设抓人才引进工作。人才引进工作必须与学科专业建设相结合,必须体现教学科研并重的导向。二是创新人才引进工作的机制,进一步拓宽人才引进渠道,丰富人才引进工作的内涵,聘请适合担任教学工作的政法部门高层次人才担任兼职教授。三是进一步完善在职教师进修培训的政策和措施,鼓励青年教师攻读博士学位、去国外深造和到政法部门、政府部门挂职锻炼。四是提高青年教师的教学科研能力,选派中青年骨干教师到本地先进院校或科研机构开展学术交流活动,使其更新知识结构,开阔学术视野,提高创新能力。

(二)我校对于法学学科的未来设想

1. 学科点的建设有所突破

第一,继续拓展法学一级学科发展领域,申报法律专业硕士学位授权点,弥补专业学位缺位这一短板,提升法学专业的办学水平和教师的法律服务能力,扩大学科影响力。

第二,开展跨专业跨学科合作模式,与我校的环境学院合作申报环境科学与工程博士学位授权点,设立环境政策与法律方向,使法学专业获得更大的学科发展空间。

第三,整合环境法学、环境行政管理理学、环境伦理学、环境政治学、环境经济学、环境文学等学科研究力量,将环境资源保护学科群建设成为湖南省社会科学研究基地。

2. 学科研究的内容服务于社会的发展

第一,国家将绿色化上升为国家战略,这十分有利于林业院校的法学一级学科的发展。坚持绿色化发展特色,围绕生态、环境、资源保护等领域,打造具有一定影响力的科研团队,带动整个学科建设的良性发展。

第二,在稳步发展六个二级学科的基础上,将拓展法理学中的法学绿色化理论、刑法中的生态环境资源犯罪、民商法学中的物权法、诉讼法学中的公益诉讼、宪法学与行政法学中的信息公开与公众参与等研究领域,形成法学一级学科发展的专业特色。

应用型法律人才培养模块化课程体系研究

——以法学专业(财税法方向)为例*

蒋云贵**

摘　要:当今法学毕业生法律技能低下,满足不了社会的需求。法学人才培养模块化课程体系的构建是培养应用型法学人才的有效途径。法学专业课程模块包含公共必修课模块、专业核心理论课模块、主修方向专业理论课模块、主修方向专业实践课模块、法律职业道德修养课模块和综合素质教育课模块。法学人才培养模块化课程体系的构建在应用型法学人才培养方面具有广阔的应用前景。

关键词:人才培养　模块化　课程体系

引言

我国当前法律人才的供求处于一个两难的窘境:一方面,急需的法律人才短缺;另一方面,全国法学本科毕业生却相对过剩。据 MyCOS 研究报告,2009—2011 届法学类本科毕业生就业率连续三年排名倒数第一。这种两难窘境之成就,乃在于法学毕业生法律技能低下,

---

* 本文为 2015 年湖南省普通高等学校教学改革研究项目,编号:515。

** 蒋云贵,湖南长沙大学政法系副教授,博士。

满足不了社会的需求。面对这种现状，高校法学专业一方面不断创新课程教学方法；另一方面，对人才培养方案进行改革，在法学专业之下，再分设学科方向，以满足社会急需应用型法学人才培养的需要。如湖南商学院设立了法学专业(人民调解)方向。长沙学院将法学专业分设为民商法方向和司法实务方向，基于财税法宽厚的学科关联度和适用领域的广泛性，2015 年又新设税法方向。在法学专业之下，再分设学科方向，实际是在宽口径的基础上，实现法学专业学生培养的专业化，以适应各行业领域对熟悉行业知识和技能的法学专业人才的需求。相应的各学科方向人才培养课程体系既有相同之处，又须按学科方向分设与相关学科交叉的课程模块。

一、国内外法学专业课程体系设置的研究与实践

(一) 法学教育界对法学本科课程体系改革的研究

李龙、李炳安(2003)在对我国综合性大学法学本科课程体系改革进行统计调查的基础上，提出了重构法学本科模块课程体系的思路。王明文(2007)在对普通高校法学本科专业课程体系现状的分析基础上，提出了专业课程体系建构设想。谢雯、赵英彬(2009)对当前大学法学专业课程设置的弊端进行了分析，并初步构架了法学本科课程体系。江水长、张生(2010)指出了我国法学本科课程设置中理论课的知识化倾向和实践课的程序化、操作化倾向，并提出了相应的对策。谢雯、张磊(2011)分析了法学本科专业教学课程体系的单一化现状，并提出了相应的对策。刘德涛(2012)在法学 16 门核心课程全部开设的基础上，提出要重构特色选修课课程体系。林云飞(2012)将法学本科教育分为两个阶段，提出在后阶段分别设置学术型、实务型和复合型人才培养课程模块。贺绍奇(2013)以社会需求为导向，提出了法学本科教育课程体系设计。马波(2015)提出卓越法律人才培养应按照培养“应用型、复合型法律人才”的目标构建课程体系。

(二) 高校法学院对法学专业课程体系改革的实践

1. 美国法学专业课程体系改革

美国大学法学教育实际上是研究生教育。从课程体系看，现在美国高校法学专业除开设法学主干理论课程外,还开设了如“法律文献检索和法律分析(Legal Research and Writing)”这种培养学生运用法律资源能力的课程,以及培养学生解决具体案件能力的实践课程。哈佛大学率先进行的四次课程体系改革对法学专业课程体系影响较大:第一次改革(1869—1909 年),逐步将本科生所有的课程全部改为选修制;第二次改革(1909—1945 年),推行“集中与分配制”;第三次改革(1945—1975 年),课程的设置主要按学科进行分类;第四次改革(1975 年—今),除专业课和选修课以外，建立一套本科教育的核心课程。

2. 澳大利亚法学专业课程体系改革

澳大利亚法学教育采取双学位教育。其课程设置除主干法学专业课外,还开设了法庭与维护权利的手段、法律推理入门、法律经济学与社会、法律实践与管理等必修课程。开设了竞争原则与法律、交际与口才、纠纷解决之方法、社会与法、管理策略、谈判与调停、法律与医学、文学与法律、法与平等之追求等众多的选修课程。

3. 我国高校法学专业课程体系改革

我国高校法学院一直探讨法学本科课程体系改革,具体表现在如下几个方面:

(1) 柔性课程设置，形成知识、能力、素质并重的“KAQ”人才培养的课程模块。北京大学、武汉大学、南京大学、复旦大学、浙江大学、山东大学、厦门大学率先将课程结构转变为体现知识、能力、素质于一体的四大类课程(公共必修课—专业基础课—专业相关选修课—素质教育通选课)有机结合的课程模块体系,每一模块都是构成培养目标不可缺少的组成部分。

(2) 强化实践性法律技能训练课程。清华大学与北京市海淀区消费者协会合作,让学生参与调解商家与消费者纠纷。武汉大学以路伽律师事务所为基地,开设实施了诊所课程。中国人民大学以其物证技术鉴定中心作为教学实践基地。南京大学结合法学教育特点和要求，不断丰富读、写、议的内容体系。深圳大学推出学生仲裁庭，仲裁学生之间、学生与班委之间、学生与学生会之间真实的纠纷。湖南大学建立了“三二”见习制度，即在三年二期后的暑假，由法学院安排或学生自行联系实务部门见习锻炼。海南大学将海口市中级法院请到学校开庭审理案件，供师生观摩评论。

（3）在专业课程模块中开设跨学科课程。北京大学在专业选修课程中开设了高等数学、法律社会学、司法精神病学、法医学等。浙江大学开设了信息管理、法医学、法律社会学等。厦门大学设有12个学分的跨学科基本课程，按文史政法艺术、理工、财经管理三个组别设置课程，学生分别选修本人所在学科组别以外的另外两个组别的课程各6个学分。南京大学法学院与外国语学院合作，在德语专业学生中开设法律第二学位。武汉大学法学院开设了“WTO经济学试验班”，课程设置为国际经济、世贸组织概论、国际贸易实务、WTO争端解决与案例分析、WTO实体法、国际商业外交等共17门课程45个学分。

（4）大力开发综合素质教育课程。北京大学的素质教育通选课程分布在五个不同的基本领域，要求学生在每个领域至少要选修一门课程。中国人民大学把素质教育课程分为三类：自然科学、人文素质、艺术教育课程。武汉大学的通选课程更倾向于实务性的课程，包括艺术、自然科学、文学、经济管理等领域共40多门课程。南京大学开设了艺术类通选课程、人文社会科学类通选课程和自然科学类通选课程共52门课程。

4. 高校的模块化课程改革

欧洲各国特别是德国的高校通过围绕某一主题，构建诸多特色课程教学活动组成的体系，体现模块化教学的灵活性和开放性。合肥学院2011年起在各专业全面推行模块化教学改革，除专业必修模块外，在专业下按方向设置方向必修模块和方向选修模块，满足厚基础、宽口径的需要，同时，设置跨专业、跨方向的选修模块，用于学生素质教育和职业道德教育。

5. 国内外法学专业课程体系设置的研究与实践评述

当前各高校法学专业课程体系的改革，取得了巨大的成就，无论是学生法学专业课程教育,还是学生综合素质和法律职业道德的培养,较之20世纪末,均有大幅提高,但从当前各高校的课程建设看,仍然存在诸多不足:

(1)当前各高校法学本科课程体系设置中,单科性的部门法学课程多,跨学科的综合性课程少,很少能与其他专业实现课程资源共享。

(2)各专业课程之间重复性内容偏多,而职业道德和综合素质教育课程少。如法理学常见的概念如"法律关系"等常会在其他部门法课程中再次出现,而职业道德和综合素质教育课程少见。

(3)实践性课程偏少,且难以实施。目前,主要的实践性法律课程有法律诊所,模拟法庭和司法实习等,所占比重并不高,而且像法律诊所课程由于条件限制,难以实施。

(4)当前高校法学本科专业尚无建构模块化课程体系的实践。

二、法学专业模块化课程体系构建

(一)法学专业模块化课程体系内容

构建法学专业模块化课程体系,必须考虑传统的公共课程、教育部确定的法学专业16门核心课程、主修方向课程、职业道德教育课程和综合素质教育课程等,相应法学专业课程模块包含公共必修课模块、专业核心理论课模块、主修方向专业理论课模块、主修方向专业实践课模块、法律职业道德修养课模块和综合素质教育课模块。

1. 公共必修课模块

思想政治课、公共外语、大学语文、计算机应用技术、军事训练等公共课程与其他专业模块共享,取决于各高校整体课程体系设置,属所有专业共享课程资源。此模块课程学生必选。

2. 专业核心理论课模块

依教育部规定,法理学、中国法制史、宪法、行政法与行政诉讼法、刑法、刑事诉讼法、民法、民事诉讼法、经济法、商法、知识产权法、国际法、国际私法、国际经济法、环境资源法、劳动与社会保障法为法学本科专业核心课程,外加毕业(学位)论文。此模块课程法学专业各方向学生必选。长沙学院于 2014 年起开设法学辅修专业，从非法学专业中招生，主修该模块课程。

3. 主修方向专业理论课模块

此模块包括主修方向的必修专业课模块和任选专业课模块。以法学专业（财税法方向）为例，必修专业课模块课程主要设置税法总论、税法各论、财政法学、会计法学、票据法学、国际税法等课程。任选专业课模块分为税收管理模块和企业税务模块，学生根据其将来的就业意愿任选一块。税收管理模块开设税收理论、税收管理、财政学、审计学等课程；企业税务模块开设财务管理、税务筹划、税务代理实务、会计学等课程。以上任选模块课程可跟税收学、财政学、会计学和审计学专业课程共享。

4. 主修方向专业实践课模块

此模块需结合主修方向确定，以法学专业（财税法方向）为例，相应主要包括涉税刑事法模块、涉税民商法模块、涉税行政法模块、涉税国际法模块。如涉税刑事法模块可开设涉税刑事审判旁听、涉税刑事审判模拟法庭、经典涉税刑事案例赏析、涉税刑事诉讼诊所课程、涉税刑事法律风险管理诊所课程（可取代毕业实习）等。此模块课程由学生依自身兴趣和研究方向选修其中一个模块，亦可实现宽口径基础上的专业化。

5. 法律职业道德修养课模块

此模块既包括相关理论课程，也包括相关实践课。理论课如法律职业伦理、大学生心理健康（法律心理学为选修课程）、人类学导论、社会学导论等；实践课如法律援助、社区纠纷调解、家庭纠纷调解、学生纠纷调解等。此模块为学生柔性选修课程模块，学生可在理论课和实践课程中各任选二至三门课程修习。此模块甚至可与社会学、社会工作、伦理学、人类学等专业共享。

6. 综合素质教育课模块

此模块旨在培养学生综合素质，可开设高等数学、数据库技术与应用、中国文学名著赏析、美学基础、声乐基础及欣赏、中外名曲赏析、舞蹈艺术修养、书法艺术、生命科学导论等。此模块为学生柔性选修课程模块，学生可在人文社会科学类、自然科学类和艺术类课程中各任选一门课程修习。该模块亦可与其他专业学生共享。

(二) 模块化课程资源共享的实现路径

各高校尤其是综合性高校各专业之间,对于主修方向专业理论课模块和主修方向专业实践课模块,有课程资源共享的空间,以法学专业(财税法方向)为例,法学专业完全可以与财务管理、税法学、财政学、审计学和会计学等专业课程实现资源共享。而在高校较多的城市,如校内课程资源不足以共享,则可考虑同城校际间课程资源共享。

1. 校内各专业之间课程资源共享

借鉴合肥学院模块化课程改革的经验,在校内各专业推行模块化课程改革,使具有共性的课程模块由专业内课堂变为专业间课堂甚至是全校性共享课堂。如以法学专业(财税法方向)为例,税收管理模块课程由法学专业和税收学、财政学、会计学和审计学专业课程资源共享。共享媒体可通过校内课程中心或 SPOC 课程资源实现。

2. 校际课程资源共享

一方面,在省级教育行政主管部门协调和推动下,通过校际协议,实现同城高校模块课程资源共享、学分互认,鼓励学生走出校门,到同城高校选课。另一方面,对于选课学生人数众多、资源稀缺的模块课程,通过 MOOCs 建设实现课程资源共享。

三、法学专业模块化课程体系构建的应用前景

通过构建法学本科专业多元模块化课程体系,从理论上看,不仅可以丰富和完善法学本科专业教学内容体系,推动法学教育实体论的全面发展,而且可以推动法学本科多元教学方法创新,有利于发展和完善法学教育方法论。而就法学本科教学教育实践而言,具有广阔的应用前景:

(1) 通过法学本科专业课程模块化,首先为拟新设方向的法学专业人才培养方案打好基础,其次可以创新法学专业其他方向与相关专业如财务管理专业共享课程模块,以培养适应社会需要的既懂法律、又懂财税及相关业务的应用型、复合型人才。

（2）构建法学本科专业多元模块化课程体系，可以推动法学本科教育模式、教学方法尤其是实践课教学方法等领域的全面创新与改革。

（3）通过主修方向理论课程的模块化，实现法学本科专业与其他专业如财务管理专业课程资源共享，促进校内专业之间、高校之间课程资源合理利用、学分互认和教学经验交流与合作。

（4）通过主修方向实践课程的模块化，推动高校法学院与法律实务部门的交流与合作，利用法律实务部门的各种条件及人力资源，解决目前高校法学实践教育条件欠缺、师资不足的问题。

构建法学本科专业多元模块化课程体系，必须解决以下几个关键问题：

（1）法学专业主修方向模块化专业课程体系的构建。需深入各高校进行实地调研和统计，以法学专业（财税法方向）为例，根据各高校法学、税收学、财政学、会计学、审计学相关课程的开设现状和开设能力，进行选择，并分别组成主修方向专业理论课模块、主修方向专业实践课模块课程体系。

（2）法学专业各选修模块课程中理论课程的实施。需在省级教育行政主管部门的协调下，实现各高校课程资源共享、学生交流及学分互认，使学生选修的主修方向专业理论课模块、法律职业道德修养课理论课模块和综合素质教育模块课程得到满足。

（3）法学专业各选修模块课程中实践课程的实施。需由省级教育行政主管部门组织联络政法部门，从高校抽调师资到各级政法部门挂职，建立联系，逐步在政法部门和其他法务部门建立长期实践基地，将校内无法完成的实践课程安排在实践基地进行，由各法律实务部门派员担任指导教师，解决实践课条件和师资不足的问题。

总之，法学本科专业多元模块化课程体系能否具有广阔的应用前景，能否对法学本科专业的教学教育改革具有推动作用，能否实现应用型人才的培养目标，必须遵循以下判断标准：

（1）通过设置法学核心理论课模块作为法学专业各方向学生必修课程，实现法学专业人才培养的宽口径、厚基础目标。

（2）通过设置法学专业主修理论课模块和主修实践课模块，实现本科法学人才培养“宽口径”基础上的专业化。

(3) 通过设置法律职业道德修养课模块和素质教育课模块,实现培养高素质“卓越法律人才”的培养目标。

(4) 通过法学专业选修课程模块化,实现多数模块课程与其他专业共享,合理、充分地利用现有课程资源。

参考文献

[1] 李龙、李炳安:《我国综合性大学法学本科课程体系改革的思考》,《时代法学》,2003 年第 1 期。

[2] 王明文:《普通高校法学本科专业课程体系的建构》,《白城师范学院学报》, 2007 年第 4 期。

[3] 谢雯、赵英彬:《法学本科课程设置改革探析》,《经济研究导刊》,2009 年第 17 期。

[4] 江水长、张生:《对我国法学本科课程改革的反思》,《国家教育行政学院学报》,2010 年第 1 期。

[5] 张磊:《法学本科专业教学课程体系现状与对策》,《佳木斯大学社会科学学报》,2011 年第 1 期。

[6] 刘德涛:《地方院校法学本科专业课程体系改革的思考》,《巢湖学院学报》,2012 年第 1 期。

[7] 林云飞:《分类教学模式下地方本科院校法学专业课程体系改革初探——以许昌学院为例》,《林区教学》,2014 年第 4 期。

[8] 贺绍奇:《社会需求导向下的法学本科教育课程体系设计》,《河北法学》,2013 年第 5 期。

[9] 马波:《卓越法律人才培养课程体系改革探析——以广东石油化工学院法学专业为例》,《南方论刊》,2015 年第 2 期。

[10] 陈向明:《美国哈佛大学本科课程体系的四次改革浪潮》,《比较教育研究》,1997 年第 3 期。

“慕课”背景下法学课程教学模式的重构*

柳　湘**

摘　要:伴随着网络技术的快速发展,近年来“慕课”的建设实践与研究,已成为国内外教育界关注的热点问题。“慕课热”的出现是其内外部多种因素共同作用的结果,但其存在的局限性也不容回避。面对“慕课”在教学理念、教学方式、评价方式等方面对传统法学课程教学模式的巨大冲击,我们应借力其优势,回避其局限,围绕“慕课”模式下法学课程教学改革实践的需要,对法学课程教学的理念、内容体系、方法体系、评价体系进行全方位的重构。

关键词:慕课　法学课程教学模式　SPOC

“慕课”(MOOC),即大规模开放性在线课程(Massive Open Online Courses)的简称,作为信息时代“学习革命”的产物,其理念是提供高质量、大规模的在线课程,使学习者无论身处何处、教育背景如何,均能借助网络平台分享优质教育资源。随着世界“慕课元年”(2012)的开启,这种颠覆性的教育模式迅速从美国席卷全球,对高等教育产生

---

* 本文系湖南省教育科学“十二五”规划2015年度立项课题:《“慕课”模式下的法学课程改革研究》(编号:XJK015BGD076)阶段性成果之一。

** 柳湘,女,湖南长沙人,长沙学院政法系讲师,主要研究方向为经济法。

了巨大的影响和冲击。我国各大高校也在近年快速响应,纷纷宣布加盟国内外各类“慕课”平台。有学者指出:“这场在美国发起的大规模开放在线课程,其运作模式已在根本上开始触动传统高等教育的根基,将引起大学的重新洗牌,最终形成全新的大学格局。”[1]

在此背景下,应如何应对“慕课”模式所带来的巨大冲击,重构法学教育理念及方式方法,成为我们亟待解决的问题。

一、“慕课热”出现的原因及冷思考

“慕课”在短短几年间席卷全球,并成为国内教育界关注和讨论的热频词汇,甚至有学者将其誉为“印刷术发明以来最大的教育革新”,并呈现出“未来教育的曙光”。如何看待这一“慕课”热潮,将直接影响高校法学教育的未来发展。

(一)“慕课热”出现的原因分析

“慕课热”的出现是其内外部多种因素共同作用的结果。

首先,“慕课热”的出现依赖于其自身的显著优势。与传统教学相比,“慕课”模式具有较为显著的特点:(1)规模宏大,受众面广:传统高等教育很难突破其招生数量的限制;即使是一些提供线上教育的网络大学,其学生容量也有限。而“慕课”作为网络技术与教育深度融合的产物,在学习者数量方面突破了传统意义上的限制性瓶颈。(2)开放透明,易于使用:传统高等教育多采取封闭运行的方式,对入学者有基本的学历、专业等要求。而“慕课”课程的学习者只需在“慕课”网络平台注册,即可免费参与学习,没有时间限制、地域限制、门槛限制,极大地促进了教育资源公平化,成为教育界对其进行积极推广的重要原因之一。(3)要素完整,交互性强:“慕课”形式内容丰富,包括课程目标、课程内容、教师讲授、小组讨论、师生互动、课后练习、阶段性测验等教学环节均可在“慕课”平台上完整呈现;如学习评价、学习成果证明也可通过平台数据直接获得。而且平台不仅提供在线学习,

[1] 曹继军、颜维琦:《“慕课”来了中国大学怎么办》,载《光明日报》,2013年7月16日。

也提供在线互动,师生间的答疑交流、学习者之间的互助和互评活动,满足了学习者的学习体验和个性交互需要。

其次,"慕课热"的出现也依赖于一定的外部因素的推动。(1)名校名师效应的推动。"慕课"的发展首先吸引的是优质教育资源的参与,如,"慕课"核心的三大平台 Coursera、Udacity 和 edX,就分别由世界著名高校麻省理工学院、斯坦福大学和哈佛大学发起,聚集了全球诸多名师课程,对世界范围内的学习者产生了巨大吸引力;而北京大学、清华大学等高校也成为首批国内"慕课"课程的建设主体。名校名师所带来的磁吸效应,极大地推动了"慕课"的快速发展。(2)学分证书获认。2013 年 2 月,Coursera 宣布其 5 门课程进入了美国教育理事会(ACE)学分推荐计划,学生选修这些课程的学分可获大学的承认。[1] 这一事件标志着"慕课"正式进入了正规的高等教育体系,也进一步引发"慕课"热潮。

(二)对于"慕课热"的冷思考

对于"慕课"这种全新的教育教学模式,学界亦存在质疑之声。

第一,"慕课"课程注册量高,但完成率低。许多课程在推出早期受到学习者的广泛欢迎,注册人数较多,但真正能够最终完成课程的学习者并不多。这已成为国内外"慕课"课程面临的通病。以上海交通大学首批上线的"慕课"课程《数学之旅》为例,其课程完成率仅为 3%。[2]

第二,零门槛设置,亦成为"慕课"发展的局限。一直以来,"慕课"课程的"无先修条件"、"无规模限制"的零门槛限制,都是其得以推广的优势所在。但这也导致学生在知识基础方面的参差不齐,既损害了学生的学习自信,也影响了教师教学的有效性和积极性。

第三,借助于网络平台的"慕课"模式,虽然具备了学习方面的高度自主,但同时也缺乏高校的人文环境和集中学习的氛围,再加之网络平台缺少传统学习过程中的教师监督因素,因此,对于学习者的自

[1] 姜明文、李兴洲:《"慕课热"之思考》,载《河北师范大学学报(教育科学)》2014 年第 2 期。

[2] 刘昕璐:《慕课交大首期完课率 3%》,载《中国青年报》2014 年 3 月 21 日。

制力有较强的要求,否则将直接影响教学的效果和质量。

另外,也有学者指出,“慕课”的发展需要大量的、持续的资金投入,这就决定了其不可能完全取代传统教育;而且随着一些商业化“慕课”平台的加入,“慕课”发展已偏离了原有轨道,呈现出教育工具化、知识商品化的趋势。[1]

因此,不应过分夸大“慕课”的作用,技术进步不等于教育进步,课程质量也不等同于培养质量,“慕课”不可能是真正的高等教育的有效替代品。《教育信息化十年发展规划(2011—2020 年)》指出,教育信息化发展要以教育理念创新为先导,以优质教育资源和信息化学习环境建设为基础,以学习方式和教育模式创新为核心。因此,法学课程教学改革不能简单地模仿或照搬“慕课”的外在形式,而是要深入发掘其内涵理念,借力“慕课”形式优化现有法学课程教学模式,走出契合于自身发展的道路。

二、“慕课”对于传统法学课程教学模式的冲击

虽有诸多因素制约着“慕课”的发展,但不可否认的是,其已对传统法学课程教学模式产生了巨大的冲击和深远的影响。

(一) 对以“教”为主的传统法学教学模式的冲击

学生是教学过程的主体,如何充分尊重并服务于学生主体,一直以来都是各高校教育研究与改革的重点。但是受制于传统的教育模式,这一由“教”到“学”的教育中心的转变很难真正实现。

我国法学教育模式受到大陆法文化环境的影响,习惯采用“演绎性”的法律思维方式和讲座式的教学模式,一开始就强调法律的概念性、抽象性、逻辑性、理论性、科学性,知识的传递一贯以教师为中心。法学专业学生在学习过程中也习惯以教师讲授作为获得知识的主要途径,对教师的依赖程度较高。从教学组织方式而言,各高校基本保持了传统的编班教学模式,而随着高校扩招,以及某些地方院校师资

---

[1] 吴万伟:《“慕课热”的冷思考》,载《复旦教育论坛》2014 年第 12 期。

力量的不足,我国法学教学更普遍地采用大班教学的方式。由于课堂时间有限,且人数众多,教师课堂教学基本以知识讲授为主,无法实现与学生充分的沟通交流,也很难顾及学生的个性化需求。因此,学生的主体身份很难被真正尊重。

而“慕课”的兴起,代表了一种以“学习体验”为中心,基于学习科学精心设计的教学模式;它综合运用了人本化学习、建构主义学习、程序教学及有意义学习等理论原则。[1] 较之传统课堂,“慕课”在本质上“把人的重要性置于教学内容之上”,解构了传统课堂人与人面对面交流体系中的“教与学行为链”,并通过流程再造,重构了基于互联网的交互体系[2],实现了平台、教师、学习者和学习资源四大元素的联动。学生通过平台自主选择课程及学习内容、自主安排学习时间,自发参与讨论,“慕课”实际上集合了学生对于学习的感受、认知、领悟、诠释及交流的全过程,真正建立了以“学”为中心的教学模式。

(二)对“同质化”的传统法学教学方式的冲击

传统法学教育基于标准化、一体化的基本理念,往往要求学生在规定的时间、规定的地点,学习规定的课程,其培养的学生往往在知识结构、技能等各方面都存在“同质化”的现象。而法学专业学生的实际就业领域较广,基于其职业发展规划的不同以及兴趣的不同,其知识需求呈现出“异质化”的特点。并且,基于学生学习能力和学习习惯上的差异,其学习过程也存在“异质化”的需要,这一点传统法学教育很难满足。

“慕课”的出现,使学生能够通过自主安排学习时间、学习地点、学习内容,实现学习过程的“异质化”。“慕课”内容的碎片化、独立化,能使学生通过自主选择学习内容满足其知识需求的“个性化”;而通过平台互动和自主的学习安排,也能照顾到学生学习能力和学习习惯上的“差异化”,从而可以实现人才培养方面的特色和竞争力。

---

〔1〕 李曼丽:《MOOC的特征及其教学设计原理探析》,载《清华大学教育研究》2013年第8期。

〔2〕 邹景平:《MOOC的精神重于形式》,载《中国远程教育》2013年第8期。

(三) 对“单一化”的传统法学教学评价方式的冲击

评价是指挥棒,有什么样的评价就会导向什么样的教学方式和学习方式。传统的教学评价方式,无论是对教师的教学工作评价,还是对学生的学习活动评价,都倾向于“结果性”评价这一单一方式。而教与学的“过程”,却基于种种因素,很难形成科学有效的评价方式。对学生学习过程评价的不完善,导致了学生以应付考试为目的的学习方式的养成;而对教师教学过程评价的缺乏,也导致了教师教学改革与创新的不足。

“慕课”的出现及其平台的运用,使教与学的整体过程都有了明确的可查、可控的数据材料,也成为多种评价方式得以开展的基础。如何充分利用“慕课”平台功能,建立更为有效的评价机制,将是未来法律教育发展的重要课题。

三、“慕课”背景下法学课程教学模式重构的基本思路

信息技术应用于教育,应抓住“改变传统课堂教学结构和构建新型课堂教学结构”这个中心,围绕“慕课”模式下法学课程教学改革实践的需要,对其教学理念、教学内容体系、教学方法体系、教学评价体系进行全方位的重构,使“慕课”教学模式的优势得以最大化的体现。

(一) 法学课程教学理念的重构

从外部而言,“慕课”模式使原有的高校法学教育从“小众教育”,走向了“大众教育”,教育公益性愈发凸显。法学教学也应改变传统的精英化教育理念,积极适应“慕课”所带来的教育环境变化,“充分利用‘慕课’模式的优点和特点,大力开发网络教学资源,将人才培养与知识输出、价值输出、制度影响相结合”[1],充分利用网络平台,为地方法治教育与发展服务。

---

〔1〕 杜社会:《“慕课”模式下的法学教育改革刍议》,载《学科探索》2014年第9期。

从内部而言,应充分贯彻"以学生为主体"的教学理念的建立,赋予学生在学习内容、时间、方式上的充分的自主权,保证其"异质化"学习需求的满足。教学设计要充分考虑学习者的体验,精心设计教学内容、安排教学环节,充分保证与学生的互动交流与答疑解惑,使学习者能获得传统教学所不具备的更充分的学习体验。

(二) 法学课程教学内容体系的重构

在教学内容的选择方面,一般认为,"慕课"是以结构化知识传授为主的程式化教学模式和学习方式,并不适合分布式认知和高阶思维能力的培养。这也决定了并不是所有的法学专业课程都适合于"慕课"课程改革,同一门课程中也不是所有的知识点都适应于"慕课"方式的呈现。因此,对"慕课"教学内容的重新梳理与选择就变得十分重要。教学内容的选择应注意两个方面:一是适应"慕课"教学特点,以通识类、基础性课程为主;二是应充分考虑学生的发展需要,围绕本校人才培养需求进行选择。

在教学内容的分解与重构方面,"慕课"课程需要将教学内容分解成独立的、碎片化的知识点,然后制作成5—10分钟的短视频供学习者学习。这就需要充分应用"模块化教学设计"的思想,将课程知识进行重新划分和组织。并且模块化教学设计上应遵循"高内聚,低耦合"的原则,充分发挥"慕课"模式下的学习优势,针对法学课程特点,科学有效地进行知识点的分解、重组。

(三) 法学课程教学方法体系的重构

"慕课"对比传统教育模式存在着显著的优势,但其发展也存在着难以回避的瓶颈。因此,法学教育的改革不应以课程"慕课化"作为教学改革的终点,而应将"慕课"模式作为借力依据,充分发掘契合于法学教育的教学方法创新。

在法学课程教学中可以充分利用"慕课"的多元化模式,如SPOC,(Small Private Online Courses)。充分开发SPOC +"翻转课堂"等教学环节设计的"混合式教学方法",发挥"传统课堂教学"与"在线开放课程"的结合,"直接讲解"与"建构主义学习"的结合。SPOC +"翻转课堂”的教学方法可以让教师更多地回归校园,回归小型在线课堂,激发了教师的教学热情;同时也强调赋予学生更加完整、深入的学习体验,提高学生的学习热情。[1] 这一教学方法的重构,既符合人类的认知规律,又能促进“慕课”教学资源的有效利用与研发,更能在新的教学方法中重构新型师生关系。

(四) 法学课程教学评价体系的重构

“慕课”模式下的法学课程教学评价体系,应摒弃以教师为主、纯粹知识性考核的传统评价方式,构建“多元主体与多元标准相结合”的评价机制,发挥课堂的形成性评价功能。

在制定教学评价标准时,要考虑“教”与“学”两个方面的内容。评价应该由平台第三方、教师、同伴以及学习者自身共同完成。不仅要注重对于教学结果的评价,还应以“慕课”平台数据为基础完成对教学过程的整体性评价,真正做到定量评价和定性评价相结合,形成性评价和结果性评价相结合,个人评价和小组评价相结合,自我评价和他人评价相结合。

对于学生的学习过程评价,其内容可包括:(1) 学生能否充分利用信息技术,对“慕课”课程进行独立的探索性学习;(2) 学生能否通过与他人的探讨与合作,积极探究、解决问题;(3) 学生能否利用网络信息资源,在平台上将自己的学习成果予以充分展示,以完成知识的内化过程。

而对于教师的教学过程评价,其内容可包括:(1) 教师能否“以学习者为中心”,契合教学目标和教学内容需要,合理分解知识点并制作“慕课”课程;(2) 教师能否通过“慕课”平台与学生形成充分的、良性的互动与交流;(3) 教师能否合理安排各个辅助性教学环节,如通过翻转课堂等形式,组织学生形成良好的互动与探究性学习方式。

---

〔1〕 康叶钦:《在线教育的“后 MOOC 时代”——SPOC 解析》,载《清华大学教育研究》2014 年第 1 期。

法学本科教育“以司法考试为导向”之弊病分析

韩　敬*

摘　要:法学本科教育误入“以司法考试为导向”之歧途虽有其特殊背景,但法学本科教育以司法考试为导向的观点与做法是错误的,如以司法考试为导向,势必降低法学本科教育的整体层次,影响学生知识框架的构建与综合素质的提高,导致学生法学知识缺失、法学基本功不扎实、法学逻辑思维不严谨,将使法学本科教育重蹈中国应试教育的覆辙。因此,应该在法学本科教育基础上改革与完善我国司法考试制度,在司法考试背景下改革与完善我国法学本科教育,使二者良性互动发展,相得益彰。

关键词:法学本科教育　司法考试　法律职业

“法学院距离法院到底有多远”,这无奈心酸的一问,折射出我国法学本科教育与法律职业严重脱节的现实,从 2002 年开始的全国统一司法考试,从某种程度上弥补了法学本科教育的这一缺憾,然而不少法学院校开始步入另一歧途,把法学本科教育“以司法考试为导向,以司法考试为指挥棒”,大量删减公共课及司法考试范围之外的法学

* 韩敬,河南新乡人,长沙学院政法系副教授,郑州大学法学院博士后,法学博士,研究方向:宪法学与行政法学。

课程。笔者认为,此种观点与做法是错误的,本文将从法学本科教育误入“以司法考试为导向”歧途的背景入手,进而分析法学本科教育“以司法考试为导向”之弊病所在,最后对如何构建我国法学本科教育与司法考试的良性互动关系略陈管见,以求教于方家。

一、法学本科教育误入“以司法考试为导向”歧途之背景分析

众所周知,法学专业再也不是热门专业或者就业时的紧缺专业,就业难、找工作难成了学生和家长共同的心病,法学本科毕业生的就业情况已成为整个社会十分关心的问题。据《2012 年中国大学生就业报告》显示[1],2011 届本科生毕业半年后就业率最高的专业门类是工学 93.3%,最低的是法学 86.7%;在 2012 年本科就业红牌警告专业[2]中,法学排名第二。法学毕业生就业难意味着法学教育“产品”的滞销。在劳动用工市场化的背景下,法学教育产品“滞销”动摇了法学教育兴盛的根基。那么,法学教育出现困境的根源是什么,从经济学角度分析,产品滞销无非有两大理由:其一,供过于求;其二,产品质量不符合要求,这两大“滞销”理由也恰恰反映了当前法学本科毕业生的现状。

法学院校培养的学生,或者从事法律实务工作,或者从事法学教学工作,或者从事法学理论研究,然而当下的情况却是法学院校毕业的学生,连就业都存在问题,从事法律实务、教学或者科研工作更是无从谈起。作为法律职业准入制度的国家司法考试,在法学本科教育身处窘境之时,无疑起到了关键性的作用。法学专业学生在校期间如能通过司法考试,不仅仅获得了法律职业从业资格证,更重要的是将会有更广阔的就业空间和发展前景,因此,司法考试对于法学专业学生的影响是不言而喻的。然而,集法官、检察官、律师、公证员四证于一

---

〔1〕《2012 年中国大学生就业报告》,http://wenku.baidu.com/view/2fb8181014791711cc7917b5.html.2013-01-04。

〔2〕红牌专业,即失业量较大,就业率较低,且薪资较低的专业中的前 10 个专业,为高失业风险型专业。

体的国家司法考试，由于其难度较大，通过率一直较低[1]，一般公众甚至包括从法学院校毕业的学生都很难理解，为什么在法学院校经过了四年的专业学习，仍然很难通过司法考试。

面对社会的种种质疑，身处尴尬境地的法学院校基于趋利避害的本能，开始将法学本科毕业生的就业难归咎于法学教育的培养方法问题，开始把法学本科教育以司法考试为导向，以司法考试为指挥棒，把司法考试的通过率作为攸关生死存亡的头等大事，甚至有些学者之间也相互进行论战[2]，仁者见仁智者见智，争论持续不断，观点难以统一。教育围着考试转向来是中国教育的一大特色，原本是选拔法律专门人才的司法考试，近年来，事实上已成为法学专业毕业生检验其法学专业能力的考试，如何正确处理司法考试与法学本科教育的关系已成为亟待解决的问题。

二、法学本科教育以司法考试为导向之弊端

第一，法学本科教育以司法考试为导向，司法考试命题的低水平[3]势必降低法学本科教育的整体层次，影响学生法学综合素质的提高。“法学教育有自己的目的和任务，通过司法考试并不是法学教育的唯一目的，甚至对于某些法学院系来讲，通过司法考试并不是自己的教学目的，例如培养法学研究人才的各类法学研究院。以司法考试作为法学教育的导向，无疑降低了对法学教育的要求，也使各类原本有不同定位的法学院系被同质化，甚至有沦为司法考试培训机构之虞”。[4]

从题型上看，我国司法考试命题选择题（客观题）有 450 的分值，

---

〔1〕 历年国家司法考试通过率：2002 年 6.68%，2003 年 10.18%，2004 年 11.22%，2005 年 14.39%，2006 年 15%，2007 年 22.39%，2008 年 27%，2009 年 22.07%，2010 年 25.3%，2011 年 20%。参见 http://news.koolearn.com/sfks/20121122/712111.html. 2013-01-05。

〔2〕 参见周详、齐文远：《法学教育以司法考试为导向的合理性》，载《法学》2009 年第 4 期。

〔3〕 李建伟：《刍议本科法学教育对司法考试的影响》，载《中国法学教育研究》2011 年第 1 期。

〔4〕 郭翔：《论司法考试与法学教育的关系——兼与周详、齐文远两位先生商榷》，载《法学》2010 年第 2 期。

约占司法考试总分的75%,而最能考查考生综合法学理论素养和逻辑思维分析能力的主观题仅占了25%;从所考查的知识点看,单纯的记忆性知识点仍然占据相当大的比例,以至于许多“背功”非常好的非法律专业学生经过短短的突击式复习,在司法考试中也能屡屡轻易得手;从所考查的学科数量上看,我国司法考试可谓全球之冠,有14门法学课程之多,过多的学科列入司法考试,使得命题的考点极其分散,在某种意义上,考试科目的数量多少与考试深度之间存在着此长彼消的关系,这使得许多学科的命题一直停留在浅尝辄止的层面上,致使有些学者称司法考试仅仅是“匠人考试”。

另外,在信息技术高度发达的今天,法学知识和法律条文通过网络和计算机技术很容易就可以获取,教授纯粹法律知识在法学本科教育中的地位在不断下降,而司法考试过于注重法条知识考查的传统和检测方式日益受到诟病。富勒说过,“教授法律知识的院校,除了对学生进行实体和程序法律方面的训练外,还必须教导他们像法律工作者一样去思考问题和掌握法律论证与推理的复杂艺术”[1]。因此,司法考试这种高度依赖标准化命题的制度,会使得“背功”能力强的学生在考试中战无不胜,而把那些具有良好素质、适合从事特定法律职业的优秀法学人才拒之门外,这种制度长期运行下去,不但违背了设计考试的目的,而且会对我国的法学本科教育产生长远的负面影响。

第二,法学本科教育以通过司法考试为目标,即一切以司法考试为指挥棒,显然是在提倡应试教育。法学院校所培养的学生不能全都是法律“匠人”,只能从事法律实务工作,法学专业的合格毕业生还必须同时具备法律人的逻辑思维以及评价法律问题的能力,从而能够主动地,甚至在某些情况下能够创造性地司法。[2] 无论反对者是否承认,一旦法学本科教育以通过司法考试为目标,整个教育的应试性将占主导地位,“司法考试不可能脱离应试的本质”[3]。一切与司法考

---

〔1〕〔美〕博登·海默:《法理学:法律哲学与法律方法》,邓正来译,中国政法大学出版社1999年版,第507页。

〔2〕郭翔:《论司法考试与法学教育的关系——兼与周详、齐文远两位先生商榷》,载《法学》2010年第2期。

〔3〕郑成良,李学尧:《论法学教育与司法考试的衔接——法律职业准入控制的一种视角》,载《法制与社会发展》2010年第1期。

试无关的内容,即便是很重要的理论问题,无论学校是否有要求,在实际教学中都会被弱化;而应试技巧方面的内容,则会成为法学本科教育的重要内容。可能有人会认为,通过完善司法考试的内容,可以避免成为应试教育。但只要将考试作为目标,无论如何调整考试内容,由于对教学效果的评价是以考试结果为依据的,所有的教学工作都将围绕考试结果展开,应试教育就不可改变,毕竟素质教育与应试教育是教育目标上两个完全不能相并立的方向。“假若未来司法考试作为职业准入规制手段,特别是作为法学教育的指挥棒角色得到进一步的加强,那么,它对法学教育产生的消极影响也会愈加深重:它会迫使法学教育的主流远离具备真才实学的高素质法学人才的培养目的;迫使法学教育的主流为了保持毕业生的高比例的司法考试通过率,而有意忽视当下社会对法律服务做高度专业化和多元分层的要求”〔1〕。以司法考试作为法学教育目的、唯司法考试马首是瞻的教学模式,对现代法学本科教育的影响是灾难性的,有悖于大学教育的本质与初衷。

第三,从性质上看,司法考试仅仅是“选拔符合法律要求的合格法律专门人才”的资格考试,是一种法律应用能力的考试,而不是法学理论素养和思维分析能力的考试,法学基础教育所具有的多功能性是司法考试所无法比拟的。在正常的法学本科教育中,法学教育具有“传递与创新法律知识、训练和提升法律技能、养成和改善法律思维方式、培育法律职业道德、培植法律信仰”〔2〕等众多功能与价值,法学院校不管是在法学专业的课程设置上还是在教学方式上,都较注重法学理论素养与思想的培养,通过这种方式教育出来的学生往往具有较高的法学素养。而司法考试不具备像法学本科教育那样全面的功能,其只能考查出学生的部分法律应用能力,而无法检测出学生的法律思维能力。因此,司法考试不应动摇法学本科教育的基础性地位,其无法代替基本的法学本科教育,以提高司法考试通过率作为法学本科教育的目标是不科学的。

当前,一些法学院校以司法考试为导向,将司法考试通过率作为

〔1〕 叶秋华、韩大元、丁相顺:《建构法学教育与司法考试的良性互动关系——“法学教育与司法考试”研讨会综述》,载《中国法学》2003年第2期。

〔2〕 房文翠:《法学教育价值研究》,吉林大学2005年博士学位论文。

教学质量好坏的一个衡量标准,将提高司法考试通过率作为法学教育追求的目标,把教学重心转移到与司法考试有关的课程上,以司法考试大纲规定的内容为蓝本修改与制订教学计划,对法学核心课程的开设有所侧重,增加实体法与程序法的课时量,削减司法考试分数比重少的科目的课时量,取消部分与司法考试无关的公共课程,为追求好的司法考试成绩,在教学过程中注重司法考试题型的演练。更有甚者,部分法学院校力求通过提高司法考试通过率来提高自己的知名度和影响力,并在招生过程中作为品牌进行宣传以求获得好的生源。在此种法学教育氛围中,法学专业的学生必然会在学习过程中更加注重司法考试分数比重大的科目,对于分数比重小的科目则会失去学习的动力,尽量少花或不花时间学习。因此,以司法考试为导向的教育模式,虽培养了学生的应试能力和记忆能力,但加重了学生参加司法考试的功利性,降低了学生阅读法学专著、学术论文的兴趣。长此以往,势必影响学生法学知识框架的构建,导致学生法学基本功不扎实、法学逻辑思维不严谨,削弱学生法学素养的培养。

三、认真对待"法学本科教育与司法考试之良性互动关系"

法学本科教育不能以司法考试为导向,单一的司法考试制度难以实现国家通过法律职业准入考试选拔高素质法律人才的目标。法学本科教育与司法考试是有机统一的,两者应当通过优势互补,协调发展,形成良性的互动关系,一方面要求法学本科教育尊重司法考试的本质与规律,以司法考试为契机,加快法学本科教育的改革步伐;另一方面也要求司法考试不能忽略我国法学本科教育的实际,衔接好与法学本科教育现状的关系,完善司法考试制度,实现法学本科教育与司法考试的良性互动。

(一)在司法考试背景下改革与完善我国法学本科教育

第一,以司法考试为契机,顺应时事,重新定位法学本科教育目标。关于法学教育的目标定位,主要有以下三种观点:其一为精英教育说。此说认为,我国学院式法学教育应当突破非职业化模式,转向重视素质和职业教育,同时还应借鉴国外的法学教育模式,在法学教育上侧重精英教育。其二为职业教育说。此说认为,法学教育的最终目的,在于对有志于从事法律实务的人进行科学而严格的职业训练,使他们掌握法律的实践技能及操作技巧,能够娴熟地处理社会当中各种错综复杂的矛盾。其三为通识教育说。此说认为,具有高尚的职业道德是培养法律人才的首要标准,平等、公平、正义的民主思想应当是合格法律人才职业道德品质的应有内容。适应社会对复合型高素质法律人才的需求,法学教育要能够培养出宽口径、厚基础、强能力和具有创新精神的法学人才。〔1〕

笔者亦认为,根据法学教育的分层以及社会对法律人才的多样性需求,法学本科教育定位为培养应用型人才为主、学术型人才为辅的通识教育更为妥帖,而不应以通过司法考试作为其目标。遍观世界各国法学教育,都非一个阶段完成。主要有四种模式,即以美国为代表的法律博士模式、以英国和香港为代表的法律深造文凭模式、以德国和日本为代表的法律训练模式、以澳大利亚为代表的双学位复合法学课程模式。其共性在于都将法学教育分为两个阶段:通识教育和职业教育。前者目的是在培养学生人文社科素质基础上构建基本法学体系,后者目的在于培养学生具体的法律操作能力。“无论如何,优秀的律师或法官是无法直接从法学院校中生成的,需要在律师事务所或法院中长期磨炼,法学教育对于实践性法律人才的培养确实鞭长莫及、有心无力。”〔2〕毕竟不是所有法学毕业生都从事与法律直接相关的业务,事实上,我国大部分法学毕业生都未能真正从事法律相关职业。

随着社会经济的发展,社会对法学毕业生的需求是多层次、多类型的,相应地,法学本科教育也应该满足学生将来从事多种社会工作的知识结构和思维方式训练的客观要求,而不应仅仅将目光盯在应付司法考试的需求上。法学本科教育应具有教授或培育“信息型知识、

〔1〕 潘樾:《法学本科教育目标应定位为通识教育》,载《教育与职业》2006 年第 15 期。

〔2〕 曾大鹏:《法学教育与司法考试的互动关系之探究》,载《成都理工大学学报》2011 年第 3 期。

言辞文书技术、法律方法和伦理信仰”等多方面功能,重视法律与其他社会规范和现象的相互关系,重视法律思维的训练,重视宏观正义与微观个案正义的关系,这些正是培养“应用型人才为主、学术型人才为辅的通识教育”所具有的当然内涵。

第二,适当兼顾司法考试,改进法学教学方法,尝试法学理论教育者与实务家共同授课、联合培养的方式。我国传统法学本科教育以课堂讲授为主,主要是解释概念、注释条文、阐述理论、抽象议论等,基本上停留在理论分析、法律诠释层面上,概念化、教条化和形式化的色彩过于浓厚,法律实务知识以及实务操作技能方面的能力培养,在多数法学课堂教育中仍付阙如。法学院校的毕业生无法习得法律职业者所需的基本技能,一旦走上职场仍需从头开始。

改革后的法学课堂教学,应多重视案例教学法、模拟法庭、法律诊所教学法等实践性教学方式,聘请法官、检察官、律师等法律实务家授课,这样既有利于学生理论的提升,也有利于学生对实务的操作,二者相得益彰。另外,在授课过程中,可有机融入司法考试的部分内容,适当通过司法考试中的争议试题,向学生展示法律解释学的基本技巧及其魅力所在,培养学生独立判断、推理的法律思维能力。但要避免将司法考试当做教学指挥棒,一味迎合司法考试,甚至将司法考试通过率当做法律教育成功与否的指标。

据美国哈佛大学法学院副院长安守廉介绍,自19世纪哈佛大学法学院就引进了案例教学,将上诉法院的判决作为教材,开展诊所式教育。其法学教育教科书被称为“判例汇编”,内容包括各种判例和对判例所作注释、所提问题、所附文章及所列参考文献等;教学与考试,主要针对判例进行讨论、辩论、分析、评价。课程设置和课堂教学都强烈表现为通过研究判例来掌握法理与法条,通过研究判例培养学生像法官、检察官、律师那样去思考、分析和处理问题,其考试目的、方式与内容,是在判定考生是否具备法律职业所必需的学识和综合应用能力。我国曾于2002年召开过关于诊所式教育的国际研讨会,希望能引进这种教学方式。但时至今日,真正开展诊所式教育的学院并不是很多。中国人民大学法学院最早成立法律诊所,通过开设专门的诊所教育课程,对学生进行法律职业道德和执业技能培训,同时向诊所学生和教师提供法律援助的平台，为贫穷当事人提供无偿专业服务，这些做法值得我们学习、参考与借鉴。

另外，由于近年法学教育发展迅速，学生数量急剧增加，师资力量缺乏，教师的注意力更多地集中在理论研究，对实务问题缺乏关怀。如果教师本身就没有法律实践技能，缺乏法律实务知识，就不可能培养出适应法律职业要求的实务人才，在实践教学环节，也无法实施有效的举措。因此，法学教师也应不断充电，提高自身的法学理论水平与法律实务能力。如美国的哈佛、耶鲁，英国的牛津、剑桥等世界一流大学的法学院教授都会抽一定的时间从事具体律师实务。

（二）在法学教育基础上改革与完善司法考试制度

第一，消除“一考定终身”的弊端，我国司法考试应分两次进行，第一次司法考试为笔试，第二次司法考试则在考生通过第一次考试并于法律实务部门实习 1 年后进行口试，促进司法考试的科学性和合理性。在目前的司法考试制度下，“高分低能”现象较为突出，这在从未接触法律实务的在校生身上体现得尤为明显。口试可以考察考生的口头表达能力、沟通能力及法律思维能力，弥补某些考生只会背不会说、知“其然”但不知“其所以然”，甚至“一问三不知”的缺陷。并且，在本质上，法律技术乃一项论辩、对话的技术，律师、法官及检察官的法庭辩论或法庭审判效果之优劣，主要取决于他们是否具备高水准的法律功底及口头表达能力。[1] 从国际趋势来看，不少国家都实行严格的法律职业准入制度，例如，德国司法从业人员的选拔要经过两次考试，而且两次考试都采用口试笔试兼试的方式，通过者为“完全法律人”，方可申请从事法律职业。[2]

同时，改良我国司法考试的形式，减少选择题此种客观题的考察形式，加大主观题的考察力度，把法学本科教育中所传授的法学精神、理念、价值追求融入其中，使司法考试能够真正推动法律职业化、专业化，进而精英化。选择题本身难以全面考查考生对于法学三段论的法

---

〔1〕 曾大鹏：《法学教育与司法考试的互动关系之探究》，载《成都理工大学学报》2011 年第 3 期。

〔2〕 韩苏琳：《美英德法四国司法制度概况》，人民法院出版社 2002 年版，第 454 页。

律推理过程,司法考试前三卷中的单项选择题、多项选择题和不定项选择题高达450分,不利于合理遴选优秀的法学专业学生,不少考生在考试过程中猜答案或碰运气的色彩或多或少都存在。而主观题首先要求考生仔细审阅试题,并指明所依据的法律规定或法学原理,对提问予以明确作答,能够较好地选拔符合法律职业要求的、合格的法律专门人才。

第二,改变司法考试对报名考生资格的要求,规定只有完成高等院校法学本科及以上学历教育者,方可报名参加司法考试,没有法学教育经历的人员不享有报名资格。当前,我国法学教育与司法考试之间存在明显的流程断裂。接受法学教育不是参加司法考试的前提条件,不管学习什么专业,均可参加国家统一司法考试,不论是谁,只要能够通过司法考试,即具备从事法律职业工作的可能性。然而,法律职业是定纷止争的工作,其不仅需要扎实的法律知识,熟知各种纠纷解决方式,同时还需要掌握法律思维方法和运用法律语言,而没有经过法学教育的人是不会形成良好的法律思维的。孙笑侠教授亦认为,“对于法律人来讲,思维方式甚至比他们的专业知识更为重要。因为他们的专业知识是有据(法律规定)可查的,而思维方式是决定他们认识和判断的基本因素,况且非经长期专门训练则无以养成”[1]。因此,限定只有完成高等院校法学本科及以上学历教育者,方可报名参加司法考试,有其自身的科学性与合理性,毕竟法学教育是司法考试的基础,是从事法律职业的根基。

---

〔1〕 孙笑侠:《职业素质与司法考试》,载《法律科学》2001年第5期。

SPOC 支持下的法学课程翻转课堂设计思考

佘艺颖*

摘　要:SPOC 将 MOOC 资源用于小规模、特定人群的教学解决方案,翻转课堂前移了传统课堂教学流程。借助 SPOC 平台,法学类课程的翻转课堂设计更具有信息化的特点,参考布鲁姆教育目的分类和 ARCS 动机激励理念,提出设计和实施法学类课程的翻转课堂的设想。在技术、组织、教学需求方面得到保障的前提下,SPOC 支持下的翻转课堂具有可行性。

关键词:SPOC(小规模限制性在线课程)　翻转课堂　法学课程

一、SPOC 与翻转课堂

(一) SPOC 的基本内涵

SPOC,是 Small Private Online Course 的缩写,也可以称为小规模私有在线课程。事实上它是伴随着 MOOC 的发展而来,继承了 MOOC 的许多优点。突出短小精悍的视频、少量精准的测验、灵活的在线学习和一定程度上的线上社交学习体验等。除此以外,SPOC 也克服了

* 佘艺颖:湖南省长沙学院政法系教师。

MOOC 的一些缺点,比如因为 MOOC 模式完全依赖于在线教学,由此带来的高辍学率和海量的学习管理问题。小众(Small)和私密(Private)的特点,更为适合在校大学生的本地学习模式。它可以在一定程度上改变固有的传统课堂模式,激发学生自主学习的兴趣,更为重要的是作为课堂教学的辅助系统,适用和利用优秀的 SPOC 资源,可以重新设计学校的教学方式和模式,采用翻转课堂设计,有效地提高法学课程的教学质量。

(二) 翻转课堂的内涵

翻转课堂是对传统课堂教学程序的一种颠倒。它仍保留了信息传递和知识内化两个步骤,但与传统课堂教学相反,它将信息传递过程放在课外。主要借助视频和音频资料,由学生在课堂上自主完成知识内化。学生与教师面对面在指导与讨论中练习 + 问答和讨论以巩固知识,它是一种传统课堂和网络教学有机结合的混合式教学。[1] 翻转课堂改变了传统课堂的顺序。这种教育方式并非新的理论,但翻转课堂与 SPOC 结合就提供了新的教学尝试方式。在线的提前学习与课堂的翻转相互结合,以任务为前提的自主学习方式给法学课程的教学提供了新的思路。

二、法学类课程翻转课堂设计理念

法学类课程主要以教育部指定的 14 门核心课程为基本的教学内容,涵盖理论法学和部门法学等多种法学类课程。与其他社会科学类课程相似,现有的课堂教学以讲授为主要的手段。在 SPOC 和翻转课堂的支持下,法学课程出现了更有效率的教学模式:更为积极的互动性、更有成效的因材施教的教学效果、更为自由的教学自由度。SPOC 教学理念的核心是私人、高效率和高质量的学生自主学习模式。实现这个核心理念的途径是线上学习,线上所学内容对应传统意义上的课堂教学内容。线下的课堂教学则是教师分组指导或个别指导。实现

〔1〕 张新、何文涛:《支持翻转课堂的网络教学系统模型探究》,载《现代教育技术》2013 年第 8 期。

传统的教学时间轴前移,此为翻转课堂不同于传统课堂的最大特点。

(一) 布鲁姆的教育目标理念

布鲁姆教育目标分类从认知领域将学习者对认知的领悟程度由低级到高级顺序分成六个层次,分别是:识记、理解、应用、分析、评价、创建。[1] 传统的课题教学环节中注重记忆与理解,课堂上教师的侧重点主要在于描述,当然其中也会加入分析和应用。但是这种分析和应用,学生往往是在被动的学习,对教师的分析进行思路上的模仿。以法学课程为例,课堂内学生更多的是在了解专业概念,形成一定的认知,然后模仿教师的法律思维进行分析。课后去实现进一步的分析、评估和创建的工作。这个传统的流程是重视课堂的信息传播,课后去实现知识内化的过程。但其实法学教育作为一门实践性很强的学科,评估和创造应该是学生法律思维的重点,也是我们教学的重点。因此在法学课程设计过程中,借助 SPOC 的翻转课堂形式,将信息传播主要放置于课前,课堂内重视知识的内化,并使学生达到“创建”能力的教学模式更有利于提高法学课程的效率与质量。

(二) 以学生为本的 ARCS 动机激励理念

以学生为本的教学理念是人本主义在教育理念中的发展。作为高校学生,已经具备成年人的独立思考能力,更需要考虑他们在教育中的感知和体验。因此简单的行为模仿、认知的加工或者自我建构在一定程度上并不能产生更为有效的激励。在翻转课堂的模式中,学生可以自主安排接受信息传播的过程,使用 SPOC 来自由安排学习的进度,完成课前教师所布置的任务。课堂中的工作转化为强化知识的内化的过程,得到教师一对一和面对面的评价。这个过程更为重视学生自主学习和探索的能力。某种程度上激发学生的学习兴趣,也可以进一步实现创建这个层次的能力掌握。

ARCS 模型由美国佛罗里达大学的约翰·凯勒教授提出,他认为

---

〔1〕 参见祝智庭、管珏琪、邱慧娴:《翻转课堂国内应用实践与反思》,载《电化教育研究》2015 年第 6 期。

教学活动的四个要素,即A(注意),R(切身性),C(自信心)和S(满足感)。[1] 在这个模型之下,首先是"注意",引发学生对所学内容的关注。第二个要素是R,就是切身性,即所学是否与其生活有关联。第三个要素是C,C是信心,是否有能力完成。S是满足感,也就是学生的成就感,通过评价体系让学生获得满足。法学类课程翻转课堂可以依据建构主义和生本主义的理念围绕着以上四点进行设计。

三、法学类课程翻转课堂设计思路

在SPOC的支持下,翻转课堂的步骤主要分为:课前任务设计、课堂内学习活动的组织、翻转课堂的实施。每个步骤环环相扣,在实践中应该确保有内容可以翻转,并且可以实施翻转。

(一)课前任务的构想

课前任务的设计与课前预习是不同的概念。课前任务使学生有针对性地掌握学习的内容,能自主地去思考所学内容中的问题,并对这些问题自主探索。设计课前任务应该考虑几个方面的因素:课程的教学目的,达成教学目的难易程度,学生前期掌握的知识和他们的兴趣点,所设计的教学任务也必须与翻转课堂的内容相呼应。

因此从步骤上看:其一,应按照前文所述的布鲁姆模型,设计出课程需要达到的教学目的;其二,在这个目标之下,设计不同的适合法学类课程的学习活动;其三,设计好学习活动以后,在SPOC平台上浏览发布的形式多样的学习资源;其四,以ARCS模型来评价所设计的学习任务单是否符合法学类翻转课堂的需求。

(二)课堂内学习活动的组织

翻转课堂内的设计中要考虑对教学目的的呼应和反馈,完成知识的内化和创新。首先,在翻转课堂内应该考虑到前期课前任务的评价,此评价与课后的考查不同,是对学生前期课前工作的鼓励和激发

---

〔1〕 参见邹丽、陈月亮:《ARCS模型在课堂教学中的应用探析》,载《黄石理工学院学报(人文社会科学版)》2010年第2期。

兴趣。其次,设计在课程内的活动作业。此项任务是翻转课堂中重要的环节。完成这个项目,多半是以小组形式的。这一点与法学专业学生将来在律师事务所或者其他司法部门分析案情,探讨结论的情况是类似的。在这个作业的完成过程中,需要团队的协作和创新。最后,对于完成的项目进行展示可以提高法学专业学生的综合素质。展示的过程多元地训练了学生的法学专业思维、口才以及阐释分析结论的能力。学生通过展示的环节重新对知识进行了创建。这正符合布鲁姆分类法中高层次的教学目的。

为了完成上述流程,在翻转课堂内可以设计形式多样的活动方式。设计高质量的开放式提问方式、头脑风暴问题、角色扮演法、建模与分析的方式等。可以通过 PPT、思维导图甚至手绘的方式来分享和阐述自己或者小组的观点。这些活动经过精心设计,并围绕法学教学目的层层展开,提供给学生自主的发挥空间,将教学活动变得更为有效率高质量。

(三) 翻转课堂的实施

翻转课堂在实施过程中需要满足相关的几个条件。其一,SPOC 平台的支持使翻转课堂得以在课前将相关的课程资源比较完整地呈现出来。资源中包括最为重要的微视频制作,微视频的制作要考虑内容的选择、拍摄的成本、脚本的设计等一系列问题。除了微视频,还有其他可供参考的资料、习题,供学生在课前自主安排完成学习。其二,SPOC 平台对于翻转课堂也可以提供非常有利的协作学习和社交学习方式。课堂内需要翻转的一些项目的流程、规则可以在平台上先予发布,使翻转课堂能顺利实施。其三,根据法学专业的特点,辩论式的课堂文化具有一定的传统,契合翻转课堂文化。其四,翻转课堂的实施需要专业老师的精心设计。同时 SPOC 平台的运行和维护更需要团队的协作,以及学校管理方面的支持。

四、翻转课堂设计可行性分析

第一,技术可行性问题。SPOC 超越 MOOC 教育模式,它的私密性和小众的特点,使其相对 MOOC 更易于管理。国际上三大主流 MOOC 平台 Coursera、Udacity、edX 从技术上实现了大规模的 MOOC 课程的上线需求。国内以爱课程、学堂在线等平台为代表,均有能力实现 MOOC 的课程技术要求。在此基础上,更为小众化的 SPOC 在技术上已经可以实现。如国内的爱课程网上的 SPOC 专区已成功运行多所高校的课程。

第二,学与教的可行性问题。随着信息化技术的发展,建构主义知识观、经验学习理论、系统论的设计思路,成为 SPOC 融合 MOOC 与校园课程的三大理论基础。[1] 在这样的理念中,学生对于知识获取的需求渠道更为多元。生本主义揭示学生为本应以尊重学生的自主性为要素。这使得 SPOC 与翻转课堂具有理论上的可行性。适用 SPOC 平台下的翻转课堂设计,对"教"也提出了更高的需求。专业的教师团队在 MOOC 教育发展背景下,寻求传统教育与信息化教育的平衡,寻找自身教学的定位成为使命。因此从"教"与"学"的角度,SPOC 支持下的翻转课堂设计成为二者共同的需求。

第三,组织可行性问题。作为法学类课程改革的探索,制定合理的课程设计计划、设计合理的翻转课堂流程、选择优秀的教师组成教研教改团队、建立工作协作关系,是翻转课堂可以实现的制度保障和师资保障。

五、小结

有关翻转课堂和 SPOC 国内外都有诸多的观点与理论论证,在 SPOC 的支持下,翻转课堂的教学模式得以在法学类课程中进一步发挥其价值。在建构主义知识观、经验学习理论、系统论的设计思路理论基础下,参考布鲁姆教育目的分类和 ARCS 动机激励理念,设计和实施法学类课程的翻转课堂的流程具有一定的实践意义。在技术层面、组织方面和需求层面得到保障的前提下,SPOC 支持下的翻转课堂的可行性和预期效果都将更有质量和效率。

---

[1] 张永林、肖凤翔:《SPOC:MOOC 与校园课程的深度融合》,载《中国职业教育》,2015 年第 18 期。

基于 IDMSE 的创客教学法在《经济法》教学项目设计中的运用*

王　频**

摘　要：创客教学法以一个特定的学习任务为中心，要求学生利用多学科的知识，分组协作通过自己的创造力解决问题。在《经济法》课程的教学项目设计中运用创客教学法可以通过"做中学"的方式融会贯通地掌握枯燥的法学知识，培养学生自主学习和创新创意能力。这既能顺应高职教育以技术技能见长，突出强调动手能力的培养目标，也是破解《经济法》教育现实难题，形成"要我学"到"我要学"的良性学习模式的有益尝试。

关键词：创客教学法　IDMSE　《经济法》　教学项目设计

《经济法》教育担负着学生法律职业能力培养和国民法学素质培育的重要责任。一方面，《经济法》课程是财经大类开设的基础必修课程，亦是诸多相关职业的职业资格考试的必考知识；另一方面，《经济法》教学内容庞杂，包括法的基本理论和各专业领域具体法律制度两个部分，具有很强的理论性和学科前沿性。然而，有鉴于高职学生文

* 本文是2015年湖南省教育科学规划课题《基于 IDMSE 的创客教学法在高职法学教学项目设计中的探索与实践——以〈经济法〉为例》的阶段性成果，课题批准号为 XJK015BZY042。

** 王频：湖南现代物流职业技术学院教师。

化基础不好,学习习惯较差的普遍现象,《经济法》教育推行难度较大,其最大的难题是教师“教不进”和学生“学不好”的问题。如何引起学生的学习兴趣,激发学生的自发学习能力,全面提升学生的综合素质,上好既有趣又有效的《经济法》课程,我们可以尝试着运用创客教学法来解决这一问题。

一、创客教学法

在全球创客运动的影响下,以培养学生的自主学习和创新创意能力为目标的创客教育在教育界迅速兴起。在欧美国家,特别是美国,创客教育已经渗透在日常教育中。许多中小学校、大学、研究院都设置有专门的创客课程,并开设学生“创客空间”,给学生实现“让想象落地”的平台。“创客教育”已经成为美国推动教育改革、培养科技创新人才的重要内容。“创客教育”流行于欧美国家的同时,也在中国的中小学、大学校园里逐渐发展起来。2014 年 6 月,清华大学举办了由 Intel 赞助的创客教育论坛,对“创客教育”进行了全面推广。

作为创客教育的具体教学方法,创客教学法是一种鼓励学生在探索、发明和创造中主动与协作学习的教学方法。通过创造作品、动手操作来启迪学生、丰富课堂,把课堂变成一个充满活力的“创客空间”,鼓励学生创建物品、发明工艺、分享创意点子。同时使学生具备一定创意能力,让其职业发展有新的方向。

创客教学法包括 Idea—Design—Maker—Share—Evaluation 五个步骤(简称 IDMSE)。具体到《经济法》教学项目设计而言:Idea-创意是指教师如何有创意地将教学内容分解成具有实用性的知识点;Design-设计是指教师针对知识点如何有创意地设计学生感兴趣并且有创造空间的教学项目任务;Maker-制作是指教师如何有创意地制作教学项目任务书;Share-分享是指教师如何通过分享教学项目设计再修改再设计;Evaluation-评价是指教师如何针对过程,科学评价学生完成项目任务的情况。

二、《经济法》教学项目设计中运用创客教学法的必要性

教育部在《关于以就业为导向深化高等职业教育改革的若干意见》白皮书中明确指出:“我国高职教育的目标是培养理论与实务并重,人文与科技均衡的社会中坚力量。”在《关于推进高等职业教育改革创新引领职业教育科学发展的若干意见》中要求“改革培养模式,增强学生可持续发展能力”。高职教育具有明显的“实务导向”特点,如何实现良好的技术技能要求,如何增强高职学生自身的可持续发展能力,创客教学法不失为一个培养应用型人才,强化学生竞争能力的途径。

第一,创客教学法有助于提高学生学习法律的兴趣,培养自发学习能力。运用创客教学法可以在授课方法和手段上合理创新,设计游戏化、手工化、艺术化的《经济法》教学项目模式,激发学生对枯燥、难懂的法学知识的学习兴趣,提升学习主动性。

第二,创客教学法有助于提升学生的创新能力,塑造职业能力。一方面,创客教学法强调的创新精神和综合运用知识技能解决实际问题的能力,是将来学生在求职和就业中必不可少的能力。另一方面,完成教学项目少不了依靠新兴科技的应用,在完成课程的过程当中,学生有机会接触和学习新兴科技,这也是在当今科技时代的必要知识储备。最后,“创客教学”主要以团队项目任务展开,团队合作能力、人际交往能力都会得到一定的训练,能为学生以后的职业生活奠定基础。

三、基于 IDMSE 的创客教学法在《经济法》教学项目设计中运用的可行性

第一,I-Idea,是指创意,是设计《经济法》课程“教学项目”的第一步。Idea 主要解决如何将《经济法》课程内容分解成“教学项目”任务点的问题。《经济法》教育涉及面广,内容繁杂。我们应坚持双用原

则,以“实用”为课程导向,以“够用”为课程深度,对现有教材的19章内容进行甄选,挑选其中的部分章节内容作为授课内容,按照学生毕业后自主创业和自主生活的角色设定,划分成“如何开办企业”——“如何合法经营”——“如何合法维权”3个大任务。然后再对应相应的章节拟分解成“什么是法”、“怎样创立企业”、“怎样订立合同、履行合同和终止合同”、“怎样保护我们的想法”、“怎样遵守经营规则”、“上帝有哪些权利?”、“怎样打官司”等教学项目知识点。

第二,D-Design,是指设计,是如何将Idea变成现实的必经步骤。作为设计《经济法》课程“教学项目”的第二步,Design主要解决如何将《经济法》课程中抽象的法律知识,形象设计为具有既有动手趣味和协作要求,又有知识内涵和技术学习要求的“教学项目”任务。有鉴于法学知识与信息技术联系的松散性,对于《经济法》课程的“教学项目”任务难以以创客产品中常见的物质作品形式表现,我们可以在文法学科领域予以创新。在《经济法》课程的教学项目设计中,我们可以采用综合肢体表演、课堂游戏、简笔画、数字故事、剧本文案等方式来体现。在教学中针对Idea步骤中分解的7个法学知识点对应设计“做一做”(法律扑克)、“玩一玩”(大家来找茬)、“画一画”(思维导图)、“讲一讲”(世界上最贵的想法)、“配一配”(认识违法行为与主管部门)、“演一演”(维权小品)、“写一写”(模拟法庭剧本)7个“教学项目”任务,通过生动的训练形式,将理论化的法学知识形象生动化,让学生时刻保有兴趣和热情,帮助学生理解掌握目标知识,加深学生对知识的掌握。

第三,M-Maker,是指制作,是一个如何将Design变成物质产品的实践过程。作为设计《经济法》课程“教学项目”的第三步,Maker就是教师“创客教学”的成文化工作,具体用“教学项目”的任务书形式表现出来,对学生以所学知识完成“教学项目”起到目标指导的作用。“教学项目”的任务书目前没有固定格式,参考华东师范大学祝智庭教授的观点,我们可以从任务目标—参考资料—辅助工具—小组组成—成品要求—评价标准6个方面着手设计《经济法》课程的“教学项目”任务书。以《经济法》课程的第一个“教学项目”中的Idea“什么是法”为例,Design的表现是“做一做”,那么它的Maker我们可以要求学生制作一副法律扑克。其具体的任务书就可以表现为：

任务目标	制作法律扑克
参考资料	《法理学》、《立法法》、中国法律信息网、法律图书馆、中国法院网等
辅助工具	联网电脑(手机、平板)，扑克、剪刀、胶水、彩笔等相关工具若干
小组组成	自愿分成 4 组
成品要求	不同花色代表规定的法律关键词，不同数字代表不同的法律文件位阶
评价标准	(1) 正确区分法的渊源与法的体系，法部门分类正确，法渊源排位正确；(2) 扑克制作整洁；(3) 分工明确、团结协作；(4) 分享问题与经验

第四，S-Share，是指如何将 Maker 分享到"创客空间"中去。创客空间是一个人们分享兴趣，然后合作、动手，创造新事物的实验室、厂房。我们可以利用世界大学城、教学微博、教学微信等线上虚拟空间形式，借助信息技术和网络渠道进行分享。通过创客产品的展示，实现再设计再修改，实现对《经济法》课程"教学项目"的改进与完善。

第五，E-Evaluation，是指对"创客产品"的评价。我们可以从"教学项目"的知识关切度、生动性、协作性、创意性、综合性、难度性 6 个方面对《经济法》课程的"教学项目"进行评价。一个与目标知识关系密切，具有生动形象的展示形式，能够培养学生的团结协作精神和创意精神，需要借助一些综合技巧，具有适中的难度要求的"教学项目"就不失为一个良好的《经济法》课程"教学项目"。

综上所述，在《经济法》教学项目设计中运用创客教学法，通过要求学生制作多种形式的创意作品来实现将抽象法律知识融会贯通的目的。在学习过程中，学生不再是知识的被动接受者，而是身兼设计师、作家、表演者等多重角色。一方面能从内在激发学生的学习兴趣，另一方面，能在具体的作品制作过程中理解、掌握具体的法律要点，强化知识的理解和记忆，锻炼学生的创意创作能力，为以后的职业发展提供可持续发展的动力。

正如由美国新媒体联盟、学校网络联合会和国际教育技术联合会合作编写的 2014 年地平线报告(高等教育版)所预测的："全球各地大学校园教学实践的重心正在发生转移，各个专业的学生正在通过制作和创造的方式进行学习,而不再是课程内容的单纯消费者……大学各个专业的学生都越来越多地进行内容的创造和设计。”创客教学法所倡导的提出问题并利用自己的创造力解决问题的理念与学生旺盛的创作欲不谋而合。在《经济法》中基于 IDMSE 步骤运用创客教学法不失为一种既激发学生学习兴趣,形成“我要学”的良性学习模式,又培养创新思维和动手创造能力,进而培养职业发展能力的有益尝试。

参考文献

[1] 李凌、王颉:《“创客”柔软地改变教育》,载《中国教育报》2014 年9 月23 日。

[2] 谢作如:《如何建设适合中小学的创客空间——以温州中学为例》,载《中国信息教育技术》2014 年第9 期。

[3] 黎加厚:《时代变化与课堂教学变化》,http://www. docin. com/p-1005339404. html。

[4] New Horizon Report: 2014 Higher Education Edition, http://cdn. nmc. org/media/2014-nmc-horizon-report-he-EN-SC.

[5] Watters Audrey, The Case for a Campus Makerspace,http://hackeducation. com/2013/02/06/the-case-for-a-campus-makerspace/,2014-10-08.

[6] 祝智庭:《创客教育——信息技术使能的创新教育实践场》,http://www. ict. edu. cn/html/chuangke/zixun/n20150127_22218. shtml。

[7] 华国栋:《推进创新教育,培养创新人才》,载《教育研究》2007 年第9 期。

[8] 徐辉:《创新教育的理论及其哲学、人类学基础》,载《教育研究》2001 年第1 期。

[9] 吴俊杰:《创客运动与 STEM 教育——专访“创客教父”Mitch Altman》,载《中小学信息教育》2013 年第12 期。

[10] Wikipedia: Hakerspace, http://en. wikipedia. org/Hackerspace, 2014-10-08.

论党校行政学院法学教育与领导干部法治思维和法治方式的养成[*]

杨　炼[**]

摘　要：党校行政学院是各级领导干部教育培训的主阵地，党校行政学院法学教育在领导干部法治思维和法律方式培养中具有教育培训、价值引导和法律优化功能。党校行政学院在培养领导干部法治思维和法治方式中存在用法守法和遵法的动力不够，法学教育培训体系不够完善，领导干部法治思维和运用法治方式的能力还不强等障碍，需要从强化领导干部法律信仰教育，完善党校行政学院法学教育培训体系和突出领导干部法治思维和法治方式的培训三个方面进行完善。

关键词：法学教育　领导干部　法治思维　法治方式

党的十八大报告提出，"提高领导干部运用法治思维和法治方式深化改革、推动发展、化解矛盾、维护稳定能力"。在党的文献中首次对领导干部法治思维和法治方式提出了要求，十八届四中全会通过的《中共中央关于全面推进依法治国若干重大问题的决定》进一步强调指出，"党员干部是全国推进依法治国的重要组织者、推动者、实践者，

---

* 本文为湖南省法学会法学教育研究会 2015 年年会征文。

** 杨炼，男，法学博士，中共湖南省委党校湖南行政学院副教授，主要从事法理学研究。

要自觉提高运用法治思维和法治方式深化改革、推动发展、化解矛盾、维护稳定能力,高级干部尤其要以身作则、以上率下”。法治思维不同于法律思维,它具有整体性、宏观性和全局性[1],不仅要求领导干部“运用法治理念、法治原则来分析和处理各类问题的逻辑思维方式,法治思维还要求领导干部具备良法意识、民主思想、法律至上、权利本位、程序正当等观念”[2]。法治方式则是领导干部在法治思维指导下,以权利为本位、保护自由、实现公平正义为目标所建构的行为模式。[3] 党校行政学院是各级领导干部教育培训的主阵地,是仅次于国民教育体系的第二大教育体系,充分发挥好党校行政学院法学教育在培养领导干部法治思维和法治方式方面的作用,对于当前我国的社会主义法治国家建设具有重要意义。

一、党校行政学院法学教育在领导干部法治思维和法治方式培养中的主要功能

党校行政学院作为干部教育培训的主渠道,是各级党和政府的重要组成部门,具有与公共政策制定、执行部门联系更紧密,教学培训更加注重应用性和实践等特征[4],从培育领导干部法治思维和法治方式中的作用来看,主要具有以下三个方面的功能:

(一)在领导干部法治思维和法治方式培养中的教育培训功能

对于领导干部来说,法治思维和法治方式不仅涉及对待法律的态度问题,同时也涉及如何运用法治思维来解决问题的能力问题。法治

[1] 张文宝:《论领导干部法治思维的内涵和能力的生成》,载《科学社会主义》2014年第6期。

[2] 李梅、张红扬:《论领导干部法治思维和法治方式的养成》,载《毛泽东思想研究》2013年第6期。

[3] 参见陈金钊:《对“法治思维和法治方式”的诠释》,载《国家检察官学院学报》2013年第2期。

[4] 参见胡登良:《教育培训如何培育公务员的法治思维》,载《中国经济时报》2014年12月19日。

思维是一种底线思维、规则思维、权利思维和契约思维[1]，这种思维的形成不仅要求有对相关法律知识的娴熟掌握，同时还要求有对逻辑思辨能力的特定训练，不是仅仅通过掌握法律条文和一些基本法律知识就能获得的，通过大规模的普法教育固然能在一定程度上弥补一些领导干部法律知识匮乏的缺陷，但对领导干部法治思维的形成和运用法治方式解决实践问题能力的提高却收效甚微。"一切有权力的人都容易滥用权力，这是万古不易的一条经验"[2]。领导干部是权力的行使者，要使他们从内心真正信仰法律，敬畏法律，运用法治的思维解决问题尤为困难，特别是在我国这样一个人治思维传统根深蒂固的国家，"没有民主法治传统的国家产生的有权势者更难于树立牢固的法治思维及其运用能力"[3]。对各级领导干部的教育培训是党校行政学院的基础性功能，只有针对不同级别、不同职务的领导干部，通过党校行政学院的法学教育，对他们的法治思维能力和运用法治方式解决问题的能力进行集中教育培训，才能有所收益。

（二）在领导干部法治思维和法治方式培养中的价值引导功能

所谓价值引导，是社会教化的一种方式，"广义指一切引导社会成员接受并遵循某种特定价值要求与行为规范的活动，其中包括利用说服、教育、灌输，以及通过制度体制、奖惩赏罚等各种手段引导社会成员接受并践履某种特定价值要求。……狭义指通过宣传、说服、教育的方式向社会成员灌输某种特定的价值要求与行为规范，使之接受并践履"[4]。党校行政学院教育培训不同于普通的国民教育，组织需求、岗位需求是领导干部进入党校行政学院学习的主导需求形式，《干部教育培训工作条例（试行）》明确指出，"省部级、厅局级、县处级党政领导干部每5年应当参加党校、行政学院、干部学院或者经厅局级以上单位组织（人事）部门认可的其他培训机构累计3个月以上的培

---

〔1〕 参见吴玉英：《领导干部法治思维运用能力的现状及提升对策》，载《中国井冈山干部学院学报》2015年第2期。

〔2〕〔法〕孟德斯鸠：《论法的精神》，张雁深译，商务印书馆1961年版，第154页。

〔3〕 陈文兴：《领导干部法治思维运用能力的提高路径》，载《云南行政学院学报》2014年第3期。

〔4〕 朱贻庭：《伦理学大辞典》，上海辞书出版社2002年版，第268页。

训。提拔担任领导职务的,确因特殊情况在提任前未达到教育培训要求的,应当在提任后1年内完成培训。”可见,进入党校行政学院培训对于各级领导干部的职业发展、职务晋升具有直接和现实的意义,价值引导功能明显,并且,这种价值引导功能直接通过课程设置和班次设置体现出来,某类课程设置和班次设置比重越高,表明受党和国家重视的程度也越高,也越能激发领导干部的重视程度,激发他们学习的热情和积极性。从党校行政学院课程设置来看,尽管法治的相关课程受到了越来越多的重视,但与十八届四中全会对领导干部法治思维和法治方式的迫切要求相比,还存在一定差距,需要进一步完善,以更好发挥党校行政学院法学教育培训的促进和引导作用。

(三)在领导干部法治思维和法治方式培养中的法律优化功能

党校行政学院法学教育对领导干部法治思维和法治方式不仅有教育培训和价值引导的功能,还兼具法律优化功能,这种优化功能主要表现为对国家政策和法律制度制定的影响。“教育最基础的功能是影响社会人才体系的变化,并以此为中介释放其对社会经济、政治、文化等活动的影响与作用。”〔1〕十八届四中全会的《决定》指出,“法律是治国之重器,良法是善治之前提。建设中国特色社会主义法治体系,必须坚持立法优先,发挥立法的引领和推动作用,抓住提高立法质量这个关键。”各级领导干部依据法治思维和运用法治方式在处理面临的各种实际问题时,其首要的前提是一切决策和行政行为都必须符合法律规定,在法治的轨道之内,因此,法律是否良善就成为法治进步和发达程度的重要标志。各级领导干部中,不少是法律和政策的制定者,“法治的发育、扩展,都依赖于一个相对成熟的法律人共同体”〔2〕。党校行政学院的法学教育是领导干部系统学习法治理念、培养法治思维的重要平台,通过对这个群体法学专业学习的教育、指引、规范和激励,使他们逐步增加法律人的特点,逐渐习惯于依靠法律条文、法律原

〔1〕 孙文红、马惊鸿:《社会治理现代化视域下法治人才培养模式思考》,载《教育科学》2014年第6期。

〔2〕 张保生、何苗:《法治与和谐社会——首届中国法治论坛综述》,载《中国政法大学学报》2007年第2期。

则和法治精神处理公务活动,依法管理社会事务,增进社会福利,他们对法治的尊崇和信仰,对法治思维和法治方式的娴熟运用又必将进一步促进立法的科学化和民主化,提高立法质量,从而达到善治。

二、党校行政学院在培养领导干部法治思维和法治方式中存在的主要障碍

(一)领导干部学法用法守法和遵法的动力不够

法治思维是一种思维形态,是由法律观念内化而形成的一种思维方式。而法治方式则是在法治思维支配下的一种行为模式。因而,领导干部学法用法守法和遵法是领导干部运用法治思维和法治方式的前提和基础。各级领导干部是国家权力的执行者。据统计,超过85%的法律法规的实施需要各级领导干部参与,他们对法律是否敬畏,学法用法守法遵法的动力和愿望是否强烈,直接影响我国法治进程。从实践来看,尽管随着法治国家建设的进一步推进,法律规范越来越完善,法治氛围越来越浓厚,越来越多的领导干部认识到了法治的重要性,开始积极主动去学法用法守法遵法,但也有相当一部分领导干部表现出被动性和被迫性,往往更多专注于本职工作,认为只要把本职工作搞上去就万事大吉了,学习意识和学习动力不强,认为学法用法用处不大。甚至还有一些领导干部由于守法意识淡薄、遵法观念不强,在工作中出现了逾越权力边界,不遵守法定程序,以至于损害普通民众合法利益的情况。〔1〕

(二)党校行政学院法学教育培训体系不够完善

党校行政学院教育体系具有与一般的国民教育不同的特点,“高

〔1〕 比如,有的执法不文明、处理不当,进而引发群体性事件,损害了政府公信力;有的不经过任何程序将村民直接选举的村干部免职,有的基层干部出于部门利益和地方利益考量,以政府名义下发文件禁止或限制外地某商品在本行政区域流通或本地某产品流向外地市场;有的习惯用人治方式处理问题,缺乏程序观念,对司法机关依法办理的案件打招呼、递条子,干扰司法独立等。参见顾和全:《基层领导干部法治思维的现状及治理对策》,载《中共云南省委党校学报》2013年第2期。

校的教学体系以‘知’为中心,侧重于从认识到实践,先解决认识问题,将来再出去实践。党校和行政学院的教学体系则是以‘行’为中心,强调在学习和实践中达到‘知行统一’。”[1]因此,在课程设置方面,受培训对象特点和培训时间的限制,不可能使学员系统学习每一门法律,而只能根据新的形势和新的任务发展的要求向学员传授他们所需的法学知识,由此造成在法学教育中难以做到因人施教,影响了培训效果。比如,培训对象中,就有相当一部分领导干部缺乏法学的基本知识背景[2],领导干部要树立法治思维,没有对基本法学知识和法律制度的认识和理解,这是难以想象的。从教学方式方法来看,“法律为社会所履行的职责,比如要求对培训法律工作者的方式方法进行控制。”[3]党校行政学院的法学教育同样如此,受传统注释法学研究方法的影响,在教学过程中,也不同程度地存在着“填鸭式”的教学方式,即“对法律内容进行注释讲解,并结合抽象的法学理论讲解制度设计的合理性”[4],与党校行政学院以问题为导向的教学需求不能很好对接起来,从而影响了教学效果。[5] 现代社会治理活动的复杂性和专业性对领导干部的法治专业素养提出了更高的要求,迫切需要对党校行政学院的法学教育体系进行优化设计,构建面向问题、特色鲜明、层次多样的培训体系。

---

〔1〕 马哲军:《论打造中国特色社会主义理论体系教学品牌的主要路径——以党校、行政学院教学为视角》,载《湖北行政学院学报》2010年第5期。

〔2〕 根据调查数据,领导干部系统学习过行政诉讼法、行政处罚法的不足一半,学习过行政复议法的为26%,系统学习过国家赔偿法的为20%,系统学习过地方人民代表大会和地方人民政府组织法的仅有37%,尚有27%的领导干部没有学习过作为国家根本大法的宪法。参见程济春:《浅议党校法学学科建设的定位》,载《黑龙江省政法管理干部学院学报》2011年第4期。

〔3〕 〔美〕博登海默:《法理学:法律哲学与法律方法》,邓正来译,中国政法大学出版社1999年版,第505页。

〔4〕 孙文红、马惊鸿:《社会治理现代化视域下法治人才培养模式思考》,载《教育科学》2014年第6期。

〔5〕 比如马哲军指出,一些党校行政学院教师照本宣科,从理论到理论,从概念到概念,上面讲得滔滔不绝,下面听得昏昏欲睡,不注重与学员互动,不联系实际,或者一到实际就没有下文。参见马哲军:《论打造中国特色社会主义理论体系教学品牌的主要路径》,载《湖北行政学院学报》2010年第5期。

(三) 领导干部法治思维和运用法治方式的能力还不强

随着我国法治建设的发展,领导干部在对法治理念的理解和认识、法治思维和运用法治方式处理问题的能力方面有了一定的进步,依法办事的意识和能力也得到了进一步增强。但应当指出的是,领导干部特别是基层领导干部在运用法治思维和法治方式方面,仍然存在诸多不足。例如,在法治理念方面,不少领导干部对现代法治理念的核心认识不清,存在法治即是"依法管理社会事务"甚至"治民"的观念。[1] 在对行政权力的来源和边界的认识上,不少领导干部的认识不清晰。有相当一部分人没有认识到权力必须有"法律的明确授权",也没有认识到"公民的基本权利即是权力的边界"。[2] 在处理法与政策、法与上级指示等关系上,存在法律让位于政策或上级指示的情况,法律权威还没有真正树立起来。[3] 在法律程序意识方面,还有相当一部分领导干部法律程序意识不强,忽视程序正义,甚至认为只要结果正确,程序合法与否无关紧要,在一些重大的行政决策过程中,公众参与和专家论证不充分,少数人决策甚至个人拍板的情况普遍存在。[4]

三、党校行政学院法学教育培养领导干部法治思维和法治方式的主要路径

当前,之所以党校行政学院在培养领导干部法治思维和法治方式

---

〔1〕 根据曹秀伟的调查,只有25.9%的基层领导干部认识到现代法治目标的核心是"依法制约国家权力",68.5%的人认为是"依法治理社会事务",还有5.6%的人甚至认为是"依法制约公民权利"。参见曹秀伟:《基层领导干部法治思维能力建设问题研究——以山东省聊城市为例》,载《中共云南省委党校学报》2015年第1期。

〔2〕 例如,只有56%的干部认识到权力的来源是"法律明确授权",甚至有24%的人认为"法律不明确禁止"的就是权力。参见曹秀伟:《基层领导干部法治思维能力建设问题研究——以山东省聊城市为例》,载《中共云南省委党校学报》2015年第1期。

〔3〕 例如,在回答"在执法中发现行政机关制定的政策与现行宪法与法律相抵触,您的态度是什么?"时,只有40.7%的人选择"执行法律",大多人选择"由领导或上级决定"、"执行政策"、"向上级反映情况、建议修改"。参见曹秀伟:《基层领导干部法治思维能力建设问题研究——以山东省聊城市为例》,载《中共云南省委党校学报》2015年第1期。

〔4〕 例如,有20%的人选择"无论程序怎样,我们追求的就是最终结果的实体正义。"

上存在种种困难,与传统的人治思维根深蒂固、重道德教化轻普遍规则的传统文化特质以及法律工具主义意识有密切关系,也与党校行政学院法学教育模式单一,教学效果不明显有一定的关系。领导干部法治思维和法治方式的形成对于法治中国建设具有重要的引领和推动作用,加强党校行政学院的法学教育对于促进领导干部法治思维和法治方式的形成具有重要的作用。

(一) 强化领导干部法律信仰教育

"法律必须被信仰,否则它将形同虚设。"[1]对法律的信仰是领导干部法治思维和法治方式养成的前提和基础。没有从内心真正建立对法律的尊崇,也就难以形成法治思维,更难以自觉运用法治方式去处理和解决问题。党校行政学院法学教育是促进领导干部形成法律信仰的重要平台,在教育培训中应当通过教学课程设置、教学方式改革等方式方法加强对领导干部的法律信仰培训,牢固树立宪法至上的理念,确立起"法无授权即禁止"的权力来源观,自觉运用法律规范自己的思想和行为。此外,还要引导学员摒弃法律工具主义的思维,法律不仅仅是一种社会治理方式,更重要的是,法是人们追求社会公平正义和美好生活理想的体现;引导学员进行思辨性探索和法律修养的自我完善,提高领导干部的法律意识,增强依法行政能力。

(二) 完善党校行政学院法学教育培训体系

为提高领导干部自觉运用法治思维和法治方式的能力,在法学教学培训体系中,还应注意法治素养的教育培训。具体而言,在课程设置方面,应加大依法治国、法治湖南等理论和实践问题在教学培训中的分量和比重,重点研究现实生活中出现的各种难点、热点问题,突出特色和优势。在教学方式方面,要注重创新教育培训方式,如可以采用与司法实务部门合办专题研讨班的形式,将领导干部法治思维和法治方式培训纳入主体班教学序列。还可以增加模拟法庭、旁听庭审、参观监狱等法治实践活动,通过直接的法治体验形成法治思维,运用

---

〔1〕〔美〕哈罗德·J.伯尔曼:《法律与宗教》,梁志平译,中国政法大学出版社2003年版,第3页。

法治方式。在课堂教学方面，为增强体验感，可以利用现代化教学手段对典型法治事件进行场景模拟，运用讨论、辩论等多种方式，为培养领导干部法治思维能力提供良好的训练途径。在培训层次方面，应根据培训对象的不同层次、不同岗位，因人施教、因材施教、因班施教。

（三）突出领导干部法治思维和法治方式的培训

法治思维是一种合法性思维，要求善于运用法律手段解决问题，将合法性与否作为判断是非和处理事务的尺度，“即使它被认为在政治上是有利的，在经济上是有益的，在道德上是善的，只要它不具备合法性基础，就必须将其排除在选择范围之外”〔1〕。但从各级领导干部成长的社会环境来看，一部分领导干部“出生在并不喜欢平等、藐视独立思考和法治规则、多元价值尺度严重缺乏的社会环境里，从小就在专制主义的耳濡目染之下，见惯了权力的专横……当法律成为他们争权夺利的障碍时，首先想到的是如何规避，实在规避不了就践踏”〔2〕。因此，在党校行政学院法学教育中，领导干部法治思维和法治方式的养成要比法律知识的传授更为困难，其紧迫性也更加凸显。要在党校行政学院法学教育中，突出对法治思维和法治方式的培训，使领导干部理解到法治思维的规则性、权利性、契约性和底线性，强调运用法律来处理事物和解决问题，强调公开、透明的程序，强调从权利义务的角度来观察、分析和解决问题。要从法学教育的顶层设计入手，围绕法治思维和法治方法的养成，注重教育培训的整体效果，创新教学方式方法，提供法学教育的系统性和科学性，努力形成以效果为导向的评价体系，通过党校行政学院法学培训，使法治思维成为领导干部自发的一种心理需求，法治方式成为领导干部处理问题的主要方式，以实际行动营造良好的法治环境。

---

〔1〕 郑成良：《论法治理念与法律思维》，载《吉林大学社会科学学报》2000 年第 4 期。

〔2〕 陈文兴：《领导干部法治思维运用能力的提高路径》，载《云南行政学院学报》2014 年第 3 期。

试析劳动法教学指导高校学生就业之意义、途径及方法

汪　波[*]　罗万里[**]

摘　要：随着我国劳动法制的日益完善，与大学生就业有着密切联系的劳动法教学在高校中受到越来越多的重视。本文针对劳动法教学在指导高校学生就业的意义、途径及方法方面，提出了一些思路和建议。

关键词：劳动法　大学生就业　意义　途径　方法

一、新形势下劳动法知识在指导大学生就业过程中具有重要意义

（一）高校开创毕业生就业工作新模式的要求

高等教育区别于中等教育及职业教育的重点在于，高校学生在校期间需要获取从事未来的专门职业所需的理论及实践知识，以便在毕业后走上工作岗位时能尽快适应社会需求。进入21世纪以来，中国国内对践行特色社会主义的各种尝试不断深入，社会需求也呈现出多

---

* 汪波，女，江苏常州人，硕士，湖南南华大学文法学院副教授，主要研究方向为劳保法、高教研究。

** 罗万里，男，湖南衡阳人，湖南南华大学文法学院教授。

样化和全面化，相应而产生的对人才的需求也发生了变化。但由于全球范围的经济发展推动力欠强劲，影响了国内人才市场的繁荣和自我强化速度。现在大学生毕业后面临“就业难”的问题，就是基于这样一种形势下的困境。虽然高校并不直接承担安排毕业生就业的职责，但是通过引进就业工作的创新模式可以改善和提高大学生的就业竞争能力，从而满足社会对人才的需要。大学生就业竞争力的提高，对于普遍提高我国高校的教育教学水平，改善高校就业工作的僵局，都是一种“双赢”格局。对于每一所高校，尤其是暂时被列在985、211之外的高校，提高毕业生就业竞争力，实现更高的就业率，无疑是自身教育质量的重要标志。这类高校的很多学生因为并非“出身名门”，在求职心态上有着“低人一等”的自卑心理，不敢对自己所求职的用人单位提出各种要求，即使发现劳动合同中有不合理甚至不合法的内容和条款，也根本不敢据理力争，更不用说有些缺乏基本法律常识的大学毕业生，对劳动合同的基本内容、形式、法定标准和最低要求一无所知，为一些非法用人单位轻易设置的陷阱所累。而当发生与劳动法权益相关的争议时，即使是受过高等教育的学生们依然不懂得用劳动法维护自己的合法权益。因此高校必须让学生们了解掌握我国现行劳动法律法规的基本内容，让学生们知道自己在劳动关系中的权利义务，使学生们明白如何保护自己在劳动关系中的合法权益。

（二）高校学生提高自身竞争力的要求

社会总就业形势紧张是我国目前的一个重大社会问题。面对不利的外在环境，大学生需要及时调整自身的职业素质，科学规划自己的职业生涯。比如大学四年从事专业学习过程中，不但需要掌握本专业的基本理论技术知识，还需要走出校园走入社会，提前了解相关领域的工作内容、强度和能力素质的要求。所谓“未雨绸缪”，在就业领域指的就是这种通过提升自己优势来减少未来就业方面的消极影响。因此，劳动法律知识方面的储备是必不可少的基础。只有掌握基本的劳动法律常识，才能充分发挥优势，才能为自己未来的长期职业作出有效的规划。

二、现阶段高校通过劳动法教学指导大学生就业的可行性

(一) 通过普遍开设的选修课程弥补高校学生劳动法律知识的欠缺

如果说,让非法学专业的学生系统地学习法律知识,是一件不可能完成的任务。那么,高校在开设选修课时,为学生提供一些重要法律课程的学习机会,这是能够实现的[1]。根据我国现行就业领域的法律法规,诸如《中华人民共和国劳动法》、《劳动合同法》、《就业促进法》、《中华人民共和国高等教育法》、《普通高等学校毕业生就业暂行规定》、《国家公务员暂行条例》等规定,高校毕业生在就业过程中享有广泛权利,比如接受就业推荐、接受就业指导与信息服务、平等不受歧视和自主择业、职业培训及一些特定时期(实习期、见习期等)的保障等权利。基于各种法律法规的保障,大学生在正式就业前就应该对相关法规政策进行详细了解,充分了解自身的就业权益,才能为抵制各种侵害自身劳动权益的违法行为奠定法律知识方面的基础。例如,我国《劳动合同法》中对于各种劳动基准、违约金的设定、劳动者与用人单位发生纠纷时的法律责任等都有明确规定,除非是由于培训费用的服务期纠纷,或者是保密条款引发的竞业限制纠纷,用人单位都无权要求劳动者向用人单位支付违约金。如果大学生不了解违约金的相关规定,就无法正确判断用人单位设定的违约责任是否合法。在我国,保护大学生劳动权益的法律法规与发达国家相比尚不健全。在美国,如《职业前途教育法》和《综合就业培训法》就是专门针对大学生就业的法律,通过这些法律把职业教育与就业融为一体。在英国,既有专门维护就业平等的专门委员会,也有专门反对就业歧视的法律法规,并在实际实施中取得很好的收效。在日本,大部分高校都设有毕业生就业指导部门并有完善的就业法律制度体系,部门负责人经常与企业实时交流与沟通,为大学生提供大量的就业信息,同时为他们就

〔1〕 李蕾:《在高校中加强劳动合同法的宣传》,载《法学视野》2012 年第 1 期。

业中遇到的问题和困惑进行解答[1]。所以,在这些方面,我国尚有不少立法空白需要借鉴国外经验,这些现实和前景也应当为高校大学生所了解和掌握。

(二)通过必要的思想政治工作和心理辅导引领大学生的法律维权意识

就现阶段多数大学生群体而言,长期严重脱离现实的“象牙塔”般的生活方式,西方懒散惰性不思进取的不良思想意识,这些负面的消极因素确实存在着,它们不但对大学生群体的思想有不良的影响,对整个社会的青年人群体也带来一种“暮气沉沉”的社会空气。当他们进入社会面临挫折、困难、不公甚至欺辱时,首先想到的不是拿起法律的武器维护自身合法权益,而是像“鸵鸟”一样消极、逃避或者是成为“愤青”甚至于走上极端道路。这些现实对我们国家要实现的复兴强国的“中国梦”而言,无疑是值得警惕而且必须正视的。所以,在我国目前的高等教育中,尤其要重视与知识传授相配套的各种政治思想工作和心理健康教育工作,端正大学生的择业态度,提高他们的思想境界,鼓励他们勇敢面对就业中的各种挫折和困难。只有让大学生们胸怀改善社会从自身做起的志向,才是改变这种反常现象的真正出路。当然,高教改革十多年来,各个高校都在各自领域内作出了各种有益的尝试和探索,也摸索出一些自然科学和人文科学互相渗透互相交叉的互补模式,取得了一些成果。这些人文类的知识储备和思想政治工作理念、心理辅导内容相辅相成,都将有助于高校学生提高自身的就业竞争力。

(三)通过计划并实施就业服务和职业规划体系帮助大学生全面实现对自身劳动权益的掌控

一方面,要帮助大学生全面实现对自身劳动权益的掌控,高校就需要有计划地将教育内容科学合理分配到大学各个学期。以美国的高校就业服务为例,就业服务工作是各个高校教育工作的重要组成部

---

〔1〕 宋渊渊:《论大学毕业生就业中的法律问题》,载《长治学院学报》2012 年第 5 期。

分之一，就业服务与大学生个人成长过程紧密结合。美国高校就业指导服务的重点是推行四年职业规划项目：第一年对学生进行职业教育，帮助他们接触和了解就业市场的状况；第二年帮助学生发现和了解自己的性格、兴趣和专长，利用测试软件等帮助学生逐步确定今后的发展方向，进而选择专业；第三年帮助学生了解就业市场需求，为其提供实习机会，指导学生参加社会实践和招聘会，丰富他们对就业市场的直接感受；第四年向毕业生传授求职要领，强化面试等求职技能训练，帮助学生了解就业需求信息。现阶段美国高校就业服务是“在读—就业前—就业后”一体化的过程，无论忽视哪一个环节都是与“职业生涯理论”相悖的。美国高校的就业服务对象不仅包括在校生，也包括毕业生，已毕业的校友仍可回到母校接受各种职业指导和培训，获得学校延续不断的服务和帮助。[1] 学校十分注重对毕业生的职业发展状况进行跟踪分析，以此作为深化教育教学改革、促进学生就业的参考依据。另一方面，高校应该尝试建立并完善大学生的职业规划体系，包括专业性的就业指导队伍和开放的就业信息服务。仍以美国为例，美国高校通常会聘请经验丰富的各行业专家做就业指导顾问。哈佛大学法学院聘请专业律师作为职业顾问，政治学院则聘请曾在政府任职的前政府官员为顾问，教育学院聘请的顾问则是教育学家。另外，美国的职业咨询业非常发达，据统计，目前全美共有职业咨询师 16 万人，其中 80% 在高校，他们能为学生提供非常专业化的就业咨询服务。专家型的就业指导队伍能够最大程度上保证就业服务工作的科学性和专业性。[2]

三、劳动法指导高校学生就业的教学方法之探讨

(一) 以学生为中心的教学方式

以学生为中心正在成为很多国家提升教育质量的核心导向。以

---

〔1〕 王军：《国外大学生就业促进手段对我国的启示》，载《黑河学刊》2005 年第 5 期。

〔2〕 马晓春：《美国高校大学生就业服务体系研究及启示》，载《煤炭高等教育》2009 年第 5 期。

学生为中心，一是全员化发展，也就是说每一个学生都是重要的；二是个性化发展，即每个学生都是不同的。与此相适应的是学校和教师的多元化发展。在教学效果方面，围绕学生开展教育教学能够激发学生高昂的学习热情。在此基础上，通过课堂教学过程中的师生互动，促使学生充分发挥学习的主观能动性。例如通过劳动法在实际生活中展现出来的各种适用状态，让学生在掌握基本法规法条基础上思考和解决问题，训练学生的理解技能和批判性思维，使大学生不仅能够建构基本的劳动法律知识体系，还能锻炼与不符合劳动法律精神和相关法律规定的违法行为作斗争的勇气。

（二）教师的教学设计策略及根据实际情况调整进度

目前高校通常都要求教师预先设计好全面详细的教案、讲稿、大纲和日历，在劳动法的教学设计策略方面，通过详细的教学策略设计，可以实现让大学生在未来面临就业时做好充分的思想准备和基本的法律知识储备的共同目标。再如在教学教案中，对劳动法教学内容进行分章节排列，各章节分别标示教学重点和难点，根据授课对象（学生）专业的不同，设计不同的教学大纲。该大纲应以学生们的本专业知识作为基础框架。然后，通过对学生的听课效果进行跟踪和反馈，及时调整教学方案，采取一些形式新颖内容接地气的教学方法，如组织学生讨论，角色扮演，案例再现等。在教学过程中，劳动法教学要特别关注受众学生已有的知识基础，并根据学生对知识的接受情况调整教学进度。在高校中普遍开设的劳动法课程教学进度应当适合90%以上的学生。

（三）充分利用现代教学手段

现代教学手段诸如电子媒体和网络教学等，对于增大课程的知识容量、增强教学效果、提高教学质量都不无裨益。多媒体手段包括电子课件和视频录像。视频录像比较占用时间，因此可以尝试选取少量重大案件报道视频录像作为电子课件的超级链接。而劳动法教学的电子课件应特别注意详略得当。例如每一次课的开始，先将本次课程的结构和重点呈现给学生。然后是理论知识点、案情介绍、案例分析、学生讨论、师生探讨、法条规定,依次展开,清楚明确,一目了然。同时,电子课件应整洁美观,以文字为主,背景应简洁大方。在教学过程中教师应把握好授课节奏,语速适中、用词准确、适当引入时下学生中流行的用语和俗语,调侃中抓住重点,争论中阐释疑点。课后应提供电子课件供学生下载。[1] 另外,教师们还可以运用手机联络方式、微博微信、E-mail、博客及其他新型现代教学手段保持与学生的联络,如提供课件等学习资料的下载,答疑解惑等。

(四)采用特色案例教学

案例教学是实践教学的一种形式。教师们在讲授劳动纠纷实例时,有各种与现实生活密切相连的劳动合同纠纷、福利待遇纠纷、追索劳动报酬纠纷、经济补偿纠纷、劳动保护纠纷、养老保险待遇纠纷、人事争议纠纷等。案例在劳动法教学中的作用举足轻重,需要有针对性的选择。首先,由于劳动法律法规日新月异,任何一个已发生的案例很可能已经不符合最新的法律法规规定。这种情况下教师需要及时淘汰不符合新法的旧案例,以免误导学生。其次,在法学专业的案例教学过程中有一个规律,即“典型案例不够真实,真实案例不够典型”。为了解决这个矛盾,劳动法授课教师应在二者之间进行科学合理的协调,解释某个具体知识点时选用简短的或虚构的典型案例,但综合考查一章或几章的知识时,最好选用真实的、相对复杂的案例,以锻炼学生的思辨能力。此外,案例在选取出来进行讲授之前应当进行适当的加工整理,对于重点和难点的知识点通过讲授案例帮助学生加深理解,而非重点和简单的知识则可不必非要引进案例讲授。在进行案例教学过程中,教师在授课时本着先易后难的原则,从最简单案例开始,让学生借助本堂课所学的知识或之前的知识基础对一桩桩案件进行分析,教师可以在课堂上开展课堂提问,课堂提问主要结合案例开展。这样既可以帮助教师判断学生是否掌握了所学知识、能否用所学知识分析解决问题,又可以通过提问经常性地提醒学生,调节课堂气氛。教师通过总结学生回答中存在的普遍性错误来改进教学,实现教

---

〔1〕 郜名扬:《劳动法公选课教学方法与教学手段探讨》,载《湖北第二师范学院学报》2010 年第 3 期。

学相长的良性互动效果。

(五)组织模拟劳动仲裁庭的活动

模拟劳动仲裁庭的活动是法学学生的实践教学方式。由于教学环境的影响,这种实践教学的方式没有被广泛运用到实践教学的过程中。当然,对于非法学专业的学生学习劳动法而言模拟劳动仲裁庭并非一个必不可少的教学活动,因为毕竟耗时耗力。但是,让学生们了解劳动仲裁庭到底是如何操作和运行的,可以帮助学生大致熟悉劳动争议时的首要法律解决机构的运作程序,让学生把书本上一一列明的法律条文和枯燥的知识概念变成具体的环境和过程,让书本中的理论在实践中得以检验。[1] 这样的教学方式生动、灵活,增加了学生学习劳动法的兴趣,也能使大学生们充分理解劳动仲裁工作人员的辛苦,体会劳动争议双方在纠纷过程中的心路历程,是一种帮助学生提前了解社会、适应社会的有益尝试。

(六)开展专题讨论

开展专题讨论也是实践教学的方式之一。通过专题讨论,使学生对所学的知识点有更加系统深入的认识。在开展专题讨论的过程中,第一步当然是授课教师的准备工作,对要讨论的专题进行预先的准备和提示,参加专题讨论的学生们也需要广泛阅读各种专业资料,事先进行小范围的讨论,形成一个大致的讨论思路以便开展专题讨论时不至于离题万里。其次要让学生充分发表自己的意见,先进行小组讨论,再派出小组代表进行总结发言。最后,教师针对学生的发言,逐一分析和探讨其中的合理内容和有待商榷的内容,并引导学生就某一个争论焦点进一步开展深入讨论,最终归纳出结论性观点。例如以“劳动法目前存在的弊端”为专题时,就有很多大学生举出大量违反法律规定的现实事例,教师引导学生充分进行讨论,让大家意识到“劳动法”毕竟是企业和劳动者妥协的产物,在世界各国来看都是有利有弊,法律在有倾向性地保护劳动者、限制用人单位自主权利这方面虽然能

---

[1] 徐双军:《对高校大学生劳动法有效教学方法的研究》,载《宿州教育学院学报》2012年第6期。

走得比较快,但现实往往还是需要劳动者自身的努力。最终学生们大多会自己得出一些共同的结论,比如还是应该努力提高自身的适应能力,提高各种素质,去接受各种工作的挑战。

当前我国高校的就业指导与教学工作尚未充分有效地衔接好。在专业课程设置方面,没能将就业指导的内容充分融入;在学生的社会实践活动方面,经常是为实践活动而活动,为获奖而开展实践活动,很多实践活动其实本可以与就业指导相衔接,但还是经常被高校有意无意地忽略了。对此应进一步深化高校教育教学改革。比如尝试提高专业设置与社会需求的符合度,为学生就业提供良好的专业基础。再比如,高校内部积极推进的各种教学改革中,能否确立一定的积极评价机制,鼓励那些有助于学生就业的教研教改方案。在劳动法指导学生就业方面,高校应尝试以普遍开设的选修课程弥补高校学生劳动法律知识的欠缺,通过必要的思想政治工作和心理辅导引领大学生的法律维权意识,通过计划并实施就业服务和职业规划体系帮助大学生全面实现自身劳动权益的受教育。在具体的劳动法教学方面,专业教师可以尝试通过多种手段和途径改进课程的整体设置,使学生将劳动法理论知识和就业现实情况相结合;注重学生心理健康和创业品质的培养,鼓励学生运用劳动法律法规维护自身权益,提高社会法治意识。

学生工作在卓越法律人才培养中的定位与作用浅析

喻　军*

摘　要:学生工作是卓越法律人才培养系统工程的重要组成部分,准确定位学生工作,明确其工作职责,发挥其重要作用,形成高校卓越法律人才培养的教育合力,是法学教育领域亟须解决的问题。在明确学生工作在法律人才培养中角色定位的基础上,界定其工作职责范围,通过理顺法科学生工作体制,加强学生工作队伍建设,探索学生工作在培养实践型、复合型法律人才方面的作用,以期对完善卓越法律人才培养机制提供借鉴。

关键词:卓越法律人才培养　学生工作　实践平台

对于卓越法律人才培养的研究,大多数法律院校及法律教育工作者主要集中于对人才培养的价值取向、目标、模式、教学改革等方面的研究,研究视角主要从法学教育本身存在的问题出发。对于作为高等学校教育的重要组成部分和不可或缺的环节的学生工作在法律人才培养中的角色定位和作用发挥却研究甚少。本文尝试对此进行粗浅的探讨。

* 喻军,男,湖南宁乡人,湖南科技大学法学院副教授,博士,主要从事法学教育研究。

一、学生工作在法律人才培养中的定位

“以往我国传统的学生工作理念,习惯于将这项庞杂的工作归置在管理与服务两个框架内,并将其定位为‘思想政治教育’”[1],其中政治功能是摆在首要的和突出的位置,服务功能处于从属的地位。毋庸置疑,社会主义国家高校人才培养在政治上的要求是不可动摇的,为学生学习和生活做好服务也是遵循“以人为本”的理念,但是学生工作的育人功能却没有凸显出来,特别是在专科人才培养方面,学生工作起着基础性和针对性的作用。在法律人才培养中,除了承担传统政治与服务功能之外,学生工作应以卓越法律人才培养目标为指南进行准确的定位。目前,提高人才培养质量成为高等学校最核心、最紧迫的任务,对法学教育而言,就是如何培养适应法治国家建设的高素质法律人才。卓越法律人才培养中的学生工作应定位于服从和服务于人才培养目标,通过传统思想政治教育功能的发挥,直面法律人才培养过程中涉及学生管理教育中的困难和问题,形成具有职业特色的学生管理机制、服务机制和育人机制,通过日常学生工作创造良好的育人环境和平台,探索形成常态化、规范化的法律人才培养模式。学生工作的准确定位有助于明确其工作目标和使命,将法律人才的培养与学校的其他工作联系起来,促进将法律教育的改革自身与学生工作的紧密衔接,使学生工作与法律人才培养的目标高度融合。

二、学生工作在法律人才培养中的职责

学生工作是一项系统的对人的工作,涉及管理、教育、服务等方方面面,包括世界观、人生观、价值观等思想政治教育的传统内容,也包括公德教育、法制教育、心理教育等与时俱进的时代内容,法律人才培养中的学生工作应将上述内容与法律职业教育(尽管将“法学教育定位于法律职业教育”在学界没有形成统一认识,但在学生工作这一语

---

〔1〕 卢玲:《论高校学生工作方法发展的新趋势》,载《北京师范大学学报(社会科学版)》2011 年第 2 期。

境下,我们认为可以等同)紧密结合并融通,归纳起来学生工作主要承担以下职责:

1. 加强学生法律职业道德建设

学生工作是育人的工作,在传统意义上来说主要是思想政治工作。法科学生工作是在传统思想政治工作的基础上,针对法科学生的职业特点开展的包括思想政治教育工作在内的职业道德教育工作,是对世界观、人生观、价值观在法律职业背景下教育内容的明确化和具体化。从目前来看,我国的法律人才培养更注重的是法律知识和法律操作技能的教育和训练,虽然开设了法律职业道德等类似课程,但是由于重视程度不够、法律职业道德学科地位不明确和师资欠缺等原因,职业道德教育的收效并不明显。因此,大学科学系统的法律职业道德教育不能只限于开设职业道德课程,还应当充分发挥学生工作思想政治教育的强大作用。日常学生工作作为法律职业道德教育系统的重要组成部分,无疑应承担学生法律职业道德的养成的重要任务。现代社会,环境的多维、复杂和开放使其对人的思想影响的功能不断强化,重大法治事件、日常法律问题都是影响法律人才培养的重要因素。数字化时代带来的良莠不齐的海量信息,多元意识形态的侵蚀,价值观念的多元,以及现实中的司法不公等,对学生法律职业道德的养成均有重要的影响,学生工作如何面对挑战,引导学生实现对法律职业道德的认同并外化为自觉行动,是实现育人目标职责的重中之重。

2. 优化法律人才成长的环境

“思想政治教育环境,是指影响人的首先品德形成和发展,影响思想政治教育活动运行的一切外部因素的总和。”[1]当前,法学教育的大环境是依法治国,《中共中央关于全面推进依法治国若干重大问题的决定》进一步明确指出:“把法治教育纳入精神文明创建内容”,“使全体人民都成为社会主义法治的忠实崇尚者、自觉遵守者、坚定捍卫者”,这表明了我党推进依法治国的坚定信心和决心。高校学生工作应深刻领会这一重大战略部署,并将之作为学生工作的指南。法科学

〔1〕 张耀灿、郑永廷等:《现代思想政治教育学》,人民出版社2006版,第294页。

生工作更应利用这一大好环境结合自身实际,为法律人才培养营造良好的微观环境。对于卓越法律人才培养的微观环境,我们认为应包括现实环境和网络虚拟环境。现实环境主要指学生学习生活的物质环境和精神文化环境。学生工作应以打造适应人才培养的校园法治精神文化环境为重点,使学生在校园内处处感受法治文化的熏陶,在润物无声中自然产生对法律职业的向往和追求。网络虚拟环境是学生在追求学习目标和问题解决的活动中可以使用多样的工具和信息资源并相互合作和支持的场所。大学生是网络的主要使用人群,学生工作应利用大学生通过网络获取信息的常态,加强网络在培养卓越法律人才中的作用,规划建设法科学生网络学习平台,为法律人才的成长创造良好的虚拟环境。

3. 搭建法律人才培养的实践平台

"强化实践教学是提升法学专业人才培养质量,尤其是提升学生法学实践能力的核心环节。"〔1〕黄进教授的论述是专就实践教学环节薄弱,导致学生知识应用能力和职业技能低下的法学专业教学而言。但学生法律意识、法制观念乃至法律信仰的确立,绝不仅仅来自于专业知识的学习和专业实践能力的锻炼;法学教育的实践也不仅仅是在将法律具体运用的特定场景之中。法律来源于人们的生活,生活是法律实践的主要场所。法学实践教育除了在特定场所进行之外,生活实践教育是法学实践教育的广阔舞台。正如著名教育家陶行知先生所言"从定义上说:生活教育是给生活以教育,用生活来教育,为生活向前向上的需要而教育"〔2〕。高校学生工作涉及学生学习生活的方方面面,是除了课堂教育和专业实践教育之外,与学生联系最为紧密的工作,渗透到学生生活的每一个角落,无论是在学生观念、意识、行为的形成方面,还是在实践能力的锻炼方面,都具有专业教学不可替代的作用。培养学生法律实践能力,使法律文明内生于心、外化于形,学生工作应在专业实践教学之外,通过非专业教育抑或说是生活教育平台的搭建,使学生真正面对生活,在生活中接受教育和培养。

〔1〕 黄进:《卓越法律人才培养的目标、观念、模式与机制》,载《法学教育研究》2012年第1期。

〔2〕 徐明聪:《陶行知生活教育思想》,合肥工业大学出版社2009年版,第96页。

三、学生工作在法律人才培养中作用的实现

卓越法律人才的培养关键是法学教育的改革,但改革不能仅限于法学教育本身。高校学生工作是高校育人体系的重要组成部分,在人才培养中有着重要的作用,法科学生工作的创新亦关系到卓越法律人才培养的成败。我们认为,实现学生工作在人才培养中的作用,开辟具有法学专业特色的学生工作新局面应从以下方面进行:

1. 理顺学生工作体制

法科学生工作作为法律人才培养的重要组成部分,承担着学生日常教育和管理的重要职责,应在院校党委的领导下开展工作。学生工作应依据各院校对于法律人才培养的目标定位,制定本工作岗位的工作目标,围绕学校法学教学和改革的中心任务,积极研究工作职责范围内的具体任务和问题,制定详尽的方案与计划。在此基础上,与学校教务、学工、团委、后勤乃至科研等相关部门以及专业教师相互沟通、协调与配合,使他们了解法律人才培养的特点,争取多方面支持,为将来工作开展带来便利,也为法律人才培养营造良好的外部环境。理顺学生工作体制,是将处于基础地位的以日常思想政治教育和行为规范教育为主要职责的学生工作任务,与重点加强的法律职业教育实现关系协调,共生一体的必然选择,二者共同构成卓越法律人才培养的有机体系。

2. 配备专业化的学生工作队伍

学生工作者既是管理者,又是服务者,还是教育者,依据这一角色定位,学生工作队伍应该由具备一定专业知识和专门技能的素质全面的人员组成。法科学生工作队伍成员除了应具备思想政治教育学、管理学、心理学、社会学等方面的知识和危机处理、组织沟通等技能外,还应该具备法学专业知识教育背景,或是接受过相关法律知识的培训,对法学学科或法学教育有一定的了解。因为只有这样才能更容易获得学生的认同和信赖,并树立学生思想中的“权威形象”;同时,在开展学生工作时更能准确把握培养目标,开展更具专业针对性和目的性的工作。目前,大多数高校的法科学生工作者都缺乏相关的专业背景

和专业训练,使法科学生的管理教育工作与法学教育工作割裂开来,管理是管理,专业教育是专业教育,二者毫不相干,在不同的轨道上运行,没有有机结合。这无论对学生工作还是法学教育工作都造成了资源的浪费,没有对卓越法律人才的培养形成合力。

3. 探寻法科学生工作的新方法

第一,整合教育资源,培养优良职业道德素质。法律职业道德素质是在履行职责过程中所遵循的规范和准则,职业道德素质养成一方面以具备扎实的法律专业知识为基础,另一方面来源于对学生道德品格的教育。“只有了法律知识,断不能算作法律人才;一定要于法律学问之外,再备有高尚的法律道德。”[1]在专业法律职业道德教育课程之外,学生工作承担了对学生日常职业道德养成和价值理念培育的重任,即职业道德教育如果依然属于法学职业教育的范畴,那么学生工作则是提高学生全面综合素质的重要渠道。因为,“法学教育除培养学生热爱祖国、关爱他人、服务社会等基本公民素质外,还要培养学生强烈的正义感和人文关怀的理念,对法律学生而言,应当有严格的道德自律,其人性应当达到一种更高的境界。只有形成良好的职业道德体系,才能够保证所学能为所用”[2]。

学生工作部门在思想政治教育理论的指导下,在开展对学生道德品质提升教育的同时,要结合法律职业道德的特性,进行法科学生道德自律和人文精神的培育。除一般性的道德养成教育之外,针对法科学生,学生工作应更注重利用具有专业特色的教育资源开展工作,主要有校内资源和校友资源。校内资源主要是指校园法律文化、教师资源、学生资源。在办学历史较长的法学院校,其沉淀的法律文化是较为厚重的,学生工作部门应在院校的统筹下,通过布置历史展厅、法律长廊等营造法律文化氛围,激发学生对法律的崇敬和热爱;对于教师资源的利用,主要是对典型个人在科研、教学、实践中取得的成绩进行选取整合,重点是对其维护法律尊严和运用法律维护社会利益的实践进行提炼,以此为教育内容,帮助学生树立崇尚法律和养成优良职业道德的观念。例如,某高校教师因某级人大出台的规定违宪而与相关

---

[1] 孙晓楼:《法律教育》,中国政法大学出版社2004年版,第12页,

[2] 王利明:《卓越法律人才培养的思考》,载《中国高等教育》2013年第12期。

部门"叫板"最终意见被人大采纳,某教师代理的死刑案件最终改判无罪等,都是进行职业道德教育的典型事例。学生资源方面,重点对学生会组织和学生社团从事的法律服务等实践活动进行介绍,突出学生法律服务所取得的社会效果和其间所表现出来的学以为民的职业道德理念。如:某高校法律协会长年为社区提供法律服务,为孤寡老人送温暖,为弱势群体维权等先进事迹,这类事例贴近学生,对学生树立正确的法律价值理念具有积极的作用。校友资源是对学生进行法律职业道德培养的又一重要资源,优秀校友的典型事迹不仅能够提高学生对专业的兴趣和爱好,更能提升学生的思想道德水平。校友中不乏在学科专业领域取得优秀成果的专家学者,更不乏在司法实践领域做出重要贡献的一线法律工作者。学生工作因其工作性质任务的不同,可侧重于对司法实务界具有优秀职业道德素质的法官、检察官、律师等进行宣传。例如,邀请优秀校友对学生进行先进事迹的宣讲,举办以法律职业道德为主题的讲座等。利用学校自身所具备的资源进行法律职业道德素养的教育,能够使学生产生亲近感,对教育内容更容易接受和认同,并内化为自身的道德需求、外化为行为自律。

当然,对法律职业道德教育资源的运用,绝不仅仅局限于学校资源,还包括地域资源、环境资源、媒体信息资源等,将各类资源进行整合和融通是对学生进行法律职业道德教育的可行途径。

第二,开展特色教育,提升法律专业实践能力。卓越法律人才培养的目标要求"以提高法律人才的实践能力为重点,加大复合型、应用型法律人才培养的力度",学生工作部门在这一方面可以做大量的工作。法律人才的实践能力,我们认为包括自主学习的能力、科学研究的能力、实践操作的能力。

首先,自主学习能力的培养。自主学习是心理学和教育学研究的重要问题,"一般是指学习者自觉确定学习目标,选择学习方法,监控学习过程,评价学习结果的过程"[1]。主要包括为什么学、如何学、何时学、学什么、在哪里学、和谁一起学等问题。在法律知识的自主学习上,我们认为,学生工作部门重点是对学生学习动机和目的的指引及

---

〔1〕 庞维国:《90 年代以来国外自主学习研究的若干进展》,载《心理学动态》2000 年第 4 期

学习环境的营造方面。学习动机往往具有较强的目的性,无论是基于兴趣,还是基于需要的学习动机,达到一定的目的是其内在需求。根据院校培养人才的目标定位不同,学生学习所处的阶段不同,学习动机也会发展变化,学生工作应根据具体的情况进行自主学习的内发性引导。如:在办学层次较低的院校,以学生毕业后的就业需求为目标,在培养学生自主学习时侧重于在司法考试方面的引导。有的高校为形成该目标意识,在新生入学时,重点对院校司法考试取得的成绩进行宣传,如公布历年司考光荣榜、司考通过率统计、本校最高分在本辖区乃至全国的排名情况等。环境对学生自主学习具有重要的影响,如何营造良好的读书环境是学生工作的主要任务。除课堂教学外,其他时间的学习需要学生工作部门主动介入。通过诸如举办法律读书会、专业论文写作比赛、开办法律学习兴趣小组、建设学习型班级和社团等活动提高学生的学习兴趣,启动学生的学习动机,构建浓厚的学习氛围。同时,学生工作要为学生学习创造良好的物质条件,使学生安心、愉快地学习。如有的高校为司法考试、考研、公务员考试的学生设置专用教室,并在教室内布置与之相关的宣传画、标语,配备相应的学习设备(如多媒体设备)等,为学生自主学习创造条件。在专用教室学习的学生目标一致,互相竞争同时又相互交流信息、资料、心得等,对提高学习效率具有很大的帮助。还有的高校学生工作通过学生会学习部建立新媒体资源学习交流平台,通过微博、微信群、QQ 群等将学习资源共享,实现互动交流,为学生自主学习创造虚拟空间条件。

其次,学生科学研究能力的培养。大学阶段是一个人科学研究能力生成的重要阶段,因为此阶段学习的内容往往是某一学科的基础理论,奠定了该学科研究的学术基础,有人认为,大学阶段不存在进行科学研究的问题,因为学生理论知识不够扎实、系统,不具备进行科学研究的能力。我们认为,学生在学习知识的过程中必然会产生疑问,发现问题,促使其进一步探索。这就具有了进行研究的萌动,特别是所学理论与现实相脱节的情况下,学生的探索欲望更加强烈。学界许多专家学者就是在大学阶段开始进行学术研究或者学术思考的。虽然这些学术研究主要是在专业老师的指导下进行,但作为学生工作部门,同样可以发挥培养学生科研能力的作用,为学生搭建科学研究的平台。目前,为鼓励大学生进行科学研究,国家出台了一系列政策措施,如团中央的“挑战杯全国大学生课外学术科技作品竞赛”(大挑)中,哲学社会科学类社会调查报告和学术论文就是参赛项目之一,各省也都举办了“挑战杯”竞赛。另外,“大学生课外学术科研基金项目”、“大学生科研创新创业项目”(SRIP)等鼓励大学生进行课外学术研究的项目也逐步构成大学生科研项目体系。学生工作应结合相关政策和上级部门的工作任务,根据院校的实际状况和自身特点自主确定大学生科研项目,并制定大学生进行科学研究资助计划、管理措施、奖励机制、经费保障、成果转化等相关制度,培养大学生的科研兴趣,激发大学生的科研热情,提升大学生科研能力。另外,学生工作部门还可以对于学生科研所取得的成果进行整理,如通过创办专业学术刊物等方式,将学生科研论文、调研报告等结集出版,这不仅能够反映学生的研究动态和科研水平,便于专业老师有针对性地指导,还能够使学生获得成就感,促使学生形成科研自信和推进学生科研自觉。

再次,学生实务操作能力的培养。实务操作能力,是学生运用法律思维模式将所掌握的法学基本理论知识和技能,用于解决现实生活中的实际问题的能力,包括传授法律知识的能力、法律语言的表达能力、调查研究的能力、沟通的能力、临场应变的能力,判断和解决问题的能力等。学生工作对学生实务操作能力的培养主要由校内培养和校外培养两部分组成。校内对学生实务能力的培养途径,主要是发挥学生会、学生法律社团的作用来进行。通过组织模拟法庭(模拟仲裁庭)表演、法律辩论赛、法律知识抢答赛等方式,提升学生语言表达能力和临场应变能力。学生工作应当跟踪这些赛事的组织、进展和结果,配合专业指导老师对学生的表现进行评价,将评价结果记入学生档案,作为评奖评优的指标,起到督促和鼓励学生参与实践活动,培养实务能力的积极作用;通过校内法律服务咨询,进行“校内练兵”,提高学生与人沟通的能力,以及运用法律知识解决实际问题的基本能力。

校外法律实务操作能力的培养途径主要是组织学生进行社区普法宣传、法律服务和暑期社会实践。学生工作的主要任务是加强与外界的沟通与协调为学生实践创造条件,制定实践计划,保障实践的有序进行,建立考评制度对实践效果进行考核评估。区别于专业实践教学,这些以学生工作为主导的社会实践活动更具有大众性和亲民性,更接地气。对于法科学生工作而言,应结合法律专业的实践性特色,在实践地点、实践内容、实践方式上做好选择和优化整合。如在实践地点的选择上,普法宣传和法律服务应根据实践内容,选择最需要法律知识和服务的人群进行,避免只将宣传服务台设置于闹市区的做法;在暑期社会实践时,因其时间相对较长,应根据情况制定具体的实践计划,明确具体目标,以使实践活动不流于形式。如在法律实务部门的社会实践是最具专业性的,应以双方互惠互利为合作原则,明确合作部门与校方的职责和义务、实习工作量的计算、学生考核的标准等;在每年不定地点的暑期实践活动中,如“三下乡”暑期实践活动中,学生工作应将实践活动的主题与法科学生实践能力锻炼紧密结合,确定实践活动的具体内容,分解工作任务,以期达到实践教育目标,收到理想教育效果。

法科学生实践能力不仅包括与法律职业相关的能力,还包括其他人才所具备的共性能力,如计算机操作能力、速写速记能力等,学生工作对这部分实践能力也应予以充分重视,通过开办培训班等方式加强培养,提高法律人才的就业竞争力。同时,学生工作在法律人才培养中发挥作用的途径不是孤立的,而是相互融会贯通和互相作用的。

综上所述,学生工作是法律人才培养系统工程中不可或缺和不可替代的重要组成部分,发挥着人才培养的重要作用。学生工作一方面应利用传统的思想政治工作优势对学生进行价值理念和法律职业道德的培养,另一方面应根据应用型、复合型法律人才的培养要求,为学生实践能力的提高和综合素质的全面提升做好教育和管理工作。

高校《创业基础》课程教学应当加强法制教育*

屈振辉**

摘　要:“依法创业”是大学生创业最底线的要求。但是目前我国大学生的法制意识比较淡薄,而创业活动要求创业者有更高的法律素养。目前高校创业教育普遍“重商而不重法”,《创业基础》课程教学中应加强法制教育。该课程应着力培养大学生的守法创业意识,普及常用的法律知识并向其传授法律技巧;将其与经营意识、知识和技巧教学结合,开创大学生创业教育的“法商结合”之道。

关键词:《创业基础》　课程教学　法制教育

近年来,党和国家非常重视大学生创业工作,出台了很多支持和鼓励大学生创业的政策,创业教育课程也越来越多地进入大学课堂。国务院办公厅在《关于做好2014年全国普通高等学校毕业生就业创业工作的通知》中指出:“各高校要广泛开展创新创业教育,将创业教育课程纳入学分管理,有关部门要研发适合高校毕业生特点的创业培

---

* 本文为湖南女子学院校级教学改革研究项目《“法商结合”的〈创业基础〉公共必修课教学模式探索》。

** 屈振辉,男,河南信阳人,湖南女子学院女性创新创业研究所副所长、副教授,主要研究法学教育。

训课程,根据需求开展创业培训,提升高校毕业生创业意识和创业能力。”而之前教育部办公厅就印发了《普通本科学校创业教育教学基本要求(试行)》的通知,要求“高等学校应创造条件,面向全体学生单独开设‘创业基础’必修课”,并且配发了“创业基础”教学大纲(试行)作为高校开展教学的依据。但纵观这份大纲和目前各高校的教学实践,其中普遍存在着“重商而不重法”的现象。“众所周知,大学生创业普遍既缺乏经验又缺乏资本,所以目前高校的创业教育大部分精力是放在培养大学生突破知识、经验、心态、创新、资金等众多限制因素的能力,而很少关注创业过程中的法律问题。”[1]“依法治国”是我国现今的基本治国方略。“实行和坚持依法治国,就是使国家各项工作逐步走上法制化的轨道,实现国家政治生活、经济生活、社会生活的法制化的规范化”[2],而这其中自然也包括了大学生的创业活动。因此“依法”是大学生创业最底线的要求,《创业基础》课程教学应当加强法制教育。

一、在《创业基础》课程教学中加强法制教育的重要性

法制教育在《创业基础》课程教学中非常重要。大学生法制意识淡薄在我国是普遍现象,大学生中的违法以及犯罪情况也时有发生,马加爵、药家鑫等事件频频刺痛国人之心。而创业的准备和实施也涉及很多法律问题,这就要求创业者要有高于常人的法制素养。创业作为开创性活动经常处在法律的边缘,稍有不慎就会陷入非法甚至犯罪的境地。但就目前我国大学生的法制意识水平而言,很少有人能够达到合格创业者的基本要求。例如大学生在创业过程中必然要筹集资金,但如果其不注意集资的渠道、方式和方法,就有可能会因触犯集资诈骗罪而身陷囹圄,因此必须加强大学生创业法制教育的力度,这应

---

〔1〕 王赛芝:《刍议大学生创业的法律风险及防范》,载《经济研究导刊》2011年第3期。

〔2〕《江泽民文选》(第1卷),人民出版社2006年版,第511页。

集中体现在《创业基础》课程教学中。特别是在全民创业和依法治国的时代背景下，大学生创业法制教育更为重要、更为急迫。当前我国积极促进和大力扶持大学生创业，国家在大学生创业方面给予了很多的优惠政策，并为大学生创业创造了较宽松的社会环境，有些地方甚至出台了违背法治原则的政策，例如成都市新都区在优化创业政策环境时实施行政告诫制度。大学生在创业初期，若公司经营行为存在轻微违法违规行为，诸如超范围经营、夸大宣传、醒目位置未亮证经营等，未造成严重社会后果且能主动纠正的，皆可免予经济处罚。[1] 这也使某些幼稚的大学生产生了认识误区，即国家会对其创业中的违法行为法外开恩。"法律面前人人平等"是法治的基本原则，创业大学生并没有超越宪法和法律的特权，国家也绝不会对他们的违法行为网开一面，特别是在依法治国的背景下，学生们要尤其注意。对大学生进行创业法制教育具有重要意义，这还在于大学生是高文化、高知识的群体，所以就会有某些大学生自持学历高耍小聪明，企图通过打法律的擦边球来实现创业致富，但从目前我国的法制环境看这已不可能了。当代中国历经了两次风起云涌的创业大潮，前者是在改革开放之初而后者是在近几年，但两者所处的环境特别是法制环境完全不同。前者是在我国法律体系极不健全的情况下，也确实有某些人在创业中钻法律漏洞发了财；但是在社会主义法律体系全面建成的今天，这种靠钻法律漏洞发财的可能性几乎没有了，因此只有靠守法经营才是创业致富的正途。孔子以"君子爱财、取之有道"告诫世人，而其中的这个"道"不仅是经营管理之道，在依法治国的今天更应当是守法经营之道。在《创业基础》课程教学中加强法制教育，将使创业大学生牢固树立守法经营的底线，并丰富他们与创业有关的各方面的法律常识，还可向其传授保护自己、规避风险的技巧，使其成为"重法、知法、守法"的创业者。

---

[1] 林雪治、黄巧荣：《关于大学生自主创业问题的法律思考》，载《思想理论教育》2012年第7期。

二、《创业基础》课程教学中进行法制教育的内容体系

从教育部颁行的《创业基础》教学大纲看,其中有关法律的内容偏少而且还极为零散,很难起到系统地进行创业法制教育的作用。在我国实行全面依法治国的社会背景之下,法制应贯穿在依据大纲教学的每个部分中。例如讲授"创业与创业精神"这个部分时,将"依法创业"列为重要的创业精神之一,当然同时也要提高大学生依法创业的能力。[1] 讲授"知识经济发展与创业"这个部分时,应将与知识经济相关的知识产权作为重点,使学生明白知识产权在创业中的重要作用,同时也敲响不得侵犯他人知识产权的警钟。在讲授"创业者"部分中的创业者素质时,应着重指出法律素质亦是创业者的素质之一。在讲授"创业团队"部分中的成员关系时,必须指明团队成员关系最终应是法律关系;在法律的基础上建立的创业团队成员关系,才是最稳固、权责最明确的团队成员关系。另外创业团队还必须对社会承担某些责任,创业团队对社会的法律责任应是其中的重点。"创业法律风险往往成为掣肘创业者成功的重要因素之一"[2],在讲授"创业风险"时必须突出法律风险,告诉学生创业法律风险的种类和如何规避。在讲授"创业融资"部分时也涉及法制,要告诉学生必须采用合法的创业融资渠道,否则将很可能触犯刑法上的非法集资罪,还要从法律角度分析各种融资渠道的利弊。目前教学大纲在"新企业的开办"这部分,已涉及了企业法、市场秩序法、合同法等,但遗憾的是在前述内容上未包含法律内容。没有全面贯穿法制教育是现行大纲的不足,因此任课教师应当在教学中加强这方面知识的讲授。我们认为《创业基础》教学中的法制教育,应包括守法意识、法律常识及法律技巧等。首先是培养守法意识特别是守法经营意识。守法不仅是道德要求更是公民的基本义务,因此创业的大学生必须首先是守法的公民。但创业的大学

---

〔1〕 左剑君:《论如何提高大学生依法创业能力》,载《鄂州大学学报》2011 年第 7 期。

〔2〕 陈巍、任慧云:《创业法律风险防范的原则初探》,载《白城师范学院学报》2012 年第 6 期。

生又不能仅仅是守法的公民，因为他们一旦创办企业就成为“商人”。而“商人”除必须遵守公民的守法义务外，还必须遵守作为“商人”的特殊守法义务，例如不能够生产和销售假冒伪劣商品等。创业对大学生提出了更高的守法意识要求，《创业基础》课程教学首先要加强这方面知识的讲授。其次是普及法律常识特别是经营法律常识。法律常识是现代公民必须具备的基本常识，特别是在实行依法治国的中国尤其如此。但无论创业是在准备阶段还是实施过程中，都需要涉及很多与经营有关的法律知识。例如，在《创业基础》教学大纲中所提到的“专利法、商标法、著作权法、反不正当竞争法、合同法、产品质量法、劳动法”等。此外还应包括公司法、企业法等。这些与经营有关的法律知识往往比较专业，而在目前我国大学生法制教育的通常形式——《思想道德修养与法律基础》课中未涉及，因此必须在《创业基础》课程教学中予以强化。最后是传授法律技巧特别是经营法律技巧。所谓法律技巧必须在符合法律规定的范围内，而不是钻法律空子和规避法律的那些技巧。创业的大学生不可能都是法学专业毕业的，不可能都具备丰富的法律知识，因此在《创业基础》课程中传授一些技巧，对创业大学生而言非常实用也能立竿见影。例如在为他人担保时要求他人提供反担保，运用商业秘密保护法律规定来保护创意等。培养守法意识、传授法律常识及法律技巧，是《创业基础》课程法制教育的三个层次，三者相辅相成、依次递进并构成一个体系，即《创业基础》课程教学法制教育的体系。

三、开创“法商结合”的《创业基础》课程教学新模式

“法商结合”是目前政法学院经济类专业，以及商科类院校法学专业人才培养的新模式，最早由中国政法大学在 MBA 培养中采用。“法商结合”即“在原有管理基础上拓展管理的问题，探索新的管理领域”，这些领域包括“企业管理与公司治理、资源管理与契约管理、竞争市场与把控标准、商业风险与法律风险四个方面”，将“商学知识与法学知识、效率思维与公平思维、商业文化与法治文化、经商智慧与法治

精神”相结合。[1] 它原是法学或商科类专业人才培养的模式,但我们认为它也可运用到创业人才培养中。创业大学生管理好自己的企业有很多方法,如行政的方法、经济的方法、教育的方法,以及技术的方法和法律的方法等,而后者是最具严肃性、规范性和强制性的。[2] 它不仅用于宏观管理也用于企业微观管理,公司治理就是其在企业微观管理中的运用。企业究其本质应当是一个法人治理的结构,但是我国很多企业的管理者从理念到方法,还停留在传统管理上而未转变为企业治理。因此应在新一代大学生创业者中培养后者,即运用企业法和企业章程管理企业的能力。另外,传统的企业管理考虑如何降低商业风险,但“如今管理决策的风险已不是仅仅降低或规避商业风险就能够避免的,根本原因是法律或规则作为一种重要的决策变量,正在改变过去决策中的变量构成及其对决策效益的影响”[3]。现在有很多学者研究大学生创业风险问题,殊不知法律正是避免此风险的最佳方法,因此应加强创业大学生依法决策意识的培养。对创业者而言企业效率无疑是非常重要的,但是其对内对外都不可能丢掉公平的理念,否则对内很难服众,对外难当社会责任。因此培养创业大学生效率与公平两种思维,使其商业文化价值和法治文化价值并重,成为“精商明法”的新时代企业家。再者法律还是一种智慧地解决问题的方法。大学生创业法制教育还可培养其法律思维,这将有助于其解决企业经营管理中的问题。除此之外“法商结合”还体现在很多方面。总而言之,由中国政法大学开创的“法商结合”之道,给予我们在进行大学生创业法制教育上,以及进行《创业基础》课程教改方面很多新的思考,我们将另外撰文详叙之。

---

〔1〕 孙选中:《开创法商管理新时代——关于法商管理问题的思考与探索》,载孙选中:《法商管理评论》(第1辑),经济管理出版社2012年版,第6—11页。

〔2〕 周三多:《管理学——原理与方法》(第4版),复旦大学出版社2003年版,第155—157页。

〔3〕 孙选中:《开创法商管理新时代——关于法商管理问题的思考与探索》,载孙选中:《法商管理评论》(第1辑),经济管理出版社2012年版,第8页。

法学教育改革

新时期党校领导干部法治教育的价值特性与发展理念

刘　丹[*]　彭　澎[**]

摘　要：经济社会的发展使得社会的民主意识、法治理念、权利思维、平等观念在不断增强，对国家法治建设和领导干部依法履职能力提出了越来越高的要求。党校是培养领导干部的主阵地，现有的党校领导干部法治教育模式面临着变革和调整的重任。领导干部是法治建设的"关键少数"，抓住了党员领导干部就是抓住了全面推进依法治国的重心，因此，加强领导干部法治教育在全面推进依法治国的时代显得尤为重要。在全面推进依法治国的伟大征程中，法治教育应当成为各级领导干部教育培训的重要内容，新时期加强党校领导干部法治教育具有鲜明的特性内涵。加强党校领导干部法治教育既需要对原有的干部教育内容进行调整和组合，更需要在法治理念的主导下进行党校领导干部法治教育的探索和创新。加强党校领导干部法治教育是将来很长一段时期各级领导干部教育培训的核心和重点，是中国法学教育不可缺失的一环。新时期加强党校领导干部法治教育具有独特的发展路径和明确的发展理念。

关键词：领导干部　法治教育　价值特性　发展理念

---

* 刘丹，中共湖南省委党校副校长、教授，湖南省法学教育研究会副会长。

** 彭澎，中共湖南省委党校法学教研部副教授、法学博士。

市场化改革和市场经济发展带来的经济社会的转型,使得国家政治现代化发展和法治文明进步成为必然之势和客观之趋。经济社会的不断发展使得社会对民主、法治的要求越来越高,实现权利的平等、构筑稳定理性的法治秩序是新时期国家法治建设的时代要求,而推动国家法治的进程需要实事求是、脚踏实地的苦干精神,各级领导干部是全面推进依法治国的主力军,他们法治意识强不强、依法履职能力高不高直接影响到国家法治建设的进程。国家全面推进依法治国的现实需要以及各级领导干部在国家政治进步和社会发展中所处的地位决定了从事党的领导干部培训教育工作的各级党校需要落实中央战略部署、紧贴实际的开展新时期领导干部法治教育工作,构建完善的领导干部法治教育体系与设计科学合理的法治教育课程,为国家法治建设培养合格的领导者和实践者。

全面推进依法治国是新时期国家发展的重要特征,是全面深化改革的重要抓手和基本保障,也是党校领导干部教育培训必须关注的核心问题。以加强领导干部党性修养、提高领导干部履职能力为核心的党校领导干部教育培训是党校干部教育的鲜明特征,而市场化改革带来经济的巨大发展,促使经济社会发生重大转型,探索和创新新时期党校领导干部教育培训体系和内容已经成为当前经济社会发展的内在需要,随着国家全面推进依法治国步伐的加快,加强党校领导干部法治教育已经成为国家法治建设和政治现代化发展、政治文明进步的必然选择与客观趋势。加强党校领导干部法治教育既需要对原有的干部教育内容进行调整和组合,更需要在法治理念的主导下进行党校领导干部法治教育的探索和创新。加强党校领导干部法治教育是将来很长一段时期各级领导干部教育培训的核心和重点,是中国法学教育不可缺失的一环。新时期加强党校领导干部法治教育具有独特的发展路径和明确的建构目标。加强党校领导干部法治教育是新时期领导干部教育培训的重要内容,应当立足于国家现实的社会背景,适应经济社会转型的历史背景和发展环境,将法治的理念、精神、价值和机理导入党校领导干部法治教育的体系结构中,将秩序、正义、文明、自由、民主、人权等法治价值融入到党校领导干部法治教育课程结构之中。挖掘党校领导干部法治教育的价值内涵,加强各级党校领导干部的法治教育工作,是国家法治建设、政治现代化发展和政治文明进步的标志。加强党校领导干部法治教育就是要将中国既有的领导干部教育模式与法治的现代政治制度的理念融汇与价值交融,突出党校领导干部法治教育的价值内涵,建构党校领导干部法治教育的培养目标。新时期,加强党校领导干部法治教育应当吸收政治现代化和法治文明的优秀内核,形塑领导干部法治教育的核心理念。

一、新时期党校领导干部法治教育的价值特性

1. 加强领导干部法治教育是推进国家治理体系和治理能力现代化的基础工程

党的十八大报告提出:"推进国家治理体系和治理能力的现代化","加快形成科学有效的治理体制,完善社会保障体系,健全基层公共服务和治理网络,建立确保社会既充满活力又和谐有序的体制机制。"党的十八届三中全会通过的《中共中央关于全面深化改革若干重大问题的决定》报告提出:"创新社会治理,必须着眼于维护最广大人民根本利益,最大限度增加和谐因素,增强社会发展活力,提高社会治理水平,全面推进平安中国建设,维护国家安全,确保人民安居乐业、社会安定有序。"党中央最近一段时期以来围绕国家治理和社会治理特别所制定的一系列文件与决议显示了一个政策信号,要求我们当前党校领导干部教育培训工作必须紧紧结合国家现代化发展的大背景,创新党校领导干部教育的模式,提升各级领导干部社会治理的水平和能力,最终实现整个国家治理体系和治理能力的现代化,这是新时期坚持走中国特色社会主义政治发展道路而对党校领导干部教育工作提出的一项具体且重大的战略要求。市场化发展推动现代化转型,会导致传统社会结构、体制和文化的重大变化,需要在新的利益结构中构建一种稳定和谐的社会秩序和健康有效的管理模式。党的十八届三中全会通过的《中共中央关于全面深化改革若干重大问题的决定》报告提出:"创新社会治理方式。坚持系统治理,加强党委领导,发挥政府主导作用,鼓励和支持社会各方面参与,实现政府治理和社会自我调节、居民自治良性互动。坚持依法治理,加强法治保障,运用法治

思维和法治方式化解社会矛盾。坚持综合治理,强化道德约束,规范社会行为,调节利益关系,协调社会关系,解决社会问题。坚持源头治理,标本兼治、重在治本,以网格化管理、社会化服务为方向,健全基层综合服务管理平台,及时反映和协调人民群众各方面各层次利益诉求。”创新社会治理模式,需要在领导干部教育培训中强化法治精神。法治是社会治理的主导和保障,是衡量国家治理体系和治理能力现代化的重要内容。新时期加强领导干部法治教育工作应当充分宣扬现代政治文明中的民主、法治等精神,但必须立足于国家的实际情况,既要依据社会现代化转型的现实情况,又要考虑社会传统的文化结构,更要顺应领导干部的心里期盼和实际需求。加强领导干部法治教育工作是以法治为主体构筑起新的教育培训体制,法治教育是当前领导干部教育的基本内容,加强领导干部法治教育工作要充分引导并激活领导干部群体对法治的自觉、自省和自信。全面推进依法治国进程中加强领导干部法治教育,尊重和发挥党校现有的体制优势,充分挖掘既有的教育经验和培训资源,充分激发优势资源中的法治基因。

经济的市场化发展趋势改变了社会传统的经济结构、文化结构和社会结构,推动了社会转型的现代变迁,经济的发展和社会的转型也逐步带来了领导干部教育理念的深刻变革以及党校干部教育工作的全面转换。提高领导干部法治教育水平核心在于适应现代化发展的现实情境和顺应社会转型的时代潮流,构筑彰显现代法治特色和符合现代干部教育培训要求的党校教育体制,建构党校规范化、制度化和现代化的法治教育培训格局。在全面推进依法治国的伟大进程中,加强领导干部法治教育工作,以促推国家治理体系和治理能力现代化发展为使命,以此为中心进行有益的探索和尝试,拓展党校领导干部法治教育的实践空间、制度空间和体制空间,不仅能有效解决市场化进程中构建领导干部法治教育现代化模式的现实可能性,而且可以有力探求市场化进程中创新领导干部法治教育现代化结构的实际可行性,完善党校领导干部法治教育,为加强社会治理、推进国家治理体系和治理能力现代化提供思想基础、智力保证和领导资源。

2. 加强领导干部法治教育是适应市场经济发展和社会现代化发展的现实需要，是全面推进依法治国的核心工程

古人云："法令行则国治，法令弛则国乱。""明法者强，慢法者弱。"法治已经成为当今世界各国政治现代化发展的滚滚潮流和历史趋势。回顾我国法治建设的历程，从党的十五大开始，法治正式确立为"党领导人民治理国家的基本方略"，到党的十八大报告明确"法治是治国理政的基本方式"、"全面推进依法治国"、"更加注重发挥法治在国家治理和社会管理中的重要作用"，这其中包含着我们对法治的理解和认识越来越深刻，对依法治国的地位和作用越来越重视，表明了以习近平同志为总书记的新一届党中央对国家法治的高度认同和对国家法治建设的高度认识，彰显了党中央在全面深化改革的同时大力推进法治建设的坚强决心。全面推进依法治国成为近段时间以来我国法治建设的主题语和关键词，它具有深厚的政治内涵，就是要将法治建成我们社会主义国家的一种基本治国方式；它具有鲜明的法治价值，就是要将法治建成我们社会主义国家政治文明的基本标志。领导干部是"关键少数"，抓住了领导干部就是抓住了全面推进依法治国的重心，因此，加强领导干部法治教育在全面推进依法治国的时代显得尤为重要。加强领导干部法治教育就是要加强党员领导干部对全面推进依法治国的认识，让领导干部从政治维度来理解依法治国、从法治视角来思考依法治国，通过法治教育培训，让领导干部对法治蕴含着的价值和制度形成统一的共识，从而将法治的精神和理念内化于心、外化于行，在自己的日常工作者得以展现。加强领导干部法治教育就是要强化领导干部对维护法律权威、正确处理权力与法律的关系、依法规范执政行为的高度认识，通过领导干部法治教育来科学阐释全面推进依法治国的政治内涵、正确掌握全面推进依法治国的法治核心和关键环节。加强党校领导干部法治教育，不管是从政治维度，还是从法治视角，其目的都是帮助领导干部更深刻地理解和认真领会全面推进依法治国的重要内容，形成重要的价值共识，要让法律在治国理政中发挥主体作用，要确立和突出法律的权威、正确处理权力与法律的关系和依法规范党的执政行为，这不仅是加强领导干部法治教育的政治内涵，更是加强领导干部法治教育的基本目标。

3. 加强领导干部法治教育是现代化进程中建设有中国特色社会主义民主政治制度的重点工程

加强领导干部法治教育是个发展问题,也是现实问题,特别是随着市场化的发展,经济社会发展出现了复杂的情况和全新的局面,经济社会发展路径与现实的困境产生脱节是造成现代化发展不畅的主要原因,迫切需要加强国家和社会的法治体制机制建设,注重法治思维和法治理念来解决社会问题,其中尤其需要加强领导干部的法治思维与法治理念教育,才能有效解决具体工作中老百姓法治期望较高而实际领导干部法治办事水平不高的现实困境。加强党校领导干部法治教育,创新党校领导干部法治教育的发展模式,提高领导干部依法履职能力,促推国家治理体系和治理能力的现代化发展,这是新时期科学谋划与有效解决发展问题的一种新的认识论和方法论,使得解决经济社会发展中遇到的许多问题能够突破传统思路的束缚,可以为领导干部提供一种顺应现代化发展的更加广泛和更加开阔的理论思维。加强党校领导干部法治教育,推进国家治理体系和治理能力现代化发展,必须立足于党校教育培训的现有体制和既有制度,将领导干部法治教育与政治民主、法治建设统一和协调起来,通过完善领导干部法治教育结构,健全领导干部法治教育模式,以实现党校领导干部法治教育与全面推进依法治国、国家现代化建设以及国家民主政治进步的同步。在坚持宏观制度体制不做变动的基础之上,通过具体层面的微观机制建设,推进党校领导干部法治教育发展和领导干部法治教育水平的提高,这是为国家政治现代化、管理现代化创造条件和积累经验,也是现代化进程中探索依法治国、推进国家民主政治制度和治理制度改革发展的关键举措。

4. 加强领导干部法治教育是加强党风廉政建设和净化党内政治环境的重要举措,是新时期党要从严治党管党的关键工程

党要依法从严治党管党是全面推进依法治国的题中应有之义,是党加强自身建设、不断提高自身执政能力和执政素养的必然选择。党要依法从严治党管党就是要求严格按照国家的法律和党内的法规来规范党组织和党员的行为,通过党的各项具体制度来保证国家的宪法和党章成为党组织和党员的最高行为准则。邓小平同志早在党的十

一届三中全会上就说过："没有党规党法，国法就很难保障。"同时，邓小平同志明确指出："国要有国法，党要有党规党法。党章是最根本的党规党法"。江泽民同志提出的"治国必先治党，治党务必从严"，阐明了党必须在依法治国的进程中加强自身建设，从严治党管党。党的十八大报告指出："力争经过5年努力，基本形成涵盖党的建设和党的工作主要领域、适应管党治党需要的党内法规制度体系框架。"习近平同志在2012年11月15日新一届中央政治局常委与中外记者见面会上讲话时说："打铁还需自身硬。我们的责任，就是同全党同志一道，坚持党要管党、从严治党，切实解决自身存在的突出问题，切实改进工作作风，密切联系群众，使我们的党始终成为中国特色社会主义事业的坚强领导核心。"十八大以后，以习近平总书记为核心的党中央领导集体，围绕在新的历史阶段如何依法从严治党管党，提出了许多新思路，出台了许多新举措。加强领导干部法治教育是加强党风廉政建设和净化党内政治环境的重要举措，是新时期党要从严治党管党的关键工程。在党校领导干部教育培训工作中，法治教育具有重要含义。加强领导干部法治教育要特别注重加强党员领导干部对党内法规建设的认识，熟悉和了解党内法规制度体系，从而以此推进党的建设制度化、规范化、程序化，提高党的科学执政、民主执政、依法执政水平。在法治思维的主导下，党要管党和从严治党管党迈向了依法治党、依规治党的新阶段。2013年5月28日，《中国共产党党内法规制定条例》、《中国共产党党内法规和规范性文件备案规定》公开发布，这两个条例的修订，是从根本上避免或减少无权制定、越权制定、重复制定等党内法规制定秩序的现象。2013年8月党中央对党内法规制度进行集中清理、决定废止和宣布失效一批党内法规和文件。2013年11月发布《中央党内法规制定工作五年规划纲要（2013—2017年）》，2013年12月公布《党政机关厉行节约反对浪费条例》，这些都是党内法规制度建设中的大事，而且件件都是"党史上的第一次"，充分体现了以习近平为总书记的新一届党中央依法治党管党的坚定意志。没有党规党法，国法就很难保障，依法治党管党是依法治国的前提和保障。依法治党管党这个执政理念和治党理念已经成为我党执政兴国的一个新的方略。习近平同志在2012年12月4日首都各界纪念现行宪法公布施行30周年大会上指出:“新形势下,我们党要履行好执政兴国的重大职责,必须依据党章从严治党、依据宪法治国理政。”

加强党校领导干部法治教育在全面推进依法治国进程中具有重要涵义,是落实中央依法治党管党的具体举措,其根本目的就是要求全体党员,特别是党员领导干部,都要严格遵守国家法律和党的法规。党内法规与国家法律互为补充,从根本上说是一致的。对于党员领导干部来说,遵守党章和党的其他法规,既是政治义务,也是法治精神在党内生活中的要求。加强党校领导干部法治教育就是要求党员领导干部要模范遵守国家法律、党章和党内法规,自觉维护宪法法律、党章和党内法规的权威,坚决抵制各种违犯法律、党章和党内法规的错误言行。同时,加强党校领导干部法治教育是有效实现依法治党、依规治党的具体路径,是健全和完善党的各项制度建设的重要方法。邓小平同志曾指出:“过去发生的各种错误,固然与某些领导人的思想、作风有关,但是组织制度、工作制度方面的问题更重要。这些方面的制度好可以使坏人无法任意横行,制度不好可以使好人无法充分做好事,甚至会走向反面。”“不是说个人没有责任,而是说领导制度、组织制度问题更带有根本性、全局性、稳定性和长期性。这种制度问题,关系到党和国家是否改变颜色,必须引起全党的高度重视。”因此,为了保障党能正确执政、高效执政,防止错误行为的出现,以保证国家的长治久安,就必须改革和完善现行党内的各项制度,真正依法治党、依规治党,用法律和制度的权威去制约权力膨胀、滥用。而要真正依法从严治党管党,首先就必须加强党校领导干部法治教育。中国共产党是掌握国家政治、经济、文化、军事核心权力的唯一执政党,党的领导干部是公共权力的掌握者。加强党校领导干部法治教育就是落实中央依法治党管党的具体举措,目的就是要求每一个党员领导干部必须加强自身的法治修养和党性锻炼,用对法治的尊崇和敬仰来确保自己执政行为的依法进行,从而实现党员领导干部行为的民主化、法治化,抓住了党员领导干部这个“关键少数”,从而就可以保障党在宪法和法律的范围内活动,这是全面推进依法治国的不可忽视的重要内容。

二、新时期党校领导干部法治教育的发展理念

领导干部法治教育的价值内涵是价值哲学在依法治国与领导干部法治教育研究中的具体应用和展开,它具有政治制度的价值共性,即政治体制变迁的理想和应然状态以及在实践中对政治生活和社会需要的满足程度。有学者认为,任何一个政权国家和社会类型都在追求政治的稳定,稳定的政治格局成为一个社会运行的基本目标,但在实现政治稳定的具体途径和构建方式上,不同社会的观点是不相一致的,大家对此有着不同的理解。〔1〕 国家经济社会的发展和全面推进依法治国的伟大事业推进党校领导干部法治教育发展追求的是一种稳定的政治变迁,是通过加强领导干部法治教育来呼应经济社会转型的现实背景,构建一种现代化发展过程中法治的稳定格局。加强党校领导干部法治教育不能离开目标而空想,没有明确的理念指引,就不可能使得加强领导干部法治教育保持正确的方向;加强党校领导干部法治教育绝不能仅仅追求工具理性而使自己变成一个纯粹的技术领域,而是应当在法治平台上建构符合时代需要和公众利益需要的教育价值规范,作为指引党校领导干部法治教育改革和发展的价值基础。只有这样,才能真正建立起合适的党校领导干部法治教育制度,凸显加强领导干部法治教育的价值本质,形成稳定的领导干部法治教育局面。纵观国家经济社会转型和全面推进依法治国的战略部署,其转型过程和战略落实体现出许多一致的价值要求,对加强党校领导干部法治教育提出了许多理念和精神,这些价值内涵主要包括以下内容:

1. 加强党校领导干部法治教育就是要在领导干部群体中建构公平正义的法治观

公平正义是人类社会一直追求的政治价值,它代表着一种高尚道德和理想社会。“每一个价值体系,特别是道德体系及其核心的正义观念,是一个社会现象,是社会的产物。”〔2〕公平就是追求平等,是指

---

〔1〕 袁峰:《理想政治秩序的探求》,学林出版社2002年版,第1页。

〔2〕 〔奥〕凯尔森:《法与国家的一般理论》,沈宗灵译,中国大百科全书出版社1996年版,第8页。

“一切人,或至少是一个国家的一切公民,或一个社会的一切成员,都应当有平等的政治地位和社会地位”〔1〕。市场化改革带来市场经济的发展,民众的观念和思想也随之发生改变,民众对公平正义的认识和理解、追求和向往比历史上任何一个时期都要全面和强烈,对公平正义制度的需求较高,从而对领导干部维护公平正义的立场和能力提出了更高要求。法治作为治理模式和民主政治制度,是保障和实现民众民主权利的体制框架。法治的有效实施更加要求构建一个公平正义的制度环境。有学者认为,制度和体制自身的合法合理性是保证制度有效实施和体制有效运行的根本,能够避免不必要的损失,当一个具有公平正义理念的制度出现在民众面前,而且该制度在实践中能公平正义的履行,这个制度就能得到很好的贯彻实施,制度的执行成本将会大大削减。〔2〕 改革开放初期我们对市场化发展有过片面认识,在经济发展过程中强调效率优先、兼顾公平,有时会有以牺牲公平为代价来换取经济一时发展的现象存在,特别是重点发展战略的推行,政策性地造成了发展过程中对公平正义的关注不多。有学者认为,政治制度的实施和政治结构的建立都必须要有一个稳定理性的基本理念,不能有任何倾向性和偏袒,而当制度在实施过程中发生了与其基本理念的偏离,那么这种制度就会有损害社会公平正义的风险,因此,任何政治制度都应有一个公平正义的理念在其结构之中。〔3〕 罗尔斯曾说:正如真理是人们思想追求的目标一样,正义是一个国家政治和社会制度追求的目标。“正义是一个社会首先要解决的问题。……社会正义,即社会的基本结构问题,也是社会制度包括政治体制和社会制度,用什么方式分配基本权利义务的问题。”〔4〕正义是法治的基本价值观之一,法治与正义的追求是密不可分的。正义是人类发展史与法治价值观相结合产生的一个必然结果和重要成果,在早期思想启蒙

---

〔1〕《马克思恩格斯全集》(第3卷),人民出版社1995年版,第444页。

〔2〕〔美〕C.诺思:《经济史中的结构与变迁》,陈郁、罗华平等译,上海三联书店、上海人民出版社2002年版,第59页。

〔3〕〔美〕威廉·帕·克莱默:《理念与公正》,周征环、王浦劬、方向勤译,东方出版社1997年版,第5页。

〔4〕〔美〕约翰·罗尔斯:《正义论》,何怀宏译,中国社会科学出版社1988年版,第470—471页。

运动中倡导的人性回归和对主体性的强调，在法治运动中弘扬的生而自由和天赋人权，以及在现代市场经济条件下所鼓励的人格平等、自由竞争和平等保护，都是法治价值观的精髓和法治体制建立的思想与社会基础。

加强党校领导干部法治教育就是要在领导干部群体中彰显一个公平正义的价值准绳，党校领导干部法治教育不仅在传播和践行着法治的基本思想，也应该在塑造和传扬着公平正义的法治理念，这是新时期加强领导干部法治教育建设的价值取向。公平正义是新时期加强党校领导干部法治教育的一个重要特征，它要求领导干部群体在工作中追求社会政治利益、经济利益、文化利益和生态利益在全社会成员的平等分配，它要求领导干部群体在工作中不仅要保障民众在市场化条件下权利的平等、起点的公平、制度的公平，而且还应该保障其机会的公平和结果的公平，要求领导干部群体在工作中以全体人民的共同富裕为其旨归。保障公平正义不仅应该是社会的整体追求，即具体社会规则的制定、社会制度的安排，而且应该是公民的个体追求，是公民个体以社会公正理念为指导对自身行为选择的价值要求。处于经济社会转型期的民众为市场化的发展做出了平等的贡献，他们应理所当然地拥有平等的基本权利，从社会获得其所必需，以此保证其在社会中的生存和发展，这正是加强领导干部法治教育所追求的公平正义的基本内涵之一。这并非社会给个体的恩惠，而是因为“每个人都是社会的一个股东，从而有权支取股本”[1]。市场化发展中的中国社会应该是一个人民当家做主的社会，民众是社会的缔结者，理应平等地成为国家、社会的主人，通过一定的民主程序和途径，按照自己的意思来进行来参与国家和社会的治理；应该是一个资源充沛、布局合理的社会，民众能平等地享有社会的基础资源，适应社会的发展，为民众个体在市场竞争中谋求自身的生存和发展提供依托。因为如果资源“不按照一种对所有人都公平的基础开放”，“那些被排除在外的人们”体验“自我实现感”的需要就被扼杀了，他们完全有理由“觉得自己受到

〔1〕〔英〕潘恩：《潘恩选集》，马清槐等译，商务印书馆1956年版，第143页。

了不公正待遇”。[1]

市场经济的发展和经济社会的转型使得社会发展呈现多元的发展趋势、多元的社会结构和多元的利益格局,必须注重公平正义制度与环境的构建,因为在市场经济的发展中,“一个公正的社会制度性安排,应当使社会成员感到做出正当、善的行为不仅是应当的,而且也是明智的”,即只有行善,才能获得利益,“如是,在社会大众层面上,正当、善的行为就不仅仅是应当的且也是必然的”[2]。在经济社会转型期,加强党校领导干部法治教育,就是要在领导干部法治教育过程中制度性地强化对民众的民主、自治、平等等权利的保护,形成一个彰显公平正义的法治框架。对于法治制度建设来说,没有比公平正义更能激发民众追求意志的了。

2. 加强党校领导干部法治教育就是要在领导干部群体中形成尊重主体的法治观

在市场经济建立之前,民众并不完全具有独立的主体地位,其享有的政治和经济权利都大打折扣,其对国家和社会的影响相当有限,“他们不能代表自己,一定要别人来代表他们。他们的代表一定要同时是他们的主宰,是高高站在他们不受其他阶级侵犯,并从上面赐给他们雨水和阳光。”[3]市场经济是一个主张个体利益合理化和宣扬个体利益最大化的经济形态,它的存在前提就是利益主体对自身利益的合法化、最大化和独立自主的追求,而肯定与维护个人利益则是国家民主政治制度的根本出发点,深深影响着国家和社会的民主化进程。改革开放以来,通过市场化改革,大力发展市场经济,塑造竞争性市场关系,进而推动市场经济发展,使得民众作为市场主体在社会中独立出来。市场主体从事市场交易,其直接指向在于利益,利益实际上就是权利、特别是财产权利的实现,“我们每天所需的食物和饮料,并不是出于屠夫、酿酒师和面包师的仁慈,而是出于他们的利己心”[4]。通过市场经济的结构调整,形成多元化的经济发展模式和产权结构,

---

〔1〕〔美〕约翰·罗尔斯:《正义论》,何怀宏译,中国社会科学出版社 1988 年版,第 470—471 页。

〔2〕高兆明:《制度公正论》,上海文艺出版社 2001 年版,第 158 页。

〔3〕《马克思恩格斯选集》(第 1 卷),人民出版社 1995 年版,第 678 页。

〔4〕〔英〕亚当·斯密:《国富论》,唐日松译,华夏人民出版社 2002 年版,第 168 页。

培育出了平等竞争的多元化市场主体。民众在市场机制的支撑和促进下其地位不断独立且日益发育成熟起来。独立的市场主体,基于利益最大化的效用目标,本能地存在着推进治理改革的动机,希望通过治理的变革谋取其在市场化发展中更多的机会。源于经济发展而产生的个体利益冲动是推进民众积极参与民主选举和依法治理的原始动力,从这里可以看出,市场化运行体制下的民众实际上是一个在政治和经济发展方面充满理性的行动者,并非蒙昧无知的普通民众。

市场经济的利益观念促使民众个体地位的日益独立,同时个体独立又使得民众个人的行为能力、价值观念以及社会心态发生了巨大变化,对新时期领导干部的执政能力和工作水平提出了更高的要求,它包含两方面内容:第一,加强领导干部法治教育就是要求领导干部在工作中要尊重个体利益和民众权利。“‘思想’一旦离开了‘利益’,就一定会使自己出丑。”[1]无论是现代经济活动还是政治活动莫非如此。每个人对个人利益的合理算计实现整体的利益,这是市场交易的动机与指向。“人们奋斗所争取的一切,都同他们的利益有关。”[2]现代政治参与实质上也是一种权利的算计与实现,每个政治主体都是带着其相应的价值观念去从事这些活动的,这些价值观与自己的利益密切相关联。西方的公共选择理论就是从利益的算计阐释政治运行过程的。民众在市场经济体制下获得较大的发展,其所获得的丰富资源增强了其独立的主体地位,会进一步强化其在社会治理中的迫切要求和参与愿望,会强化民众的独立性、自主性和自治性。在市场经济发展过程中,“法治的保障既是一项经济权利,也是一项民主权利。它在公民身边建立起一道保护墙,保证他们在从事生产活动时无需畏惧政府。建立起这道保护墙后,那么民主制度中公民角色的先决条件——安全与独立也就有了保障”[3]。第二,加强领导干部法治教育就是要求领导干部在工作中要用法律来保障和维护个体利益和民众权利。市场化改革使得市场机制在经济发展中发挥了基础作用,同时对社会

---

〔1〕《马克思恩格斯选集》(第1卷),人民出版社1995年版,第678页。

〔2〕同上。

〔3〕〔美〕凯斯·R. 孙斯坦:《自由市场与社会正义》,金朝武、胡爱平、乔聪启译,中国政法大学出版社2002年版,第290页。

秩序的影响也展示其强大的力量。“在这一过程中,每个人追求自己的利益会促成社会总利益的实现,另一方面,个人只有在为他人利益服务的情况下才可能实现自己的私利。这样,个人利益和社会利益就会达到和谐。”〔1〕利益的驱动使得主体在市场化运行中能够独立,不同利益的交汇使得民众个人在市场中主体地位发生交织,交汇的利益和交织的地位正好配发出市场化运行中的自发社会秩序,按照其内在的逻辑演进,社会秩序得到不断扩展,为法治建设提供了动力。“那些被长期证明对人类福利意义重大的社会制度,虽然都是人类行为的产物,但绝对不是人类设计的产物,因而也就不能以演绎推理暗示出的任何方式来加以重新建构。”〔2〕社会中的自发社会秩序需要法治为之互动与发展,“秩序的重要性和价值会随着构成因素多样性的发展而增加,而更大的秩序又会提高多样性的价值,由此使人类合作秩序的扩展变得无限广阔”〔3〕。在互动发展过程之中,民众主体成为了治理变革的推导力量,“渐进的技术师或工程师认识到,只有少数的社会建构是人们有意识地设计出来的,而绝大多数的社会建构只是‘生长’出来的,是人类活动的未设计的结果”〔4〕。当经济社会的转型累积到一定程度时,民众对法治的需求就会变得越发强烈。

3. 加强党校领导干部法治教育就是要在领导干部群体中强化宪法法律至上的法治观

在人类治国理政的历史追求中,法治是最有可能在国家内部实现民主、自由、人权、平等和公正的制度设计,是最有利于保证国家和谐、社会稳定和人民安居乐业的体制框架,也是最有效的对公共权力进行制约和限制、对民众权利进行保障和维护的政制发明。在人类追求民主、向往自由、保障权利、维护公正、实现平等的奋斗过程中,法治成为了不二选择。而法治的制度构建与秩序生成都必须确立法律的权威,实现“法律至上”,这是法治能否发挥作用的关键和命脉。正如古希腊

---

〔1〕〔英〕亚当·斯密:《国民财富的性质和原因的研究》(下卷),商务印书馆1997年版,第27页。

〔2〕〔美〕霍伊:《自由主义政治哲学——哈耶克的政治思想》,生活·读书·新知三联书店1992年版,第6页。

〔3〕〔英〕哈耶克:《致命的自负》,中国社会科学出版社2000年版,第90页。

〔4〕〔英〕波普:《历史决定论的贫困》,华夏出版社1987年版,第51页。

哲学家柏拉图所讲:“法治的关键是树立法律至高无上的权威。”19世纪英国著名法学家戴雪把英国的法治系统地概括为“法律主治”,即“英吉利人民受法律治理,唯独受法律治理”[1]。确立法律权威已经成为世界各国建设法治的普遍共识和共同追求,也成为我们建设社会主义法治国家的前进目标,党和国家在全面推进依法治国的进程中高度重视确立法律的权威。早在2007年党的十七大报告在发展社会主义民主政治部分就已经三次鲜明地提到“法律权威”。习近平同志在2012年12月4日首都各界隆重纪念现行宪法公布施行30周年大会上强调:“要加强宪法和法律实施,推动形成办事依法、遇事找法、解决问题用法、化解矛盾靠法的良好法治环境,形成人们不愿违法、不能违法、不敢违法的法治环境,在法治轨道上推动各项工作。”同时,习近平同志在2013年2月23日主持中央政治局就全面推进依法治国进行第四次集体学习时指出:“要深入开展法制宣传教育,在全社会弘扬社会主义法治精神,引导全体人民遵守法律、有问题依靠法律来解决,形成守法光荣的良好氛围。”2013年11月12日党十八届三中全会通过的《中共中央关于全面深化改革若干重大问题的决定》指出:“维护宪法法律权威。要进一步健全宪法实施监督机制和程序,把全面贯彻实施宪法提高到一个新水平。建立健全全社会忠于、遵守、维护、运用宪法法律的制度。坚持法律面前人人平等,任何组织或者个人都不得有超越宪法法律的特权,一切违反宪法法律的行为都必须予以追究。”当前全面推进依法治国,最主要、最根本、最基础的,就是要在全社会树立法律权威,这是法治中国建设最重要和最迫切的课题与使命。在全社会树立法律权威,坚定不移地全面推进依法治国,才能保障国家的长治久安与社会的和谐稳定。

维护宪法法律权威,关键在于领导干部要敬畏宪法法律,始终在宪法法律范围内做出自己的行为。加强党校领导干部法治教育就是要在领导干部群体中强化宪法法律至上的法治观。加强党校领导干部法治教育,提高领导干部的法律实施能力,从而夯实法律权威。法律能否真正在社会生活中发挥作用,取决于领导干部的法律实施效

---

[1] [英]戴雪:《英宪精义》,雷冰南译,中国法制出版社2000年版。

果。习近平同志在2013年2月23日主持中央政治局就全面推进依法治国进行第四次集体学习时指出:“行政机关是实施法律法规的重要主体,要带头严格执法,维护公共利益、人民权益和社会秩序。执法者必须忠实于法律。各级领导机关和领导干部要提高运用法治思维和法治方式的能力,努力以法治凝聚改革共识、规范发展行为、促进矛盾化解、保障社会和谐。”因此,合格的领导干部和法治工作人员是保障法律正确实施的前提,高素质的领导干部和法治工作人员是增强法律实施的关键。高度重视党员领导干部的理想信念、管理制度和适用能力建设,提高法治工作能力和水平,做到不为人情所惑、不为金钱所动、不为权势所迫、不违法违纪办案。完善和提升法治工作机制建设和能力建设,才能保证法律全面正确的实施。习近平同志指出:“我们要依法公正对待人民群众的诉求,努力让人民群众在每一个司法案件中都能感受到公平正义,决不能让不公正的审判伤害人民群众感情、损害人民群众权益。”同时他又在2014年1月7日中央政法工作会议上再次强调:“政法战线的同志要肩扛公正天平、手持正义之剑,以实际行动维护社会公平正义,让人民群众切实感受到公平正义就在身边。要重点解决好损害群众权益的突出问题,决不允许对群众的报警求助置之不理,决不允许让普通群众打不起官司,决不允许滥用权力侵犯群众合法权益,决不允许执法犯法造成冤假错案。要以最坚决的意志、最坚决的行动扫除政法领域的腐败现象,坚决清除害群之马。”连续反复的“四个决不允许”,不仅回应了人民群众对司法公正的关切和期待,也强调了法律权威要坚持以人为本、服务群众的根本宗旨。党的十八届四中全会强调:“全面推进依法治国,必须大力提高法治工作队伍思想政治素质、业务工作能力、职业道德水准,着力建设一支忠于党、忠于国家、忠于人民、忠于法律的社会主义法治工作队伍。建设高素质法治专门队伍,把思想政治建设摆在首位,加强立法队伍、行政执法队伍、司法队伍建设,畅通立法、执法、司法部门干部和人才相互之间以及与其他部门具备条件的干部和人才交流渠道,推进法治专门队伍正规化、专业化、职业化。”而党员领导干部是政法队伍的精英,抓住了这个关键少数,就抓住了问题的核心。

4. 加强党校领导干部法治教育就是要在领导干部群体中深化依法履职的法治观

“政府处于法律之下,或者说法律服务于法治,构成了现代市场经济良性发育的制度基础。”[1]法治是市场经济发展的制度基础,它是在近代社会化大生产的条件下,在商品市场高度发展的条件下逐步被实践证明并被人们所认同、作为市场经济的基础并与市场经济共同成长起来的基本原则。“它通过完备的法律手段和良好的社会法治环境,有效的保障和维护正常的经济秩序,保证平等、公正的竞争环境和发展机遇,并有利于给经济发展创设和维系一个民主、自由、宽松、和谐的空间氛围,保护公民和法人的正当权益,促进经济的有序增长和繁荣。”[2]当前经济社会转型是一场以市场化为基础的社会现代化过程,是“一场质的意义上的社会整体嬗变,是包括器物层面,制度规范层面,思想文化层面各个社会领域的全方位变革”[3]。市场经济培育和造就了独立于国家权力之外的新型力量——市场主体。市场经济的发展使传统以行政权力为核心的管理体系转变为以市场主体的权利为核心的治理体系。它是“建立在传统的社会格局的打破,旧的文化意识形态的消失以及新的社会格局与理念的形成之基础上”[4]。因此“强调传统力量与新的力量,具有同等的重要性是必要的”[5]。这是决定现代化进程最终命运和经济社会转型成功与否的关键因素。

法治是市场经济构建的制度基础,也是领导干部执政履职的基本规则。经济社会转型过程事实上是调控、协调各种利益冲突,进行价值判断和理性抉择的现代化过程,在此过程中,法治的健全和完备,领导干部依法执政履职,具有不可取代的重要作用。法治是一系列原则与制度,是一种现代的秩序模式与文明类型,是一种生活实践和认知的过程,是一种社会关系评价与社会秩序治理的基本框架。它既指健全的法律体系,良好的法律运行状态,更进一步意味着整个社会成员特别是党员领导干部对法律发自内心的遵守和由此而形成的良好的

---

〔1〕 钱颖一:《市场与法治》,载《中国社会科学文摘》2000 年第 4 期。
〔2〕 钱弘道:《经济分析法学》,法律出版社 2003 年版,第 25 页。
〔3〕 田成有:《传统文化与法治现代化》,贵州人民出版社 1999 年版,第 202—203 页。
〔4〕 王铭铭:《社会人类学与中国研究》,上海三联书店 1997 年版,第 29—45 页。
〔5〕 许章润:《说法、话法、立法》,载《读书》1997 年第 11 期。

法律秩序和状态。

加强党校领导干部法治教育就是要在领导干部群体中深化依法履职的法治观。领导干部依法履职,是以法治为核心的治理体系的政治需要以及社会治理空间不断拓展和明确化,始终应以国家法律的规范为前提。全面推进依法治国,急需健全的法律体系为领导干部的依法履职提供规范化的保证,这是维护国家法律统一和制度权威的需要。领导干部在法治建设中起着领导和推动作用,领导干部依法履职就是要注重通过法治的制度化优势来保障民众的民主与权利,法治建设的根本目的在于领导干部依法履职的真正和广泛实现。"一个社会制度的成功,主要取决于它是否能够将人们在经济事物等方面的追求未被耗尽的过量精力引入合乎社会需要的渠道。"[1]法治的建构必须立足于社会现实,既要重点建构起法治在民众中的权威,又要建构起领导干部依法履职的法治化秩序,以此形成二大领域秩序规则之间的良性互动局面。在经济社会转型期,领导干部依法履职是法治的重点,是法治最重要的政治基础,也是国家在推进法治进程中实现社会有序管理的首要任务。在领导干部的工作视野里,法治不仅是一种制度,具有可操作性,在法治的框架和维度下,民众的自由、平等、权利才能真正实现。法治也是一种文化和观念,属于意识形态的范畴,具有凝聚人心的作用;同时法治更应是一种境界和追求,成为领导干部日常工作的核心价值和精神灵魂,深藏于领导干部的思想深处,深深植根于全体领导干部的思想内涵。

加强党校领导干部法治教育是推进领导干部践行依宪执政、依法执政的重要保障。依法治国作为党领导人民治理国家的基本方略,其实质就是执政党要依法执政,参政党要依法参政,行政机关要依法行政,司法机关要依法司法,人民团体和事业单位要依法开展工作,企业要依法进行经营活动,国家工作人员要依法办事,公民要依法行使权利和履行义务。依宪执政、依法执政就是中国共产党及其领导干部依照宪法和法律的规定,进入国家的各级政权机关执掌和行使国家权力,履行领导和支持人民当家做主,最广泛地动员和组织人民群众依

---

[1] [美]埃德加·博登海默:《法理学——法律哲学和方法》,邓正来译,上海人民出版社1992年版,第199页。

法管理国家和社会事务，管理经济和文化事业，维护和实现人民群众根本利益的职责。依法治国作为党治国的基本方略，依宪执政、依法执政作为党执政的基本方式，体现了我们党维护和突出宪法法律权威的法治精神，是为了实现我们党提出的全面建设小康社会、进而实现中华民族伟大复兴的宏伟目标，都是为了践行立党为公、执政为民的宗旨。因此，宪法法律是领导干部一切行为的规则，任何人都必须在宪法法律范围内活动。毛泽东同志曾说："宪法是全体人民和一切国家机关都必须遵守的。全国人民代表大会和地方各级人民代表大会的代表以及一切国家机关的工作人员，都是人民的勤务员，一切国家机关都是为人民服务的机关，因此，他们在遵守宪法和保证宪法的实施方面，就负有特别的责任。"刘少奇曾说："宪法是全体人民和一切国家机关都必须遵守的。""中国共产党的党员必须在遵守宪法和一切其他法律中起模范作用。一切共产党员都要密切联系群众，同各民主党派，同党外的广大群众团结在一起，为宪法的实施而积极努力。"邓小平同志曾告诫全党："全党同志和全体干部都要按照宪法、法律、法令办事。"胡耀邦同志曾说道："特别要教育和监督广大党员带头遵守宪法和法律。从中央到基层，一切党组织和党员的活动都不能同国家的宪法和法律相抵触。党是人民的一部分。党领导人民制定宪法和法律，一经国家权力机关通过，全党必须严格遵守。"江泽民同志曾说："所有的党组织和领导干部都要在宪法和法律范围内活动，自觉做到依法决策，依法行政，依法律已。"胡锦涛同志说道："党的各级组织和全体党员都要模范地遵守宪法，严格按照宪法办事，自觉地在宪法和法律范围内活动。"习近平同志在 2014 年中央政法工作会上强调："各级领导干部要带头依法办事，带头遵守法律，牢固确立法律红线不能触碰、法律底线不能逾越的观念，不要去行使依法不该由自己行使的权力，更不能以言代法、以权压法、徇私枉法。"

加强党校领导干部法治教育就是要培养和提高领导干部依法履职的能力。习近平同志在 2013 年 1 月 23 日主持中央政治局就全面推进依法治国进行第四次集体学习时指出："任何组织或者个人都必须在宪法和法律范围内活动，任何公民、社会组织和国家机关都要以宪法和法律为行为准则，依照宪法和法律行使权利或权力、履行义务或职责。”同时,习近平同志又再次强调:“党是执政党,坚持依法执政,对全面推进依法治国具有重大作用。坚持党的领导、人民当家做主、依法治国有机统一,把党的领导贯彻到依法治国全过程。各级领导干部要带头依法办事,遵守法律。各级组织部门要把能不能依法办事、遵守法律作为考察识别干部的重要条件。”

5. 加强党校领导干部法治教育就是要在领导干部群体中培育以人为本的法治观

人本主义思想源远流长。“人是万物的尺度,是存在的事物存在的尺度,也是不存在的事物不存在的尺度。”[1]这阐述了人在万物中的独尊地位,人是发展多变的事物的主宰的观念,表达了一种原始的人本主义思想。人在经济社会转型和政治制度变迁中发挥着重要作用,而且社会转型与制度变迁本身就是离不开人而独立运行的,“政治制度是人的劳作,它们的根源和全部存在均有赖于人的意志”[2],当然人的本位作用的发挥又是需要以尊重规律为前提的。

社会主义政治始终是以人民为主体的,社会主义政权具有人民主权性质,这就注定以人为本是全面推进依法治国的政治理念,注定以人为本是全面推进依法治国的本位立场、发展原则和价值主张,是社会主义法治建设的根本出发点和基本思路。发展的目的是“以促进该共同体每个个别成员的个性全面发展”,“普遍地重视人则是一个社会能够正常运行和保持稳定的关键之一”。[3] 以人为本是改革开放经济建设取得巨大成功的历史和逻辑起点,也是包括法治建设在内的社会主义政治文明建设的实践原点和理论支撑。

经济社会转型是市场化经济运行条件下社会结构的变迁,是政治、经济、文化和社会体制及其运行机制的变革组合与选择更新。经济社会转型使社会生活发生巨大变化,其中最为明显的表现是社会利益的重新配置以及由此引致的社会分层化、利益多元化、生活方式多样化。基于经济转型和社会背景的变迁,政治参与作为维护和实现自

---

〔1〕 北京大学哲学系外国哲学史教研室编译:《古希腊罗马哲学》,商务印书馆 1961 年版,第 138 页。

〔2〕 〔英〕J. S. 密尔:《代议制政府》,汪瑄译,商务印书馆 1982 年版,第 7 页。

〔3〕 〔法〕弗朗索瓦·佩鲁:《新发展观》,张宁、丰子义译,华夏出版社 1987 年版,第 108 页。

身利益的重要方式呈现出新的态势和特点。在利益多元和分化的条件下,保障有序的政治参与,以实现真正的法治,是保证市场化改革深入进行、政治局面稳定、社会生活常态及经济社会可持续发展的前提基础,特别是尊重和实现人的全面发展,保障民众的发展利益和基本权利,成为我国各级领导干部在平常工作中必须正确对待的一个重大问题。

法治本身就是以人为中心展开的,它承认人是具有独立利益、独立追求的个体,尊重人的尊严和保障人的利益。“个人的生活和福利以及他的权利的定位都同众人的生活、福利和权利交织在一起,它们只能建立在这种制度的基础上,同时也只有在这种联系中才是现实的和可靠的。”〔1〕“离开主体自由自觉的活动,离开人类意识,人的价值尊严和人类本质,一句话,离开人的主体性,来谈论应有权利的问题,那是不可思议的。”〔2〕法治是保障权利的最好制度设计,它建立的基础是对人的价值的尊重,说明的是对人的价值的认可,表明的是人在社会中的价值实现程度,主张的是人本主义本位的权利价值模式。“关于权利的语言是一种特别有力的表达方式,它表达的是尊重个人,尊重他人的尊严和价值,以及尊重他作为自主的道德行为者的地位。”〔3〕

加强党校领导干部法治教育就是要在领导干部群体中培育以人为本的法治观。“形成某种政治制度离不开一定的政治文化在其中的作用,维持政治稳定、促进政治发展,同样需要建立相应的政治文化,并使之符合政治体系一体化的要求。”〔4〕市场化的发展带来利益的分化与组合、权利的博弈与重组,需求更加成熟理性的政治参与模式,要求在领导干部工作中形成更加稳健凝重的以人为本的法治文化。“现有制度安排总会有些不能满足人们已经内化了的价值观所预期的报酬,当人们得不到满意的报酬时会产生失落感,会千方百计去寻找新

〔1〕〔德〕黑格尔:《法哲学原理》,范扬等译,商务印书馆1961年版,第198页。

〔2〕公丕祥:《法哲学与法制现代化》,南京师范大学出版社1998年版,第159页。

〔3〕陈弘毅:《法治、启蒙与现代化的精神》,中国政法大学出版社1998年版,第120页。

〔4〕赵渭荣:《转型期中国政治社会化研究》,复旦大学出版社2001年版,第16—17页。

的制度安排来代替现行的制度安排。"[1]加强党校领导干部法治教育就是要求党员领导干部更加重视人本理念、人本文化、人本思维、人本制度。市场经济改革与法治体制的融合应当尽可能地寻求两者之间的共同要素逐步展开,以避免被动整合产生的机理排斥而造成的社会振荡,因此,寻求两种不同规则之间的共同价值所指成为加强领导干部法治教育建设的核心重点。这就需要在领导干部法治教育培训中,整合法治文化发展的理性思维、价值观念和伦理道德,将以人为本的法治精髓纳入党校领导干部法治教育的现有体系,坚持以人为本的政治发展取向,倡导和构建一种人本的领导干部法治精神、人文的领导干部法治理念,为领导干部正确履职提供一个可以普遍接受的法治规范。人本文化理念指导下的加强领导干部法治教育就是"要充分发挥人民群众的主观能动性和伟大创造精神,保证人民群众依法管理好自己的事情,实现自己的愿望和利益。继续推进政治体制改革,发展社会主义民主政治,保证人民充分行使民主选举、民主抉择、民主管理、民主监督的权利"[2]。加强党校领导干部法治教育应当要在领导干部教育培训中培育人本的政治情怀,实现法治从工具理性向价值理性的根本变革,成为各级领导干部的行为规则。

6. 加强党校领导干部法治教育就是要在领导干部群体中固化权力制约的法治观

古人云"国不可一日无君",今日则是"国不可一日无法"。法治的根本目的就是否定权力的绝对权威,是要让权力得到法律的规范,在法治的规制下,权力体现得更多的是一种责任。在古代欧洲国家,"法律的历史性与法律具有高于政治权威的至高性这一概念相联系","自12世纪起,所有西方国家,甚至在君主专制制度下,在某些重要方面,法律高于政治思想一直被广泛讲述和经常得到承认"。[3] 法律权威高于个人权威表明政府权力的有限性以及政治权威受法律的支配,从而对这一理论的系统化确立了国家权力与法律相互联系的基本原

[1] 沙莲香等:《中国社会文化心理》,中国社会出版社1998年版,第310—311页。

[2] 中共中央文献研究室:《十五大以来重要文献选编》,人民出版社2002年版,第1926页。

[3] 哈罗德·J. 伯尔曼:《法律与革命》,中国大百科全书出版社1993年版,第11页。

则,即使国家权力能得到法律的规范是法治发展的精神,由此权力具备了合法性,也产生了责任。这一法治精神的提炼彰显了法律的功能和价值,揭示了法律发展的原理和目的,集中体现在:首先,法律的产生代表着社会发展的诉求,体现了人类的价值追求和对美好未来的期盼,是人类社会对于社会秩序建构的主客观相统一的结果。塞罗认为:“创设法律是为了公民的安全、国家的长久及人们生活的安宁和幸福。”[1]因而,法律代表着是国家设计的目的,是国家权力体制构建的前提和基础,也使得法律成为了国家权力运行的灵魂,国家权力运行必须要体现法律的要求和接受法律的规制。其次,法律是社会普遍的行为规则,它基于代表和维护社会的整体利益能够对包括国家在内的权力主体进行价值约束和行为规范。国家制定和执行法律,是社会赋予国家的职责和义务,意味着国家权力不可以超越法律的规范。法律一经制定,就肯定会凌驾于制定主体和组织之上,对其权力主体产生一视同仁的效果。再次,权力本身就是法律配置和设计的结果,权力始终存在于法律之下,来源于法律的认可,必须接受法律的监督和裁决。离开法律,权力将会失去存在的合法依据,也会变得随心所欲的强制和专横,不在具有按国家意志和社会利益进行秩序规制的功能和效果,失去了权力本身的应有意义和正当价值。毛泽东同志曾说过:“我们的权力是谁给的?是人民给的。”人民为什么要给我们权力?人民通过什么样的方式给我们权力?这是因为我们共产党人把“全心全意为人民服务,为人民的利益而奋斗”作为自己的宗旨,这个宗旨代表了社会的整体利益和民众的基本需求,体现了中国社会未来发展的主流价值和核心精神,因此,人民愿意通过法律的形式将权力交付于我们党,权力的人民性由此获得了法律性,同时,使得我们党必须始终坚持全心全意为人民服务的宗旨,承担为此终生奋斗、鞠躬尽瘁的责任。人民通过法律形式赋予我们的是权力,体现的是信任,但我们也由此承担了更大的责任,这种责任是一种法律责任,体现的是一种政治承诺。正如习近平总书记强调的:“权力就是责任,权力越大责任也越大。”我们要增强忧患意识和紧迫感,担负起实现人民福祉的历史使

[1] [古罗马]西塞罗:《国家篇法律篇》,沈叔平、苏力译,商务印书馆1999年版,第53页。

命,并为此尽职尽责。习近平总书记2014年7月12日在河北考察工作时强调指出:“大家都要牢记,权力是人民赋予的,要为人民用好权。”习近平总书记的重要论断深刻揭示了权力的基本来源和法律基础。因此,各级领导干部一定要正确对待手中的权力,时刻牢记我们的权力是党和人民赋予的,只能用来为人民谋利益,决不能变成牟取个人或少数人私利的工具。

加强党校领导干部法治教育就是要在领导干部群体中固化权力制约的法治观,它包含以下内涵:首先,加强党校领导干部法治教育就是要领导干部清醒的认识到权力运行的全过程必须接受法律规范,领导干部权力的行使必须受到国家法律的约束,领导干部行使权力更意味着一种责任,这是法治的基本精神。要取信于民,就必须正确行使权力、规范行使权力、依法行使权力,让领导干部权力在法治的轨道上运行,这是法治发展的必然趋势和政治文明的基本要求。邓小平同志在党的八大上曾经指出:“共产党不是把人民群众当做自己的工具,而是自觉地认定自己是人民群众在特定的历史时期为完成特定的历史任务的一种工具。”这句话已经深刻阐明党必须坚持把实现人民群众的利益作为行使权力和运用权力的出发点和归宿,只有认清这一原理,才能消除党执掌权力后而可能会产生的危险;才能让全党同志更加懂得我们手中的权力是人民赋予的,只有用来全心全意为人民服务的义务,而没有半点以权谋私的权力,从而有助于广大党员干部自觉筑牢拒腐防变的坚实防线。让权力得到法律的规范,让权力成为一种法律责任,这是新时期全面推进依法治国的重点,与邓小平同志强调的“确认党没有超乎人民群众之上的权力,确认党没有向人民群众实行恩赐、包办、强迫命令的权力,确认党没有在人民群众头上称王称霸的权力”的思想一脉相承。其次,加强党校领导干部法治教育就是要领导干部清醒的认识到权力运行的全过程必须接受法律规范,权力的行使必须受到国家法律的约束,让权力成为一种法律责任,这反映了人类社会发展的一般历史事实。在法治的轨道上,不存在无责任的权力,也不存在无权力的责任。依法行使权力是实现责任的表现形式,落实责任是合法行使权力的根本保障。不承担责任的权力,只会放纵权力的弱点,只会带来权力滥用。全面推进依法治国就是要明确“有权必有责”,法律在把权力赋予我们的同时,也明确了相应的责任,权力靠法律来规范,靠责任来框定;责任靠法律来实现,靠权力来履行和落实,二者是对立统一的整体,相依相存。再次,加强党校领导干部法治教育就是要领导干部清醒地认识到权力运行的全过程必须接受法律规范,这是党依法执政、依法用权的一贯主张。党的宗旨是全心全意为人民服务的,执政的目的就是为了不断回应人民利益关切、满足人民利益诉求,而依法治国就是党正确处理各种利益关系、真正实现人民利益期待的根本保障。全面推进依法治国,让权力能得到法律的规范,让权力成为一种法律责任才能保证党能够真正依法执政、依法用权,才能保证党能够时刻永记权力的目的和宗旨所在。权力得到法律的规范,权力成为一种法律责任。习近平同志在 2013 年 1 月 22 日第十八届中央纪委第二次全会上发表重要讲话指出:“各级领导干部都要牢记,任何人都没有法律之外的绝对权力,任何人行使权力都必须为人民服务、对人民负责并自觉接受人民监督。”接受监督就是确保权力正确运行的一种法律责任,任何人行使权力都必须对法律负责并自觉接受法律的监督。各级领导干部要正确行使人民赋予的权力,自觉接受法律监督,主动承担法律责任。除了法律规定范围内的个人利益和工作职权以外,所有领导干部都不得谋求任何私利和特权。这是党长期以来坚持依法执政、执政为民的重要思想,是党能永葆生机活力的成功经验。

加强党校领导干部法治教育就是要在领导干部群体中固化权力制约的法治观,就是要各级领导干部谨慎用权,防止权力的滥用,使权力能合法行使。邓小平同志早就告诫过我们:“我们拿到这个权以后,就要谨慎。不要以为有了权就好办事,有了权就可以为所欲为,那样就非弄坏事情不可。”因此,必须对权力进行控制,而控制权力首当其冲的就是法律,让权力能够合法行使和正确运行,这才能够达到权力行使的目标。权力的行使必然离不开法律的规制,法律就是权力运行的平台,通过具体的法律制度,实现权力合法行使的理想状态,是基于法治功能的必然选择。在一个法制健全的国家,权力的运作必然受制于法律,此时无论权力的初衷多么善良,规制、控制国家权力的最终力量必须是法律,而不是其他。因为,防止权力的滥用,使权力能合法行使和正确运行是法治的本质功能。习近平在2014年9月5日庆祝全国人民代表大会成立60周年大会上强调:“维护宪法法律权威,使民主制度化、法律化,使这种制度和法律不因领导人的改变而改变,不因领导人的看法和注意力的改变而改变。”再次阐述了法治对于防止权力随意改变、恣意妄为的重要作用,阐明了用法治规范权力和规范行使权力的人的重要价值。习近平同志曾指出:“领导干部工作上要大胆,用权上则要谨慎,常怀敬畏之心、戒备之意,自觉接受纪律和法律的约束。”法治体制设计的初衷就是通过法律权威以法治的方式来实现对权力运行的规范化,从而形成社会生活和政治生活的有序化。法治的功能就是以法治的方式来完成对政府权力规范与约束,使权力能合法行使,构筑法律权威。

加强党校领导干部法治教育就是要在领导干部群体中固化权力制约的法治观,就是要各级领导干部自觉接受监督和制约,把权力关进制度的笼子里,使权力尊重和服从法律。法律的存在直接意味着否定任何绝对权力的存在。有人曾说:“任何由绝对权力统治的国度,都不能称之为自由的国度,而不论它是一个绝对的王权或立法权,对人民来说,结果一样。”[1]这差不多就是最好的表述了。洛克曾说:“只能有一个最高权,那就是立法权,其他的一切权力都是而且必须处于从属地位”,“因为谁能够对另一个人订定法律就必须是在他之上。”“立法机关或最高权威不能让自己承担起以临时性的专断命令进行统治的权力,而只能限于分配正义,并由已经颁发的持续的法律和为其授权为人所知晓的法官来决定臣民的权利。”[2]这段话告诉我们,法律具有至上的权威能够使得权力尊重和服从法律,对权力的控制是法治的本质,是对法律至上权威的最佳阐释。法治具备的控制权力和保障权利的功能,为权力制约提供了保障机制,它要求权力的行使必须遵循法定的时限、步骤和方式,以公平、公正之立场,以公开之方式,从而排斥了官员行为的恣意和擅断。它赋予公众主体的地位,使他们在权利受到影响或侵犯时,有权与官员说理、争论、协商、抗辩和交涉,法

---

〔1〕〔英〕维尔:《宪政与分权》,苏力译,生活·读书·新知三联书店1997年版,第278页。

〔2〕〔英〕洛克:《政府论》(下),商务印书馆1964年版,第91页。

治成为一种控制和约束国家权力的重要制度笼子。“权力”是必要的恶。权力不关进制度的笼子里就会极易被滥用。事实表明,关进法治制度的笼子里、加以法律限制的权力不会产生腐败或被滥用。这告诉我们,限制权力及其制度的需要是无止境的。必须将权力范围限制在法律规制之下——法治之外无“权力”。没有法律根据的国家权力都是非法的。对“权力”进行制约必须充分意识到“权力”的强制性和有组织性,用以制约权力的制度笼子,必须具有足够的力量和有效可行的程序,而法治是这个制度笼子的天然选择。有人曾说:“失去制约的权力,就如一匹野马,将危害国家和社会,”因此,我们把权力关进由宪法和法律构建的法治制度的笼子里,国家和社会才会稳定、健康、有序的发展,从这一程度上说,全面推进依法治国势在必行。

三、结语

改革开放的发展导向和市场化的运行路径加快了经济社会的转型步伐,经济上构建了市场格局,政治上催化了民主进程。随着中国改革开放在经济上的深度发展和对政治的深刻影响,市场化改革的社会效应要求越来越高,人们对制度稳定、社会秩序、经济利益和政治权益的渴望成为社会转型的主要诉求。因此,当前的经济社会转型进入了社会形态整合与革新的阶段,其中最重要的是要重视法治在治国理政与保障民众权利中的根本作用。加强党校领导干部法治教育是新时期党校领导干部教育培训的方向,是全面推进依法治国、维持经济社会稳定秩序和促进经济社会发展的政治需要与必然选择。毕竟法治更具有稳定性、中性、程序性,有学者曾指出治理“更注重方式,而相对缺少意识形态上的关怀和争论”[1]。抛开意识形态方面的激情澎湃,回归现实生活中的保守单调,为中国构筑一个可预期、可长治久安、可持续发展的环境是当前经济社会转型时代赋予我们各级领导干部的重要任务。加强党校领导干部法治教育代表着一种使命,成为一种必然,可以拓展政治民主发展的空间,指引着法治文明和政治现代化的发展方向,是中国式法治建设中特别重要的一环。

---

〔1〕 参见智贤:《Governance:现代“治道”新概念》,载刘军宁主编:《公共论丛:市场逻辑与国家观念》,生活·读书·新知三联书店1995年版,第55—56页。

法律硕士学位论文存在的问题及写作的规范化

——以某校2014年法律硕士学位论文答辩为分析对象*

夏新华**

法律硕士专业学位论文是法律硕士专业学位研究生在指导教师的指导下独立完成的,合乎严格的写作规范并标志着获得法律硕士专业学位(JM)的一篇书面作品。全日制法律硕士研究生(含法学和非法学专业)和在职法律硕士研究生取得法律硕士学位,必须撰写学位论文。学位论文既是法律硕士在研究生阶段所学知识和职业技能训练的总结汇报,也是衡量学习质量的重要指标,更是一次对其学术研究能力和写作能力的集中考察。其中,法律硕士学位论文的选题、论文形式的选择、写作格式及论文质量评价标准等对于论文都具有极大的重要性。而现实中,法律硕士论文的写作时,也恰恰是由于这些关键点上出现的问题影响到了最终的论文成果。因此,怎样建立法硕学位论文写作的规范是我们讨论法律硕士学位论文时必须要面对的问题。

---

* 本文系湖南省学位办委托项目《法律硕士专业学位研究生培养质量评价体系研究》(JG2011C008)的阶段性成果。

** 夏新华,男,湖南武冈人,法学博士,湖南师范大学法学院教授、博士生导师,教育部新世纪优秀人才,全国法律硕士专业学位教育指导委员会委员,主要从事法律史学、宪政文化、法律教育研究。

一、某校2014年法律硕士学位论文答辩存在的问题

某校参加2014年春季论文答辩的法律硕士研究生共有89人,其中全日制法律硕士(法学)64人,全日制法律硕士(非法学)13人,在职法律硕士12人。参加冬季答辩的共有43人,其中全日制法律硕士(法学)3人,在职法律硕士40人。我们对这两次答辩从论文形式、评阅结果、答辩结果三方面进行数据统计。通过分析,发现以下问题:

1. 论文形式单一,纯学术性文章居多,应用性论文偏少

在132篇学位论文中,纯学术性论文有117篇,占总数的88.64%,其中在职法硕46篇,占论文总数的34.85%。案例研究和调研报告形式的学位论文偏少,仅11篇案例研究和4篇调研报告,分别占当年论文总数的8.33%及3.03%,其中在职法硕有调研报告3篇,占论文总数的2.27%,有案例研究4篇,占论文总数的3.03%。

2. 评审结果较差,需要修改的论文比例较高,一次性达标比例偏低

根据2014年实施的《某校研究生学位论文评阅实施办法》第八条之规定,硕士学位论文专家评阅意见分为以下几类:

A类:已达到硕士学位论文水平要求,同意参加论文答辩;

B类:基本达到硕士学位论文水平要求,建议稍做修改后进行论文答辩;

C类:建议做较大修改后再进行论文答辩;

D类:未达到硕士学位论文水平要求,不同意进行论文答辩。

在送审的132篇文章中,仅有8篇文章获得2A一次性达到了参加答辩的要求,只占论文总数的6.06%(其中在职法硕4篇,占总数的3.03%)。而在其剩余的124篇文章中,2B类48篇,占总数的36.36%(其中在职法硕19篇,占总数的14.39%),1A1B类45篇,占总数的34.09%(其中在职法硕17篇,占总数的12.88%),1B1C类21篇,占总数的15.91%(其中在职法硕8篇,占总数的6.06%),1A1C类4篇,占3.03%(其中在职法硕2篇,占总数的1.52%),2C类5篇,占总数的3.79%(其中在职法硕1篇,占总数的0.76%),1D类1篇,

为全日制法硕所写,占总数的 0.76%。对照以上规定可知,本次需要进行程度不同的修改后才能参加答辩的文章共有 124 篇,占总人数的 93.94%。按规定,2C 的和 1D 的有 6 人不能参加答辩,占总人数的 4.55%。

3. 答辩结果欠佳,需重大修改的论文数偏高,一次性通过的比例偏低

最终答辩的有 126 人,其结果是,有 28 人的论文需要重大修改,占答辩总人数的 22.22%,其中在职法硕 14 人,占答辩总人数的 11.11%,1 位在职法硕未通过答辩,占答辩总人数的 0.79%,最终结果是,只有 97 人顺利通过了答辩,占答辩总人数的 76.98%,其中在职法硕 37 人,占答辩总人数的 29.37%。

4. 分类培养效果不明显,整体而言,全日制法律硕士论文质量不理想,在职法律硕士论文质量堪忧

仅有 6.06%% 的一次性送审通过率和高达 87.30% 的答辩后需修改率(共 110 篇文章需不同程度的修改)表明,全日制法律硕士论文整体还存在很大的质量问题,仍需改进。而在职法律硕士在送审阶段暴露出来的问题更多,且还出现了 1 人答辩未通过的情况,这说明其论文质量问题相比全日制法律硕士更加严峻,亟待解决的问题也更复杂。

二、影响法律硕士学位论文质量的原因探究

1. 培养目标未能充分落实

目前该院法律硕士采取大班制教学,课程内容涉及面广,在针对学生能力及兴趣爱好进行分类培养、分类管理方面尚有待完善,学生很难对某一学科领域产生兴趣并形成专长,缺少在平时的学习生活中为学位论文的写作积累丰富材料的有利契机。如采用小班制教学,依据学生的兴趣爱好将其集中到一起进行有重点的教学,则某一领域的关注度和研究能力得到提升,是有益于学生写出优秀的论文的。

同时,实践教学与理论教学的不同步也是原因之一。对于全日制法律硕士,学校仍旧注重理论教学,实践教学环节还很薄弱,学生对社

会实践的认识仍停留在理论层面，创作学位论文时，无异于闭门造车，从理论谈理论，既没有鲜活丰富的实践材料，也缺少独到深刻的社会认识，写出的文章或死气沉沉，或华而不实，空有理论而缺少经验。而对于在职法硕，其理论教学又显不足，教学课程较松散，理论知识的学习不扎实，课业效果不佳，学位论文创作时无法将自身实践经验与理论知识融合，写出来的文章或底气不足，只敢泛泛而谈，或认识偏差，无法写到点子上，纠其缘由仍是缺乏理论功底，实务经验没有理论基础做支撑，文章无法达到预期高度。

2. 指导教师不熟悉论文写作与质量评价的具体要求

由于平时致力于学术性研究，多数老师对学术型论文的写作要求已了然于心，但对于其他类型的论文却不甚了解，如案例研究和调研报告。原因主要有两点：一是缺乏案例研究、调研报告的写作规范；二是缺乏这对这两类论文的质量评价标准。没有写作规范，学生在面对一篇应用型论文时不知从何下手，老师在面对这样的文章时也难以恰当地从结构上或细节上指出问题，有时显得不太“专业”，起不到指导的作用。因此不少学生放弃应用型论文的写作而改写相对熟悉的学术型论文，以便于老师指导和纠正。没有评价标准，就不能明确文章创作的侧重点，比如对一篇调研报告应突出其调研设计能力的评价，在创作指导时就应加强这方面的工作；对一篇案例分析则应关注其案例选择、陈述能力的评价，指导老师在这方面就要下工夫。教师对论文质量的整体把握缺少一个参照尺度，显然是不利于论文指导的。

3. 学生未能充分发挥主观能动性

在一篇学位论文质量的各项影响因素中，如果将教育方式和老师指导看作次要因素，则学生自身的主观能动性应属于主要因素。作者的努力决定了一篇论文的好坏，包括理论知识和写作材料的积累，写作方法的锻炼和行文细节的讲究，都是写出一篇优秀学位论文的必备前提。能动性方面常见的问题就是论文写作过程“两头紧，中间松”，或者写作进度“坐火箭”。有些学生平时不重视论文写作的练习，到了学位论文写作阶段才开始关心写作问题，且行动上不积极，缺少与导师的主动沟通，在大段的时间内没有用心地进行论文创作或怠于论文修改，到最后再来追赶进度，这样的文章必然粗制滥造。有的学生急于求成,想在短时间内做出成果,在缺乏周全的准备和认真的思考的情况下匆忙拿出文章,这样的作品也同样是难以取得好的效果的。另外,查找资料不积极,过度依赖互联网,外文资料引用能力差,这都是主观能动性没有充分发挥的表现。

三、法律硕士学位论文写作的规范化

1. 研究方向的专业化

谈研究方向的专业化,首先要注意论文选题必须符合《法律硕士专业学位研究生指导性培养方案》所确定的培养目标,论题本身应属于法律的或关于法律的,而不是法律以外其他学科专业领域的。在本年度法硕学位论文中违背这一要求的现象不少见,如《论我国工商行政自由裁量权的控制》一文,以我国现实行政情况研究为基础,但最后写出来的文章法的味道较弱,法学学术感不强,更像管理学类的文章。

要解决选题专业化的问题,需要考虑如下几点因素:(1) 需深入辨析选题所涉专业领域是否为法律相关领域;(2) 对拟确定选题有关的已经发表、出版和通过答辩的研究成果有相当程度的了解;(3) 论题的选择上要注意难易程度适中;(4) 能否比较清晰地意识到所选论题的价值。

因此,我们认为,针对这些问题有效的解决方法是确定合适的选题来源,只有把握好选题渠道,题目才不至于偏离写作目标。结合现有实际来看,首先,题目来源可以是在法律和法律职业领域中有着显著的实践价值并和教学目标的要求相适应的问题。这类选题来源最主要是可以确保文章选题价值符合法律硕士学位论文的水平要求,并且容易选取到难易程度适合自己的题目。其次,可以是全日制法律硕士研究生在实习或调研中遇到的有研究意义的案例、事例或问题。由于贴近实践,这类选题同样具有很大的写作价值,并且在选择一些最新案例或前沿学术问题时,能保证选题的新颖性和创新性,文章也会变得有活力,但写作难度不易把握,需选好论题切入点,否则也很难写出深度与价值。再次,也可以是法律实务部门的兼职指导教师提出的,或者专职教师正在进行的项目研究课题。这是比较常见的选题来源,也是最为稳妥可靠的选题来源,因为不管是兼职指导教师还是专职教师,一般是某个领域的专家,兼职教师熟悉实务研究,专职教师熟悉理论研究,二者对其研究的领域都有较深入的理解,既能保证选题的先进性,又能保证选题的写作价值,还能在研究方法、资料搜集等方面提供专业的指导,确保在作者的能力范围内能完成论文的写作。总之,在这些范围内选取的题目其共性就是都具有很强的专业性,法律性特点突出,不容易与其他专业内容产生混淆,可避免将文章写成其他学科的论文。

2. 选题形式的多样化

法律硕士学位论文以法律实务研究为主要内容,其论文形式可以多样化。我们应注重对法律硕士应用能力的培养,注重法学知识与实践应用的相结合,这是法律硕士论文写作所追求的重要目标。因此,需提升学术型以外不同类型文章的选题比重和选题质量,转变传统的选题思维,多方面拓展选题思路。

但现实的情况是,我们往往偏重课堂教育,从根源上弱化了法律硕士应有的实践性与应用性,使学生在选择论文形式时逃避实践型文章,都选择理论型文章。学生平时也疏于对这些类型文章的写作练习,越陌生,就越不想碰触。这次的调查结果也证明了这点。调查对象中,法律硕士学位论文学术型选题占了绝大多数,诸如《论民间借贷利息的法律规制》、《论食品监管渎职罪的立法完善》、《论不动产设施设置缺陷责任的立法完善》、《我国食品安全追溯法律制度研究》等等。相反,实务型、应用型选题很少,即使有,其选题质量也不容乐观。比如在为数不多的几篇应用型文章中,《关于浏阳市公务员财产信息公开流产的调查》一文其题目虽然是"调查",但实际上文章内容里"调查"的味道不浓,没有按照标准的调查报告的方式来撰文。

为改变这种学术性论文"独霸"的局面,我们提倡采用案例研究报告、调研报告、专项调查报告等形式,不提倡纯学术性的论文形式。可以从以下几方面入手,以期改变上述现象:(1) 改进法律硕士培养方式,让学生多做实践研究,开展实践活动,鼓励参与实务锻炼,将理论知识与实践内容相结合,为写作积累材料,在平时练习写作技能;(2) 建立完善的论文写作规范,特别是案例分析、调研报告等论文类型的写作规范;(3) 加强老师对不同类型文章的了解,让指导老师更加专业化。

选题形式单一的另一个表现是选题局限于法学学科的门类划分。选题只在某一学科领域内探讨,没有与其他学科的内容结合。此次调查对象的文章中,也鲜见不同学科之间的"合作",我们应鼓励跨学科、跨专业的选题,选题可以不受法学学科门类(如法学二级学科)划分的限制,可以围绕某一法律的或法学上的专门问题,运用不同学科的理论和方法进行交叉或综合性研究,因为不少法律问题关系到的往往不止一个法学学科,常有不同法学学科知识的交差,为阐明所论,选题时就应考虑将不同法学学科的知识也纳入到文章的写作中来。

3. 论文设计框架的合理化

文章的框架设计很大程度上体现出了作者对于所著内容的了解程度和掌握情况,良好的结构能提升文章的表现力。这两批法律硕士学位论文存在的问题也来自于论文的框架设计。如学术型文章整体论述结构的设计缺乏特点,都是老一套的"是什么—为什么—怎么办"三步走的形式,"八股"味很浓,这种框架设计虽然稳妥不易出错,但缺乏创新,即使文章内容本身有可取之处,也往往会因为这样的表现方式而使文章显得呆板,拉低文章的整体水平。至于案例研究、调研报告等应用型文章,学生由于不熟悉,在设计文章框架时问题会更多。比如案例研究,常忽视对案例本身争议焦点的描述,往往将其在案情介绍时一笔带过,没有独立成一部分介绍,让人感觉问题铺垫不明,文章写作目的性不强。而调研报告则由于不能明确写作的目的,会混淆不同类型报告的写作结构,统一套用"问题—原因—建议"的模式,且在这种模式下,经常将文章写成了问题分析报告,通篇都在写:问题出在哪里、原因是什么,至于解决方法的论述则略显苍白,最后常会推给立法来解决,这种报告不免让人感到作者对调研工作低层次的理解和面对实际问题时的无力,写作意义不大。

正是由于不同形式的法律硕士学位论文在其内容设定上有特殊要求,故对法律硕士学位论文框架的讨论就具有其独特性,即需要分类来讨论法律硕士学位论文的框架设计,具体到不同文体框架的设计,可从以下方面着手:

（1）案例研究的框架设计。该类型论文的框架应包括标题、摘要、关键词、引言、主文、研究结论及参考文献和致谢。重点来说，主文又包括案情概要、争议焦点、法理分析几部分，其中，案情概要应主要围绕典型案例的事实情况进行介绍，一般包括基本案情和法院审理情况两部分；争议焦点主要针对前述案件事实，列出案件争议点所在，并清晰、明了地叙明各自的理由及其依据；法理分析要运用所学法学理论对案件争点进行学理解析、评价，这三部分为构建案例研究论文框架的核心。

（2）调研报告的框架设计。该类型论文的框架应包括标题、摘要、关键词、引言、主文、结束语及参考文献、附录和致谢。框架结构可以从以下几种模式着手："情况—成果—问题—建议"式结构，多用于反映基本情况的报告；"成果—具体做法—经验"式结构，多用于介绍经验的报告；"问题—原因—意见或建议"式结构，多用于揭示问题的报告；"事件过程—事件性质结论—处理意见"式结构，多用于揭示案件是非的报告。这些不同的结构形式分别针对不同的问题解决需求，作者可根据自身写作内容的需要进行选择适用。

（3）学术论文的框架设计。该类型论文的框架应包括标题、摘要、关键词、引言、主文、结语及参考文献和致谢。尤其是主文设计，应做到内容充实，论据充分、可靠，论证有力，主题明确，结构合理，层次清楚，重点突出，文字简练、通顺。合理分配笔墨，对主要观点重点论述，所占篇幅应为多数；次要观点可简要说明，所占篇幅应为少数；对各种材料的搜集和组织也应根据论述侧重点的不同合理安排，主要观点应多组织材料论证，次要观点则可相应减少；准确把握事物之间的逻辑关系，保证文章各部的衔接顺畅和紧密联系，特别是要掌握并列逻辑关系和递进逻辑关系的运用。

4. 论文写作技术的规范化和严肃化

设计好文章框架后，在具体行文过程中，还应注意论文写作技术的规范化。在这两批法硕论文中写作不规范的情况比较常见。比如：（1）关键字找不准、找不全，找出的关键字或与主题、论点联系不贴切。如《论不动产设施设置缺陷责任的立法完善》一文，在文章中大量涉及相关民事法律责任规定的问题，但其关键词则为"不动产设施"、

“设置缺陷责任”、“管理缺陷责任”,没有涉及“民法责任”的关键词。(2)摘要不是对文章精神的提炼,没有体现出文章的主要观点,单纯的写成对论文内容的介绍,如《见危不救行为的法律社会学分析》一文的摘要就存在这样的问题,摘要第一段介绍国内社会上见危不救的现象,第二段指出了国外对见危不救行为的规制和借鉴,第三段分析见危不救的原因和解决出路,完全是对正文内容的“超浓缩”。(3)文章标题选取不贴切,与全文内容不相符,缺乏概括性与关联性。如《论民间借贷利息的法律规制》一文,作者通篇都在论述民间借贷利息的法律适用而非所谓的“法律规制”,明显的“文”与“题”不一致。(4)引文、注释和参考文献的问题,主要表现为引用了别人的观点没有注明,注释与引文混淆,引文、注释、参考文献的格式达不到要求等,这些问题在参与评阅的文章中大量存在。

上述问题的存在要求必须严肃论文的技术规范。

首先,要看到不同类型论文的写作基本要求是一致的。如,关键词需采用能覆盖论文主要内容的通用技术词条,一般列3—5个,按词条的外延层次排列(外延大的排在前面);标题要能涵盖文章内容且都不宜超过20个字,可写副标题;摘要需是论文内容的简要陈述,一般为600字左右,应为一篇具有独立性和完整性的短文,内容应包括本论文的创造性成果及其理论与实际意义,且摘要中不宜使用公式、图表,不标注引用文献编号,要避免将摘要写成目录式的内容介绍,中英文摘要内容要求一致,英文摘要的翻译要准确;参考文献中必须有外文参考文献。

其次,必须高度重视不同类型论文写作规范上的差异性。

第一,标题方面。案例研究的标题要求主题明确,指向性要强,可写成“××公司诉××公司合同纠纷案评析”、“×××故意伤害案评析”、“×××不服××局行政处罚诉讼案评析”等;调研报告的标题则注重简洁明了,需通过精练的语言把实践活动的内容和特点明确勾勒出来,可以有两种写法:一种是规范化的标题格式,通常为“××关于××××的调查报告”;另一种是自由式标题,包括陈述式、提问式和正副题结合使用三种;学术论文的标题则主要注重恰当、准确地反映本课题的研究内容,如“×××中法律问题的研究”、“×××制度研究”等。

第二,引言方面。案例研究的引言部分应包括研究本案例的目的、学术背景、理论或学术意义、实践意义等;调研报告的引言则需介绍调查活动的背景、目的和意义,调查时间、地点、人员和调查手段,以及对调查活动中得到的结论等详细叙述;而学术论文应写明本研究课题的学术背景及理论与实际意义,国内外文献综述,本研究课题的来源及主要研究内容等。

第三,主文方面。案例研究的案情概要,字数上不宜超过正文字数的1/3,案情材料应当事实完整、要素齐备、行文简洁、层次清晰,对涉及个人隐私的部分须进行必要的技术处理,文中不得出现真实的当事人名称、地名或其他具有明确指向性的内容。争议焦点应明确列明,如“本案争点在于:(1)关于合同的效力问题……;(2)关于合同的履行方式问题……;(3)……”等。法理分析上,除论理要求严谨充分外,其字数也不得少于正文字数的1/2。调查报告的主文,应坚持理论联系实际,报告必须以实证的材料、数据、统计等为支撑,所用材料应客观、准确、关联性强,报告结论力求对实际工作有指导作用和借鉴作用,能对立法、司法提出建设性的意见和建议。学术论文的主文应该内容充实,论据充分、可靠,论证有力,主题明确,结构合理,层次清楚,重点突出,文字简练、通顺。

第四,文末方面。案例研究的研究结论主要用于表明作者对于案件性质或其处理意见的观点和看法,并需详细阐明其理由和依据,使研究结论有助于解决案例本身,或者为解决类似案件提供有益帮助,或者提出理论上需要深化的问题,应不少于500字。调研报告的结束语应包含对整个实践活动进行归纳和综合,包括实践过程中发现的问题,并提出相应的解决办法,应具有高度概括性。学术论文的结语应对整个论文主要成果作出总结。在结论中应明确指出本研究内容的创造性成果或创新性理论(含新见解、新观点),对其应用前景和社会、经济价值等加以预测和评价,并指出今后进一步在本研究方向进行研究工作的展望与设想。

第五,参考文献和注释方面。一般来说,参考文献中必须有外文参考文献,参考文献内容集中排列在文章末尾。参考文献的类型包括图书、期刊、会议论文集、专刊和学位论文等。注释应按文中出现的先后顺序用序码以圈括号放在加注处右上角,内容排在加注处所在页的页下,要注意序码每页单独排序。参考文献的内容排列格式与注释相同。

结语

随着民主法治建设的不断深入,社会对法律人才的要求也一路走高,巨大的人才需求缺口与低质的培养模式无疑形成了一对尖锐供需矛盾,而学位论文创作中反映出来的问题恰好映射出当前法律硕士培养模式的不足。因此,完善当前法律硕士培养模式,使之与社会形势相适应已刻不容缓。而论文写作的规范化可有效改进现有模式存在的问题。我们提倡不同形式学位论文的创作,目的在于鼓励实践教学,增强学生实践性、应用性的培养,避免与法学硕士培养的同质化,也避免法律硕士培养的形式化,使学生从实务中进行理论的提升与总结,得到法律实务技能的锻炼。这样,法律硕士的教育才能顺利发展,才能为社会输送真正的高素质、复合型法律人才。

论法学教育中民法学教学内容的改革

——以法律人才培养综合改革为视域

罗万里*

摘　要：民法学是本科法学教育中理论与实践结合极为紧密的一门课程，其专业性强，难度大，是教与学都较难把握的一门课程。目前民法学课程设计存在教学内容不合理、教学方法比较单一、知识教学与能力培养不匹配等问题。民法学教学内容设置应当坚持强基础、宽口径原则，突出民法学知识体系中基本理论体系和民法学方法论上的基础性、系统性、层次性；应当特别注重学生通过民法学知识的学习提高民法理论思维能力和实践能力。本文以法律应用型人才培养为视域，结合民法学学科特点和课程体系建设的科学化要求，阐述民法学教学内容的改革设想。

关键词：民法学　教学内容　法律人才　改革设想

在法学本科16门核心课程中，民法学处于基础性地位，可以说，它是法科学生进入部门法的第一课。在内容上，既为法理学提供应用法学的论证，也为宪法学提供制度论证。更重要的是，民法学为知识产权法、商法、经济法、国际私法、国际经济法学直接奠定基础，为行政

---

* 罗万里，湖南南华大学文法学院教师。

法、诉讼法提供观念、知识和制度支撑。本文拟以应用型法律人才培养为视域,探讨现行民法学教学内容与课程体系设置中存在的问题,按照法律应用型人才的培养目标和强基础、宽口径,科学安排民法学教学知识体系的要求,提出民法学教学内容设置的构想。

一、民法学教学内容与课程体系的设置

1. 民法学教学内容的界定

欲确定民法学教学内容的含义,需先界定民法的含义。在我国,民法有实质意义与形式意义之分。形式意义上的民法指以一定体例编纂的并以民法命名的成文法典。实质意义的民法是指作为部门法的民法,且有广义民法与狭义民法之分。广义民法是指调整平等主体之间的财产关系和人身关系的法律规范的总称,也就是私法的全部,与公法相对称。狭义的民法,在民商分立的国家,指商法以外的私法。我国采民商合一的立法例,实质意义的民法就是指广义的民法。本文所称的民法就是广义的民法,即全部私法。

相应地,民法学内容就是指全部的私法内容,它是研究关于调整平等主体之间的财产关系和人身关系的全部法律规范的法学。不过,民法学内容不等于民法学教学内容。后者需要根据特定的人才培养目标、人才规格和其他因素予以确定。从教学论的角度,民法学教学内容可以区分为陈述性知识和程序性知识。前者如现行的民法学教科书主要的特点就是根据立法文本进行解释性陈述,后者如实践教学,它是关于“怎么办”的知识。民法学教学内容需要根据不同的知识特点进行设计。

2. 民法学内容安排与课程体系设置的现状

现行的民法学教学内容是通过民法学课程体系体现出来的。综观各大学法学专业本科教育的专业课设置,民法模块基本上包括民法总论、债法总论、物权法、知识产权法学、合同法、商法、侵权行为法、婚姻与继承法等课程。

民法学课程通过对民法基本原理、基本规范的讲授,使学生掌握民法的相关知识,培养学生分析解决问题的能力。民法学课程建设需

要及时汲取法学发展的新成果，改革和充实民法学教学内容，深入研究民法的教学目标、人才培养方向，积极探讨该学科的教学方法。

结合现行课程体系，从民法学教学内容安排的角度看，存在一些需要改进的问题。

二、民法学内容安排与课程体系设置存在的问题

1. 民法学理论基础性安排不足

民法学基础理论是指研究民事法律活动的一般规律或主要规律并为应用研究提供有指导意义的共同理论基础的学问。在民法学这门学科理论体系中起基础性作用并具有稳定性、根本性、普遍性特点的理论原理。民法学基础理论的基本范畴只能在民事法律活动的两大基本关系，即平等主体的财产关系和人身关系中展开。

民法总论、债法总论、物权法、知识产权法学、合同法、商法、侵权行为法、婚姻与继承法等课程必须奠基于并体现出民法学基础理论，才能作为一种统一体中的个别知识彼此不被割裂，而是体系化地被接受，才能使受学生获得深刻、正确、清晰的理解。现有课程虽然内容十分广泛，但从民法学基础理论对民法学知识体系和课程体系的阐明来看，理论的基础性阐述明显不足。体现在：

(1)《民法总论》对民法学基础理论安排的逻辑起点认识不足。综观我国《民法总论》的教材和课程设计，体现民法学基础理论安排的主要有民法的基本原则、民事主体制度、民事法律关系原理、法律行为原理、时效等几个模块。我国《民法总论》内容的设计一般是按照《民法通则》的结构安排的。

但从民法学的角度看，民法学是关于调整平等主体之间的财产关系和人身关系的全部法律规范的学问。民法学研究的基础关系是平等主体的民事关系，而财产关系和人身关系是其两个基本方面。如果不以平等主体的民事关系及其财产关系和人身关系作为民法学理论的逻辑起点，那么民法学基础理论就缺乏“基础性”。

(2)《民法总论》对民法学权利本位的安排认识不足。民法的本位问题，是民法的基础性问题，是对民法性质和立法基点的思考。它

是关乎民法的基本观念、基本目的、基本作用、基本任务,或者说以何者为中心的问题。虽然,学者对现代民法的本位问题有争议,但对民法是私法几乎没有争议。较之公法,在市场经济条件下,私法更凸显出权利在民事法律体系和民法学中的特别地位。

按照民法学的思路,对财产关系和人身关系以及相应的民事权利体系的内容设置应当是《民法总论》的主线和主体内容。财产权利体系和人身权利体系应该在《民法总论》中得到系统化的阐述,为此后债法、物权法、知识产权法课程奠定体系化的理论基础。

但是,我国现行的《民法总论》一般在民事法律关系的内容中阐述民事权利,也提及财产权与人身权的分类,大多语焉不详,内容安排明显不足。

(3) 对"民事权利"这一民法学权利体系逻辑起点重视不够。根据民法学的基础关系,即财产关系和人身关系,我们可以相应地将权利划分为财产权利和人身权利。那么,作为财产权利和人身权利的属概念——"民事权利",又有哪些基础性的权利或权能呢?现在的《民法总论》在这个问题上,阐述得比较少。固然,民法学基础理论的教学安排要以民法学的研究成果为前提,但这个问题的缺陷,已经明显构成民法学理论基础性安排的不足。

2. 民法学内容统筹安排不足

《债法总论》和《物权法》与《民法总论》在内容上脱节比较明显。

《债法总论》一般分为债法一般原理、债的发生原因、债的效力、民事法律责任、债的变动等。[1] 债法一般原理涉及债法的基本概念、债的分类等内容。由于《民法总论》缺乏财产权利体系化基础理论的系统阐述,在学习《债法总论》时,学生常常感到突兀。例如,讲债离不开讲"请求权",而"请求权"是什么?在《民法总论》中介绍得很简单,在讲《债法总论》时,学生要顺利接受就很困难。《物权法》的讲授也遇到同样的问题。也要讲"物权请求权",那么,"物权请求权"与债法上的"请求权"究竟有什么区别呢?除此之外,人身权法上也有"请求权"问题。它们的属概念"请求权"究竟是什么就显得很重要了。

---

[1] 张民安、李婉丽:《债法总论》,中山大学出版社2008年版。

另则，有的学校专门开设了《人身权法》，但《民法总论》对人身权利原理阐述得很少，衔接性不强。实际上，宥于学时的限制，民法学开设这么多课程是不太现实的。当开设《侵权责任法》时，其中基本内容之一是人身权侵权理论。由于人身权利理论基础的缺乏，《侵权责任法》的课程任务就难以达到预期目的。

3. 民法学教学内容与法学的实践性、应用性结合得不够

通常，我们说的实践性教学一方面指学科问题生活化、情景化、社会化，另一方面指学生亲自动手操作，积极参与社会实践、生活实践、探究实践。作为教学内容的选择和安排，则意味着教学内容要与社会实践和实际应用相结合、相衔接。

民法学的实践性表明：人们在学习、研究民法学知识中，为培养民法学思维能力特别是研究性思维能力、训练法律技能，需要通过一系列有目的、有组织的活动而达到既定的目标。我们常说，理论来源于实践，用理论来指导实践，在实践中深化理论，做到理论和实践的有机结合。做到这一点，就需要先对法学的应用性有足够的认识。法学的应用性是指法学研究和学习是为了直接针对社会法律活动这一特定的实际目的或目标。赵秉志就直言："应用性是法律人才培养的根本目标。"[1]

现行民法学教学内容的安排与法学的实践性、应用性结合得不够，主要体现在：

(1) 与司法实践结合的不够。现行民法学教学内容的安排基本上是按照相关的立法文本的结构编排的，属于典型的文本解读性法学，是从文本出发。而司法实践却从案件纠纷的性质和争议点出发，通过"事实—法律—事实—法律—裁判"这些基本环节，得出法律答案。在长期司法实践经验的基础上，司法界总结了通过司法解决法律争讼的另一套思路。

(2) 民法解释学内容缺失严重。民法解释学即民法学法学方法论，民法解释学方法论是民法学领域所适用的方法。它是因"问题"而

---

〔1〕 赵秉志：《应用性是法律人才培养的根本目标》，载《人民法院报》2011年1月28日。

引发的对立法文本的解释活动,一端连接“问题”,一端连接“文本”,是学习、理解、研究法律,体验法学精神的学术动力机制,也是贯穿“文本”、“理论”、“法律实践问题”的一条轴线,不可谓不重要。我国现行民法学教学内容的安排体现在课程体系上,大多数不设置“民法解释学”的内容。梁慧星先生著的《民法总论》在第六章“法律行为”中专辟了“法律行为的解释”一节,本文认为这是对现行民法学教学内容的完善。[1]

三、民法学教学内容改革的构想

1. 确立法律应用型人才的培养目标

对于中国法学本科人才的培养目标,各法学院系的表述不一样。屈茂辉教授归纳出专门人才培养模式、复合人才培养模式、通识人才培养模式这三种主要的模式,指出培养目标欠缺层次性,提出了本科法律人才分层次培养目标的战略选择。[2] 本文认为,我国法学本科的培养目标宜定位为法律应用型人才。法学本科是法学教育的基本阶段,需要继续进行理论深造的,则以法律应用型人才为基础向专门的研究人才方向发展;绝大部分学生毕业后不继续进行理论深造的,则直接从事法律职业。因此,本科阶段的教育应当是能够既掌握法学基本理论体系,又有法学方法论功底,还具有较快适用法律事务工作的法律应用型人才。

基于法律应用型人才的培养目标定位,民法学教学内容就应当包括民法学基本理论体系、民法学方法论、民法学解决问题能力等三个基本部分。

2. 坚持强基础、宽口径原则,科学安排民法学教学知识体系

每门学科的内容都有自身的系统性,也有基础性、层次性。学科教育在遵循学生可接受性原则和学科科学体系完整性的前提下,就必

〔1〕 参见梁慧星:《民法总论》,法律出版社2011年版。

〔2〕 参见屈茂辉:《中国法学本科人才的培养目标——基于法学院系网站资料的分析》,载《湖南师范大学教育科学学报》2010年第6期。

定是从基础开始,分层次和阶段的逐步推进提高的。

坚持民法学教学的强基础、宽口径原则,这是指民法学知识体系中基本理论体系和民法学方法论的内容要体现出基础性、系统性、层次性。

基础性要求:淡化《民法总论》的立法文本依赖意识和法律解读意识,强化民法学基本理论构建的学术性、理论性和基础性。

系统性要求:以民法概念为逻辑起点,以财产关系、人身关系为纬,分别建立财产法体系、人身权法体系;以民法方法论为经,建立民法推理方法、民事法律事实的认定方法、民法的解释方法、民法漏洞的弥补方法、超越制定法的民法发现方法等方法论体系。

层次性要求:民法学科的体系化决定了课程和教材体系化,从而也决定了教学的阶段性和教材内容的层次性。民法学知识体系,宜以民法哲学为第一层次,以财产法和人身权法基本理论为第二层次,以财产法和人身权法具体法律制度为第三层次,等等。

在如何看待层次性这个问题上,应当纠正"实用主义",过分强调应付司法考试、法律实用性等。

3. 民法学教学内容具体设置的构想

按照现行的民法课程设置,民法学知识体系安排如下图:

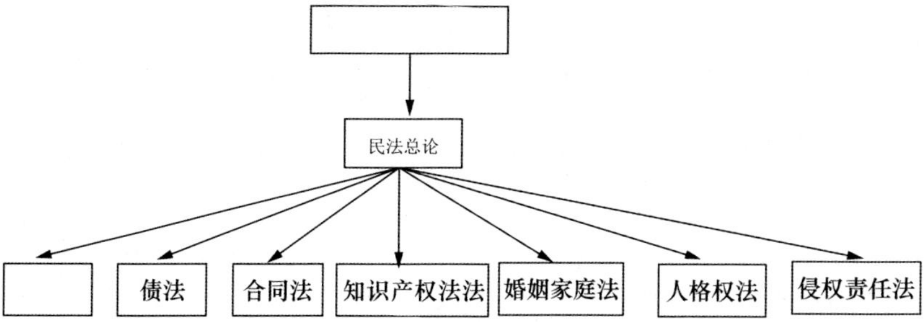

按照强基础、宽口径原则,以及民法学知识体系中基本理论体系和民法学方法论的内容体现出基础性、系统性、层次性要求设置,民法学知识体系安排如下图:

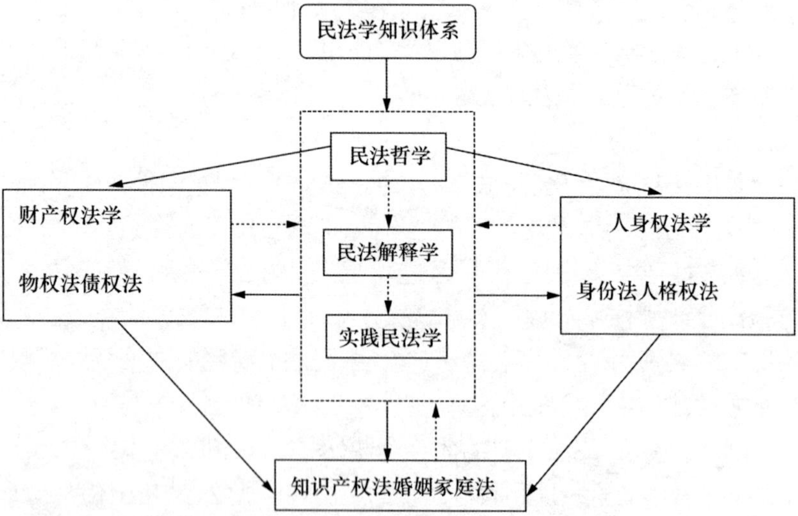

本民法学知识体系安排有两个特点:一是注重民法学知识体系的内在联系,以理论逻辑结构为主线,着重阐述民法学理论,克服现行以法典为主线的弊端;二是将民法学方法论,民法解释学与民法知识结合起来,寓于民法实践教学之中,体现民法教学的思想性、理论性和实践性的统一。与民法学知识体系重构相适用,民法学课程的名称和内容设置就要作出相应的调整。

四、民法教学内容改革的关键词

本文认为,民法教学内容的改革,要突出三个关键词:民法哲学、民法解释学和实践民法学。

1. 民法哲学

民法哲学是法哲学内部分化出来的关于部门法的一个分支的哲学,是部门哲学的亚部门法哲学。“哲学作为某门学科的后缀,表示有些像但又并不十分精确地像这门学科的东西。它是发现人类理性在那种学科中所采取的独特形式的努力。这种探究具有揭示性和批判性。所谓揭示性,就是通过某一学科的实例揭示人类理性的某个或某些一般特征。所谓批判性,就是依据什么是理性的思维、什么是理性的行动等基本的准则来检验自某一特定历史时刻确定的某一学科的规则系统。"[1]民法哲学除了帮助学生养成民法世界观,培养法律理性思维能力,还可以为民法学知识体系提供方法论和基础理论。我们现行的民法学教学内容几乎不涉及民法哲学,需要适当予以填补。

2. 民法解释学

民法解释学可以视为文本解读式民法学。对于民法解释学的目的有不同的理解,但是有一点是共同认可的,这就是对民法文本的客观性、对象性的认同,这是我们进行解释的对象。对于民法解释学如何理解的问题,为避免歧义,宜以梁慧星先生的界定为妥,也即是民法解释学方法论或民法方法论。[2] 目前,我们关于民法解释学的可参考的著作主要有梁慧星的《民法解释学》、王泽鉴《民法学说与判例研究》、段匡的《日本的民法解释学》等。

3. 实践民法学

实践民法学是对民法适用的学问,可以视为问题式民法学。

最高人民法院制定了《民事案件案由规定(试行)》,自 2001 年 1 月 1 日起试行。之后,随着一批新的民事法律的施行,审判实践中出现了许多新类型民事案件,需要对民事案由进行细化、补充和完善。2007 年 10 月 29 日,最高人民法院又通过了修订的《民事案件案由规定》自 2008 年 4 月 1 日起施行。2011 年 2 月 18 日,最高人民法院又发布再次修订的《民事案件案由规定》自 2011 年 4 月 1 日起施行。

关于案由的确定标准,《民事案件案由规定》指出:"民事案件案由应当依据当事人主张的民事法律关系的性质来确定。"、"但是,考虑到当事人诉争的民事法律关系的性质具有复杂性,为了更准确地体现诉争的民事法律关系和便于司法统计,修改后的《民事案件案由规定》在坚持以法律关系性质作为案由的确定标准的同时,对少部分案由也依据请求权、形成权或者确认之诉、形成之诉的标准进行确定,对少部分案由也包含争议焦点、标的物、侵权方式等要素。"为此,《民事案件案由规定》细分了四个级别的案由。

最高人民法院的《民事案件案由规定》依据的是"民事法律关系"

---

〔1〕〔美〕麦克莱伦:《教育哲学》,宋少云、陈平译,生活·读书·新知三联书店 1988 年版,第 2—3 页。

〔2〕梁慧星:《民法解释学》,法律出版社 2009 年版,《序言》第 1 页。

和“请求权、形成权或者确认之诉、形成之诉”两个标准。我们可以将之称为问题式民法学思路,以与现行民法学教学的立法文本解读式法学相区别。由此可以看到,我国现行民法学教学与司法实践是隔离得比较远的。

五、民法学教学内容设计与法律人才培养综合改革

本文通过对民法学教学内容的设计,将民法学教学内容分为民法哲学、民法解释学和实践民法学。从知识品质上看,民法哲学突显了民法精神、民法基本理论,民法解释学则不仅是民法哲学的延伸、弘扬,而且是通向实践民法学的桥梁。民法学作为一门实用科学、实践科学,其最终目标是实践社会的法律正义。对于法律人才培养而言,我们可以分类安排,根据理论性人才和应用型人才培养的不同特点,分别设计课程内容,从知识结构上支持法律人才培养综合改革。

中国法学教育历史发展的“法治”思考

梁小尹*

摘　要：法学教育是全社会传播和提高法律意识、进行法学研究并培养法学专业人才的主要机制，是建设法治国家的基础性、先导性工程。随着改革开放的不断深入、社会法治进程的加快及法学教育的迅速发展，不少学者对中国法学教育问题进行了深入探讨。但在中国古代是否存在法学教育、法学教育的历史分期标准等问题上尚未取得一致的认识。根据基本法理及我国法学教育自身特点，在吸收已有研究成果的基础上，提出中国法学教育应分为四个大的时期，即古代法术教育时期、近代法律教育时期、现代法制教育时期及当代法治教育时期，以构建具有法理特征、符合中国法学教育客观历史进程的史学体系。针对当前法学教育中存在的非科学、伪科学问题，提出了科学化的路径与方向，以服务于我国未来社会发展的法治目标。

关键词：法术教育　法律教育　法制教育　法治教育　法学教育

前言

2014 年 10 月 20 日至 23 日在北京举行的中国共产党第十八届中央委员会第四次全体会议在党的 93 年历史上首次以“依法治国”为主

* 梁小尹，女，中南大学法学院国际法所法学博士，副教授。

题,通过了《中共中央关于全面推进依法治国若干重大问题的决定》。这份纲领性文件明确提出了全面推进依法治国的总目标是建设中国特色社会主义法治体系,建设社会主义法治国家。古今中外的历史表明,任何国家的法制建设乃至法治国家的形成和发展,都有赖于本国法律教育与法律职业的健全。法学教育是全社会传播和提高法律意识、进行法学研究并培养法学专业人才的主要机制,是建设法治国家的基础性、先导性工程。中国的法治化进程和司法改革能否走上可持续的健康发展轨道,在一定意义上取决于法学教育的发展程度,取决于法学人才培养的数量和质量[1],而反思中国法学教育的历史有助于当代法学教育的完善[2]。为了实现依法治国的总目标,有必要进一步明确我国法学教育历史发展的路径、规律与目标的研究。从法律的本质特征及法学的基本理论入手,探讨我国法学教育的历史规律,从而为我国法学教育未来的发展提供理性的参考。

一、中国法学教育历史问题的争议——问题与化解

1. 关于我国法学教育的起源之争

学术视野的差异以及由此带来的对中国法学教育发展阶段的认识是不尽相同的。要探讨中国法学教育的历史,首先要解决中国法学教育的历史起源问题。

在学术界,对中国法学教育的历史起源问题存在着观点明显分歧的两派——肯定派与否定派。肯定派认为,中国法学教育的历史自古以来就一直存在。其观点分为两种:一是直接肯定说,即明确直接肯定中国古代存在法学教育。如认为"中国法学教育源远流长,独树一帜,历经了漫长的演进过程"[3]。清末大法学家沈家本曾写有著名专文《法学盛衰说》,认为:我国法学始于三代,盛于战国,至秦而衰,汉代

---

〔1〕 参见霍宪丹:《改革开放三十年中国法学教育的回顾与展望》,载《中国法律》2008年第4期。

〔2〕 参见郑颖慧:《中国近代法学教育肇兴及反思》,载《保定学院学报》2014年第3期。

〔3〕 李龙、邝少明:《中国法学教育百年回眸》,载《现代法学》1999年第12期。

复兴,其后历代虽盛衰不一,但作为法学的法律学术始终存在。[1]《中国大百科全书·法学》“法学”总序第4页写道:“中国历史悠久,拥有丰富的法律文化遗产。从周公、孔丘到孙中山的历代思想家、政治家的学说中,都有他们的法律思想。早从战国时期以来,就有专门的法学著作传世,其后历代法学研究都很兴盛。”[2]二是间接肯定说,通过肯定律学属于或等于法学而得出中国古代存在法学的结论。如部分学者将“法学”与“律学”等而视之[3];另有一部分论者提出律学是法学的一种,所以律学也是法学。“中国的律学,是随着西汉经学的发展而兴起并在东汉时期至于大盛的。它的主要内容是引据儒家经义,注解法律条文……这种律学,内容比较单一,自然不完全同于内涵更为广泛的法学。但正如西欧12世纪以后的法学之中有以传播、注解和宣扬罗马法为特点的注释法学派一样:它是法学的一个部分,却是毋庸置疑的。”[4]这样,通过肯定律学而间接肯定了中国古代存在法学教育。

否定派则认为:“中国古代无法学教育”[5];“关于中国古代的法学教育,有些观点认为中国古代没有法学,自然也就没有法学教育”[6];“传统中国是没有法学教育的”[7]。关于中国古代的法学教育,有些观点认为中国古代没有法学,自然也就没有法学教育。[8] 中国诚然有4000年或者更古老的立法史,但没有专门的法学教育。[9]这一派的客观基础是,在西方,人们对“法学”一词解释也存在着具体陈述或措词上的差别,但有一个最基本的涵义是不变的——“法学是

---

[1] (清)沈家本撰:《寄移文存》(第3卷),中华书局1985版。

[2] 中国大百科全书总编辑委员会《法学》编辑委员会:《中国大百科全书·法学》,中国大百科全书出版社1984年版,总序第4页。

[3] 孙国华:《法学基础理论》,法律出版社1982年版,第14页。

[4] 张国华等:《中国法律思想史纲》(上),北京大学出版社1998年版,第20页。

[5] 杨振山:《中国法学教育沿革》,http://www.lawintsinghua.com。相似的观点如:“中国古代没有近代意义上的法律教育。”参见孙小楼:《法学教育》,中国政法大学出版社1997年版。

[6] 陈鹏:《汉代法学教育发展概况研究》,载《兰台世界》2014年第18期。

[7] 苏力:《当代中国法学教育的挑战与机遇》,载《法学》2006年第2期。

[8] 陈鹏:《汉代法学教育发展概况研究》,载《兰台世界》2014年第18期。

[9] 直到1905年清廷废科举兴学校为止,全国统一考试的科举,内容是一致的。由于立法、司法和行政不分,选拔的官吏也不重专长。一直到20世纪初学校兴起后,才有了专门的法学教育。参见端木正:《法学教育百年杂谈》,载《群言》2006年第6期。

关于正义和非正义的科学"[1]。因此离开了"正义"而展开的学术传播,能否称之为法学是值得怀疑的。由于在中国古代历史上,法也好,刑、律也罢,都只是统治者用以镇压普通民众的工具,无"正义性"可言,与西方"法"的"政治正义论"相去甚远,难以与"善"、"正义"等理念契合。这样,我国古代并不存在西方意义上旨在追求"公平"与"正义"意义上的"法",因此所谓"法学教育"也无从谈起。即使要说有此含义的话,也只可称为"律学教育"。[2] 故而得出了"中国古代无法学教育"的结论。[3]

2. 关于我国法学教育历史分期标准的分歧

在肯定派中,关于我国法学教育历史分期的标准问题,主要有两种方法。一是根据中国社会性质变化的历史进程分为古代时期(鸦片战争之前的中国历代封建王朝)、近代时期(鸦片战争至 1949 年的半殖民地、半封建社会时期)、现代时期(1949 年中华人民共和国建立之后)三大时期。这样划分的好处是与中国历史时期的划分保持了一致性,社会制度的本质与法学教育的关系简单明了,一目了然;其不足是

---

〔1〕 罗马帝国时期查士丁尼皇帝制定的《法学总论》中就对法的正义性有了明确的认知与规定。参见〔古罗马〕查士丁尼:《法学总论》,商务印书馆 1987 年版。

〔2〕 杨振山:《中国法学教育沿革》,http://www.lawintsinghua.com。

〔3〕 中国的法律学术从汉代开始,转变成为一种依据儒家经典对制定法进行讲习、注释的学问,历史上称之为"律学"。"律学"主要是从文字上、逻辑上和技术上对法律条文进行详细解释,关注的中心问题是刑罚的宽与严,肉刑的存与废,"律"、"令"等法条的具体运用,以及礼与刑的关系等。中国的律学非常发达,但专门探讨有关正义的一系列问题的律学家和律学著作极其罕见。由此可见,那种认为中国的律学即是法学的看法是不能成立的。律学不等同于法学,但是否也像有的论者认为的那样,因其类同于西方的注释法学而成为法学的一种或法学的一部分呢?这种看法,仍然是难以成立的。这有两方面的原因:一是西方的注释法学在探讨问题的方式上虽然和中国的律学颇有类似之处,但两者在实质上仍存在着天壤之别。中国的律学仅仅是对现行制定法的条文和词句作文字上的注解,以期服务于法律的具体施行;西方注释法学派注释的不是现行的制定法,而是罗马法,它注释的依据是西方的人文主义理性思想,更主要的是它只是通过注释这种形式而达到探究学理的目的,这个学理也可以说就是蕴含在罗马法之中又富有现实意义的权利、契约和正义等根本问题。所以,为国际社会所公认的西方权威著作写道:"注释法学家的时代始于 11 世纪末罗马法在波伦亚的复兴……注释家们为在欧洲从事罗马法的研究打下了基础。当时正值个人之间和国家之间的商业关系日益增加,这就急需一种先进的法律制度。他们是否关心那个时代的这些趋势或者甚至关于当时法律方面的需要,是值得怀疑的。它们的讨论偏重学术化,而不是偏重实用。"第二方面的原因是,注释法学是一个独立的法学学派,纯粹以法和法律为其研究对象,从事这一研究的人,也都是纯粹的职业法律学家(大学法学教授或法学博士);因此,在否定派看来,严格意义上,中国古代是不存在真正意义上的法学及法学教育的。

未能体现法学教育历史发展的独特性与历史进步的标志。另一种比较普遍的分法是根据中国社会与法学教育发展的轨迹，分为四个大的时期，即古代时期（19 世纪末以前的中国古代社会）、清末民初时期（19 世纪末—1927 年）、民国时期（1927—1949 年）和新中国时期（1949 年—现在）〔1〕。这种划分标准的优点在于：既体现了中国社会制度的历史变迁，又体现了法学教育发展的客观进程，使清末民初与民国时期我国法学教育的历史经验得以展现；其不足是缺乏法理的特征与标志。这两种划分方法，从科学研究的角度来说，都是有其存在的客观依据与价值的。但如何揭示出法学教育的历史发展进程中应该具有的法理逻辑，服务于我国法治社会的目标，是我们不得不思考的现实问题。

3. 解决思路：构建体现“法”本质特征的法学教育史学体系

“历史证明并将继续证明，法学教育有其自身的发展规律。”〔2〕上述争论中，两派的观点分歧是因分期标准的差异而产生的。这一问题的解决应该既尊重历史事实，又明确中西方“法”理念的本质差异。中国法学教育历史源远流长，文明灿烂辉煌。这一漫长的发展过程，不可避免地会因为“法”及“法学教育”本身的特征而呈现出阶段性的特点。不同学科的历史划分标准，应该与该学科存在密切的关系。仅依社会制度的性质作为各学科历史发展的分期标准有单调、简单之嫌，不足以反映各学科客观的历史发展进程。这是进行不同学科历史分期研究的客观基础，这样才能建立起具有法学特色、符合中国法学教育历史实际的史学体系。

关于法学教育的起源问题，由于“正义性”仅具有相对性，而不具有绝对性，不同时代、不同地域的人们对于“正义性”的认识不同，标准也是不同的。因此，以“正义性”而否认“法”作为一种社会历史现象在中国存在的逻辑，如果延伸至否认人类历史上“习惯法”、“宗教法”等明显不具有“正义性”的法的类型的存在的话，那是违背历史事实、难以形成人类社会“法”的完整历史发展的体系。西方法治精神得到我国法制的普遍认可应该说是改革开放后的事，难道说我国改革开放

---

〔1〕 汤能松：《探索的轨迹——中国法学教育发展史略》，法律出版社 1995 年版。

〔2〕 李龙、邝少明：《中国法学教育百年回眸》，载《现代法学》1999 年第 12 期。

前就不存在“法”及“法学教育”吗？这显然不能成立。因此,中国古代存在法学教育是应该加以肯定的。但是另一方面,我们忽视中国古代的“法”、“律”、“术”与西方“法律”的区别也是不符合客观历史实际的。故笔者主张在既尊重历史事实,又明确中西方“法”理念与制度的差异,特别是注重法学教育本身所具有的根本特征探讨法的起源及其历史分期问题,使我们可以客观地追溯与继承古代先祖们留给我们的文明遗产与法学资源。根据中国法及法学教育基本特征变化的历史进程,主要考察法律在当时社会的地位和作用、法学教育的方式、途径及目的,将中国法学教育的历史划分为古代的“法术”教育时期(1895年晚清建立第一所法律学校之前的中国历代王朝)、近代的“法律”教育时期(1895 年至 1949 年新中国成立)、现代的“法制”教育时期(1949 年新中国成立至 1997 年党的“十五大”提出社会主义法治国家的目标之前)及当代的“法治教育时期”(1997 年党的“十五大”之后)。在“法术”、“法律”、“法制”及“法治”的关系问题上,笔者认为:“法术”、“法律”、“法制”及“法治”是法历史发展的不同形态,也是我国法学教育历史发展的本质写照。“法术教育”、“法律教育”、“法制教育”是法学教育发展过程中的初级阶段,“法治教育”是法学教育发展的高级阶段。论证“法术教育”、“法律教育”、“法制教育”及“法治教育”的内涵与关系,是探讨中国法学教育历史发展进程的转折性标志。因为“法术”、“法律”、“法制”与“法治”绝不是一个简单的名称之别,也不是一个无关紧要的措词之争,而是反映了四种既存在密切联系,又存在本质区别的法律制度与法学教育的历史沿革。不仅仅在外延上,而是在内涵即质的规定性上,是不能混为一谈的。这就需要我们对之加以严格的界定来探讨他们的联系与区别,从而反映中国法学教育随着经济基础与上层建筑的发展与转型而不断完善、提升的历史进程。

二、中国法学教育的历史回顾——经验与反思

1. 中国古代法学教育的本质——“法术教育”

中国古代“法术教育”时期,是指 1895 年 10 月 2 日光绪皇帝御笔钦准成立北洋西学学堂之前的历代王朝有关律学教育的历史。“法术”一词是“法”和“术”的合称,出自于法家之学中的“法”与“术”之

合意——“刑名法术”之中的“法术”，是由战国末期韩非所提出。“术”乃学术、技巧、艺术之意也。他认为商鞅重“法”，申不害重“术”，都不够完善。主张两者兼用，所以常在著作中连用“法术”二字。如“法术之士”〔1〕，后人亦以法术指法家之学〔2〕。“法术”指以法律作为维护国家政权、实现专制统治的工具，兼具统治的技术与艺术之意。因为“法术”一词是从法的政治功能出发来进行考察的，仅将法局限于“御国之术”、“权术”之范畴，与包含“法治”理念的法学相去甚远，因此，“术”一直未能上升到“学”的理念及理论深度，我们将之概述为“法术”，并将之扩展到整个中国古代的法律文化。

从政治的角度来说，“法术”一词能够更加形象地说明中国古代法文化的形态与特征——古代中国体系庞杂的法文化基本局限于“刑名”之范畴；法文化的宗旨与作用基本没有突破统治“权术”之范围〔3〕。从目的看，就是为了维护专制主义的国家统治。中国古代统治者将法律看成“禁暴惩奸，弘风阐化，安民立政，莫此为先”的东西〔4〕，是治国不可须臾离开的工具。历朝各代不论是制定繁刑峻法、还是废除重典苛刑；不论是重视法学教育〔5〕，还是削弱法学教育〔6〕；不论是私学还是官学，法学能不能得到发展以及朝什么方向发展，在很大程度上取决于君主专制中央集权的需要，取决于国家统治者对这

---

〔1〕《辞海》上海辞书出版社1989年版，第1017页。

〔2〕同上书，第101页。

〔3〕中国的律学不是一门独立的科学，律学家也不是完全以法律为研究对象的，他们基本上都经学家或官僚，所以叫“引经注律”。律学至多只是经学的一个分支，经学的思想统治了律学。故而西方学者在谈到中西法律学术的性质之别时说：“一代又一代的法学家，其看法不受实在法的约束，也不管自己的意见实行起来可能是什么样子，只是因为其方法、学说和科学的品格去创立‘理论’或法律的纯粹理论体系，这样的传统在中国是缺乏的。中国没有‘法律概要’、指南或论著。法学家如董仲舒……法典编纂者如长孙无忌等都不曾写出与盖尤士、居雅斯、彼蒂或祁克的著作相当的东西。”参见梁治平：《法自然与自然法》，载《中国社会科学》1989年第2期。中国的律学非常发达，但仅仅是对制定法的条文和词句做文字上的注解，以期服务于法律的具体施行，专门探讨有关正义的一系列问题的律学家和律学著作极其罕见。

〔4〕旧唐书·刑法志。

〔5〕如晋武帝在法典公布时“亲自临讲”，并“悬之亭传，以示兆庶”。（参见《晋书·刑法志》）明太祖在制定法律后，“又恐小民不能周知”，命令把“民间所行事宜，类聚成编，训释其义，颁之郡县”。（参见《明史·刑法志》）就说明封建统治者对法律宣传教育的重视。

〔6〕如晚唐以后，中国传统社会的结构发生了巨大的变化，致使皇帝专制和中央集权走向极端，不允许私人随便解释、议论国法。这在客观上造成了律学发展的障碍。

门学问所持的态度。故法术教育的目的完全是服务于封建专制政权的需要,直接沦为维护统治的工具。从内容来看,是为了实现统治而制定的不系统、规范无职能之分的法律的“大杂烩”,集中在制定法的运用层面上;从科学化的程度来看,“法术”尚未实现法律知识的专业化、系统化,在学科知识体系中不具有独立性;从经济基础看,“法术”是建立在自给自足的小农经济的基础之上的,社会经济关系不够发达,民刑不分的法律制度得以维持社会秩序。从教育体制上,普遍认为,我国古代没有形成科学的教育机制和独立的法学家阶层,更不用说形成超脱于官方的法学。古代法术教育经历了周及其以前“学在官府”、春秋时期“学在民间”、秦朝“以吏为师”,到汉唐以后的“注疏律学”这一发展过程。在古代中国,宗教人士或统治者是早期的法官、法学教育家;其典型的形态是学在官府、以吏为师。官方学校被称为序宫、辟雍、泮宫等。典章文物俱掌于官府;礼、乐、射、舞器都藏于宗庙。民间无书无器、学术专为官有,教育者非官莫属。直至春秋战国时期,学术繁荣,私学兴起,著名讼师邓析开设私塾,传授法律知识,法学教育开始在民间繁荣,产生了一批张裴、杜预等律学家。与古罗马相比,教育的内容仅仅是注疏律学,没有形成独立概念系统的学问,没有独立的法学家阶层,没有独立地进行过法律创制,没有进行法理性的探讨。[1] 法学教育的目标从国家来说主要是培养官吏的政务能力,相传以授实现统治的技能,培养维护专制统治的接班人,绵延法律传统。从个人来说,获得的法律教育是一种追求政治仕途与社会地位的技能,从而凸显了中国古代法律文化未能生长出“法治”、“法学”的本质原因。这一时期法与法学教育主要是中国社会本土的产物,具有自发型、原生性的特点。正如日本滋贺秀三教授认为:“在中国,法仅仅作为来自国家权力的成文制定法而出现。像在欧洲所能见到的,与国家权力在不同程度上相分离而具有独立地位的法律界精英们从理性的探索中产生出学说、判例,创造并支持法这样一种现象——应该说这是欧洲法文化的核心要素——在中国几乎寻找不到。”[2] 古代统治者们仅从实用主义的角度关注法及法学教育的工具性、技术性,这就直

---

〔1〕 杜文忠:《王官学与中国古代法学样式及法学教育》,载《西南民族大学学报(人文社会科学版)》2011 年第 6 期,第 105 页。

〔2〕 〔日〕滋贺秀三:《中国法文化的考察》,载《比较法研究》1988 年第 3 期。

接决定了传统中国既无正义与权利精神之法,自也难生法之科学——法学。[1] 直至以清朝末年北洋西学学堂为断点,才开始了与国际社会接轨的法学学制教育的起点。

2. 中国近代法学教育的特征——"法律教育"

中国近代"法律教育"是指1895年10月2日至1949年10月1日新中国成立为止,经历了清末封建主义、民国新民主主义两个不同社会性质的历史时期。"法律"是体现国家意志的行为规范,是建立在国家意志基础之上的、门类职能界限清楚、内容比较完整系统的行为规范的总和,是建立在商品经济关系基础上的上层建筑。法律是一个中性词,任何国家都要运用法律来维护国家秩序。由于这两个时期都具有广泛学习借鉴他国法律制度与法学教育制度、缺乏本国特定的制度基础与社会基础的特征而归为同一个时期。与中国古代法术教育具有的原生性相比,我国近现代的"法制教育"明显具有派生性的特征。

中国近代的法学教育根据社会性质的不同可以分为两个时期:第一,清末封建王朝法制教育时期,从1895年10月2日北洋西学学堂建立至1912年2月12日宣统皇帝下诏退位为标志。清末国家和社会的动荡,特别是鸦片战争产生的民族危机感,在客观上促进了中国近代意义上法学教育的出现。与此同时,中国的法学教育由内生型转变为派生性,开始了中国法学教育的移植之路。[2] 最早开办的教育机构是天津的北洋西学学堂,随后又有上海的震旦大学、东吴大学等教育机构。[3] 到1909年时,全国共设有法政学堂47所,学生12282

〔1〕 范忠信:《中西法观念比较》,载《比较法研究》1987年第3期。

〔2〕 徐楠:《当代中国法学教育的特点及其局限性——从中外法学比较的角度》,载《法制与社会》2007年第9期。

〔3〕 1895年10月2日,光绪皇帝御笔钦准,成立天津北洋西学学堂,并由盛宣怀任首任督办。从此,诞生了中国近代的第一所大学。光绪二十二年(1896年),北洋西学学堂正式更名为北洋大学堂。天津北洋西学学堂一开创就是名副其实的大学,并以高水平的新式大学出现。创办之始就援照美国模式办学,在功课设置、教学内容、教科书、教学方法上,全面引进西方教育模式。学堂设立头等学堂(大学本科)、二等学堂(预科),学制各为4年,经过八年,培养出专门人才。同时,资送头等学堂毕业生出国留学也是学堂创办计划中的重要组成部分。创办之时,头等学堂设专门学(即科系)四门:工程学、矿务学、机器学、律例学,1897年学堂增设铁路专科,1898年又设铁路学堂,上述学门皆为当时中国社会所急需,体现了北洋大学"兴学救国"的创办宗旨。1903年,北洋大学堂开学时,分设法律、土木工程、采矿冶金三个学门,后应外交需要附设法文班、俄文班,1907年开办师范科,至此北洋大学已成为包括文、法、工、师范教育诸科,初具综合性的新式大学。

人,占当时全国学堂总数的37%和学生总数的32%。为克服师资的短缺,清政府采取“派出去,请进来”同时并举的办法,聘请了大量日本教习来华工作。至1909年,全国共聘任58名日本教授。[1] 当时法政学堂与综合性大学法律系所开之课程均仿照日本,教学内容仅开设两门中国法律课程:“大清律例”和“大清会典”,其余全系日本法学课程。“遍及全中国的日籍教习和顾问,为中国灌输现代法制思想,重新塑造中国的机构。”[2]

第二,民国新民主革命的法律教育时期。民国资产阶级共和国方案的提出和建立,为西方法学在中国的传播开辟了道路,使中国近代法学教育在封建主义和西方资产阶级夹缝中萌生并得到迅速发展。民国法律教育的现代化转型过程,不是由其自身社会发展所引发的,而是直接源于西方列强炮舰政策缔结的强权政治的冲击。[3] “国家兴亡,匹夫有责”的理念使当时的仁人志士深刻地认识到了法学教育对于国家富强的重要意义,直接促成了民国初年法学教育发展大跃进。据统计1920年法科学生在校生占全国专科学生之总比例为62%以上,学校数量则更惊人。[4] 法政专业在当时中国的高等教育中占绝对优势。据1918年统计,当时高等院校(含专科)共77所,综合性大学仅6所,而法政专门学校则多达35所。截止到1935年初的统计,全国院系调整结果,共裁撤、归并或停止招生33个学系,其中属于

---

〔1〕 李龙、邝少明:《中国法学教育百年回眸》,载《现代法学》1999年第12期。

〔2〕 任达:《新政革命与日本—中国:1898—1912》,李仲贤译,江苏人民出版社1998年版,第113页。

〔3〕 侯强:《近代中国法律教育转型与中外关系的演变》,载《宁波大学学报(人文科学版)》2008年第1期。

〔4〕 民国初年法学教育的混乱,招致了社会各界和舆论的强烈谴责,杨荫杭说:“欧美学生以考入法科为最难,而中国则最易。法学精深,本不易学,而中国法学诸事苟且,文凭贱如粪土,学生多如苍蝇。”1913年北京国民政府教育部派人对私立法政学校进行必要的视察后公开承认:国内相当一批法政学校“教员资格不合,学生程度甚差,规则违背部章,教授毫无成绩,学额任意填报,学生来去无常,教习常有缺席,实属办理敷衍。”1922年,山东省济南市教育会议通过决议:鉴于法政学校培养的都是一些“品行不端的学生”或“挑词驾讼的律师”,建议政府予以取缔。在社会舆论的压力下,从1913年起,北京政府教育部不得不对法学教育进行整顿。先是通知各省对办理不良的私立法政学校进行淘汰;然后又对各类法政学校定期进行考核,民国初年法学教育的乱象开始有所改观。参见《民国初年法学教育的跃进》,http://www.177liuxue.cn/zhunbei/2011-11/273030.html。

理工学科的仅3系，其余30系均属于文法科。[1] 法科学生的数量无论是在全国大专院校的学生总数中，还是在综合性大学的总数中，所占的比例都是很高的，一般均占50%左右。在这一时期，中国法学教育的特点是：在教育机构上，法学教育由公立和私立两种形式组成。其中公立分为国立与地方公立两类，国立由中央政府直接设立，地方公立则依据相关法令，由中央批准设立，隶属各地方政府。据统计，在1915年全国共42所法政专门学校中，公立与私立各占21所，形成平分秋色的景象。在教育模式上，该时期存在两种模式并存的局面：一类是以朝阳大学、北京大学和武汉大学法学院为代表的以法学理论研究为重点的法学院系，主要目标是培养法学教研究人员、政府机关工作人员等；另一类是东吴大学、中央大学和湖南大学、安徽大学为代表的以学习法律实务为重点的院系，主要是培养律师、司法官员。[2] 在教育目标上，法学教育与法律职业直接结合。按当时有关规定，法政学堂毕业的学生，可以免试取得司法官、律师资格。在学制和课程设置上，逐步形成了以“六法全书”为核心的课程体系。其本科课程结构涵盖英美法、大陆法和中国法。如1934年的课程有：中国法（包括宪法、民法、刑法、商法和诉讼法）；大陆法（包括法国、德国、日本和苏俄的民法）；英美法（包括侵权法、契约法等）；罗马法；国际法（包括国际公法与国际私法）；选修课中有各国法制史和刑法的比较。其中英美法课程用英语讲授，并一直保持比较法讲授的优势。[3] 这次法律学

---

[1] 谢树英：《近年来中国大学教育之趋向》，载《光华大学半月刊（庆祝本校成立十周年纪念特刊）》1935年第3期，转引自王石磊：《近代中国法律院校流变探析》，载《江苏教育学院学报（社会科学版）》2006年第7期。

[2] 李龙、邝少明：《中国法学教育百年回眸》，载《现代法学》1999年第12期。

[3] 东吴大学法学院著名教授兼教务长孙晓楼，曾专门撰写《法律教育》（1935年出版）一书，并拟定了一个“新课程表”。该课程结构参照了英美一些著名法学院的课程，又结合了当时中国的实际。第一学年的课程大都为基础课，如“国文”、“外国语”、“政治学”、“社会学”、“近代史”、“伦理学概要”以及“军训”；但“法理学”放在第五学年；第二学年的课程均为专业基础课，如“中国法制史”、“法律伦理”、“民法总则”、“刑法总则”、“比较法”、“罗马法”、“会计常识”，以及持续课，如“外国语”；第三学年为“民法债编”、“刑法各论”、“国际公法”、“民事诉讼法”、“比较法”、“外国民法”、“英美法”、“契约法”；第四学年为“民法物权”、“刑事诉讼法”、“比较法”、“国际私法”、“公司法”、“票据法”、“侵权行为”、“外国刑法”；第五学年为“法理学”、“行政法”、“民法亲属编”、“民法继承编”、“劳动法”、“证据法”、“保险法”、“海商法”、“破产法”、“土地法”。上列均为必修课，同时还列举了一定数量的选修课。很显然，该课程结构有两个特点：第一，重视实体法教学，偏重应用法学；第二，突出比较法的优势，几乎每一学年都开比较法，涉及英美法与大陆法的比较，也涉及实体法的比较和程序法的比较。参见李龙、邝少明：《中国法学教育百年回眸》，载《现代法学》1999年第12期。

术的兴盛,严格说来应是法学在中国的开端和传统律学(法术)的终结[1];在教育学制上,法学教育一改日本"大陆"法律教育模式而美式化[2];在社会制度上,构筑在宪政基础上的法律开始建立[3]。在学术研究上,法律学堂和法律学术专业刊物也兴办起来,律学著作和法学著(译)作大量出现,当时还出版了一批有广泛影响的学术著作,如程树德的《九朝律考》、李祖荫的《法学通论》、王世杰的《比较宪法》、周延生的《国际法》等等。在师资建设上,法律职业也开始产生明确独立于政府官员的分工。在管理机制上,颁布了一系列法律法规规范法学教育的发展。据1930年4月7日民国政府修正公布的《司法院监督

---

〔1〕 李贵连:《二十世纪的中国法学》,北京大学出版社1998年版,第1—66页、第67—76页。

〔2〕 在庚款留美的影响与推动下,民国初年中国学界掀起了第一次留美热潮。从1911年清华学堂建立到1929年更名为清华大学,仅从清华赴美留学者就有1279人。在1919年五四运动爆发前后,留美生已维持在1 000人以上。抗战胜利后,留美人数暴增,据华美协进社统计,1948年留美学生2 710人。尽管此时政府不断强调出国留学应注重实科,但实际上留美学生中学习文法商教者仍占有相当的比例。据统计,庚款留美学生中"学政法的占24.5%"。1935年,留美学生中学习理工农医者为446人,学习文法商教者为431人。1936年,留美生中学习理工农医者为823人,学习文法商教者为509人。这些留美法科学生是美国法律教育东渐的主要媒介,并成为民国大学法科师资的主要来源。据南京政府教育部编制的《专科以上学校教员名册》统计,1941年2月至1944年3月间审查合格的教授、副教授为2448人,其中留学出身者共1 913人,占78.6%,留学出身中留美者为934人,占留学出身人数的49%。美国留学生取代了日本留学生,占据了法律教育讲坛,支持中国的法律教育。他们带回的诸多美国教育的新思想和新理念,无疑对民国法律教育由日本模式转而美国模式起了推波助澜的作用。参见侯强:《近代中国法律教育转型与中外关系的演变》,载《宁波大学学报(人文科学版)》2008年第1期。

〔3〕 中国近代法制建设的演进过程表现为:晚清时期,朝廷全面改革法制。由于对西方法制的考察和引进,1902年清廷下诏"专以模范列强为宗旨,参酌各国法律,修订现行律例,务期中外通行"[参见《清末筹备立宪档案史料》(下册),第853页]。于是先后翻译参照了法、日、美、芬兰等国家的法典、法规30多种,按照西方的法典模式改造传统的法律体系,展开了修律活动。由沈家本等修律大臣"折衷各国大同之良规,兼采近世最新之学说",以"不戾乎我国历世相沿之礼教民情"为底线,全面移植西方的法律制度。通过延聘日、美、法等外国法学家帮同修律,仅在短短的五六年时间里,刑法、民法、商法、诉讼法、监狱法等一批被冠以"大清"题头的法典草案首次用中文写了出来。民国时期,建立了在宪政体制上的"六法体系"。孙中山创制"五权宪法",建立起民国的现代宪政体制及一套"六法体系"齐备的西式法律体系。伴随着接受过西方法律训练的一代留学生陆续回国,以及朝阳、东吴等法科学校源源不断地输送的新的力量的出现,因而清末修律时对日本法学家过分依赖的情形迅速消逝。20世纪二三十年代,取而代之的,是美、法等国的法学家。事实上,北京政府的修律机构这时已能够组织起一批本国的出色的法学家从事各种重要法典的编撰工作(协助修律的日本法学家有冈田、松冈、志田、小河等四人。有关聘请日本法学家的论述,可参见李贵连:《沈家本传》,法律出版社2000年版,第265—270页)。

国立大学法律科规程》之规定，国立大学法律科之课程编制及其研究指导由司法院直接监督之（第1条）；国立大学法律科应按规定设立必修课程，课程设置应呈送司法院审核，司法院有权对之加以修改并有权监督大学是否照表授课，必要时甚至可以调阅讲义（第2、6、7、8、9、10条）；国立大学法律科举行学年考试时，应呈请司法院派员监试（第14条），不仅如此，政府同时规定：属私立学校之大学内法学院、独立法学院以及设有法律或政治科之独立学院须经司法院之特许方可设立[1]。南京国民党政府为了加强法学教育，还特地聘请了美国著名法学家庞德为教育部法律教育委员会做了《中国法律教育的问题及其变革路向》的报告，就管理体制、课程的设置、课时的安排、教材的编写、教学的方法等等提供了具体的意见。这一时期，尽管国家的社会性质不尽相同，但两个阶段所呈现的借鉴他国（从日本到英美、从大陆法系到英美法系）立法与法学教育的经验，在中国民刑不分的制度基础上完成了现代从公法到私法法律体系的构建，并在此基础上进行本国法律教育体制的建设，其进程具有里程碑式的历史意义。但是，由于近代中国的法及法学教育并非自发地产生于"公平与正义"的目标，而是作为追求"国富民强"之策的产物，带有明显实用性、功利性的特征，局限于法律与教育形式的构建。因此，这一阶段法学教育是在社会经济和法律都极端欠缺的前提下开始发展的。清朝末年、国民党政府时期的内忧外患没有形成与法律相统一的社会制度及商品经济基础，也缺乏实现立法目的、执行法律的现实基础，局限于法律制度与教育体制的移植和借鉴过程，具有外生性的特点，克服了古代中国刑民不分的法术局限，构建了从宪政到民商法的制度体系与法律学制教育，故谓之"法律教育"。

3. 中国现代法学教育的实质——"法制教育"

中国现代法学教育，从1949年10月1日至1997年9月12日中国共产党第十五次全国代表大会提出建立社会主义法治国家的目标止，是随着我国具有实质民主价值的社会主义制度的建立，开始了具有社会主义特征的法律制度体系之实践。这是我国首次建立在社会

〔1〕 杨振山：《中国法学教育沿革之研究》，http://law.hust.edu.cn/Law2008/ShowArticle.asp?ArticleID=2180。

主义制度基础之上的法律与法学教育体系的探索。1949 年 2 月中共中央专门发文废除了国民党的六法全书;同年 9 月召开中国人民政治协商会议,通过了共同纲领。《共同纲领》第 17 条明确规定:“废除国民党反动政府一切压迫人民的法律、法令和司法制度,制定保护人民的法律、法令,建立人民司法制度。”建国初期,全面移植苏联的法律制度,制定和颁布了社会主义宪法及其相关的法典。[1] 新中国成立更带来中国法学教育的巨大变革。最突出的变化,就是用马克思主义法学取代了过去混杂式的法学教育。在学校体制上,除了在 11 所重点大学建立法律系外,新建了北京政法学院、西南政法学院、华东政法学院等五所政法院校,并以中国人民大学法律系为引进苏联法学教育模式的基地。1953 年院系调整,形成了两种类型的法学教育:一类是以中国人民大学、武汉大学、吉林大学法律系为代表的综合性大学法律系,重点是培养教学与科研人员;另一类是以北京政法学院、西南政法学院为代表的五所专业型单科院校(还包括中央两所政法干部学院),重点是培养应用型人才,其中主要是公、检、法三机关的工作人员。教育部要求法学院系开设的课程有:“马列主义关于国家与法权理论”、“苏维埃国家与法权史”、“苏维埃国家法”、“苏维埃民法”、“苏维埃刑法”、“人民民主国家法”、“中国国家与法权史”、“苏维埃组织法”、“苏维埃劳动法”、“苏维埃土地法与集体农庄法”、“苏维埃民事诉讼法”、“苏维埃行政法”以及“中国宪法”、“国际法”、“国际私法”、“中国法院组织法”。据统计,1952 年共有法学教师 450 人,在校法科学生 3830 人,占全国高校在校学生 2%[2]。由于社会制度是建立在公有制的基础上,除婚姻法外未能构建其他民商事等私法制度。1966 年发生

---

〔1〕 十月革命后的俄国在 1918 年制定了《俄罗斯联邦宪法》;1922 年前后,颁布了《苏俄民法典》、《苏俄刑法典》、《苏俄土地法典》、《苏俄劳动法典》等,初步构建出社会主义法律体系的大框架;1924 年制定了第一部苏联宪法;1925 年苏联第三次苏维埃代表大会又通过了《关于坚决施行革命法制》的专门决议,努力构建和平时期的法制秩序。进入 30 年代的“大清洗”和第二次世界大战又不可避免地阻碍了法制建设的步伐。从 1937 年到 1958 年间,苏联最高苏维埃通过了 122 项法律。苏联学者认为,到了这一时期以后,其法律体系才达到了包罗万象的程度,能够比较完整地调整社会生活的诸方面。参见郇沈青:《社会主义法治之路的历史审视》,载《宁夏党校学报》2005 年第 1 期。

〔2〕 参见李龙、邝少明:《中国法学教育百年回眸》,载《现代法学》1999 年第 12 期,第 4—5 页。

"文革",使建国后逐步建立起来的社会主义法制遭到破坏。到1978年,全国人大立法仅129件,刑法、民法和相应的诉讼法以及一些重要的行政法规都没有。[1] 从1957年开始的反右运动至"文革"十年,高等教育尤其是高等法学教育大致已经名存实亡。20世纪70年代初,全国只剩下北京大学法律系、吉林大学法律系、湖北大学法律专科等两所法学院和一个专科,并且事实上已经停止招生。1971—1976年全国招法学学生329人,占全国在校生总数不到0.1%。[2] 律师制度夭折,公检法三机关被"砸烂",绝大多数政法院系被取消,综合性大学法律系相继停办或合并,法学教育几近于崩溃的边缘。这一时期的法学教育是在借鉴苏联的法律制度及教育机制的经验中孕育产生的,政治上具有"极左"的特征,法律主要体现为无产阶级专政的工具,特别是私法的欠缺及"文革"对司法的冲击,并不具有现代法治的意义与价值,故称之为"法制教育"。现代中国强大的专政政治使法律学术不可能具有超越现实、批判现实的正义品格及反映社会商品或市场经济的

---

[1] 新中国成立后至"文革"期间法制建设的进程是:1950年4月13日中央人民政府委员会通过了新中国第一部婚姻法;1950年6月通过了土地改革法;1951年2月通过了惩治反革命条例;1952年批准了惩治贪污条例;1953年1月13日通过"关于召开全国人民代表大会及地方各级人民代表大会的决议";1953年2月制定了选举法;1954年在普选的基础上召开了第一届全国人民代表大会第一次会议,制定了新中国第一部宪法,制定了五部国家机构的组织法,包括全国人大、国务院、地方人大和人民委员会、法院和检察院的组织法。我国的法制建设进入了一个新的时期。不仅重视立法,对于守法,当时中央也是非常重视的。彭真同志在一届全国人大一次会议上的发对法制建觀重要意义的认识不够深刻,党的八大提出的正确方针没能一贯坚持,对法制建设时而重视,时言就明确提出,公民在法律面前人人平等。他特别强调,干部、党员"必须以身作则,成为守法模范"。由于当时而放松,随着注意力的改变而改变。1957年反右派、1958年大跃进、1959反右倾,十几个法的起草工作一度停顿下来,人大常委会机关人员被精简,从1956年的360人,减为1958年的59人。1959年6月国务院机构调整时,把法制局撤销了。1962年党中央在北京召开扩大的中央工作会议,总结经验教训,纠正"左"的倾向,毛主席又提出不仅刑法要搞,民法也要搞。这时刑法、民法的起草工作又恢复,刑法草案搞到33稿,并报党中央政治局常委审查。在常委机关工作的同志形容这一段立法工作情况时说,起草法律是几起几落。"文革"的教训很多,其中之一,就是没有重视社会主义民主和法制建设。一直到1978年,全国人大立法仅129件,刑法、民法和相应的诉讼法以及一些重要的行政法规都没有。十一届六中全会"关于建国以来党的若干历史问题的决议"指出,"难于防止和制止'文革'的发动和发展"的一个重要条件是,"没有能把党内民主和国家政治社会生活的民主加以制度化、法律化,或者虽然制定了法律,却没有应有的权威",这是一个惨痛的教训。参见邬沈青:《社会主义法治之路的历史审视》,载《宁夏党校学报》2005年第1期。

[2] 参见徐楠:《当代中国法学教育的特点及其局限性——从中外法学比较的角度》,载《法制与社会》2007年第9期。

客观内容。

4. 中国当代法学教育的目标——"法治教育"

中国当代法学教育,是指从 1978 年 12 月 18 日在北京举行的十一届三中全会以来的历史时期把工作重点转移到社会主义现代化建设上来,明确了中国进行"改革开放"的路线与目标开始。这一时期,是中国自主进行有中国特色社会主义道路的探索时期。江泽民同志在党的十五大报告中,从建设有中国特色的社会主义民主政治、继续推进政治体制改革的高度,明确提出了"依法治国,建设社会主义法治国家"的基本方略和目标。2010 年,中央宣布有中国特色的社会主义市场经济法制体系的构建已经基本完成。而中国共产党 93 年的历史上首次以"依法治国"为主题的十八届四中全会,通过了《中共中央关于全面推进依法治国若干重大问题的决定》。这份规划执政党依法治国路线图的纲领性文件提出,全面推进依法治国的总目标是建设中国特色社会主义法治体系,建设社会主义法治国家。这一社会发展总目标的确立,奠定了这一时期法学教育发展的方向。这一时期,法学教育的规模迅速扩大,法学教育的层次日趋齐全,结构日臻完善,形成了上至高级法官、检察官的培养,中至各级各类法科专业人才的教育,下至普通百姓的法律知识普及制度;创建 JM 教育制度,建立了统一的国家司法考试制度;专业设置日益规范,法学核心课程体系得以确立,学位制度逐步建立健全;法学教材建设取得了重大成绩,以招投标的方式完成了统一的法学核心课程的教材,统一和规范了高等法学教育的内容和水准;建立了全国性的法学教育指导机构,法学教育的内容不断更新,教学质量明显提高。通过《高等学校法学专业设置标准》、《高等学校法学专业本科教学工作和评价方案》以及《高等学校法学专业优秀评价体系》等法律法规,逐步建立和完善全国法学人才培养质量的宏观监控和教学评估体系。同时,积极开展国际交流与合作,通过国法学教育代表团到美国、欧洲及港澳台等地参观访问及举行"中美著名法学院院长联席会议"、"中美法学教育的未来学术研讨会"、"21 世纪世界百所著名大学法学院院长论坛"等等学术活动,与百余所世界著名的大学法学院的院(校)长、著名法学家,共同探讨法学教育的发展问题。[1] 经过三十年的努力，中国的法学教育已成为当今世界办学规模最大、办学层次和形式最多、学科专业最为齐全、人才规格最丰富的法学教育体系。[2] 根据2009年《中国法治建设白皮书》公布的数字，截至2008年11月，在校法学本科生30万人左右，在校法律专科生22万多人，在校法学硕士研究生6万多人，在校法学博士生8500余人。[3] 在培养机制上，通过卓越法律人才、“双千计划”及法学协同创新中心项目构建新型的法治人才培养模式。据统计，2012年1月以来，全国政法系统到高校担任兼职教师的人数达1033人，法学教师到政法系统挂职人数达300人。[4] 在行政管理上，2013年6月5日，教育部高等学校法学类专业教学指导委员会秘书处揭牌仪式在中国政法大学举行。作为教育部聘请并领导的专家组织，接受教育部的委托，专业化地开展高等学校法学专业本科教学的研究、咨询、指导、评估、服务等工作。在科学研究上，通过科研项目及大力提高法学期刊的水平，促进高校的科研水平和科研实力，切实提高法学教育的广度和深度。在国际交流上，通过开展“中非法学院院长论坛”、中国与欧洲法律论坛、比较法学与世界共同法国际研讨会等一系列的国际学术活动，为适应全球化的需要提供法律人才。高校法学专业的发展和法律人才的培养成为推动我国民主与法治建设的重要力量，对我国今后法治建设的发展亦将发挥重要的作用。这一时期是建立在商品经济到市场经济基础上的法律体系，一步步走上了从“人治”向“法治”演进的过程。一套既具有社会主义性质又具有市场经济特征的法律制度得以建构，具有“法治”特征的法学教育也得以迅速发展。

5. 中国未来“法治教育”的方向——科学化的法学教育

当代法学教育为中国法治建设做出了重要贡献，但从总体上看，对内还不完全满足社会法治实践的需要，对外与国际先进水平相比仍

---

〔1〕 参见曾宪义：《中国法学教育辉煌三十年》，载《中国法律》2008年第3期。

〔2〕 参见霍宪丹：《改革开放三十年中国法学教育的回顾与展望》，载《中国法律》2008年第4期。

〔3〕 参见邓崇专：《浅论我国当代高等法学教育教学的价值取向》，载《法制与经济》2012年第4期。

〔4〕 参见《2013年度法学教育十大新闻》，载《法制日报》2014年1月8日第009版。

有明显差距[1],提高法律人才培养质量成为我国高等法学教育改革发展最核心最紧迫的任务[2]。由于这一时期的市场经济关系不够成熟,法律与法学教育机制处于探索发展的过程之中,为其发展带来一些不可避免的缺陷。主要表现两类不足,即非科学性和伪科学性问题。所谓非科学性,是指法学教育的机制及其制度基础还不够的尽如人意,达不到科学化的程度。如法学学位项目层次和种类过多;法学学位体系之间相互交叉,职责界限不清,管理混乱;缺乏法学主学位,过分重视高学历法学教育,人才培养同质化严重;学位教育项目与法律职业准入相互脱节;法学教育规模急剧扩大与确保法学教育质量之间矛盾增大;课程体系与课程设置不合理,法学各专业教学特色不明显;法学人才的招录体制和分配去向存在着地区间严重不平衡;全球化法学教育的挑战与国内法律人才国际视野的局限性[3];法学教育与法律职业的内在衔接、国内教育与国际教育的借鉴互通;法律人才特别是卓越法律人才培养机制及其质量评价体系的建构;专业口径过窄、基础理论课与部门法课程相互脱节;师资质量不高,教材陈旧、重复的内容多、教学方法单一、学生的专业实务能力不够,出现"高分低能"的情况、对新兴学科和交叉学科注重不够,制约了学生扩大知识面、师资队伍的实践机会、实践知识与能力有待提高[4]、直接导致我国法学教育的侧重点在于知识的传授而缺乏能力的培养[5]、法学专业学生多数外语能力尚不能满足服务于经济全球化的客观需要等问题都属于有待进一步得到科学化发展的问题[6]。所谓伪科学性,是指在当前社会道德水平严重滑坡的情况下,我们法学教育的内容在社会中行不通,在社会反腐败的同时,很多人却恨自己腐败无门。我们

---

〔1〕 参见冯玉军:《我国法学教育的现状与面临的挑战刍议》,载《中国大学教学》2013年12期。

〔2〕 参见葛云松:《法学教育的理想》,载《中外法学》2014年第2期。

〔3〕 参见冯玉军:《略论当前我国法学教育体制存在的问题》,载《政法论丛》2014年第1期。

〔4〕 参见黎四奇、谢露:《大学本科法学教育实践教学改革的探讨》,载《创新与创业教育》2014年第2期。

〔5〕 参见张军:《法学教育的反思与法学教改的前瞻》,载《法制与社会》2014年第8期。

〔6〕 参见李龙、邝少明:《中国法学教育百年回眸》,载《现代法学》1999年第12期。

法学教育制度培养的人才存在经不起利益的诱惑,站不稳正义的立场,一些具有优秀履历的法科人才走上了犯罪的歧途,令人惋惜。学科教育在这样的形式背景下面仅仅只是"空中楼阁",不能走下神坛,在社会生活中作用。如何去伪存真,提升法治及法治教育的威信与尊严,是我们法治法学教育必不可少的思维。另一个问题是,前不久,有调查机构发布的大学生就业报告中指出,法学专业连续三年成为就业率最低的专业之一。这一现象引发我们必须思考的问题是,一方面,我们的法科学生就业率社会统计排名倒数第一或第二。另一方面,司法机关和涉外争议领域又奇缺法律人才。从基层法律人才需求来看,我们的西部基层缺法官、缺检察官、缺律师。前几天我去西部一个并不偏远的县,检察院一共只有三个检察员,其中只有一个司法学校(中专)毕业的算专业出身。从高端法律人才需求来看,随着对外开放的深化和全球化、国际化进程的加快,我国与国外大公司之间有大量的法律事务和经济事务发生,但是统计结果显示:超过80%的涉外法律事务被外国律师拿走,中国的律师能够拿下来的业务不到20%。[1]这些问题的解决,都有赖于法学教育科学化的发展。未来可以预料的是,在已经完成了中国法学教育法治理念上的华丽转身之后,科学化的法治是中国法学教育的目标、管理体制、学位制度及课程体系、教学管理、教学方法及实践能力的培养等问题进一步完善和发展的必由之路。

结语

"法治"就是法的统治,指的是一整套系统的法治理论及其相应的制度安排。[2] 从历史的追溯中我们可以看到,中国法学教育一步一步不断走向法治与科学的足迹。从为了毫无正义可言维护专制统治的法术教育,进化到具有民主意识调整公民关系的法律教育,再到维护无产阶级专政镇压反革命的法制教育,最终发展到兼收并蓄人类文

---

〔1〕 参见黄进等:《中国法学教育向何处去》,载《中国法律评论》2014年第3期。

〔2〕 参见陈剩勇:《中国法治建设的法文化障碍》,http://www.zjol.com.cn/gb/node2/node87411/node105000/node113198/ node113203/node113204/userobject15ai1116234.html。

明调整社会主义市场经济法律关系的法治教育。这一漫长的历史过程,使得民主与正义不断得以彰显,规范化与科学化程度不断得以提升。在社会制度上,从专制独裁至民主主义再到社会主义,奠定了实现实质民主的制度基础。在法律形式上,从刑民不分到公法与私法、实体法与程序法、国际法与国内法兼备,完成了中国特色的社会主义市场经济法律体系之构建;在教育模式上,从学在官府延伸到民间,再逐步完善到形成本科—研究生—博士的现代教育体制。在教育内容上,从仅仅是为统治者的法术注经疏律到可以针对新型的社会关系进行立法的探究与论证,成功地进行了中国特色法律制度的构建。从教育的效果看,我国经历了从培养维护封建社会秩序的"法律工具"——维护商品经济社会秩序的"法律工匠"——实现市场经济法治秩序的"法律公仆"的转变。在此过程中,独立的法律职业阶层得以形成,专业化程度越来越高。但遗憾的是,不论是法术教育,还是法律、法制与法治教育,都有将法律沦为治理社会的工具之嫌,缺乏从学科科学性和实践性的角度进行深度的探索。如医学的目的是"治病救人",但是医学的研究绝对不能停留于"治病救人"、救什么人的理论上,必须提高医疗技术与理论以服务于治疗疾病的需要。因此法学教育未来的发展是如何进一步提升法学的科学性,使其脱离一般功利的目的论,以严谨的学术逻辑构建科学的法律制度体系,进而开展法学教育,回归学科的科学性。

"徒法不能以自行",法律的实现必须有赖于人的执行。人是产生法律、执行法律、遵守法律的主体,同时也是法律所要保护和制约的对象。因此在法治建设过程中必须通过法学教育实现对法学专业人才的培养。[1] 尽管有着不同的法学教育生成与发展模式,但基于法学自身的特殊性以及法治国家对法律人的要求,法学教育的科学品格已经成为其未来发展的关键问题。中国历史上的法术教育、法律教育、法制教育及目前的法治教育都在一定程度上难以满足现代社会发展的要求。只有从法学学科科学化的角度完善法学教育机制,有效克服所存在的非科学、伪科学的问题,才能实现培养学生更好地从事法律

---

〔1〕 参见张朝霞:《依法治国——中国走向社会主义现代化的必由之路》(上),http://article.chinalawinfo.com/article/user/article_display.asp?ArticleID=21540。

职业,使法学教育成为法治建设不可忽视的重要力量。

育人乃古今中外的办学之道,法学教育也不例外。得天下英才而育之,既是大学之幸,更是大学之责。改革开放20多年来,中国的法学教育从无到有、从泛到精,极大地推动了我国法学研究及社会法治水平的进步,并逐步形成融科学性、民族性于一体的社会主义市场经济法律体系。随着中国在国际经济和政治领域地位的不断加强,中国法学教育从改革开放之初单纯的模仿借鉴,已经逐步实现了与国际社会的接轨并向平等对话过渡。法治国家的实现有赖于法治人才,而法治人才又依赖于具有法治精神的法学教育。通过对于我国法学教育起源及其发展历史阶段的法理定性研究,明确我国法学教育发展和完善的方向与途径。面向未来,中国需要大批的法学人才服务于社会市场经济秩序,法学教育肩负着实现中国“法治梦”的历史使命。我们期望,中国法学教育通过科学化的梳理,在“引进来”的历史基础上,以“走出去”为目标,通过法学教育改革迎接市场化、多元化、国际化、法治化的时代挑战[1],在世界法学教育之林发出自己的声音,为中国乃至于人类社会的法治梦想奠定坚实的理论与人才的客观基础。

〔1〕 参见季卫东:《我国法学教育改革的理念和路径》,载《中国高等教育》2013年第12期。

党校系统法治教育培训的现状分析和发展思考

杨启敬*

新的历史时期，国家法治建设出现了新的发展轨迹，历史又赋予了党校系统新的发展任务。党的十八届四中全会通过了《中共中央关于全面推进依法治国若干重大问题的决定》，是新时期国家法治建设的新号召、新部署、新规划和新举措。当前，公务员法治教育既面临千载难逢的机遇，又面临着前所未有的困境，这对党校系统的法治教育培训是一种考验，对党校系统的法治教育培训的信心和决心是一种考验。

一、党校系统法治教育培训的现状困境

（1）法治作为国家政治体制的重要内容，与国家的政治结构和政治体制紧密相关。虽然，国家鼓励和支持法治教育，但这种支持是在国家既有的政治体制中和统一的法治框架内来进行的，法治教育的自主性和创新性空间仍然有较大的限制，这是包括党校系统法治教育培训在内的公务员法治教育普遍面临的一个最大的现实问题、体制问题和基础问题。实事求是地说，法治教育领域的很多举措和措施如果不

---

* 杨启敬，中共湖南省委党校法学教研部副教授。

能从政治体制和法治结构的根本上或者整体上作出变革和创新的话，局部性或者单方性的法学教育改革和创新是很难取得根本性的成果和成效的。

（2）我国政府公务员群体中存在着许多制约政府实现法治的深层次障碍和阻力，其中包含传统的社会交往习俗、陈旧的人际关系准则等。同时，我国地域较大、人口较多、地区差距较大、文化素质差距明显。传统官场中所谓的“格局”、“规则”、“传统”等在很多地方还大量存在，在某些地区甚至比较严重，再加上中国社会固有的官本位思想、权力意识等因素影响，对党校系统法治教育培训具有一定的阻碍作用。

（3）党校系统法治教育培训发展不平衡，突出表现在：地区之间法治教育不平衡。这些不平衡的发展现状已经深深影响到了党校系统法治教育培训的整体进程，成为党校系统法治教育培训的结构性失衡的重要表现形式。

二、党校系统法治教育培训的思路厘定

（1）坚持科学正确的党校系统法治教育培训方向，坚定不移地推进党校系统法治教育培训的各项工作，笔者认为要坚持以下理念：党校系统法治教育培训建设是一项长期而艰巨的任务，要以改革为统揽，贯穿改革创新精神；要将坚持党的领导、人民当家做主、依法治国“三位一体”思想贯穿教育培训的始终，确保正确的政治方向；教育培训要紧贴国家法治建设的重点。

（2）建立健全自上而下的完整的党校系统法治教育培训的组织机制和领导体制，将法治教育培训作为党校系统的中心任务和核心工作来对待。国家党校、省级党校、市级党校、县级行政学校要相互配合、相互协调、各司其职、共同努力，加强国家党校在法学教育中的组织领导和智力指导作用，推进法治教育培训落到实处，形成“全国一盘棋”的党校系统法治教育培训工作格局。

（3）立足各地法治建设的实际。有为才能有位。开展法治教育培训，要有针对性，既要站在国家整体宏观的层面，更要立足各地法治

建设的实际。要结合实际,有的放矢地精心挑选法治课题,增强法治教育培训的生命力。在设计法治教育培训专题时,要与各地方的实际情况相结合,法治教育培训也必须急政府之所急,虑政府之所虑,解政府之所忧,这样才能使法治教育培训具有针对性、实效性,才能有生命力。

(4) 加强党校系统法治教育培训工作,提高教研队伍的法治教育能力、法学研究能力和法治决策能力,为党校系统的法治教育培训提供强有力的人才保证和智力支持。在党校系统法治教育培训中,广大教研人员是主力军和主导者,他们不仅是国家法治建设的宣传队、播种机,更是党校系统法治教育的践行者、发动机。教研人员在党校系统法治教育培训中发挥着重要作用,具有不可替代的特殊地位。党校系统的法学教育工作者要有对法治教育持久敬业的热度、要有积累功底的厚度、要有联系实际的密度,同时挖掘问题要有深度、提炼观点要有精度、架构层次要有硬度、征引论据要有广度、驾驭教学要有亮度、激发学员参与要有强度。

(5) 要以法治需求为导向,科学安排教学内容,开展现场教学,提高学员的法治行为能力,不能仅仅只是满足于法治思维训练。结合公务员行政工作的实际,以学以致用为目的,增强法治教学内容的实用性,使每一次法治教育培训都成为公务员提高依法行政的行为能力的重要过程。

三、党校系统法治教育培训的发展路径

(1) 党校法治教育要面向实践。在我国法学教育中,存在一个相同的问题,即不重视实践能力和操作技能的训练,重理论知识传授,轻职业技能培养,重理论讲解,轻实践训练。而法学本应是一门应用性、实践性很强的学科。实践教学应当是法学教育的一个特色,对于检验学生所学的专业知识和理论体系、训练法学专业思维、强化法律职业伦理修养、提高法律职业技能等,具有极其重要的作用。特别是对于党校法学在职研究生来说,学员大多来源于各类党政机关和行政部门,来自工作一线,本身就是以实际工作为主。因而,党校法治教育应

当以实践为本位，要求党校法学教师要树立正确的教育理念，变革传统的教学模式，从法学教育的实践性、职业性特点出发，构建以实践为核心的、面向实践和重视实践的教学模式。

（2）党校法治教育要面向基层。基层是最需要法律人才的地方，基层是展示与运用法学知识和法律技能的大舞台。由于长期的城乡差异、区域差异和分配制度的影响，基层法律人才匮乏，基层领导干部的法律信仰和法治精神不强。广大的基层地区经济和社会发展急需法律人才，但是吸引人才的物质条件又相对不足，人才越来越向发达地区聚集，如果任由其发展，将加剧基层干部队伍知识结构不合理的状况，严重制约基层经济社会各项事业的发展。面向基层应当是党校法治教育的选择倾向。基层就是国情、基层就是感情、基层意味着本领。基层是生产劳动最直接的领域，是社会实践最丰富的地方，最能反映中国的国情，也是我国法治最薄弱的环节，是中国法治建设不能忽视的重要一环。党校作为培养我国各级领导人才的红色学府和干部摇篮，它的学员有很大一部分来自于基层一线，因此党校的法治教育理念一定要深入基层，使广大领导干部充分地了解国情、民情，与广大群众建立深厚的感情，引导领导干部将自身个人价值与国家的基层民主法治建设紧密结合起来。有感情，知国情，才能激励党校法学在职研究生努力掌握改变基层法治落后面貌的知识和本领，才能使各级领导干部在改变基层法治落后面貌的社会实践中做出贡献。

（3）党校法治教育要面向未。21 世纪是走向法治社会的时代。依法治国，走向法治社会，是中国人民数千年来梦寐以求的理想。在中国的语境下，依法治国，就是广大人民群众在党的领导下，依照宪法和法律规定，通过各种途径和形式管理国家事务，管理经济文化事业，管理社会事务，保证国家各项工作都依法进行，逐步实现社会主义民主的制度化、法律化；就是社会主义民主更加完善，社会主义法制更加完备，人民的政治、经济和文化权利得到切实尊重和保障。在法治社会，党校法治教育应当树立立法为公、执法为民的法学教育宗旨，追求真理、维护正义的崇高教育理想，崇尚法律、法律至上的坚定信念，认同职业伦理、恪守职业道德的自律精神；党校的法学在职研究生应当成为尊重和遵守旨在维护秩序、保障公正、实现自由的法律规则的模范,成为抵制和监督一切违法行为、捍卫法律尊严的英雄。因此,党校法治教育应该担当起培养这种法律领导干部人才的历史责任。

21 世纪是走向权利的时代。从传统社会走向现代社会,在法律制度和法律生活层面,最主要的标志就是权利的张扬和彰显。具体表现为权利备受关注和尊重,人们越来越习惯于从权利的角度来理解法律问题,来思考和解决社会问题;权利话语越来越彰显和张扬,权利话语成为越来越占主导地位的话语系统,面对权利时代,党校法治教育应当注重帮助各级领导干部树立民主的、理性的、科学的权力观,明确自身权力行使的界限性,在法定范围内行使自己的权力,自觉地遵守宪法和法律,权为民所用、情为民所系、利为民所谋,勇敢地捍卫人民群众的权利,要对一切合法的权利(包括个人的、集体的、国家的、人类的权利)给予同等的尊重和维护。

21 世纪是中国全面建设和谐社会的时代。经过三十多年的改革开放,中国社会发生了深刻变化,根据对社会转型规律的科学认识和转型后的中国社会发展趋势的科学判断,党和国家提出了建设社会主义和谐社会的总纲领。和谐社会是物质文明、精神文明、政治文明和生态文明相互交融、协调发展、互为表征的社会。四种文明的协调发展将使中国社会步入新的文明阶段。和谐社会的科学内涵是"民主法治、公平正义、诚信友爱、充满活力、安定有序、人与自然和谐相处"。四大文明的协调发展与和谐社会建构必将深刻地影响到法律的价值体系、制度构成、调整机制,从而对党校法治教育提出更高的要求。面对中国社会的转型和转型后的中国社会建设和发展目标以及法律的变革,党校法治教育的自身定位也将相应调整,以适应建设和谐社会对高素质法律人才的需求。

21 世纪是经济全球化趋势越发明显的时代。经济全球化进一步发展对未来法律全球化和法律人才的培养提出了挑战。经济全球化是以全球化的市场为目标,以全球性的信息为条件,以科技发展为保障,世界各国在生产、销售、市场和人才等方面跨越国界,并相互依存,不断推动资金、商品、服务、技术和信息等实现国际化的流动,随之法律全球化的趋势越发明显,法律全球化的发展是经济全球化发展的必要条件和内在保障,法律跨越国界向着世界一体的方向发展是未来的发展趋势,主要表现在制定大量的共同遵循的国际性的规则体系。对于各级领导干部来说,一定要有国际化的发展眼光和世界性的战略思维。作为培养各级党政领导干部摇篮的党校,要注重未来世界法律人才的国际化,要拓宽干部的视野,这对未来的党校法治教育提出了更高要求。中国经济走向全球需要国际化的法律人才和智力支持,党校法治教育要面向未来,才能在经济全球化的发展潮流中勇立潮头。

四、结语

自从认识到中国必须走法治之路起,法律人在“依法治国,建设社会主义法治国家”伟大进程中的地位不断地得到提升,法治话题逐渐闯入人们的视野中,同时人们也意识到法律人在其中发挥作用的分量也越来越重。近来有学者强烈地批评了从法律之外寻找法治真谛和法治之路的观点,认为我们必须从法律的内因来寻求法治的真谛和中国的法治之路,法治的内在基础在于法律人阶层,这种研究意念和学术思路的核心是:法治的内在基础在于法律人阶层,中国的法治之路要靠中国法律人开创。中外历史经验的对比告诉我们:没有法律自治,就不可能有法治;而没有职业自治,就不可能有法律自治。建立一个强大而自治的法律人阶层,是中国步入法治社会的基本前提。更有学者进一步指出:“依法治国乃是以法律家治国,而不是一堆死的规则对社会的调整。”伴随着中国政治经济体制改革的加快和深入,法律人必定是未来中国社会的“中流砥柱”。培养高素质的法律人才,特别是增强各级领导干部的法律知识、本领、素养和精神是中国法治建设的需要。作为我国法学教育重要组成部分的党校系统法治教育,肩负着中国法治建设的光荣职责和神圣使命,更应该认清中国法治道路的真正要求,更应该清醒地认识到自身的工作实际,转变传统的法学教育模式,面向实践,面向基层,面向未来,为各级党政机关和行政部门培养合格的法律领导干部。

少数民族地区现代远程法学教学综合改革探析

胡畅辉*

摘　要：少数民族地区远程法学教学中存在交互性不足、教学内容滞后、教学方法原始等问题，有待进一步改革。少数民族地区远程法学教学的综合改革应做到目标明确：宏观目标是为少数民族地区储备社会经济发展的法律人才、微观目标是培养具有较高法律专业水平的专门人才。少数民族地区远程法学教学综合改革应做到增强师生互动，提升教学交互、改革教学内容，实现与时俱进、注重教学方法，强调方法传授、强化职业教学，重视职业规划。

关键词：少数民族地区　现代远程　法学教学　综合改革

改革开放以来少数民族地区现代远程教育中的法学教学取得了令人瞩目的成绩，为少数民族地区培养了大量的法学专业人才，这些人才在各自的工作岗位上利用法学知识为推动少数民族地区的经济发展和社会和谐做出了巨大的贡献。少数民族地区现代远程法学教学应进一步顺应时势，正视当前远程教育中存在的问题，结合少数民族地区的社会经济发展要求，以综合改革的思路，促进远程法学教学

---

* 胡畅辉，湖南湘西电大教师。

的长远发展，从而为少数民族地区培养更多的法学专业人才，满足少数民族地区对高层次法学专业人才的迫切需求。

一、少数民族地区远程法学教学中存在的问题

少数民族地区远程法学教学的发展经验和取得的成绩应当得到高度肯定，但是我们也应正视少数民族地区远程法学教学存在的问题。结合笔者的工作实践，本文以湘西电大为例对当前少数民族地区法学远程教学中存在的问题归纳为如下三点：

（一）交互性不足

远程教学具有低成本、便捷性的优点，是一种依托于现代技术的有效教学形式。但是我们也应看到，远程教学具有交互性不足的缺点，师生之间处于“准永久性”分离的状态。远程法学教学同样出现这样的问题，致使交互性不足的弊端在法学教学中暴露无遗。法学教学的特点决定了师生之间必须保持密切的、高度的交流，法学是经验之学，法学知识的学习还必须高度重视方法的选择，远程法学教学中纯粹的书面交流或视频交流无法满足法学教学中经验传授和方法传递的目的。而我们湘西落后地区在远程法学教学中存在师资力量薄弱、技术装备相对落后的特点，导致教学过程中的交互性尤其不足，应得到充分的重视。

（二）教学内容滞后

当前远程法学教学还存在教学内容相对滞后的特点，不利于培养高层次的法学专业人才。我国目前正处于社会转型期，社会主义法律框架已经初步构建，但是法律变动较快，新法制定、旧法修改比较频繁，行政立法、司法解释等也处于不断的更新过程中。在此背景下，如何确保教学内容的新颖性、时代性，是远程法学教学必须面对的一个问题。少数民族地区的远程法学教学在教学内容上存在相对的滞后性，且偏重于理论知识，法律实务教学内容不足，当然这也是全国电大系统普遍存在的一个问题。如在课程内容的设置上，16 门核心主干课

程中,专科的开课计划已经占了一半,剩下的放在本科上,对于目前越来越多的非法学专科生报读本科的在学习过程中出现了知识脱节的现象。补修课"法学基础知识、民法学、刑法学"三门课程并为未涉及程序法的学习,使整个课程看起来显得重实体轻程序,失去了法律体系该有的平衡。

(三) 教学方法原始

法学是一门注重方法论的学问,法学教学本身也必须注重一定的方法选择,才能有效地将法学知识传递给学生。因受经济与现代技术设备的影响,我们湘西地区法学远程教学中采用的教学方法相对原始,主要表现为以理论讲解为主,按部就班,充分体现了大陆法系法学教学的特点,如从法学概念、特征等出发,系统性地讲解法学知识。这样的法学教学方法虽然较为系统,但是也存在很多不足,如过于注重理论,缺乏对实务经验的探讨,过于注重知识的灌输,对学生自主能力学习的培养明显不足。

美国霍姆斯大法官说过:"法律的生命不在于逻辑,而在于经验"。现代远程教学中的法学教学应体现出较高的经验性、实务性,而不能仅仅注重概念和理论的灌输。目前,发达地区的法学院校已经尝试性地开展"诊所式"法学教学,以培养学生的实务能力,一些学校甚至还开设了英美法课程,将英美法系的法律思维方法介绍给学生,极大地开阔了学生的视野。少数民族地区的远程法学教学也应注重学生实务经验的培养,但是由于缺乏专门的教材和人才,导致少数民族地区的远程法学教学在教学方法上还较为原始,难以实现跨越式发展。

二、少数民族地区远程法学教学综合改革的目标设定

少数民族地区远程法学教学综合改革应首先明确目标,在此基础上才能以一定的改革措施推动改革目标的实现。按照笔者的见解,少数民族地区远程法学教学综合改革的目标应设定为如下三项:

（一）宏观目标：为少数民族地区储备社会经济发展的法律人才

少数民族地区远程法学教学改革的宏观目标是指在整体和全局层面上的价值追求。少数民族地区的社会经济发展需要大量的法律人才，远程法学教学在一定程度上能够为少数民族地区快速、高效地承担起法学人才的培养任务。党的十八届四中全会指出，中国的未来发展需要走法治之路，法治乃社会主义的核心价值观之一。少数民族地区由于历史的和现实的原因，经济基础相对薄弱，社会发展程度不如沿海发达地区高，但是这也表明少数民族地区的发展更具潜力。少数民族地区的社会经济发展需要大量的法律人才，这些人才可以成为社会经济发展的中坚力量。

然而，法学专业人才的培养需要耗费大量的时间和精力，其原因在于法律知识除了需要专门的理论学习外，还需要长期的实践积累。远程法学教学为法学人才的培养提供了捷径，能够以低成本、高效率、广覆盖的方式实现人才培养。但是我们也应注意，远程法学教学应成为一种专门化的教学，而不能被认为是一种低水平、低层次的教学，远程法学教学培养出来的学生应具备基本的法律逻辑思维能力和法律专门知识，并且能够运用法律思维和法律经验解决相关法律问题。远程法学教学综合改革的目标即消除当前教学机制中存在的积弊，力争培养出具有更高专业水准的大量法学人才，并使他们在少数民族地区的社会经济发展中贡献积极力量。

（二）微观目标：培养具有较高法律专业水平的专门人才

少数民族地区远程法学教学综合改革的微观目标是指从学生个体层面而言的价值追求。现代教学原理告诉我们，教学的目的需要从学生的角度出发，将学生视作教学的主体。少数民族地区远程法学教学在微观层面的目的应致力于培养具有较高法律专业水平的人才。传统上一般认为远程法学教学只是一种入门教学，学生只是初步了解相关法学知识，其对法学专门知识的掌握程度不如其他大专院校的法律系学生。尽管这一评价在一定程度上与现实相符，但是我们应在远程法学教学综合改革中具备更为长远的目光，并力争培养出更为优秀的法律专业人才。

例如,远程法学教学培养出来的学生中不乏从事律师业并在实践中积累起丰富的法律实践经验的人士,他们甚至成为律师业的翘楚,具有较高的社会地位和行业声望。在公检法等法律实务部门也有很多远程法学教学培养起来的学生,他们在自己的岗位上为推动社会主义法治而奋斗。远程法学教学综合改革的微观目的就是为了能够从学生个体角度出发,使学生开启法律职业生涯,并成为法律行业内的专门人士,而不能仅仅将远程法学教学看做一种价值不大的镀金行为。此外,我们还应结合少数民族地区社会经济发展水平、少数民族地区学生素质等角度出发,消除学生在知识、技能、视野等方面的地区落差,使学生具备广阔的视野,在学成后甚至能够与经济发达地区的法律学生一较高低。

三、少数民族地区远程法学教学综合改革的具体举措

结合上文对当前少数民族地区远程法学教学中存在问题的分析以及综合改革目标的分析,我们进一步就少数民族地区远程法学教学综合改革的具体举措展开一些探讨,希望能够为远程法学教学综合改革的推进提供一些建议。

(一) 增强师生互动,提升教学交互

远程教学中师生之间的"准永久性"分离状态虽然为远程教学注入了便捷性的因素,但是也会导致师生之间交流不足的弊端。法学教学的特点和性质决定了师生之间必须保持密切的交流与互动。因此,建议少数民族地区远程法学教学综合改革过程中注重师生之间的交流互动,以此提升教学交互。为了实现这一目的,我们可以充分利用现代化的技术尤其是互联网技术,并以一些网络工具为平台如微博、YY 语音等作为远程法学教学的辅助工具。以 YY 语音为例,该软件得到了一些教学机构的青睐,尤其是该软件具有功能强大的语音、视频教室系统,能够较好地服务于远程教学。少数民族地区远程法学教

学应充分利用此类网络工具,以解决少数民族地区交通不便、学员分布稀散等问题。

(二)改革教学内容,实现与时俱进

远程法学教学的内容应予改革。当前远程法学教学较为注重理论讲解,但是忽略了实务技能的培训,不利于学生毕业后从事法律实践工作。鉴于此,我们应本着与时俱进的态度做好教学内容的更新工作。除了以教学大纲为施教纲领以外,学校和教员还应充分发挥主动性和积极性,宜将如下内容作为教学内容:(1)理论法学、部门法学的基本知识;(2)案例分析技能;(3)法律逻辑分析能力;(4)立法、司法和执法中的前沿问题、热点问题;(5)比较法学初步知识;(6)法学学习方法;(7)法律实践技能,如法律文书的写作等;(8)法律职业规划。上述教学内容不但注重理论,兼重实践、不但注重知识,兼重方法,有助于较好地实现教学内容的更新。同时,少数民族地区远程法学教学还应结合本地区的社会经济发展状况,在法学教学中加入与本地区有关的一些专门问题或知识,如少数民族地区的社会矛盾调解等。

(三)注重教学方法,强调方法传授

局限于远程法学教学的成本限制和实践限制,远程法学教学不可能面面俱到地灌输所有的法学知识给学生,因而学生只能在毕业后走上工作岗位后继续加强学习。学生能否在毕业后通过实践训练成长为一名真正的法律专业人士,有赖于其在远程法学教学的学习阶段是否掌握了基本的学习方法。有鉴于此,远程法学教学综合改革应尤其注重法学方法的传授,以起到"授人以鱼不如授人以渔"的功效。

在教学方法层面,远程法学教学可以尝试案例教学法、情境教学法、诊所式教学法等新型的法学教学方法;在方法传授方面,远程法学教学应尤其注重培养学生掌握法学自主学习能力。例如,应培养学生关注国家立法,自觉学习最新的立法;应培养学生搜集、研究典型案例并加以学习的习惯,如学习最高人民法院公布的指导性案例;应教授学生检索学术研究资料的方法,使学生将来遇到难题时能够独立自主

地搜集资料并加以研习。

(四)强化职业教学,重视职业规划

传统上远程法学教学似乎只是注重对法学知识的灌输,而很少涉及职业教学和职业规划,从而导致学生在职业规划层面有所欠缺。只有将职业教学和职业规划纳入远程法学教学中,教学过程才算是完整的、系统的。少数民族地区法学远程教学综合改革应注重职业教学和职业规划,使学生具备职业化的视野。具体来说,远程教学过程中还应加强法律职业伦理道德的教育,并向学生介绍律师职业、法官职业、检察官职业以及其他法律职业的现状与前景,要求学生结合自己的实际情况做好职业规划。少数民族地区的远程法学教学还应结合少数民族地区的法律行业发展现状与前景,帮助学生制定与实际情况相符同时又具有一定前瞻性的职业规划。

总之,少数民族地区远程法学教学已经取得了令人瞩目的成绩,但是从长远来看还应进一步加强改革,使少数民族地区远程法学教学能够真正实现培养、储备法学人才,促进少数民族地区社会经济发展的目标。

参考文献

[1] 王文华:《卓越法律人才培养与法学教学改革》,载《中国大学教学》2011年第7期。

[2] 李正生:《论案例教学法在法学教学改革中的实施》,载《湖南人文科技学院学报》2007年第12期。

[3] 周标龙:《对我国高校法学教学改革的思考》,载《安徽工业大学学报(社会科学版)》2007年第9期。

[4] 谭金可:《以多学科交叉培养为导向的法学教学改革研究》,载《福建警察学院学报》2014年第6期。

[5] 张健:《对远程法学教育定位的几点思考》,载《陕西广播电视大学学报》2012年第3期。

当前我国全日制法律硕士研究生教育存在的问题及其应对

——以湖南大学法学院的实践为观察样本

王文胜*

我国全日制法律硕士研究生教育从1995年起步，至今经历了多次调整，形成了与全日制法学硕士研究生教育并列，同时又进一步细分为法律硕士（法学）与法律硕士（非法学）的基本格局。在取得巨大成就的同时，我国全日制法律硕士研究生教育目前也存在着诸多问题。本文以笔者在湖南大学法学院参与法律硕士研究生教育的观察为依据，对这些问题及其背后的原因与可行的对策进行探讨。

一、当前我国全日制法律硕士研究生教育面临的主要问题

当前，总的来说，我国法律硕士研究生教育的质量和水平还远不能满足我国经济社会发展的需求。一方面，法律硕士研究生的质量不能满足我国法治建设的需求，首先是不能符合各类用人单位对于法律人才的特殊要求。表现在法律硕士研究生毕业时的就业率，“根据近

---

* 王文胜，法学博士，湖南大学法学院助理教授。本文受湖南大学“青年教师成长计划”资助。

几年的就业率统计,法学学科毕业生的就业率在各专业中排名较低,而其中法律硕士的就业率更低。"[1]因为用人单位在当前的人才总供给中往往选择相对的更优者而已。另一方面,法律硕士研究生教育也不能满足学生对于自身发展的期待,许多学生对其在校期间所接受的教育怨言颇多。

这是两个表层方面的问题,更深层面的问题在于,当前我国的法律硕士研究生教育存在三个方面的趋同:(1)"非法本法硕"与"法本法硕"的教育趋同。有的学校在课程设置上就为"非法本法硕"与"法本法硕"学生安排了某些完全相同的课程。例如,在2013年秋季学期,湖南省内某大学法学院给当年新入学的"非法本法硕"和"法本法硕"学生所开设的课程中,法理学、宪法学是相同的课程,由同一位教师在同一时间上课;在2014年秋季学期给当年新入学的"非法本法硕"和"法本法硕"学生所开设的课程中,法理学、民法学两门课程也同样如此。有的学校虽是为这两种类型的学生分别安排不同的课程,但教师在授课内容、授课方式等方面也不会针对不同类型的学生而有太大的差别。在学位论文的写作要求上,也是如此。(2)法律硕士生与法学硕士生的教育趋同。有的学校在这两类学生的授课内容和授课方式上并不存在明显的差别,都是以法学理论的讲授为主。这特别表现在"法本法硕"学生与法学硕士生之间,以湖南大学法学院为例,目前有不少课程就是同时针对同一年级的这两类学生而开设的。(3)硕士研究生教育与法学本科教育趋同。这主要表现在,有不少教师在给硕士研究生授课时,授课方式与授课内容都与给法学本科学生的授课差别不大,或仅是内容难易程度稍有调整。硕士研究生教育成了法学本科教育的延伸,以致不少硕士研究生感觉在读研期间"除年龄增长外,与本科毕业时相比不大",这对于法学本科毕业后在同一学校接受硕士研究生教育的学生来说尤其如此。

---

〔1〕 王利明:《我国法律专业学位研究生教育的发展与改革》,(在教育部高校法学类专业教学指导委员会、中国法学教育研究会2014年年会暨"法治中国建设与法学教育改革"论坛上的讲话),载全国法律硕士专业学位教育指导委员会网站(http://www.china-jm.org/article/default.asp? id=551),访问时间:2015年5月26日。

二、产生问题的主要原因

产生上述问题的首要原因在于当前我国对于法学学科的硕士研究生教育的培养目标不清晰、定位不准确。由此,招考制度、培养计划、教学方法等各个方面都不能得到合理的安排。

1. 培养目标不清晰、不准确

首先,从发展历史来看,在"培养人才"这一目标之外,我国法律硕士研究生教育一直被附加了其他功利性目标。

在起步阶段,法律硕士研究生教育就主要承载了"迅速提高法院、检察院、公安局等法律部门工作人员的学历层次"这样的目标。在1997年国务院学位委员会、司法部所发布的有关法律硕士专业学位的通知中,就明确说,"我国立法、司法、行政执法和法律服务部门以及工商企事业单位、管理部门都急需大批高层次应用型法律专门人才。……为了……加快培养适应社会主义市场经济体制急需的应用型高层次法律专门人才,我国从1995年设置法律硕士专业学位并开始试点工作,得到了中央政法主管部门、培养单位、用人单位的欢迎与支持"[1]。也就是说,"有关部门最初设立法律硕士项目的初衷,很大程度上是为了提升有关'政法部门'中工作人员的学历层次,使之有升学的机会和途径"[2]。

2009年3月,正在当年的全日制法律硕士研究生招生工作进入复试和录取阶段时,教育部紧急下达文件,"2009年在已下达的研究生招生计划基础上,增加全日制专业学位硕士研究生招生5万名,……该项计划中法律硕士专业学位全部面向法学专业背景的考生[暂称为'法律硕士(法学)']招生,从报考法学专业(专业代码0301)的考生中调剂录取"[3]。在具体落实这一大规模扩大招生的工作时,有相当

---

〔1〕 国务院学位委员会、司法部《关于开展在职攻读法律硕士专业学位工作的通知》(1997年11月10日,学位[1997]56号)。

〔2〕 姜朋:《现实与理想:中国法律硕士专业学位教育》,载《中外法学》2005年第6期。

〔3〕 教育部《关于做好2009年全日制专业学位硕士研究生招生计划安排工作的通知》(2009年3月11日,教发〔2009〕6号)。

数量的扩招名额安排给了“法律硕士(法学)”(即俗称的“法本法硕”)。而导致这次紧急大规模扩招的非常重要的诱因,就在于以此方式紧急应对当年异常严峻的高校本科毕业生就业形势。[1]

国家政策层面给法律硕士研究生教育所附加的这些目标,直接影响了全社会对于法律硕士研究生的基本印象,全社会逐渐形成了“法律硕士研究生的招生要求和培养质量都低于法学硕士研究生”的普遍认识。期间持续多年的法学硕士研究生多数不需缴纳学费、法律硕士研究生则需缴纳每年一万元左右甚至更高的学费的政策,以及2009年以后一直延续至今的从报考法学硕士但未被录取的考生中调剂录取“法本法硕”学生的做法,也更进一步地促成和强化了上述这种普遍认识。

其次,就“培养人才”这一目标而言,法律硕士研究生教育应培养什么样的人才?法律硕士研究生教育与法学硕士研究生教育的培养目标之间应存在什么区别?两种不同类型的法律硕士研究生(“法本法硕”与“非法本法硕”)的培养目标之间又应存在什么区别?这些问题,在目前的研究生教育实践中都不甚清晰。一方面,目前“法本法硕”与“非法本法硕”研究生的培养目标差别不大。对照《法律硕士专业学位研究生指导性培养方案》[2]以及《全日制法律硕士专业学位研究生指导性培养方案》(适用于法学专业毕业生)[3]可以发现,这两个“指导性培养方案”中对于“法本法硕”和“非法本法硕”研究生的培养目标中的具体要求是完全一样的,都表述为:“掌握马克思主义的基本原理,自觉遵守宪法和法律,具有良好的政治素质和公民素质,深刻把握社会主义法治理念和法律职业伦理原则,恪守法律职业道德规范。掌握法学基本原理,具备从事法律职业所要求的法律知识、法律术语、法律思维、法律方法和职业技术。能综合运用法律和其他专业知识,具有独立从事法律职业实务工作的能力,达到有关部门相应的任职要

---

〔1〕 王健:《招生政策的调整与法律硕士教育面临的新挑战》,载《南京大学法律评论》2010年春季卷。

〔2〕 全国法律硕士专业学位教育指导委员会修订,国务院学位委员会办公室2006年8月3日转发(学位办[2006]39号)。

〔3〕 全国法律硕士专业学位教育指导委员会制定,国务院学位委员会办公室2009年5月6日转发(学位办[2009]23号)。

求。较熟练地掌握一门外语,能阅读专业外语资料。”各培养单位在此基础上制定的具体的培养方案中对于培养目标的表述与之大同小异。另一方面,法学硕士研究生与法律硕士研究生的培养目标中的实质性内容相比差别也不大。以湖南大学法学院为例,法学硕士研究生的培养目标的实质性内容是“有坚实的法学基础理论和系统的法律专业知识,较熟练地掌握一门外国语,能阅读本专业的外文资料,毕业后能够独立从事法学理论的教学、研究工作和法律实务工作”,这一表述虽然与前述有关法律硕士研究生培养目标的表述存在差异,但在当前的社会整体环境下,法学硕士研究生毕业后显然不可能“独立从事法学理论的教学、研究工作”,且当前的法学硕士研究生自身的学习目标也多数是毕业后从事法律实务工作;在外语方面,二者的培养目标也是相同的。

2. 招考制度不合理

与培养目标不清晰、不准确相对应,现有的法律硕士研究生的招生考试制度也不尽合理,难以选拔出合格的学生来接受相应的教育。

招考制度的不合理,首先表现在“非法本法硕”研究生的入学考试,除政治和英语两门公共课外,要对考生的法学专业知识进行考察。以 2015 年的入学考试为例,根据该年度的《法律硕士(非法学)专业学位联考考试大纲》的规定,专业课分为两张试卷,总分各为 150 分,分别称为“专业基础课”和“综合课”;其中,专业基础课包括刑法和民法的内容,各占 75 分;综合课包括法理学、中国宪法学和中国法制史三部分,法理学约 60 分,中国宪法学约 50 分,中国法制史约 40 分。但“非法本法硕”的报考条件中要求“在高校学习的专业为非法学专业”,这就意味着,在入学考试中所考察的知识,考生要么通过自学辅导资料的方式获得,要么通过参加考试辅导机构组织的培训等方式获得。从笔者参与“非法本法硕”研究生教学所取得的直接经验来看,通过这种入学考试进入法学院学习的学生,一方面简单地接触和知晓了民法学、刑法学、法理学、宪法学的一些基本概念和基本制度,另一方面对这些基本概念的含义和基本制度的内容存在着大量的误解,这些误解或来自于学生自学过程中的望文生义,或来自于市面上良莠不齐的考试辅导资料中所提供的错误信息;同时,“非法本法硕”学生还普遍存在着一种极为错误的认识,误以为法学学习的主要内容就是死记硬背法律条文或教材理论,这种错误认识在学生自学的过程中以及在学生接受其师兄师姐传授考试经验的过程中不断强化,并且,因为考生通过死记硬背而成功通过入学考试甚至考取高分,这种错误认识进一步得到"验证"从而变得根深蒂固。因此,在对"非法本法硕"学生进行教学的过程中,所面临的首要问题便是如何破除学生这种根深蒂固的错误认识、纠正学生对于基本概念和基本制度所存在的大量误解。而造成这一问题的直接原因,就在于入学考试的内容设置的不合理。

招考制度的不合理,其次表现在"非法本法硕"研究生与"法本法硕"研究生的入学考试内容和要求的趋同。以 2015 年的入学考试为例,对这一年的《法律硕士(非法学)专业学位联考考试大纲》和《法律硕士(法学)专业学位联考考试大纲》进行比较可以发现,二者对于各自的专业基础课考试和综合课考试的考查目标的表述都是完全相同的[1];二者在"考察内容"部分所罗列的考试所涉知识点也基本相同;二者只是在考试题型、题量以及分值分布上存在一些差异而已,但这种差异也并不很大(见下表);从考试实际使用的试题的难易程度来看,二者差别也不大。显然,两种不同类型的研究生入学考试,针对本科学习专业分别为非法学专业和法学专业这两种完全不同的人群,入学考试在内容和要求上差异却不大,这是极不合理的现象;二者趋同的结果,便是在招生考试时对"法本法硕"考生的要求过低,而对"非法本法硕"考生的要求则过高。

---

〔1〕 例如,专业基础课的考查目标都表述为:"专业基础课考试包括刑法学和民法学两部分,在考查刑法学和民法学基本知识、基本理论的同时,注重考查考生运用刑法学原理和民法学原理分析、解决问题的能力和运用法律语言表达的能力。考生应能:(1) 准确地再认或再现刑法学和民法学的基本知识;(2) 正确理解和掌握刑法学和民法学的重要概念、特征、内容及其法律规定;(3) 运用刑法学和民法学原理解释和论证某些观点,明辨法理;(4) 结合社会生活或特定的法律现象,分析、评价有关案件、事件,找出运用法律知识解决实际问题的方法;(5) 准确、恰当地使用法律专业术语,论述有据,条理清晰,符合逻辑,文字表达通顺。"

题型	法律硕士(非法学)入学考试	法律硕士(法学)入学考试
单项选择题	40 小题,每小题 1 分,共 40 分	20 小题,每小题 1 分,共 20 分
多项选择题	10 小题,每小题 2 分,共 20 分	10 小题,每小题 2 分,共 20 分
简答题	4 小题,每小题 6 分,共 24 分	4 小题,每小题 10 分,共 40 分
辨析题	2 小题,每小题 8 分,共 16 分	无
论述题	无	2 小题,每小题 15 分,共 30 分
法条分析题	2 小题,每小题 10 分,共 20 分	无
案例分析题	2 小题,每小题 15 分,共 30 分	2 小题,每小题 20 分,共 40 分

招考制度的不合理的第三个方面,表现在法律硕士研究生的入学考试采全国“联考”的方式。法律硕士研究生的入学考试,在早期曾由司法部等部门委托“全国法律硕士专业学位教育指导委员会”负责专业课的大纲编写及命题阅卷等工作,从 2004 年开始交由教育部考试中心负责命题。[1] 虽名为“联考”,但实质上与“全国统考”不存在什么差别。全国统一命题的考试模式,对于法律硕士专业学位教育在我国创办起步阶段的规范化发展或许是必要的,但统一命题考试也存在着大量的弊端。这首先在于其在很大程度上剥夺了各法学院系的招生自主权,实际承担研究生教学培养工作的各法学院系不能根据各自的培养特色自主地选拔培养对象。其次,统一命题考试的方式,也排除了各法学院系在招生考试环节进行探索和创新的可能,而教学培养过程的探索创新与招考制度的探索创新是密不可分的。

3. 培养方案不合理

因为培养目标的不清晰、不准确,当前法律硕士研究生的培养方案也存在较大的问题。

根据《法律硕士专业学位研究生指导性培养方案》,“非法本法硕”研究生的必修课为 12 门,共计 32 学分,除政治理论课与外语课外,包括 10 门专业课:法理学(3 学分)、中国法制史(2 学分)、宪法(2 学分)、民法学(4 学分)、刑法学(4 学分)、刑事诉讼法(2 学分)、民事

[1] 戴一飞:《法律硕士联考二十年:制度回顾与政策反思》,载《政法论坛》2014 年第 6 期。

诉讼法(2 学分)、行政法与行政诉讼法(2 学分)、经济法(3 学分)、国际法(2 学分)。根据《全日制法律硕士专业学位研究生指导性培养方案》(适用于法学专业毕业生),“法本法硕”研究生的必修课为 12 门,共计 27 学分,除政治理论课与外语课外,包括:法理学专题(2 学分)、中国法制史专题(2 学分)、宪法专题(2 学分)、民法学专题(3 学分)、刑法学专题(3 学分)、刑事诉讼法专题(2 学分)、民事诉讼法专题(2 学分)、行政法专题(2 学分)、经济法专题(2 学分)、国际法专题(2 学分)。对照来看,除学分值设置略有差异外,两种类型的硕士研究生的必修课程是基本相同的,只是“法本法硕”研究生的必修课程的名称增加了“专题”二字而已。显然,以基本相同的必修课程来培养法学基础完全不同的两种类型的学生,与“因材施教”的要求相离甚远。

从湖南大学法学院的具体实践来看,针对“非法本法硕”研究生实施的具体培养方案在必修课程的设置上与《指导性培养方案》基本一致,并将必修课细化为 2 门政治理论课、1 门英语课及 12 门专业必修课,另开设了 14 门选修课供学生选择。在必修课之外,从学分要求上看,学生至少还需要选择 6 门选修课。而目前“非法本法硕”研究生一般在入学后的三个学期内完成全部课程的学习,即三个学期内需要完成 3 门公共课、12 门必修课、6 门选修课的学习,平均每个学期需要完成至少 7 门课程的学习。在具体安排上,以 2013 级为例,入学后的第一个学期安排了 9 门必修课程,在课程最为集中的第 2 周至第 9 周,每周有 36 个课时,平均每天 7.2 个课时,最高时一天 9 个课时。2014 级的情况也与之相似。在如此高强度的、“填鸭式”的训练面前,学生完全只能被动听课、被动接受、疲于应付,其所能消化吸收的内容也极为有限。

4. *教学方法陈旧且难以革新*

从目前的情况来看,针对法律硕士研究生的教学,在教学手段和教学方法上都较为单一、陈旧,以教师讲授理论为主,且难以革新。这有着多方面的原因。

一方面,任课教师欠缺对于从事教学和开展教学改革的积极性。当前,高等学校整体的教师考核评价体系过于强调科研成果的数量,不重视对教师的教学过程进行评价;即使将教学纳入了评价体系中,侧重的也是对教学课时数量、指导学生参赛获奖、指导学生申报课题、申报教改研究项目、发表教改论文等进行数字化评价。因此,在整体上,教师普遍欠缺对于教学的积极性,对于教学的时间投入主要依靠教师自身的道德感。而在本科教学与硕士研究生教学之间,多数教师尤其欠缺对法律硕士研究生的教学热情,欠缺对法律硕士研究生的教学手段和教学方法进行革新的动力。这首先是因为,在现有的招考制度下,法律硕士研究生的招生质量整体上相对较差,调剂录取"法本法硕"研究生的做法,2009 年后一直延续至今的从报考法学硕士但未被录取的考生中都直接地导致了同一个高校中"法本法硕"学生的招生质量一般低于法学硕士研究生。而在"非法本法硕"研究生招考过程中主要考查学生短时间死记硬背的能力的做法,也直接导致了这一招考制度难以选拔出真正适合学习法律的学生。其次,学生在入学之后对自己的定位和给自己所设置的学习目标偏低,绝大多数学生的学习目标都仅仅在于通过司法考试、顺利毕业并获得学位以及找一个工作(其中多数又为考取公务员或事业单位工作人员),因此,多数学生也欠缺认真学习和提高能力的热情。面对招生质量整体较差而学生又多数欠缺学习热情的现状,教师当然难有加大教学投入和开展教学改革的热情与动力。

另一方面,在当前的招生制度与培养方案之下,教师也难以开展教学手段与方法的改革和创新。如前文所述,受招考制度的影响,"非法本法硕"学生在入学时简单地知晓了法学的一些基本概念和制度,但又对这些基本概念的含义和基本制度的内容存在大量的误解,所以,在学生入学之后的教学过程中,教师需要花费大量的时间逐渐纠正学生的这种误解。此外,法学中还有大量的基本概念和基本制度,由于在入学考试时不会涉及,学生又对这些内容闻所未闻。因此,针对"非法本法硕"学生的教学,仍然只能以基本概念和基本制度的讲授为主要内容,根本无法展开相对复杂的案例研讨。在当前的培养方案下,学生所要修习的课程数量过多,每门课程所能安排的课时又过少,在如此短暂的课时内,讲授基本概念和基本制度已时间不够,更无法在学生学习掌握了基本概念和基本制度之后再开展相应的案例研讨教学。此外,案例研讨教学需要学生在课前有足够的时间阅读相关资料和自行分析思考案例,在现有的培养方案和因此形成的密集教学的培养模式之下,由学生在课前课后进行大量阅读和思考根本没有可能,这也决定了案例研讨教学的无从展开。

三、问题的解决之路

学生培养质量的高低,是判断教学制度成败的根本标准。当前,我们亟须从招考制度到培养制度的全过程对法律硕士研究生教育进行大的变革,以尽快改变目前所存在的上述问题。

1. 应确立清晰准确的培养目标

培养目标不清晰、不准确是当前法律硕士研究生教育存在各种问题的首要原因。我们应当为法学学科的三种不同类型的全日制硕士研究生教育确定不同的分类培养目标,并在此基础上真正实现对法学硕士、"法本法硕"和"非法本法硕"的分类培养。

法学硕士的培养目标应当是培养学生从事法学学术研究的能力,学生毕业后的主要去向应是继续攻读法学博士学位。

"法本法硕"的培养目标应是着重培养学生在某一具体的学科方向的实务工作能力。培养单位可以根据自身的特色确立几个主要的具体学科方向,如民事法、刑事法、商事法、行政法等,并对学生分别进行某一具体学科方向的实务工作能力的精深培养,而不应仍停留在与本科教育相似的法学一般基础理论的重复教育。学生毕业后的主要去向应是进入法院、检察院、律师事务所、公证机构、企业等从事相应的专门法律工作。

"非法本法硕"的培养目标应是培养法律与学生本科所学专业领域相交叉的复合型人才,研究生阶段教育的主要内容应是法学的基础理论,学生毕业后的主要去向应是律师事务所、企业等。

2. 招生考录制度应与分类培养目标相适应

招生考录环节的目标在于选拔并确保所招收的学生已经具备了硕士研究生分类培养的应有基础。应当废除目前的"全国联考",法律硕士研究生的招生考试应参照法学硕士研究生的招生考试模式,由各培养单位根据各自的培养特点和招生要求自行确定考试内容和考试题型、自行命题。

“法本法硕”的招生,应面向有志于从事法律实务工作的法学本科毕业生。招生考试的考察重点,应是学生是否掌握了在完成法学本科教育后所应掌握的法学基础理论、是否具备了所应具备的法律解释适用能力、案例分析处理能力和论证说理能力。招生考试的首要任务在于避免“法本法硕”学生招生质量太差而导致研究生课堂教学本科化的问题。“法本法硕”与法学硕士在招生考录时考察的差异应主要在于学生是否具有相应的职业志向或学术志向。

“非法本法硕”的招生不应考察学生的法学专业能力,其考察的重点应是学生是否具备了学习法学所应具备的综合素质,包括逻辑推理能力、汉语言理解与表达能力等。学生的法学专业能力,应是学生在入学后所要学习的内容,而不应是在学生入学前的招生考试环节所要考察的内容。

3. *培养方案与课程设置应与分类培养目标相适应*

在对“法本法硕”研究生进行培养时,首先应结合学生的职业志向和学习兴趣确定大致的学科方向,并进行相应学科方向的实务工作能力的精深培养。课程应以案例分析讨论为主,具体来说,一方面,由学院的专职教师对学生围绕相应学科方向进行相关部门法的法律条文解释适用能力、案例分析处理能力、论证说理能力的训练;另一方面,应聘请相关学科的实务界人士对学生进行模拟实际案例的全过程训练。

在对“非法本法硕”研究生进行培养时,应围绕最核心、最基础的法理学、宪法学、民法学、商法学、刑法学、行政法学、诉讼法学等课程展开,减少课程数量,增加课程学时,强调“非法本法硕”研究生在读期间建立基础的法治理念和法治素养,掌握相应的部门法基础理论,掌握解释适用法律条文能力、分析处理案例能力、论证说理能力。授课手段应为理论讲授与基础案例分析讨论相结合。

法学是一门知识更新速度极快的学科,不论是法律的条文还是法学的学说,都在不断发生深刻的变化,这在处于社会转型时期的中国尤其如此。因此,对于学生而言,不论是对于“法本法硕”学生还是对于“非法本法硕”学生而言,掌握法学知识的自我积累能力和自我更新能力尤为重要。因此,在全日制法律硕士研究生教育中,需要对学生进行这方面的训练。学生应当在课前课后阅读大量的解释论学说以及案例材料,并自行加以整理、归纳和分析。这要求,一方面,在课程设置与课时安排上,应为学生预留出足够的自学时间;另一方面,任课教师应加强对学生自学的材料安排和效果考核,防止所预留的自学时间异化为学生的游玩时间。

结语

当前,我国的法治建设已进入了一个关键的阶段,迫切地需要一批能坚守法治理念又掌握了扎实的法律适用能力的实务人才。作为法律实务人才培养的重要途径,全日制法律硕士研究生教育的质量和水平在相当程度上影响着我国法治建设的进程。因此,全日制法律硕士研究生的每一位参与者,都肩负着重大的使命。我们应以人才培养水平作为检验教育成败的根本标准,对我国的全日制法律硕士研究生教育做彻底的审视和思考,抛却成见,进行大胆的改革。相关的教育管理者也应勇于破除陈规的束缚,将更多的教学自主权交给实际承担培养工作的各个培养单位,将更多的改革探索空间交给实际站在教学一线的任课教师和导师,激发各法学院和教师的改革动力和热情,共同促进我国全日制法律硕士研究生教育的健康发展。

法学研究生教育必须改革

——2015 年湖南法学研究生教育研讨会纪要

罗　静*

2015 年 1 月 13 日下午，由湖南法学教育研究会主办的“2015 年法学研究生教育新春座谈会”在湖南大学法学院举行。会议主题为促进我省当前法学研究生教育的教育质量。为此，邀请了湖南大学、中南大学、湘潭大学、湖南师范大学四所高校法学院中具有海外学习经历的中青年老师畅谈自己的学习经历与研究生教育感受。会议由湖南法学教育研究会会长刘定华教授主持，湖南大学法学院副院长郑鹏程教授，中南大学法学院副院长敖双红教授，湘潭大学法学院副院长欧爱民教授，湖南师范大学法学院夏新华教授，湖南广播电视大学文法学部主任刘建宏教授作为特邀嘉宾出席会议，与会者结合国外法学硕士教育模式，以“我国法学研究生教育的改革”为主题展开了研讨和交流。其内容综合如下：

一、对海外法学硕士教育模式的介绍

1. 英国法学硕士教育模式

曹薇薇、龚博、邓婷婷三位博士副教授基于她们在英国及香港的

* 罗静，女，湖南大学法学院博士，副教授。

学习经历,对英国的法学硕士教育模式进行了介绍:

英国课程型法律硕士学位(LL. M)是一种以授课为主要教学手段的法学研究生教育类型,一般为期一年。其主要特色是:(1)"宽进严出"的入学政策。入学资格相对宽松,不实行入学考试制度,主要有本科成绩和表现决定,但必须提交详尽的研究文献综述与学习计划;毕业条件却非常严格:必须通过所有考试并且完成高难度的毕业论文。(2)注重研讨的教学方式。英国大学教育方式重视"讨论课",每学期课程都会公布一些讨论专题,由学生选择,在专题课上独立陈述,进行课堂讨论。

2. 美国的法学硕士教育模式

覃斌武博士副教授根据其在美国的学习谈了对美国法学硕士教育模式的认识,常规的美国法学教育属于大学本科基础教育后的一种培养律师为目的的职业教育。因此,美国法学院的教学设置非常重视学生的职业化思维的培养。其特点有:(1)案例教学法。教师在课堂上直接以实际经典案例报告等合成的判决书籍为教材,通过判例分析讨论使学生理解某一项法律理论。(2)丰富的法律实践活动。美国法学院学生的实践活动主要有编辑法律刊物、模拟法庭庭审以及参加法律诊所,可以有机会在职业律师的指导下处理具体案件。

3. 德国的培养模式

刘强、喻玲、刘冬梅、王文胜老师谈了他们在德国学习的感受。德国法学教育由大学研习和职业预备两个阶段组成,不设置学位课程,一般本科基础教育为期5年。大学研习主要进行法学基础教育,学习法学基础知识理论,通过第一次国家考试才能进入职业预备阶段学习;职业预备阶段即实习生阶段,为期5年,即到法院、检察院或者律师事务所实习,注重对法学知识的实际应用能力的培养;在职业预备期结束之后想从事法律职业者才有资格参加国家司法考试。特点有:(1)授课重点:对基本知识概念的理解与把握,特别是对法律条文的理解与应用;(2)注重案例分析能力的培养:每一部门法基础理论课都有配套的练习课,配置专门的助教进行案例分析教学,塑造学生固定的案例分析思维模式;(3)课程特色:seminar,中译为习明纳或者学术讨论课。该课程由资深教授单独或与法官、检察官共同主持,教学进程为六个阶段:拟定论题—准备—写出大纲—报告—讨论—总结评定。

4. 日本培养模式

朴成姬博士结合其在日留学的经历谈了日本培养研究生的模式。日本研究生分为两种模式:职业型与研究型。法科大学院是专业研究生院,以培养法律职业者(法官、检察官、律师)应具备的必要学识与能力为目的;传统的研究生院则被定位培养学者的摇篮,博士学位的颁发必须以硕博连读为前提,开设以学生为主的国际研讨会,以提高学生的学术交流与研究能力。

5. 法国培养模式

徐琳、王历博士根据其在法国读博的经历介绍了法国研究生培养模式。法国1999年才开始设置硕士学位,目的是为了与欧盟教育标准接轨。硕士阶段学习没有导师,教学按专业来安排,比如欧盟专业的则学习欧盟法的基础知识。课程设置最大的特色是每个专业都必修开设两门课:实践课与方法论课。实践课学习法学专业术语以及法国司法机构的组成,并由老师对学生的理论应用进行指导;方法论课非常重要,老师会在课上指导学生如何写判决综述以及对案件或法条的评论,旨在以法律职业人员的要求培养学生梳理案件法律关系的能力。此外,从本科阶段开始对学生进行研究型与职业型学习的选择,学生对未来硕士专业的选择有明确的规划与兴趣。

二、对我国法学研究生教育改革的启示

结合我国目前的法学研究生教育实际情况,与会者认为,上述国家的法学硕士教育改革对我国的法学研究生教育改革的参考价值有以下几方面:

(一) 深化教育制度改革:

1. 纠正法学硕士与法律硕士的培养目标认识上的偏差

在我国目前的法学研究生培养实践中,两者界限十分模糊并且实际地位并不平等,易导致法科学生在缺乏认识并且无具体的规划下选

择了并不感兴趣的专业。法学研究生的培养应在对“理论创新型”的法学硕士与“实务应用型”的法律硕士培养目标有清晰认识的前提下进行进一步的课程设置以及教学方式的改革。

2. 实现高等法学教育与从业资格的接轨

未接受正规法律教育而担任法官、检察官和律师的现象是我国现行司法体制至今尚未革除的严重问题,应对法律从业人员设置严格的准入制度即修改司法考试的限制条件为有法学专业教育背景为前提,使法律教育与法律职业接轨。

3. 确立我国法学研究生教育的培养目标

我国法学教育应实现教育观念上的转变,把比较单一的培养观念转变为对学生综合素质的培养。

4. 严格法学硕士招生准入制度

“宽进严出”不符合我国的研究生教育的实际,招生制度是保证法学硕士教育质量的首道关口。在研究生招生过程中,应提高法学硕士的准入门槛,完善招生考试机制,优胜劣汰,提升生源质量。

(二) 完善课程设置

在法学研究生教育课程中,公共英语和政治占用了大量的课时,且专业化程度与实务训练不够。首先,应精简基础课程。其次,增加方法论课程,提升研究生独立思考、逻辑推理以及理解和解释法律现象,并进行理论概括和总结的基本能力。

(三) 完善法学教育的教学方式

我国法学研究生教育仍以讲授为主,缺乏对培养学生综合素质的足够重视。我国法学研究生教育应以培养学生独立思考等综合素质为目标改革教学方式。

第一,改进教学方法,进一步推广案例教学法。案例教学有利于激发学生独立的思考与研究,培养学生的法律思维、逻辑推理、分析技能和法律实践能力。

第二,丰富法律实践活动,加强实践教学。通过编辑法律刊物,实习与参加法律诊所等活动将法学实践融入到理论学习当中,提升实践能力。

第三,加大学生的阅读量,由老师引导性指点或讲解,加强理论研究能力的训练;让学生参与课题项目调研,加强学生调研能力的训练。

(四) 增强师资力量

目前,我国从事法学研究生教育的教师具有学历层次高、学术能力强的优势,但是普遍缺乏从事法律硕士专业学位相关领域的实践背景,对司法实务情况了解不够。应聘请公、检、法单位和律师事务所的专家、业务骨干担任兼职教授,扩大师资队伍。

会议认为,研究生教育改革的任务是紧迫而且艰巨的,此次研讨会的召开是十分必要和及时的。研究生教育是一个系统工程,我们应重视法学教育的改革,进一步加快与深入法学研究生教育改革,为实现我国依法治国的目标培养更多合格的法律人才,湖南作为法学教育重要地域的省份,应该在法律研究生教育改革方面做出应有的贡献。

会计专业中高职《经济法》课程衔接设计与实践

黄亚宇*

内容摘要：《经济法》课程在职业院校会计专业建设发展中处于专业必修课的地位，随着高职生源逐渐趋向中职化，会计专业中高职《经济法》课程应在教学理念、教学思路、教学内容、教学方式、考核标准等方面进行衔接设计与实践，以避免出现中高职教学内容重复、学生动手能力退步等问题，有效地提高会计专业学生对经济法律、法规的应用能力。

关键词：会计专业　中高职衔接　《经济法》课程

近年来，随着高职生源逐渐趋向中职化，国家在《国务院关于大力推进职业教育改革与发展的决定》(国发2002[16]号)中提出："加强中等职业教育与高等职业教育，职业教育与普通教育、成人教育的衔接与沟通，建立人才成长'立交桥'。建立中等职业教育与高等职业教育相衔接的课程体系。"中高职课程体系衔接是指中高职为实现各自

---

* 黄亚宇，女，湖南商务职业技术学院会计系副教授，律师，主要研究方向：经济法、职业教育法。

课题来源：湖南省教育厅科学研究项目《湖南省会计专业中高职教育衔接现状调查及对策研究》(编号：13C466)。

的培养目标，在课程上达到的一种相互分工而不重复，且相互衔接的一种有机结合的状态，目的在于以最小的教学消耗使课程相互贯通。[1]《经济法》课程是中高职会计专业为培养学生掌握规范会计活动的法律基础知识，提高运用所学知识解决经济法律问题的能力而专门设置的一门专业基础与技能课程。《经济法》课程在中高职会计专业建设发展中处于专业必修课的地位，通过本课程的学习，为学生毕业后在大中小型企业从事会计工作提供法律保障，为学生在校期间报考会计从业资格证和初级会计师提供法律知识辅导。本文将以会计专业中高职《经济法》课程衔接为例，通过分析《经济法》课程在会计专业中高职课程衔接中存在的问题，提出《经济法》课程适应会计专业中高职课程衔接系统性培养的有效策略并运用于实践。

一、会计专业中高职《经济法》课程衔接中存在的问题

课程衔接是中高职专业衔接的核心，目前会计专业中高职《经济法》课程衔接主要存在以下问题：

（一）缺乏统一的课程标准

目前中职和高职会计专业课程体系设计不够合理，都开设了《经济法》课程。不但课程名称一致，而且课程内容重复率高，甚至还选用同一本教材。这不仅导致了学生的学习积极性不高，学习效率低下，而且还导致了教学成本的浪费。究其原因，主要是因为目前我国中高职教育联系不够紧密，会计专业中高职衔接缺乏统一的课程标准，中高职院校都是根据自己确定的人才培养目标制定课程标准，因此引发了一系列问题。中职学校没有考虑到部分中职毕业生可能会通过各种途径升入高职院校学习，在课程设置上难度较低，重实践轻理论，致使中职毕业生升入高职院校后感觉不适应。高职院校在课程设置上也忽视了中职毕业生的实际情况，采取一刀切的方式，实施与高中毕

〔1〕 参见赵桦：《中、高职会计专业课程体系衔接的研究》，浙江师范大学论文，2007年。

业生相同的教学计划,出现了《经济法》课程在高职教育中重理论轻实践的情况。

(二) 应用能力的培养有所退步

高职院校有很多是由原来的中职学校升级而成的,然而刚升级的高职院校在教学理念、教学思路、教学内容、教学方法等方面都缺乏创新性,有的甚至依旧沿用中职老一套的教学模式,这难免出现中职学生进入高职学习后技能倒退的现象。中职学校在《经济法》教学中注重案例式教学,培养学生分析和解决问题的能力比高职院校要强。部分高职院校缺乏稳定的双师型教师队伍,在《经济法》教学中过于注重理论讲解,忽略了实际案例的运用,使得学生对经济法律、法规的应用能力反而有所退步。另外,部分高职院校《经济法》课程的教学内容与《财经法规》课程的教学内容有重合的地方,造成教学资源的浪费。部分高职院校《经济法》课程和《财经法规》课程的教学课时比中职学校设计的课时少很多,导致了部分高职院校学生会计证的通过率还不如中职学生。然而,会计行业又实行严格的市场准入制度,学生毕业时若拿不到会计证,将无法从事会计工作。

二、会计专业中高职《经济法》课程衔接的设计理念与思路

会计专业中高职《经济法》课程衔接的设计理念应以"职业面向"为核心,打破以往不分专业的教学理念,依据会计专业的人才培养目标,设计适合会计专业特色的教学。具体而言,第一,《经济法》课程设计要以会计职业能力为核心。在对会计职业能力分析的基础上,确定《经济法》课程的理论教学和实践教学,使学生学到的理论知识、实践技能能够满足会计专业职业岗位的实际需要。第二,《经济法》课程设计要以会计专业人才培养目标为中心。会计专业的人才培养目标是通过本专业学习,使学生掌握从事企业财务会计工作的综合能力,因

此《经济法》课程的设计应围绕“综合能力”的训练来定位。[1] 第三，《经济法》课程设计要以适应社会需求为宗旨。《经济法》课程教设计不仅要具有针对性，而且要具有一定的适应性。既要紧扣会计专业的人才培养目标，以职业岗位群对知识、能力的需求来确定课程内容；又要随着社会经济环境的变化对会计学生的能力要求增加新的内容。[2]

会计专业中高职《经济法》课程衔接的设计思路应以培养会计专业的职业能力以及取得会计从业资格证为依据，参考初级会计师考试(经济法基础)大纲，构建以培养学生知法、懂法、守法为主线，提高学生会计职业素养和道德品质为目的的任务引领型课程。课程设计有会计法律制度、支付结算法律制度、税收征管法律制度、财政法规制度、会计职业道德、合同法律制度、物权法律制度、公司法律制度、企业破产法律制度、知识产权法律制度、反垄断法律制度、证券法律制度、劳动与社会保障法律制度、经济纠纷解决法律制度等十四个任务模块。课程内容的选取，以会计专业培养目标为前提，紧紧围绕完成会计工作任务所需要运用的主要经济法律、法规，充分融合会计从业人员职业素养和职业道德的基本要求。

三、会计专业中高职《经济法》课程衔接教学内容设计

笔者建议把会计专业中高职衔接的《财经法规》课程并入《经济法》课程进行讲解，把税收实体法的内容放在《税务会计》课程中进行讲解，《经济法》课程主要讲解税收程序法的内容，以避免多门课程之间教学内容的重复。建议《经济法》课程总学时 156 节，建议开设在第三学期(60 节)、第四学期(48 节)、第五学期(48 节)。具体训练项目、教学内容、教学要求、教学方法见下表 1：

---

〔1〕 参见黄亚宇：《基于职业面向高职财经类专业〈经济法〉课程教学模块的探索与实践》，载《法制博览》2012 年第 12 期。

〔2〕 参见罗冬娥：《高职会计类专业〈经济法〉课程能力培养教学体系的探索与实践》，载《湖南科技学院学报》2009 年第 5 期。

表1 会计专业中高职《经济法》课程衔接教学内容设计表

专项能力	训练项目	课时	教学内容	教学要求	评价	教学方法
经济法律法规应用能力	会计法律制度（第三学期）	16	（1）掌握会计法律制度的构成和制定部门； （2）掌握会计核算的总体要求； （3）掌握内部监督的基本要求、财政监督、社会监督的内容； （4）掌握会计从业资格的相关知识； （5）掌握会计违法行为及应承担的法律责任。	（1）要求学生理解会计凭证、会计账簿、财务会计报告、会计档案的法律规定； （2）要求学生熟悉会计机构和会计人员设置的基本要求。	过程和成果同时评分	案例教学
	支付结算法律制度（第三学期）	16	（1）掌握支付结算的概念、特征、基本原则、主要支付工具及办理支付结算的具体要求； （2）掌握现金使用范围及限额； （3）掌握各类存款账户的使用范围及管理； （4）掌握各票据和结算方式的概念、范围、种类及具体要求。	（1）要求学生理解汇票、本票、支票的开具与使用； （2）要求学生能灵活选择票据支付方式。	过程和成果同时评分	分组演示教学
	税收征管法律制度（第三学期）	10	（1）掌握税务登记管理的相关知识； （2）掌握税款征收的基本方式； （3）掌握税务代理、税务行政复议的法律规定。	（1）要求学生区分税收保全和税收强制执行措施； （2）要求学生了解税收违法应承担的法律责任。	过程和成果同时评分	案例教学

（续表）

专项能力	训练项目	课时	教学内容	教学要求	评价	教学方法
经济法律法规应用能力	财政法规制度（第三学期）	10	（1）掌握预算组织程序； （2）掌握政府采购的执行模式和方式； （3）掌握国库集中收付制度的概念及体系购成。	（1）要求学生理解预算的编制、执行； （2）要求学生区分政府采购的基本方式； （3）要求学生掌握国库集中收付制度执行	过程和成果同时评分	对比教学
	会计职业道德（第三学期）	8	（1）掌握会计法律制度与会计职业道德的关系； （2）掌握会计职业道德行为规范的主要内容； （3）掌握会计职业道德教育的意义、途径。	（1）要求学生理解会计职业道德建设含义 （2）要求学生领会财政部门加强会计职业道德建设具体途径； （3）要求学生理解会计职业道德建设实施的具体内容。	过程和成果同时评分	角色扮演教学
	合同法律制度（第四学期）	16	（1）掌握要约、承诺的定义； （2）掌握合同订立的时间、地点； （3）掌握合同主要条款； （4）掌握合同履行原则； （5）掌握定金、留置、保证等合同担保的方式 （6）掌握违约责任方式。	（1）要求学生能独立分析并签订合同； （2）要求学生理解合同成立与合同生效的区别； （3）要求学生理解合同担保的方式并能灵活运用； （4）要求学生能灵活选择违约责任的形式。	过程和成果同时评分	案例教学；模拟签订合同教学。

(续表)

专项能力	训练项目	课时	教学内容	教学要求	评价	教学方法
经济法律法规应用能力	物权法律制度(第四学期)	8	(1)掌握物权基本原则; (2)掌握所有权类型; (3)掌握用益物权类型; (4)掌握担保物权类型。	(1)要求学生区分用益与担保物权; (2)要求学生能运用抵押、质押、留置这三种担保方式。	过程和成果同时评分	案例教学;对比教学。
	公司法律制度(第四学期)	16	(1)掌握有限责任公司的设立、组织机构、股权转让; (2)掌握股份公司的设立、组织机构、股份发行、转让; (3)掌握公司的合并、分立、增资、减资、解散、清算。	(1)要求学生对比有限公司与股份公司成立条件的异同; (2)要求学生了解违法公司法应承担的法律责任。	过程和成果同时评分	案例教学;模拟公司成立教学。
	企业破产法律制度(第四学期)	8	(1)掌握破产申请受理的程序; (2)掌握重整制度以及和解制度; (3)掌握破产清算程序。	(1)要求学生区分重整与和解; (2)要求学生理解破产清算程序。	过程和成果同时评分	案例教学
	知识产权法律制度(第五学期)	10	(1)掌握著作权法的基本规定; (2)掌握商标法的基本规定; (3)掌握专利法的基本规定。	(1)要求学生理解著作权的归属; (2)要求学生理解商标和专利注册、转让; (3)要求学生理解商标和专利的申请和强制许可。	过程和成果同时评分	案例教学;对比教学。

（续表）

专项能力	训练项目	课时	教学内容	教学要求	评价	教学方法
经济法律法规应用能力	反垄断法律制度（第五学期）	8	（1）掌握垄断行为概念； （2）掌握垄断行为种类； （3）掌握对垄断行为的处罚。	（1）要求学生理解几种常见垄断行为； （2）要求学生区分垄断与正当的竞争行为。	过程和成果同时评分	案例教学；分组讨论教学。
	证券法律制度（第五学期）	10	（1）掌握股票的发行与上市； （2）掌握公司债券的发行与上市。	（1）要求学生理解股票与债券发行区别； （2）要求学生理解股票与债券上市区别。	过程和成果同时评分	案例教学；对比教学。
	劳动与社会保障法律制度（第五学期）	10	（1）掌握劳动合同的订立、变更、解除； （2）掌握劳动争议解决； （3）掌握违法劳动合同法的法律责任。	（1）要求学生能起草劳动合同主要条款； （2）要求学生能灵活选择劳动争议的解决途径。	过程和成果同时评分	案例教学；角色扮演教学。
	经济纠纷解决法律制度（第五学期）	10	（1）掌握经济仲裁的基本规定； （2）掌握经济诉讼的基本规定。	（1）掌握经济仲裁的基本规定； （2）掌握经济诉讼的基本规定。	过程和成果同时评分	案例教学；模拟庭审；模拟仲裁教学。

四、会计专业中高职《经济法》课程衔接教学方法设计

《经济法》课程内容以法律条文为主,理论性极强,如果采用以教师讲授为主的单项式传统教学方法,由教师代替学生思维,学生则始终处于被动地位,对理论知识一知半解,那么学生学起来必然枯燥无味,课堂气氛势必沉闷,教学效果肯定不会好。因此,要提高《经济法》课程的教学质量,就必须要在教学方法上有所创新,设计教学情境,采用案例式教学方法,以激发学生的学习兴趣,提高教学效果。在具体组织上,可以把全班学生分为若干个学习小组(建议6—8人为一组),要求每位学生必须将自己对案例的见解和看法在小组上进行发表。学生应将自己分析和参与小组讨论后归纳得出的结论写成一份发言稿,以备教师提问并作为作业上交。这样,学生带着任务和问题,为了找到答案,必能积极思考、参与讨论、归纳观点,从而大大调动了学生自主学习的积极性和创造性,活跃了课堂气氛,提高了教学效果。[1]另外,还要重视现代信息技术的应用与传统教学方式之间的结合,注重课程资源和现代化教学资源的开发和利用,积极开发或利用世界大学城《经济法》网络课程资源。在教学中,教师应尽可能运用现代化、多样化的信息技术手段实施理论教学和实践指导,做到理论与实践一体化,提高教学效率与效果。

五、会计专业中高职《经济法》课程衔接考核标准设计

《经济法》课程考核由平时成绩、期末闭卷和实践操作三部分组成。本课程学生成绩由十四个模块的成绩乘相应权重累加获取。《经济法》课程具体考核内容、考核方式及分值权重见下表:

---

〔1〕 曾昭坤:《浅谈案例教学法在〈财经法规与会计职业道德〉教学中的应用》,载《财经界(学术)》2010年第16期。

表2　会计专业中高职《经济法》课程衔接考核标准设计表

序号	考核内容	考核标准	考核方式	比例
第三学期				
1	会计法律制度	考核学生掌握会计法律制度基本规定的情况,以及对违反会计法应承担的法律责任的理解。	案例分析	30%
2	支付结算法律制度	考核学生掌握汇票、本票、支票的种类、使用的情况,以及对各类银行结算账户的功能的理解。	分组演示	20%
3	税收征管法律制度	考核学生掌握有关税务登记、纳税申报、税务代理、税务行政复议的法律规定;以及对税款征收的程序的理解。	回答问题	20%
4	财政法规制度	考核学生掌握预算的编制、执行、政府采购的基本方式的情况,以及对国库集中收付制度执行情况的理解。	任务驱动	20%
5	会计职业道德	考核学生掌握会计职业道德的行为规范体系、会计职业道德内容的情况,以及对会计法律制度与职业道德区别的理解。	案例分析	10%
第四学期				
1	合同法律制度	考核学生掌握合同订立过程的情况,以及对合同变更、解除、履行、担保、违约责任的理解。	案例分析	30%
2	物权法律制度	考核学生掌握所有权、用益物权和担保物权的种类的情况,以及对物权法的基本原则的理解。	任务驱动	20%
3	公司法律制度	考核学生掌握有限责任公司和股份有限公司设立的情况,以及对有限责任公司和股份有限公司运作的理解。	分组演示	30%
4	企业破产法律制度	考核学生掌握企业破产清算程序的情况,以及对重整、和解制度的理解。	回答问题	20%
第五学期				
1	知识产权法律制度	考核学生掌握著作权的归属、商标与专利的注册申请、审查与核准程序的情况,以及对注册商标和专利的续展、转让和许可使用以及注册商标、商标争议裁定的理解。	任务驱动	20%

(续表)

序号	考核内容	考核标准	考核方式	比例
第五学期				
2	反垄断法律制度	考核学生掌握垄断行为的概念、垄断行为种类的情况,以及对垄断行为处罚的理解。	回答问题	16%
3	证券法律制度	考核学生掌握股票发行与上市的情况,以及对公司债券发行与上市的理解。	回答问题	20%
4	劳动与社会保障法律制度	考核学生掌握劳动合同订立、变更、解除的情况,以及对劳动争议处理程序的理解。	案例分析	22%
5	经济纠纷解决法律制度	考核学生掌握经济纠纷解决法原理的情况,以及对经济纠纷仲裁与诉讼途径的理解。	分组演示	22%

加强法治工作队伍建设对高等法学教育的启示

胡正昌*

摘　要：党的十八届四中全会通过的《中共中央关于全面推进依法治国若干重大问题的决定》(下文简称《决定》)，以依法治国为主题，提出要全面推进依法治国，必须着力建设一支忠于党、忠于国家、忠于人民、忠于法律的社会主义法治工作队伍，推进法治专门队伍正规化、专业化、职业化。法治工作队伍作为社会主义法治建设的核心力量，对于实现依法治国具有重要的保障作用。我国高等法学教育承载着培养社会主义法治人才的重要使命，必须深化高等教育改革，树立为社会主义法治建设服务的人才培养目标，确立以法律职业为导向的人才培养模式，构建高素质的法律人才培养运行机制。

关键词：依法治国　法治工作队伍　高等法学教育改革

一、法治工作队伍的内涵及意义

(一) 法治工作队伍的含义

出于政治稳定和社会治理的需要，长期以来，人们一般将法院、检

* 胡正昌，湖南科技大学法学院教授。

察院、公安机关、司法部门、政法委等涉法机构的工作人员统称为“政法干警”或“政法队伍”,将律师和企事业法律顾问等称为法律服务人员。十八届四中全会中提出新的名称“法治工作队伍”,将立法、行政执法、司法、法律服务四大队伍以及法学学者和教育者都囊括其中,和以往的“政法队伍”相比外延有所扩展,反映了社会主义法治体系下依法治国对法治人才的需求。

法治工作队伍,从广义上讲,就是从事法律职业或与法律职业密切相关的人员,主要包括法治专门队伍和法律服务队伍两部分。法治专门队伍是指立法队伍、行政执法队伍和司法队伍,具体是指在人大和政府从事立法工作的人员,在行政机关从事执法工作的人员,在司法机关从事司法工作的人员,他们决定着我国的立法质量,执法水平和司法公正程度,是社会主义法治工作队伍中最核心的力量,对社会主义法治建设起着中流砥柱的作用。正因为如此,建设标准更高,要体现正规化、专业化、职业化的基本要求。法律服务队伍包含着律师、公证员、基层法律工作者、人民调解员、法律服务志愿者等,他们是法治工作队伍不可或缺的重要组成部分。

(二) 建设法治工作队伍的意义

古代思想家孟子曰:“徒法不足以自行”。明朝清官海瑞也说:“得其人而不得其法,则事必不能行;得其法而不得其人,则法必不能济,人法兼资,而天下之治成。”法律,是用来规范人们各项活动和行为的规范。在制度与人的关系上,仅有制度规范是不能自动发挥作用的,需要人们来遵守践行,而且规范本身也不是从来就有的,也需要人来制定颁布。因此,实现依法治国,法治工作队伍的确是一个不可或缺的因素。

随着社会的不断发展和进步,人们的价值观和道德观逐渐呈现出多元化的趋势,这种现象使得社会秩序的维系也在一定程度上发生了变化,单纯由价值及道德体系来对社会秩序进行规范的方式已经不再可行。随着科技的发展,大量新兴产业的出现,在新领域里会产生很多新的问题、新的矛盾,社会纠纷的不断增加对法律专业人员提出了新的要求——只有建立更加规模化、专业化的人才队伍,才能不断适应社会发展需要。法治工作队伍是国家治理的关键力量,在一定程度上决定依法治国的进程,其走在法治建设的最前线。只有建立高水准的法治工作队伍,才有可能实现依法治国,中国特色社会主义法治国家才能逐步建成。

概而言之,加强法治工作队伍建设,是实现全面推进依法治国总目标的必然要求,是完成全面推进依法治国其他重大任务的人才保障,是实现国家治理能力现代化的重要推动力。[1]

二、当前我国法治工作队伍建设存在的问题

自改革开放以来,我国的法治工作队伍建设取得了较大的进展,一方面积极培养法治人才,另一方面加大法治工作队伍自身的培训力度,特别是法治专门队伍的正规化、专业化和职业化程度不断提高,但同时也应当看到,目前法治工作队伍建设现状与全面推进依法治国的总体目标还存在诸多不相适应的地方,存在的问题主要表现在以下几个方面。

(一) 理想信念弱化,宗旨意识淡薄

在理想信念方面,有的法治工作人员对于我国正在建设的社会主义法治所涵盖的理念、精神及原则缺乏深入的认识和理解,并且缺乏对法治的信仰,在建设法治国家的道路上缺乏坚定的信念。有的人盲目信奉西方法学思想、司法制度,生搬硬套,在加强自身法律修养的过程中对自己要求甚低,缺乏对社会主义法治理念的深入理解和领会。更有甚者,有的不具备应有的法治思维方式却居于法律职业的高端和重要位置,给社会主义法治建设事业埋下隐患。

在宗旨意识方面,由于司法行政工作职能多涉及面广、工作保障手段偏弱等特性,且受到主客观影响,部分司法、行政人员出现党性观念不强、为民服务宗旨意识淡化等问题,在实际工作中表现精力不集中,工作要求不高,抓工作落实不力,主动服务群众的动力不足、水平

〔1〕 赵守东:《加强社会主义法治工作队伍建设》,载《奋斗》2014 年第 11 期。

不高,因循守旧、满足于应付过关,与人民群众的期盼有一定差距。少数法治工作人员甚至出现违法违纪现象,给干部队伍教育监管提出新的严峻挑战。

(二)立法观念相对滞后,立法水平有待提高

位居立法机构的人员,有的信奉拿来主义,盲目照搬西方的立法成果;有的不分国情、不深入了解社情民意,因此制定的法律违背客观规律,又不能体现人民大众的意志和愿望,背离了立法的根本目标。部分立法掺杂部门或地方利益,损害宪法法律权威,从而影响执法、司法的效率和效果,阻碍我国国家治理的体系化与现代化。另外,从目前具有立法权的各级人大和各级政府立法机构来看,从事立法专门工作的人员编制少,知识结构不合理,具有法学专业背景的少,对立法工作重视不够,立法质量不高的情况仍在不同程度上存在。

(三)法律职业准入门槛不高,法治人员分布不均

自 1995 我国施行《法官法》、《检察官法》,到 2002 年实行统一司法考试以来,我国法律职业准入制度步入走向规范化道路,但这一制度仍存在不足,阻碍了法治队伍建设的步伐。一方面,这一准入制度束缚了一些人的发展。比如,部分具有丰富经验的基层法律服务人员只有参加公务员考试才能进入法检系统。法律从业人员要成为法官、检察官,则要根据《公务员法》,参加国家或地区的公务员考试,除此之外还受到地方编制的限制。另一方面,这一准入门槛对有些人来说形同虚设。很多基层的法治人员没有通过考试或培训就直接上岗,甚至聘用一些毫无法学专业知识和背景的人员。

法治工作队伍人员分布不均。城市和发达地区往往是法治人才的聚集之处。在农村和不发达地区尤其是经济条件落后的农村基层,法律人才奇缺,司法机构空编问题更为突出。造成空编的原因主要有三:一是由于现行财政体制的制约,地区编制管控过严,人才难以进入,越是贫困的地方用编越难。二是法治人员自身的选择问题,越是经济落后的地区想去工作的人越少,即使在有编制的情况下人员也得不到及时的补充。现行招考条件下,农村地区虽然申报了公开招考公

务员计划，但由于受当地经济、交通、人文环境等因素影响，没人报名或报名人数低于招考规定的最低人数，致使招录计划取消。三是贫困地区工作条件差、任务重、待遇低，留不住人。现在公开招录的公务员都是面向全国公开招考，所以公务员招录竞争非常激烈，部分人员就转战报考贫困地区的公务员。但是在贫困地区工作，没有亲友的支持，不熟悉当地方言，也不了解山区风土人情的条件下，开展工作有障碍，生活和工作困难重重，大多数人员工作一段时间后都会想方设法去条件更好的地区。

(四) 行政执法人员业务水平和业务能力有待提高

国家的大部分立法需要通过行政机关执行。目前，行政执法队伍中存在法治素养缺乏的人员，对依法执法、规范执法认识不到位。有些部门临时聘用人员乱执法现象严重。随着我国经济社会不断发展，执法领域也越来越宽，行政执法队伍越来越大，执法人员素质跟不上，出现了大量有法不依、执法不严、违法不究、行政不作为的现象。临时聘用人员、协警等人员超越职权乱执法很难杜绝，特别是城管暴力执法，手段残酷，形式恶劣。有的执法不严格、不规范，暗箱操作，搞钓鱼执法、选择性执法，通过执法贪污受贿，牟取暴利，甚至充当黑恶势力的"保护伞"。这些执法的后果非但没有增加社会稳定，而且扰乱了社会秩序，不仅破坏法律的权威和尊严，而且严重损坏了政府的形象，加剧了人民群众与政府之间的矛盾，这对建设法治政府、法治国家无疑是有百害而无一利。

(五) 司法队伍人力不济，体制改革步履维艰

法律的生命不在于逻辑，而在于经验。司法人员承担着行使国家审判权的职责。而法官的人生阅历、司法实践经历、价值取向和个人情感等，都对司法公正和权威产生直接影响。在西方很多国家，一般都是有着渊博的法学理论知识和实务经验的资深人士才有资格担任审判职务，从而保证了司法公正和司法权威。然而我国在这方面却存在诸多问题，司法不公的现象频频出现，办关系案、人情案、金钱案大有所在。有的人失职渎职，为结案不惜贪赃枉法，不顾冤假错案，严重

损害了司法的公信力。这些情况表明,符合社会主义法治国家建设要求的司法人员的政治素质和业务能力尚满足不了公正司法的需求。

同时,司法体制中尚存在诸如司法独立性不强,司法权的地方化倾向明显;法院管理体制没有理顺,审判活动行政化色彩较浓;法官职业的准入制度不严,相当一部分法官职业化程度不够;司法活动存在一定程度的随意性,司法权威不足;司法腐败现象比较严重,司法形象和法律尊严面临严重挑战等问题,致使司法体制改革步履艰难。

(六)法律服务队伍良莠不齐

当前,在中国法律服务队伍特别是律师队伍中,大部分勤勉尽责,兢兢业业,为客户提供专业优质的法律服务,甚至发挥他们在参政议政和社会公益等多方面作用,但也必须承认,法律服务队伍整体业务素质还不够高。一是由于法律服务从业门槛设置较低,队伍成员受教育程度不同,导致队伍素质参差不齐。二是职业道德缺失的现象在法律服务行业表现较为严重,许多法律服务工作者不遵守基本的执业纪律,恶性竞争的现象比较频繁。律师队伍中甚至出现不少“掮客”律师,靠和特定区域内公检法系统工作人员搞关系、拿案源、赢官司,严重影响社会公平正义。三是部分法律工作者政治觉悟不高,缺乏服务意识,一味追求经济效益,忽略社会责任。四是法律服务保障体制机制不完善。近年来随着律师的增多,基层法律服务者在与城市和发达地区律师的竞争中处于劣势地位。公益法律服务制度建设明显滞后,基层、经济落后和少数民族地区法律服务人才短缺,急需引进大批的具备处理涉外纠纷的人才。此外,对违规违法甚至犯罪的法律服务工作者职业禁止和淘汰机制亟待建立健全。

(七)法学教育滞后,理论和实践相脱离

“法律教育的目的,是在训练为社会服务为国家谋利益的法律人才,这种人才……一定要有法律的道德,才有资格来执行法律”。[1]近十多年来,随着高校的扩招,部分高校为了向多学科和综合性方向

〔1〕 孙晓楼:《法律教育》,中国政法大学出版社1997年版,第12页。

发展,争夺招生资源,盲目设置法律专业,因此出现了法学专业院遍地开花的现象,并且这一势头还将有增无减。虽然近年国家在法学教育方面实施了一些改革举措,但我国的法治人才培养机制还很不健全,法律职业所需的职业技能并未得到足够的重视。大多高校的法学本科教育仍然是纯理论性的灌输,对法学教育的认识还停留在记忆法律概念和背诵法律条文上,实践型、综合型职业人才培养不足。部分法学专业毕业生感受到,四年里学了一些最基础的理论知识,但是一遇到真实案例则往往手足无措;写出来的法律文书也不规范,走上工作岗位还需要重头学起;虽然参加了实习,但是由于理论知识的不足,实践的时间过短,再加上没有得到很好地指导,实践的效果收效甚微。

三、高等法学教育顺应法治工作队伍建设的出路

"一个国家的法治建设要以法治人才为保障,而法治人才的培养又以法学教育为基础。"[1]十八届四中全会《决定》明确提出要"加强法治工作队伍建设","创新法治人才培养机制",这为高等法学教育事业的发展提供了难得的机遇,为深化高等法学教育改革指明了方向,同时也对高等法学教育提出了更高的要求。

(一)树立为社会主义法治建设服务的人才培养目标

反思我国高等法学教育的人才培养目标,总体上看是难以适应为社会主义法治建设服务的要求。更新高等法学教育理念,重新定位教育目标,这是深化高等法学教育改革的前提。[2] 对于高等法学教育目标的重新定位,学界大致形成了三种观点:其一,"精英说"。即把我国的高等法学教育目标定位为法律精英教育。主张高等法学教育应当摈弃非职业化模式,而转向注重素质教育和职业教育,其原因在于,一方面精英教育是作为高度经验理性的法治精神的需要;另一方面,法律职业者作为"产品供给方"需要拥有广泛和渊博的知识,更需要具

---

〔1〕 何勤华:《全面推进依法治国视野下的法学教育改革》,载《中国高等教育》2015年第6期。

〔2〕 钟伟:《论高等法学教育的缺陷与改革》,载《高等教育研究》2007年第2期。

备高尚的职业道德和职业品格。其二,“职业教育说”。部分学者认为,我国的高等法学教育目标应当定位于培养适应社会政治、经济、文化等各方面发展要求的法律职业人才。高等法学教育在于对有志于从事法律职业的学生进行科学且严格的职业训练,使他们掌握法律的实践技能和司法程序的操作技巧,能够娴熟地处理现实生活中各种纷繁复杂的纠纷。为此,高等法学教育应定位于职业教育或者说职业训练。其三,“综合说”。有学者认为,高等法学教育的培养体制,具有双重性,即由通识教育和职业教育两大部分构成。随着互联网的普及和广泛应用,高等法学教育的国际化趋势日益明显,通识教育与职业教育的一体化已成为当今各国高等法学教育的共同选择。[1] 笔者认为,高等法学教育须立足法律职业的特征,为社会主义法治建设提供合格人才。随着我国社会主义市场经济的深入发展和依法治国方略的全面推进,各行各业逐步纳入法治的发展轨道,不仅立法、执法、司法、法律监督和法律服务等部门需要大批高层次的法律人才,而且在我国政治生活、经济生活和社会生活的各个领域中,也需要大批既掌握本专业,又具备基本法律素养、能力强的复合型人才。因此,高等法学教育的培养目标应当是具备坚定的社会主义法治理念、扎实的法律专业知识、科学的人文知识背景、严密的逻辑分析能力、突出的语言表达能力、高尚的法律职业道德精神的身心健康的应用型、复合型法律人才。

(二)确立以法律职业为导向的人才培养模式

一般而言,在法律职业的不同群体中,法官侧重于基于案情依据法律居中裁判;检察官代表国家侧重于实现国家利益;律师接受当事人委托侧重于维护当事人的合法权益;法律工作者侧重于防范和解决一般性法律纠纷。从法律职业“实务性”这一特征出发,对执业人员有三个层面的基本要求:一是具有完整和体系化的法学知识结构,掌握和了解法学学科体系的基本知识;二是具备法律职业的基本素养,包括法律正义感、社会责任感和良好的职业道德,并具有良好的团队协

---

〔1〕 邵俊武:《再论新时期高等法学教育的目标和人才培养模式》,载《法学评论》2004年第5期。

作精神；三是司法实务的基本技能，包括解决纠纷能力、文书写作能力、口头表达能力等。[1]这三个层面的基本要求相辅相成，其中职业素养居于核心地位，它是法律职业的灵魂和方向。因此，高校法学教育应该确立以法律职业为导向的人才培养模式。

一方面，要重视以法律职业素质为核心构建培养模式。法律职业能力培养是法学教育的一部分，高等法学教育首先是大学教育，必然尊重教育规律，注意人文性和功利性的统一。教育具有功利性，教育作为一个产业需要为社会提供合格"产品"，即为社会运行服务、向社会输送专门人才。同时，教育也具有人文性，即在教育过程中，要对大学生进行人文主义教育，使大学生具有当代社会所需要的人文思想和人文意识，树立正确的价值观、人生观、社会责任感和形成健康向上的人格。在法学人才的培养上，法律职业能力教育更多地体现了教育的功利性，但也要注重法学教育的人文性，即重视法的精神和内在价值对法学专业学生的型塑。如果失去法治理念和社会责任感，培养的人才专业能力再优秀越多，对法治建设反而越有害。司法实践中，法学专业学生单纯玩弄诉讼技巧是危险的，为此，在法律职业能力培养过程中必须注重对人文素质的培养。这就需要在理论和实践教学的各个环节进行设计并加以体现。如在各门专业主干课程中融入法律职业道德教育的要求；教师在设计课程内容和授课过程中提炼法律职业道德的内容启发和引导学生进行相关思考；教师在实践性教学中倡导情境体验，感悟法律职业道德原则与规范；在法律诊所教育中设计培养有公益心、有爱心和有奉献精神的人文培养情景体验。

另一方面，要重视以实践性教学为核心构建课程体系。法律职业能力培养在本质上是对法律实践能力的培养。因此，法律职业能力的培养离不开实践部门的参与。国家需要指导和强调高等学校与法律职业部门之间构建适当的衔接机制，并以此作为兴办高等法学教育的一个准则。将法律职业部门的诉求体现于法学人才的培养方案中，通过有效的培养机制使他们能够有效参与职业能力培养。同时，还需将实践性教学环节体系化和制度化，让法律职业部门参与实践性教学的

---

〔1〕 参见黄中显：《法学本科生法律职业能力培养问题研究》，载《广西警官高等专科学校学报》2015 年第 2 期。

各个环节。如法律实务部门参与法律人才培养方案的制订,从培养目标、学分构成、课程设计等方面体现其基本要求;搭建切实可行的、多元化的实践性教学平台以充分整合社会资源,使学生的实习、实践,教师的实务能力提升、教学方法创新等能够获得充分的外部支持;注重实践教学方式多元化,结合各高校的办学特色和优势,探索可行的实践教学方式。

(三) 构建高素质的法律人才培养运行机制

高等法学教育适应培养社会主义法治工作队伍的要求,需要大力深化改革,构建高素质的法律人才培养运行机制。

第一,加强教学管理。首先,要加强师资队伍建设。师资队伍在人才培养和办学中处于关键地位。只有高素质的教师队伍才能培育一流的学生。为此,要建立"大师资观",积极邀请法律素养深厚的法官、检察官、律师、政府官员、人大代表等参与教学活动。[1]其次,要大力推行弹性学分制。除核心基础课程由学校按照教育部统一设置外,根据各高校的师资力量,建立非核心基础课程群,以学生选课代替学校排课,学生可以自主选择教师、选择课程、选择学习进度。这样有利于充分整合学校的教育资源,促进教学质量的提高。再次,要科学建立法学教学质量监控评估制度,淘汰师资力量不够、办学质量不高的高校招生法学学生的资格,从根本上引导高等法学教育为社会主义法治培养高素质人才的正确方向发展。

第二,优化教学内容。要从应用型、复合型人才培养的目标出发,建立法学"模块式"教学课程体系。具体而言,这一体系应由公共课程体系、法学16门专业核心课程体系、法学选修课体系和法学技能课程体系等四个模块块构成。其中公共课程体系和专业核心课程体系执行国家教育部要求,法学选修课体系和法学技能课程体系根据法学教育的基本规律和法律职业的要求由学校自主设置。特别要法学技能课程体系中计算机技术基本操作与应用、法律外语、口才学、法律咨询、法律谈判、法律文献检索等课程的设置。当然,还应通过专题讲座

〔1〕 参见钟伟:《论高等法学教育的缺陷与改革》,载《高等教育研究》2007年第2期。

等方式让学生及时了解法学学科前沿知识与发展动态,拓宽学生的知识视野。

第三,创新教学方法。传统的课堂讲授法以教师为中心、以课堂为中心、以书本为中心,显然已不适应现代教育发展和学生培养的需要。西方高等法学教育广泛使用的案例教学法、诊所式教学法、模拟法庭教学法值得我们借鉴。特别是在“e +”的时代大背景下,充分利用信息技术促进教育教学变革已是大势所趋。慕课的出现,迅速风靡全球。它不只是作为一种新的课程形式,更是一种思想和实践的革命性创新,使教育模式和教育理念发生翻天覆地的变化。慕课有效地拓展了教学时空,激发了学习者的学习积极性和自主性,扩大了优质教育资源受益面。在高校法学传统课程的教学内容、方法、模式和教学管理体制机制正在发生变革的背景下,慕课给高等法学教育教学方法的改革和创新带来了新的机遇和挑战。因此,高校法学教师应投身其中,积极创新教学方法。

教学方法研究

大学小班教学模式效果的实证研究

刘益灯*

摘　要:小班教学已经成为我国大学中常见的一种教学模式,但是对其效果却缺乏类型化的实证研究,更缺乏对教学模式理论的实践检验。本文从盛行的建构主义教育模式出发,通过实证的方法全面检验和评估了各种教学模式的实际效果,并据此提出了在大学教学中不同教学模式选择的指导性结论。

关键词:大学　小班教学　模式效果　实证研究

21 世纪以来,我国各大学开始扩招。自此,各大学在校生的数量以平均每年 30 %的速度持续增长。尽管国家投入了近 6000 亿元来改进大学的硬件和软件设施,但是大学资源紧张的局面仍在不断加剧。反映在教学上,大班教学已经成为各个大学普遍采用的应对资源紧张局面的教学模式,百人左右的课堂几乎成为最常见的规模,两三百人的大课堂也并不鲜见。在这种形势下,大学教学的教学效果、教学质量如何才能得到保障成为教育界乃至社会各界关注的重大问题。

* 刘益灯:男,中南大学法学院副院长、教授。

一、教学模式基本理论

(一) 初步限定

在本文中,小班一般是指学生人数不超过30人的班级。探讨小班教学效果就是探讨那些可以用小班形式进行的课堂教学,例如专业基础科,还包括能够保证每个人都可以拥有充分实验条件的理工科的实验课程。

(二) 基本理论模式

有关教育模式的理论有很多种,目前盛行的建构主义教学模式立基于学习理论的认知主义脉络之上,它强调每个学习者都有先在的"知识负载",都有其内在的前见性的知识结构,所以教学的目标在于协助学习者把外在事物转化为特定的编码信息,从而进入主体的认知活动和实践活动中来,进而不断与社会环境相调适,达到知识的不断转化和更新。显然,建构主义的核心在于强调知识的形成具有特殊性,学习者的个人经验、生活阅历、敏感性、积极性、所处的社会环境等等都在参与主体知识的形成和建构,个人所拥有的知识的多少取决于主体实践的广度和深度。

立基于此,建构主义的教学模式强调学习者在实践中形成和构建知识,而背诵老师所讲授的内容并不是知识获得的主要和关键途径。并据此发展出如下教学模式:

1. 锚定教学(Anchored Instruction)模式

锚定教学模式与人的行为决策中的锚定心理密切相关。2002年诺贝尔经济学奖获得者卡尼曼(Daniel Kahneman)和特维斯基(Amos Tversky)(1973)提出人们作出某个决策的时候,倾向于选择一个参照依据或参照系。也正是立基于人们心理的情境依赖性,在约翰·布朗斯福特(John Bransford)的领导下开发了锚定教学模式。锚定教学模式强调教学的目的在于创造一个相对真实的问题情境,鼓励学生通过合作学习、自主学习、开创式学习达到知识的获取和掌握。

2. 认知学徒(Cognitive Apprenticeship)模式

这种模式的提出以Collins为代表,他们(1989)认为学校教学是片面的知识和技能的传授,但是在现实生活中,知识的获取与其获取过程本身是密不可分的。因而,在实践活动中的学习对知识的获取具有决定性的意义。所以,在认知学徒制中,概念和事实知识是从问题求解和任务完成的过程中获取的。它强调学习与现实紧密结合,主张学生在现实生活中,通过解决现实问题的方式来获取知识和掌握知识。

3. 任意获取教学(Random Access Instruction)模式

这种模式的提出以Spiro为代表。它立基于初级学习和高级学习,认为初级学习在于通过掌握基本概念、基本原理达到对知识的获取;而高级学习强调对既有知识的运用,在实践中创新知识。事实上学习者可以通过多种途径和方式对同一事物或不同事物展开多角度的认识和理解,从而获取不同的知识。

总的说来,建构主义假定知识在本质上是一种信息。人在面临复杂问题的时候能够从自己的知识库中检索到相应的知识,然后提取出来解决实际问题。所以,知识的多少不但表征主体拥有信息量的大小,而且还表征主体运用这些信息分析和解决问题能力的大小。从这层意义上可以说,实践学习对大学生知识的获得和教学效果的优化起到关键性作用。而小班教学可能会增加学生获取实践的机会,从而对学生知识的获取产生积极的影响。

二、检验小班教学效果的实证设计

(一) 实证目的

(1) 检验小班教学与学生知识获取之间的关系。

(2) 检验建构主义教学理论及其三种教学模式的适用范围。

(3) 探讨小班教学的利弊,提高大学的教学质量。

(二) 实证对象

1. 在校大学生:新生、大二以上学生、毕业生

为什么在大学生中分新生、大二大三学生和毕业生三个层次来展开调查,主要是基于这三个阶段学生有不同的特点,大一新生刚从高中应试教育中走过来,一般对知识的接受方式还没有完成根本转型,处于对大学学习的了解和试探阶段。大二以上学生已经熟悉大学生活和学习方式,对知识的获取有相对明确的认识,处于大学学习的自我学习阶段,具有很强的主动出击和有的放矢的动机和行为。待毕业生处于大学学习的终端,一方面他们身处学校,另一方面他们面临跨入社会。所以,一般都会思考如何实现大学所学知识与工作实践相连接的问题。我们的实验分这么几个阶段进行,就是要了解不同阶段的学生对大班教学模式的动态的效果评价。

2. 已经毕业走上工作岗位的大学生

这些大学毕业生分布在不同的行业和工作岗位上,他们一般都要处理大量的现实问题。从而在多大程度上实现既有知识储备与实践的结合成为我们一个需要继续关注的问题。本文拟选取刚毕业的学生、毕业五年的学生、毕业十年及以上的学生对大学大班学习效果的评价展开调查研究。

(三) 实证设计及其实施

(1) 基本方法:调查问卷。

(2) 基本变量设定:选取公认的两个衡量学习效果的基本变量,即学习成绩和实践能力作为问卷调查的核心内容。

(3) 实施步骤:

第一步,围绕两个基本变量设计问题(具体见过程及数据归纳)

第二步,在 A 大学法学院、商学院、冶金科学与工程学院和口腔医学院四个学院中的大一新生、大二以上学生、待毕业生随机选取 200 人进行大样本调查研究(大一新生简称 a 生,共 50 人;大二以上学生简称 b 生,共 100 人;待毕业生简称 c 生,共 50 人)。

第三步,在 B 市司法机关、企业界、工程公司、医院分别对应选取

20人(共80人)分别进行小样本调查研究(该些大学毕业生简称d生)。

三、实验的过程及数据归纳

(1) 你大学时是否经常经历50人以上大班教学?

问卷总数	是	否	其他
280	256	15	9

(2) 你认为大班教学还是小班教学更能提高学生的成绩?(如果你选择大班请继续回答第3题,选择小班请继续回答第4题)

问卷总数	大班	小班	差不多
280	79	137	64

(3) 大班教学更有助于学生成绩的提高,你认为主要原因在于(可多选)?

教学氛围轻松	学生竞争性强	老师更认真	更强调自主学习	其他
48	53	21	59	15
d生共占23人	d生共占27人	d生共占11人	d生共占47人	

(4) 小班教学更有助于学生成绩的提高,你认为主要原因在于(可多选)?

教学更严谨	学生竞争性强	老师更认真	学校资源配置更充分	其他
103	73	114	97	31

(5) 你认为大班教学还是小班教学更能提高学生的实践能力?(如果你选择大班请继续回答第6题,选择小班请继续回答第7题)

问卷总数	大班	小班	差不多
280	107	116	57
	d生占58人	d生占17人	

(6) 大班教学更有助于学生实践能力的提高,你认为主要原因在于(可多选)?

学习自主性更强	竞争性意识更强	合作意识更强	创新精神更强
96	71	68	82

(7) 小班教学更有助于学生实践能力的提高,你认为主要原因在于(可多选)?

学习自主性强	竞争意识更强	合作意识更强	创新能力更强
38	82	56	63

(8) 就你现在的认识,如果一门课程有条件采用大班的教学模式,也有条件采用小班的教学模式,你更愿意选择哪个班?

	大班	小班	无所谓
a(大一新生)	11	36	3
b(大二以上学生)	32	45	23
c(待毕业生)	22	23	5
d(毕业生)	48	21	11

四、实证结果的分析及教学模式的选择

(1) 结论一:选择大班教学模式还是小班教学模式直接取决于学生对学习效果的认知,而且随着学龄的变化,学生的教学方式选择也在发生相应的变化。

调查显示,大一新生普遍更容易接受小班的教学模式,直接原因可能在于能够提高学习成绩,增加学生对知识的掌握。但是随着学生

学龄的增加,学生更趋向于选择大班的教学模式,其原因也在于学生认为这种教学模式更有利于增强学习的学习力,增加学生对知识的掌握和运用。所以,可以将教学模式(model)的选择归纳为教学效果(effect)与学龄(age)的函数,记为 M = f(E,A)。

年龄的增长表征学生学习范围的扩展和认知情境的展开,学习效果从以成绩为表征过渡到涵盖学习成绩、实践能力、交际能力等综合素质为表征,据此,可进一步得出以下两个基本推论:

推论一:锚定教学(Anchored Instruction)模式更适合于学龄高的阶段的学生采用。由于这种模式强调在创造相对真实的认知情境,主张在实践中提高对知识的获取。所以这种理论对主体的认知水平和实践水平有很高的要求,遵循 M = f(E,A)的函数模式,所以,在大学低学龄阶段,不宜倡导完全的自主学习方式和大班教学模式。

推论二:认知学徒(Cognitive Apprenticeship)模式更适合于学龄低阶段的学生采用。虽然这种模式也强调在实践中获取和运用知识,但是,在现代这个信息量剧增,知识爆炸的时代,这种“手工作坊式”的知识生产和获取方式并不能够满足社会的需要,知识获取的广度会受到影响,学习的效果自然不会十分理想。所以,这进一步将推论一明确化,即在大学低学龄阶段,更适宜采纳小班的教学模式。

(2) 结论二:教学模式的发展变化及其选择在根本上取决于学习阶段的内在规律性和个体的知识结构。

调查显示,随着学龄的增长,学生们愿意选取大班教学模式的比率就越高。其深层原因就在于,学龄低的学生主要任务在于完成新的知识系统的建构和基本知识储备工作,所以,小班中的大量灌输是行之有效的“恶补”知识的方法。而随着学生知识系统的初步建构和基本知识储备的初步完成,对于主体而言,就会出现知识的某种程度的空缺,所以必须通过讨论、实践等方式来推进知识的更新,这时大班教学模式更具优势。所以,此时可以将教学模式(model)的选择归纳为不同学习阶段(phase)和个体知识结构(structure)的函数,记为 M = f(P,S)。由此可以得出两个基本推论:

推论一:在新的知识系统确立的初级学习阶段,更适宜采纳小班以灌输式的教学模式。我们目前的多数教学无论班级有多大,大多在课堂上都采纳这种灌输式的教学模式,这可能是促成中国学生基础知识扎实的一个重要原因。但是在这个阶段,如果能够采纳小班的教学模式,学生知识的获取可能将更加有效,教学效果可能将更加突出。

推论二:随着学生知识系统的逐步建立,基本知识不断丰富,应该不断加大大班教学模式所占的比重,适应高级学习阶段学习的需要。有人认为,我们的大学生知识水平在国际上都是较为先进的,但是到研究生阶段之后就落后于国际水平了。这只是表象,而深层的原因可能在于我们缺乏对教学模式发展规律的尊重和运用。在高级学习阶段,必须不断加大讨论、探究式教学的比重,而这种教学的展开在大班模式中可能更为有效。这也是为什么培养一两名研究生并不一定比培养几十名研究生的质量必然要高的重要原因。所以,随着学生学龄的增加,我们不但要增加探究式教学方式的比重,而且更应该通过不断增加大班教学所占的比重来保证探究式教学的广泛和深入开展。

总之,对于大班教学模式和小班教学模式的选择,不能够用一刀切办法来解决。而应该从主体认知水平及其发展态势、主体知识结构及其更新规律、学习的发展阶段及其内在要求等方面出发,科学认识大学扩招给大学教育带来的机会和挑战,选取适当的教学模式,力求既能产出更多的人才数量,又能促进人才培养质量的提升。

参考文献

[1]〔美〕John B. Best:《认知心理学》,黄希庭主译,中国轻工业出版社 2000 年版。

[2]〔美〕Herbert L. Petri, John M. Govern:《动机心理学》(第 5 版),郭本禹等译,陕西师范大学出版社 2005 年版。

[3] B. 应海尔德、H. 辛克莱、M. 博维尔:《学习与认知发展》,李其维译,华东师范大学出版社 2001 年版。

[4] 陈理宣:《教育学原理:理论与实践》,北京师范大学出版集团、北京师范大学出版社 2010 年版。

[5] 陈琦、刘儒德:《当代教育心理学》,北京师范大学出版社 2007 版。

[6] 叶澜:《教育学原理》,人民教育出版社 2007 版。

[7] Mark Kelman; Yuval Rottenstreich; Amos Tversky [1996], *Context-Dependence in Legal Decision Making*, The Journal of Legal Studies, Vol. 25, No. 2, pp. 287-318.

论讨论式教学法在环境保护法学教育中的应用*

李慧玲**

摘　要：讨论式教学法是实现民主课堂的方法与技巧。民主在教学中的体现，应是教与学双方都有话语权。讨论式教学法，作为实践教育模式中重要的教学方法，既能实现对教师的有效督促，又能实现对学生最大限度的激励，以实现我们本科教育的培养目标。讨论式教学法可在环境保护法学教育中普遍推广，特别是在该门课程中的热点理论问题、重点基本制度、法律责任等几大模块中采用，讨论式教学法可根据不同的主题和不同的设施条件选择圆桌会议模式、辩论式模式和普通教室模式三种讨论模式。

关键词：讨论式教学法　环境保护法学　讨论模式

社会科学的学习与研究，需掌握充分的信息量。而信息量的摄取，一则来源于茫茫的书海、网络，二则来源于同行间的思想交流。讨论式教学法不失为摄取信息量最充分的一种教学法。同时，讨论式教

---

* 本文系由李慧玲主持的2013年普通高校教学改革研究立项项目：《论讨论式教学在环境保护法学教育中的应用》（湘教通〔2013〕223号）的研究成果。

** 李慧玲，女，湖南长沙人，湖南师范大学法学院副教授，主要研究方向：环境与资源保护法学。

学法,作为法学实践教育模式中重要的教学方法,既能督促教师精心地准备讨论式课堂,又能充分调动学生的主观能动性,培养学生的创新思维,提高学生的综合素质与能力,以实现我们本科教育的培养目标。而环境保护法这门课程具有非纯理论性课程、非基础课程和非重点主干课程的特点,宜采用以讨论式教学法为主的教学方式。

一、讨论式教学法的起源与推进

早在古希腊时期,著名的哲学家苏格拉底就提出了"苏格拉底方法",又称为"诘问法",是有关讨论教学法的。它是指教师在与学生的谈话过程中,不直接把学生应知道的知识告诉他,而是通过讨论、问答甚至辩论方式来逐步引导学生自己揭露对方认识中的矛盾,最后得出正确答案的方法。17 世纪,西欧开始使用讨论式教学法进行教学。1919 年,英国教授俄斯凯恩提出了讨论式教学模式的概念。后美国学者布鲁克菲尔德和普瑞斯基尔将讨论式教学法应用于美国各大高等院校。在英国、加拿大、日本、俄罗斯等国,该教学法被普遍适用。

在中国,早在两千多年前,孔子就提倡学生间的相互讨论,自己也经常与学生讨论。《礼记》中也有训导:"独学而无友,则孤陋而寡闻"。20 世纪50 年代,教育学家叶圣陶先生就提出:应提倡用启发、诱导和讨论的方法进行教学。[1]

讨论式教学法正式在我国推进应是20 世纪 80 年代,它是以问题为基础的讨论式教学法(PBL),讨论式教学法,是指在教师的组织和指导下,学生围绕某一理论问题或实际问题各抒己见,展开讨论、辩论等,以求得正确认识或妥善解决的教学方法。如果说传统教学模式中教师在"自导自演",那么,在讨论式教学模式中,教师是"导演",学生是"演员"。在这一教学模式中,教师是决定性因素,学生是课堂的主体。

---

〔1〕 叶圣陶:《精读指导举隅》,重庆商务印书馆1942 年版,第 3 页。

二、讨论式教学法在环境保护法学教育中的意义

美国的教育学家布鲁克菲尔德和普瑞斯基尔认为:讨论式教学法是实现民主课堂的方法与技巧。[1] 民主在教学中的体现,应是教与学双方都有话语权。就教师的话语权而言,讨论式教学是一种督促;就学生的话语权,则是一种激励。

(一) 讨论式教学法有利于对教师的督促

讨论式教学法对教师的要求极高。首先,在主题的选择上,要求教师对这门课程的内容相当熟悉,并能把握课程的重点,即在面广的基础上把握重点。如果缺乏熟悉,则无法判断某一主题是否有可讨论性,课堂就会一潭死水。其次,它要求教师对所选择的主题掌握了充分的信息并进行了深入的研究,如果缺乏深入,则会无法驾驭课堂,甚至在学生面前显得逊色。正因为如此,教师为了在课堂上展示教师的风采,不得不花更多的时间去深入研究学科的重点问题。教学相长,教师的教学魅力对学生的学习兴趣影响极大。教学魅力主要来自于教师深厚的知识功底。

(二) 讨论式教学法的应用是对学生最大限度的激励

第一,讨论式教学法能有效提高学生的学习兴趣。传统的"填鸭式"教学法,学生只是被动地接受教师灌输的知识,因而一些学生觉得寡淡无味。其主要的原因是因为他们未参与进来。未来的学校必须把法学教育的对象变成自己法学教育的主体。而讨论式教学法,学生是课堂的主体,这就能从根本上调动学生的主观能动性,启发学生积极思维和创新能力,并提高学生的语言表达能力和逻辑推理能力。有学者在研究问题讨论式教学法的优势时指明:问题讨论式教学法把问题交给学生,为学生创设良好的问题讨论情境,让学生去看书、思考、讨论、争辩,从而自己解决问题,提供认识,这是一种更加积极的学习,

---

[1] [美]布鲁克菲尔德、普瑞斯基尔:《讨论式教学法——实现民主课堂的方法与技巧》,罗静、褚保堂译,中国轻工业出版社2002年版。

充分发挥了学生学习的主体性。[1] 从我们对《环境与资源保护法学》这门课程开展讨论式教学的试点情况看,学生的学习兴趣有了很大程度的提高。一位同学在学习心得中写到:"从第一堂课严谨拘束的发言,到后来大家热火朝天的讨论、辩驳,让我真正感受到了上课的乐趣,这才是上课的奥义所在——发现问题、提出问题、解决问题,并在这一过程中获得解决问题的方法。"

第二,讨论式教学法能实现学习内容的有效拓展和理论与实际的紧密结合。由于我国的法学案例和英美法的判例不同,它不能直接作为裁判的依据。但是案例与司法解释却是法律原则和规范具体化的重要载体。在某种意义上,司法实践当中,司法解释与案例比抽象的法律条文更加具有可操作性。所以,讨论式教学法是以解决实际问题为教学中心、将法学学习的中心从抽象的法条转为案例等实践活动的"活法"。通过案例研讨与辩论能够有效地缩短理论和实践的差距,有效提高学生解决实际问题的能力。科学培养学生的法学思维和法律职业气质,也为其顺利进入法律职业奠定了坚实的基础。同时,讨论式教学法以该学科领域的前沿热点问题为主题,让学生紧跟学术时代的脚步,拓宽视野,活跃思维。

第三,讨论式教学法能充分提高学生分析问题、解决问题的能力。讨论式教学法最重要的步骤是确定主题和设定问题。《环境与资源保护法学》这门课程,我们选定了13个主题进行讨论式教学法的应用。如在讨论"三同时"制度这一主题时,我们以一个导读案例引入,然后设定相关问题:(1)该案例涉及我国环境保护法的哪一基本制度?(2)按照《中华人民共和国环境保护法》的规定本案应如何处理?(3)按照新旧《中华人民共和国水污染防治法》的规定应分别如何处理?(4)上述三个法律对此规定有何不同?(5)环境保护法对此应如何修改完善?要回答这一连串的问题,就事先要求学生查阅相关资料了解我国立法演进对"三同时"制度的一步步推进过程,从而使学生明白一个制度为何建立、如何推进、还有哪些值得完善?这就在很大程度上培养了学生们独立查阅相关资料、独立思考的学习习惯,提高

[1] 罗章章:《问题讨论式教学法应用初探》,载《湖北财经高等专科学校学报》2006年第3期。

学生分析问题、解决问题的能力。

第四，讨论式教学法能培养学生的自信心、综合素质和团队精神。对时事热点问题展开讨论，要求学生具备敏锐的观察力、敏捷的思维力、较好的综合分析能力。讨论式教学法在培养学生综合能力与素质上具有重要意义。该课程更多的是学生参与，从角色分工到查找资料、主持、具体发言、记录、点评等全过程全由学生完成，且在每次讨论中，角色互换，几乎让每个同学担当不同角色，以培养其能力。同时，在具体分工合作过程中，学生懂得了相互配合的重要性，培养了团队精神。此外，经过讨论课发言的多次磨炼，学生由原来的不敢开口，慢慢地变得可以开口发言，直至信心十足地流利地发表观点、辩驳对方。

第五，讨论式教学法有利于师生间、同学间情感的交流。在教与学的问题上，师生情感的交流不能小觑。从教育心理学的角度看，学生喜欢老师，能提高对老师所教课程的兴趣，自然会提高学习的效率。而讨论式教学法的应用，能拉近师生间的距离，是师生情感交流的很好方式。它能使学生将对老师的这份情转移到对老师所教课程的这份情里，而对该课程产生浓厚的兴趣。同时，同学间的相互讨论、交流，又能增进同学友情。一位环境保护法课改班的学生在题为《学习是一种情怀》的心得中写到："作为湖南师范大学法学院 2011 级的一名学子，能够有幸参加此次环境保护法讨论组，体验一种新颖而珍贵的上课模式，受益匪浅，感触良多……写到最后，要谢谢这段时间以来，老师们的辛苦付出，以及同学们的齐心协力。这是我大学时光里，最为耀眼珍贵的一段记忆，我会将我们的照片一一封存，放在心底。"

此外，通过讨论课我们可以发现较为优秀的本科生，并将其作为培养重点，促进科研和教学互动，支持本科生参与科研活动，实现和卓越人才培训计划的对接，同时也为学生将来的职业生涯提供了选择的方向。

三、环境保护法学教学中普遍采用讨论式教学法的可行性

笔者认为，不是所有的法学课程和课程内容都能采用讨论式教学

法。讨论式教学法作为一种主要的教学方法在环境保护法学教育中应用,有其实施的基础。在法学学科中,选择哪些课程,应考虑以下因素:

第一,该课程是否是理论性极强的课程。理论性极强课程不宜作为讨论式教学法为主的课程。因为理论性极强的课程,对于法学基础功底不强的学生来讲,要展开以其自己为主体的讨论,会有很大的难度。如果在这样的课程中采用讨论式教学法,只会事倍功半。

第二,该课程是否是法学课程中最基础的、通常会在本科第一学年开设的课程。最基础的课程也不宜作为讨论式教学法为主的课程,如法理学、宪法学等。因为法学的基础知识需要学生的系统掌握,而需要系统掌握的知识采用讨论式教学法会耗费大量的课堂时间,从而难以完成教学计划;且从高中阶段的教师主动型的填鸭式教学法转变为本科阶段的学生主动型的讨论式教学法需要一个循序渐进的过程。在大一阶段就主要采用讨论式教学法,学生难以适应,无法取得理想的效果。

第三,法学中最重点主干课程、在司法考试中所占比重较大的课程也不宜作为讨论式教学法为主的课程。如行政法与行政诉讼法学、刑法学、刑事诉讼法学、民法学、商法学、经济法学、民事诉讼法学等。这些课程包含的知识是一切司法实践活动中普遍应用的知识,需要系统掌握,且我国的立法模式不是采用法典式的立法模式而是采用法群式的立法模式,这在一定程度上需采用教师主导型。同时,通过司法考试是从事司法工作和律师执业的门槛,从历年的司法考试看,这些课程内容考核比重大,要通过司法考试必须对相关知识全面系统掌握。

基于以上因素考虑,环境保护法学这门课程不在这三种类型的课程范围之列,它属于理论性不强、非基础、非重点主干课程,因此,可采用以讨论式教学法为主的教学方式。

四、讨论式教学法在环境保护法学教育中的具体实施

(一)主题的选定

讨论式课堂教学的关键在于教师通过设计教学问题来引发学生参与讨论,激发学生自己探索,形成自己的观点。[1] 而问题的设定又以主题的确定为基础。讨论式教学为主的课程选定后,不是其所有的内容都宜采用讨论式教学法,我们应选定讨论的主题。而环境保护法这门课程,我们确定了12次课作为讨论课,其中11个主题由教师选定,一个主题由学生确定。我们确定的主题包括以下三大类:

第一类是该学科领域的前沿、热点的理论问题,如环境保护法的调整对象与环境权理论,环境公益诉讼的探索与实践,排污权交易制度的推进,涉水立法问题研究,国际气候环境保护法律制度的构建等。这类主题既是该学科的前沿问题,又是容易展开讨论的问题,它能刺激学生的讨论积极性,以更好地掌握相关知识。

第二类是该学科的重点的知识点,如(1)我国环境保护监管体制;(2)环境保护法的基本原则;(3)环境保护法基本制度——环境影响评价制度的理论与实践;(4)环境保护法基本制度——限期治理与排污收费制度的理论与实践;(5)环境保护法基本制度——许可证的完善;(6)资源权属争议解决及其立法思考等。这类主题是该门课程的重点问题,从历年司法考试的试题分析,有40%以上的内容出自这些主题,因此,花较多时间对其讨论,便于对问题的深入分析和透彻理解。

第三类是经典的值得讨论的案例,如环境保护民事责任——电磁波辐射案引起的法律思考、环境影响评价制度的实践——三门峡水库修建的环境保护法反思等。这类主题既主要,又能激发学生的浓厚兴趣,是讨论课经常选择的主题。

学生自由选题,一般不宜过多,通常为一个,安排在课程的最后一

[1] 参见汪世荣:《有效的法学实践教育》,法律出版社2012年版,第77页。

次课。而这一选题的安排,一是培养学生完全独立学习的能力,让学生善于发掘本门课程的重点内容,又能彻底调动学生的积极性,真正把这门课程的学习推向高潮。

教师预设主题和问题,主要培养学生分析问题、解决问题的能力;而学生自拟主题、自设问题一方面能培养学生发现问题的能力,使学生的综合能力全面提升;另一方面能使教师清晰学生的兴趣动向,为下一轮的讨论式教学法的应用积累经验。

(二) 讨论模式的选择

讨论式教学法可根据不同的主题和不同的设施条件选择讨论模式。从总体上看,讨论模式有圆桌会议模式、辩论式模式、普通教室模式三种。

对于在该学科领域里已基本形成定论的重点知识如环境保护法的基本制度和重点案例等可采用圆桌会议模式。当然,采用这一模式,受设施条件的限制,应有圆桌会议室或类似于圆桌会议室的教室。该模式可以是全班学生参与的圆桌会议模式,也可以是以小组形式参加的圆桌会议模式。该模式使师生之间产生一种亲和力,学生能轻松自如地参加讨论。小组讨论形式,可让每位学生都有发言的机会;而全班讨论形式又在很大程度上刺激学生争取得到发言的机会。

对于学科领域里争论较大的热点理论问题通常可采用辩论式模式,如环境保护法的调整对象和环境权理论、排污权交易、环境税等问题,由于学术界存在针锋相对的两种观点,则宜采用辩论式模式。而辩论式模式正反两方针尖对麦芒,更能刺激双方辩手的积极性,又能锻炼其敏捷思维的能力。但采用辩论式模式应打破传统的辩论模式格局,适当增加双方辩手的人数,组成正反两大方阵,由一方 3 位辩手增加到 6 位,甚至更多。采用辩论式模式可使用模拟法庭进行,也可就地使用教室进行。利用教室辩论的,可在教室前面座位分正反两个方阵,后面是其他同学,包括点评和听众,讲台则是主持之地。

一些主题适宜采圆桌会议模式,但由于全班学生人数较多,受设施条件的限制,无大型的圆桌会议室,也无类似于圆桌会议室的教室,我们只能就地取材,利用现有的普通教室进行讨论,主持人、主题发言人和点评人可以利用讲台,而其他的发言人可就座而论。此模式虽不如上述两种模式有效,但相对于传统的以教师为主体的讲授式模式而言,更能发挥学生的主观能动性。

(三) 实施步骤及师生角色的分工

关于讨论式教学法的实施步骤,大多数认为按三步进行,如时长江认为其步骤应包括方案设计、讨论和总结。其中方案设计又分为教师策划、组织课堂讨论和小结。[1] 也有人分为:讨论前的准备、正式讨论和最后总结三个阶段。笔者认为:对于一门课程的讨论式教学法的应用应包括以下环节:

1. 确定主题

正如上文提及,选择讨论的主题是展开讨论的关键。讨论的主题,一则应当重要,应当是该学科领域里学生应当掌握的重点内容;二则应有讨论的空间,即或有争论,或有立法的演进变化。这一环节是教师应当精心策划的环节。如在《环境与资源保护法学》的讨论课中,我们就预先确定了11个主题。为了高效地实现讨论式教学法的教学目标,我们事先设立了一个QQ群,在开学时就将11个选题及学生需查找的资料公布在QQ群里。当然,在QQ群里我们会不断更新、补充讨论的内容与查找的资料。

2. 讨论前的准备

讨论前的准备包括教师的准备和学生的准备。

教师的准备工作包括:(1) 设定具体问题。在确定主题的基础上,应设定相关问题,问题应是多个,且应循序渐进。如在排污收费制度这一主题下笔者设计的问题有:《中华人民共和国环境保护法》对排污收费制度作何规定?《排污费征收使用管理条例》对排污收费制度作何规定?我国各污染防治的单行法对排污收费制度作何规定?上述规定有何不同?实践中这样选择适用的法律?该制度应如何完善?(2) 提供相关的资料或查找资料的方法、线索。如对案例的讨论,我们就应该提供案例资料。(3) 布置讨论的方式和需要人员的总体安

---

〔1〕 参见时长江:《讨论式教学法及其在"两课"教学中的运用》,载《高等教育研究》2005年第7期。

排。讨论是采取全班讨论,还是小组讨论,还是采用正反两方的辩论式讨论,应根据主题特点做总体安排。对主持人、发言人和点评人的要求做统一要求。(4) 制定相关的讨论规则。如适当限制发言时间、适当采用 PPT 文档等。(5) 选定讨论地点。上述内容我们会在讨论课前一周公布在 QQ 群里。

学生的准备工作包括:(1) 根据讨论方式的不同要求进行角色分工。如一般讨论型课,谁当主持人,谁就某一问题进行主题发言,谁做补充发言或自由发言,谁做点评、谁担任记录等。而辩论型课,谁做主持人,哪些是正方辩手,哪些是反方辩手等。但每次讨论课应适当进行角色互换。(2) 根据角色分工查找相关资料。(3) 制作 PPT 文档或拟写发言提纲。

3. 正式讨论

正式讨论阶段是一个以学生为主体的阶段。主持、发言、点评、记录均由学生完成。但教师应在两种情形下予以适时引导:一是学生讨论在某些枝节上纠缠不休时,教师应予以引导;二是当学生提出一个新观点未予进一步阐释或提出一个新观点存在论证障碍而又无学生做进一步探讨或反驳时,可适时提出问题予以引导。

4. 讨论小结

在学生点评的基础上,教师应对当次课进行小结。小结的重点是该堂课应讨论的问题。对学生点评者已点评到位的可忽略,对其未涉猎的学生观点和见解应有一个客观、及时的反馈与评价。对学生提出的新观点应予以充分肯定,对讨论时进入误区的观点应及时指出错误的缘由,对讨论时引入的相关值得进一步讨论的问题应引导、鼓励学生课后做深入的探讨甚至研究。此外,对于主持人、点评人的表现也应进行总结,对其出色的表现应予以充分的肯定,对其不足之处也应指出以后的主持和点评应注意哪些问题。只有这样,才能使学生既学到了相关知识,又提高了综合素质和能力。

5. 课程结束后的总结

课程结束后,我们应对讨论式教学法在该门课程中的应用做一个全面的总结。一是我们几位教师相互交流思想,二是组织所有的学生进行一次座谈,同时接受他们提供书面的学习心得和改进建议。总结既要包括经验,也要包括改进的措施,为将来的讨论式教学法的应用积累更多的经验。

结　　语

讨论式教学法应在环境保护法学这门课程中普遍推广应用。但我们采用该教学法时应适时适地开展讨论式教学法。具体应从以下方面把握:一是应当根据环境保护法课程设置的时量,选择适当数量的主题进行讨论式教学;二是选择的主题应是环境保护法学领域的热点问题、重点问题及值得讨论的问题;三是应科学设计讨论的问题;四是根据主题和教学设施条件选择适当的讨论模式和讨论方式;五是精心设计讨论的过程。只有把握好上述各个环节,才能达到讨论式教学法所预期的教学目的。

论全真案例演示教学法*

胡军辉**　李　诚***

摘　要：全真案例演示教学法是一种旨在提高学生法律实务技能的参与型案例教学方法，其包括真实的案例、学生的模拟、教师的演示和课后总结四种主要的教学元素，与案例教学法、亚案例教学法和个案全过程教学法等均存在一定的联系和区别，具有"案例性"、"真实性"、"互动性"、"实践性"、"综合性"和"合作性"等突出特点。这一教学方法的运用具有软件和硬件两方面的要求，在操作流程上包括课前准备和课堂实施两个相对固定的阶段，能通过多种路径来提升学生的实务技能并实现多种重要的教育价值。

关键词：法学教育　全真案例演示教学法　参与型教学　实务技能

引　　言

由于我国的法律体系倾向于大陆法体系，法律的内部体系性要求

---

* 本文是湖南省学位与研究生教育教学改革研究重点课题《法律硕士专业学位研究生实务技能培养机制创新研究》(JG2012A009)和湘潭大学法学院研究生教改科研项目《全真法学案例演示教学研究》(FXYJG002)的阶段性成果。

** 胡军辉，男，1976年3月生，湖南娄底人，湘潭大学法学院副教授，法学博士，硕士生导师。

*** 李诚，男，1990年12月生，湘潭大学法学院硕士研究生。

我们在教学当中应该注重理论知识的系统传授,但对于理论知识的过度强调也产生了比较突出的问题——学生普遍缺乏动手能力。正如清华大学法学院张卫平教授所言,“一般而言,无论从综合大学的法学院,还是从专门法律院校法学专业毕业的大学生,也包括法学硕士研究生,均不能够很快地适应实务部门的工作需要,这是一个不争的事实。法科毕业生到实务部门后,要能够适应审判案件、处理案件、代理各种法律事务的需要,至少还要三到五年的时间”〔1〕。笔者认为,传统的教学方法没有给学生提供足够的提升实务技能的机会,也没有培养学生多维度解决案件的思维方式。由于学生缺少参与全真案件讨论的机会,很少真正接触真实的司法文书及其制作过程,因此无法了解案件的实际运行过程。长此以往,必然导致学生动手能力差、解决实际问题的能力差,无法在毕业后立即胜任实务工作。全面提高法科学生实务技能是一项系统工程,笔者从教学方法的视角对此问题做了一些思考并提出了全真案例演示教学法,现特撰此文加以介绍,以期有益于相关问题的解决。

一、全真案例演示教学法的含义及其核心要素

在近二十年的法学教学实践过程中,利用案例来进行教学的现象已经变得比较普遍,案例教学法已经成为法学界普遍认可的一种教学方法。然而在现实的应用过程中,传统的案例教学法出现了一些问题,比如教师编写的案例与现实生活出现脱节,不能反映法律真实的运行状况;案例教学过程中没有真实的法律文书,而教师很难在短时间内撰写大量高质量的文书,导致案例教学缺乏实战演练效果;在教学过程中教师对其所选用的案例背景并不熟悉,或者理解不透彻,无法深刻全面地讲解、剖析和演示案件等问题。基于对传统案例教学法弊端的深刻反思,并结合自身长期参与法律实践的特点,笔者决定在教学过程中将司法实践中亲身参与的真实案件应用于法学教学活动之中,并对具体的实施步骤和操作方法进行不断的总结和摸索。经过

〔1〕 张卫平:《个案全过程教学法——一种有效提升学生法律实务技能水平的新路径》,载《人民法院报》2013 年 4 月。

三年多的教学实践,这一教学方法现已经基本成型,并产生了良好的教学效果。依据这一新型案例教学方法的内部构造和外部特征,笔者将其正式命名为全真案例演示教学法,其具体含义是指在法律实务课程的教学过程中,教师挑选其亲自参与过的法律案件作为教学案例,由学生扮演案件中的不同角色进行模拟演练,然后由教师对案件的真实处理流程及结果进行演示,比较案件模拟演练与真实处理过程和实际效果,从而使学生切身感受案件的处理流程、技巧与技能,并深刻了解司法实践中真实案件的运行状况,进而扩展学生实务知识,提升实务技能的教学方法。

全真案例演示教学法的核心要素如下:(1) 真实的案例。“案例是一种描写性的研究文本,通常是以叙事的形式呈现,它基于真实的生活情境或事件。……案例必须是真实的。”〔1〕全真的案例是这种教学方法成功运用的基础,因为只有全真的案例才能展示真实的司法文书和案卷材料,才能使学生了解真实的案件处理流程,详细地理解案件涉及的法律问题,全面地认知真实的司法运行状况,而且教师作为案件的真实参与者通常有机会也有必要对案件进行全面透彻地分析,其在办案过程中对于案件的分析工作转化为教学的准备工作。全真的案例融入了教师少则几个月,多则几年的思考〔1〕,教师将自己亲身经历的、思考良久的案件作为教学案例更加有益于思维方式、法律分析方法、诉讼技巧等内容的全面传授。(2) 学生的模拟演练。在教师提供了全真的案例之后,就需要学生积极地参与进来,主要方式是学生通过扮演不同的案件主体角色来参与案件的处理。在全真案例演示教学法的课堂上,每位学生都需要承担特定的任务,必须全身心地投入案例的分析与讨论中来。在讨论的过程中,学生可以感受到法律条文和理论知识在实践中的运用方法,也可以培养学生多角度、深层次的法律思维方式,以及培养制定最优法律方案的能力。同时,通过模拟整个案件的处理流程,学生可以亲身体会到司法实践当中的问

〔1〕〔美国〕Katherine K. Merseth:《案例、案例教学法与教师专业发展》,载《世界教育信息》2004 年第 1 期。

〔1〕在通常情况下,教师是不太可能花上几个月来思考一堂普通的教学课程的,因而“全真案例”本身保证了课堂教学的质量。

题,使学生对法律在社会当中的作用有一个更清醒的认知。全真案例演示教学法要求学生分组解决实际法律问题,一方面有利于培养每个学生的动手能力,弥补实践方面知识的短缺;另一方面又可以培养学员之间的团结合作精神。(3) 教师的演示。在全真案例演示教学法体系中,教师的角色不仅仅是案卷材料的提供者,更应该成为教学过程中的引导者和演示者。教师在课堂讨论中,应当引导学生讨论、思考,点评学生在课堂讨论和案件模拟中的做法,指出他们的优点、不足和问题。在学生形成一定的法律意见之后,教师应当及时地演示案件的真实处理过程和实际效果,比较学生演练的方案和案件实际的处理方案,引导学生评价两者的优缺点,让学生感受到各种方案的特点,从而培养学生多视角分析问题的能力。(4) 课后的总结。在上课过程中,学生通过自身的分析、相互的研讨以及教师的讲解与演示等,对于案件的相关问题形成了一定的认识,并对相关法律知识有一定程度的掌握,但因上课时间短、任务重,对于“知识养分”只能做到粗消化,因而课后学生的系统总结是相当重要的,这是全真案例演示教学法成功运用不可或缺的元素。

二、全真案例演示教学法与其他案例教学法的区别及其特点

在我国现有的法学教育实践中,法学教育者们已经探索出了多种案例教学方法。全真案例演示教学法与现有案例教学方法既有一定程度的联系,也有一定的区别。为了更好地介绍和倡导全真案例演示教学法,下面对其与其他案例教学方法的区别和联系作比较详细的分析:(1) 与案例教学法的比较。“案例教学法是通过对典型案例的解剖、分析以及组织学生对其进行研究、讨论,引导学生从实际案例中学习、理解和掌握法的一般原理、原则的一种教学方法”[1]。案例教学法以法律案例为教学的基本素材,教学过程强调教师对于学生思考的引导,学生的讨论和老师的剖析是教学的主要环节,提升学生实务技

〔1〕 姜明安:《行政案例精析》,中国人民公安大学出版社1991年版,第393页。

能是最直接的目的。而全真案例演示教学法是在传统案例教学法的基础上提出来的,其保留了案例教学法的有益做法,同时又对多个教学环节进行了优化。全真案例演示教学法与传统案例教学法均是注重培养学生的实务技能,增强学生动手能力的教学方法。这两种教学方法均需以案例为教学素材,在案例的基础上展开实践教学,通过模拟、讨论等形式让学生获得实践知识。它们的区别主要在于:一是全真案例演示教学法所选择的案例必须是指导老师亲自参与的典型案件,这一特点与普通的案例教学是不同的;二是全真案例演示教学法要求学生根据案件素材分角色进行演练,这一点与普通的案例教学法也有着明显的区别;三是全真案例演示教学法强调指导老师的示范功能,而在普通的案例教学中指导老师因并未真实地参与案件,其本身和学生一样均是"案外人",缺乏亲身的体会和感受,因而无法真实地示范。(2) 与亚案例教学法的比较。所谓亚案例教学法是通过高度激活教师与学生认知活动中的非智力因素,使教与学双方的积极性同时最大化、获得满意教学效果的一种教学方法。[1] 亚案例教学法有以下几个突出的特点:一是其属于一种典型的参与型教学方法,教学过程中除采用案例教学外,还比较多地运用问题或者命题;二是在教学过程中安排了较长的学生讨论时间,总长度可占总教学实践的2/5;三是突出学生作为教学的主体地位,教学的中心更加倾向于学生的学;四是学生需要在教师的指导下进行备课并登台为其他同学进行讲解;五是对学生实行闭卷与开卷相结合、教与评相结合、动手实践与撰写论文相结合的"三结合"方式进行考核。全真案例演示教学法和亚案例教学法都属于参与型教学方法,教学过程都强调学生的主体作用,都重视学生动手能力的培养。但两者的区别也是较为明显的,全真案例演示教学法包含了全真案例、学生模拟、教师演练、点评与总结等亚案例教学法所没有的元素。全真案例演示教学法更加明确地强调学生的参与、学生实务技能的提升以及学生开放性思维方式的培

---

〔1〕 陈才庚:《亚案例教学法的应用研究》,载《比较教育研究》2004年第8期。对于亚案例教学法的介绍如下一些文章:刘秀、马可:《法学类课程亚案例教学法研究》,载《教育与教学研究》2011年第6期;张书林:《亚案例教学法在合同法教学中的运用研究》,载《湖北经济学院学报(人文社会科学版)》2012年第5期;毛海利:《亚案例教学法的创设》,载《课程教育研究》2012年第20期。

养。(3) 与个案全过程教学法的比较。个案全过程教学法是由复旦大学法学院教授章武生教学科研团队推出的一种教学方法,其是在吸收美国“个案教学法”精髓基础上立足我国国情提出的一种真实案例教学方法。[1] 该方法在学界得到了不少学者的推崇[2],并产生了一定的积极影响[3]。全真案例演示教学法和个案全过程教学法都属于参与型实务技能教学方法,两种教学方法都以真实的案例为基础来开展教学工作,让学生在参与的过程中学习、思考和提高。全真案例演示教学法和个案全过程教学法之间也存在一定的区别:其一,前者强调案例是由主讲教师曾经实际参与过的案件,后者并无此要求;其二,前者不要求对每个案件的全部过程进行模拟演练,而是将案件的精华部分挑选出来作为教学素材,后者则要求学生对案件的全过程进行学习;其三,前者同时包含了学生演练和教师演示两环节,后者仅强调学生的模拟,对教师的演示并不特别强调;其四,前者要求参与案件模拟演练的学生根据案件的原始材料作出自己的方案、形成自己的文书,依据自己的思路进行演练,而后者提供给学生演练的素材是已经形成的真实案件材料和文书,相比之下学生主动思考的空间受到了限制,难度明显降低。

通过以上的比较和分析,我们可以看出全真案例演示教学法具有以下突出的特点:(1) 全真案例演示教学法具有“案例性”特点。这一教学方法是一种典型的案例教学法,在实施的过程中不是以理论讲解和法条的教授为主,而是注重以具体的案例为依托来传授法律知识。(2) 全真案例演示教学法具有“实践性”特点。对于全真案例演示教学法而言,实践性既体现在教学过程之中,又体现在教学结果之上。

---

〔1〕 章武生:《“个案全过程教学法”在法官培训中的应用》,载《人民法院报》,2013年7月。

〔2〕 清华大学法学院张卫平教授在他的《“个案全过程教学法”——一种有效提升学生法律实务技能水平的新路径》中称“章武生教学科研团队推出的‘个案全过程教学法’就是一个成功的范例”;台湾大学著名法学学者王泽鉴教授在自己的文章中称“看到‘个案全过程教学法’的问世,我感到由衷的高兴”。

〔3〕 2013年12月10日至12日,复旦大学司法研究中心举办了首届“个案全过程教学法暨案例教学研讨会”。来自北京大学、清华大学、中国人民大学、湘潭大学等全国33所高等院校以及最高人民法院、河南省高级人民法院、浙江省高级人民法院、上海市第一中级人民法院等6家实务机关的48名代表出席了会议。

一方面,学生查明事实、分析法律并将两者结合起来解决具体案件的过程是一个法律实践的过程。另一方面,学生通过在课堂中分析法律、使用法律达到了提升法律实践能力的目的。(3) 全真案例演示教学法具有"真实性"特点。这种真实性主要体现在案件的真实性和案卷材料的真实性两个方面。真实的案件和案卷材料对于提升学生的实务技能非常重要,因为其反映了真实的案件事实、反映了真实的案卷材料以及真实的法律运行状态。这有利于学生适应真实的法律社会,解决真实的法律问题,获取真实的法律实践能力。(4) 全真案例演示教学法具有"互动性"特点。这种互动性体现在多个方面:一是教师演示教学与学生模拟分析的互动;二是学生与学生之间的互动,学生通过相互合作、相互对抗的方式来提高法律运用能力和水平;三是课前、课中和课后的互动,全真案例演示教学的时间范围并不限于上课时间,学生在课前和课后均需投入一定的时间来进行学习,特别是课后的总结是非常重要的固定教学环节。(5) 全真案例演示教学法具有"综合性"特点。全真案例演示教学过程中需要综合运用多种教学手段,比如学生的讨论、模拟和总结,教师的分析和演示等;全真案例演示教学法需要综合运用多种法律部门知识,比如一个案件的顺利解决可能既涉及程序法知识又涉及实体法知识,既涉及民商法知识又涉及行政法知识,还可能涉及刑事法知识。(6) 全真案例演示教学法具有"合作性"特点。全真案例教学法强调学生的团队协作,在案件讨论和模拟阶段,不同组别的学生需要相互配合、相互帮助共同完成教学任务。学生在相互讨论、学习、交流和合作过程中能够逐渐意识到团队作战的重要性,意识到合作在司法实务中的重要价值。

三、全真案例演示教学法的实施要求、课前准备及流程

全真案例演示教学法的实施需要满足一定的要求,具体而言包括以下几项:(1) 对授课教师的要求。全真案例演示教学法对于授课教

师提出了一定的要求[1]。首先,教师必须是谙熟实务技能的法律实践者,其应当以某种或者某几种角色参与过大量案件的处理,具备较为丰富的法律实践经验和阅历以及相当的实务技能;其次,教师应当同时具备法律实务技能和讲解、演示和传授实务技能的能力。在教学过程中,大量来自司法实务部门的法官、检察官和律师以兼职教授的身份登上讲台,他们虽然具有相当扎实的法学实务功底,也有丰富的案例素材,但因缺乏必要的教学技巧和方法,并不能很好地驾驭课堂,达到良好的教学效果;三是教师需要积累大量且比较齐备的案卷材料。(2) 对听课学生的要求。全真案例演示教学法是一种互动型教学法。在运用该方法进行教学的过程中,学生需要具备一定的法律知识和一定的法律分析能力,能够胜任一定角色的扮演。在学生对案件的模拟环节中,如果学生不具备法律基础,其很难从所扮演的角色来论证和分析案件,进而制定出具有角色特点的法律处理方案。这样会严重折损这一教学方法的效果。笔者在教学过程中使用这一教学方法教授过的学生主要是大三本科生、研二以上的非法学法硕生以及具有法本基础的研究生。在允许携带工具书、上网查询和分组讨论的前提下,全真案例演示教学的各项教学任务均能比较顺利的完成,能基本达到预期的教学效果。(3) 对适用课程的要求。从法学知识是否能直接应用于案件审理这一标准可以将法学本科 14 门骨干课程分成两大类:一是应用性课程。这些课程包括民法、刑法、行政法以及与之相对应的程序法等;二是理论性课程。这些课程包括宪法、法理学、法制史等。全真案例演示教学法的适用课程主要是针对那些具有很强应用性的法学学科,而对于理论性课程的讲授则不宜使用。全真案例演示教学法在研究生课程中的运用需要对研究生的培养类型进行考虑。目前的法科研究生大致分二类:一是法学科学学位研究生,即学术型的研究生。该类研究生的培养以提升学术素养、强化学术能力为最主要的目标;二是法律硕士研究生。法律硕士又可以分为法学法

---

〔1〕 从我国法学院目前的师资配备状况来看,真正具备较强实务能力的教师非常紧缺,以湖南的湘潭大学法学院、湖南大学法学院、湖南师范大学法学院、中南大学法学院等几所主要的法学院为例,每个院真正经常参与案件处理(包括代理、仲裁、陪审等形式参与案件),具备较为丰富的实务技能的老师就是三五人,占所有教师的比例不会高于10%,各高校有必要大力加强实务型教师的引进和培养。

硕、非法学法硕和在职法硕。不同类型的法律硕士其培养目标和课程设置具有区别。但整体而言,法律硕士教育制度的目的在于培养实务型法律人才。对于法律硕士的培养,培养方案中本身安排了大量的应用性课程,全真案例演示教学法具有大量的应用机会;对于法学硕士而言,虽然培养方案以学术能力的提升为最主要的教学任务,但在现实的培养过程中,绝大部分的学生并不能真正找到纯粹的理论研究岗位,相反到实务部门工作的比例更高,因此他们对于有益于实务技能提升的教学方法也是非常期盼的,我们在教学过程中可以适度使用这一教学方法。(4) 对授课设施的要求。全真案例演示教学法的教学过程包括学生分组讨论、学生分角色模拟、教师演示等重要实践性教学内容。顺利完成这些教学内容需要配备一定的硬件设施。一是需要一定数量的可移动轻便桌椅。在全真案例演示教学活动中,学生需要分组谈论、模拟演练,教师需要与学生进行互动并作演示,这些教学工作的完成需要一批可以移动的轻便桌椅。在桌椅不能移动的教室,学生的模拟和教师的演练都会受到较大的影响。二是需要配备上网的多媒体设备。在全真案例演示教学过程中,学生需要随时上网查询资料,搜寻法律信息、通过电脑和显示屏来展示法律方案,老师也需要借助多媒体设施来演示自己的教案和法律文书,因而配备一定的多媒体设施是非常必要的。三是需要配备 1 至 2 间独立的讨论室。在老师介绍基本案情和学生分组完成之后,每个组需要进入独立的讨论室进行资料查询、分析以及讨论,直至形成初步的处理意见和方案,没有独立的讨论空间将会严重影响教学的效果。

全真案例演示教学需要做好充分的课前准备。教师的课前准备工作主要包括以下几项内容:一是挑选合适的案例。教师应当根据学生专业方向、法律知识基础、课程开设情况等来综合选择合适的案例,案例难度要适中,具有典型性,在时间上优先考虑新近发生的案件;二是增补案卷材料。现有的案卷材料是根据案件实际的处理需要准备的,可能与教学工作的需要并不完全契合,因而教师在课前需要对案卷材料进行必要的整理,核实是否具备教学所需的所有法律文书和资料,如果没有,须尽量想办法增补,否则会影响课堂的教学效果。三是对法律文书资料进行分类、分组并编号。在教学中不同的角色扮演者所掌握的案卷材料是不一样的,同一角色扮演者在不同的阶段所掌握的案件信息和案卷材料也是不一样的,因而在课前需要对案卷材料进行分类、分组并编号。

全真案例演示教学法的课堂实施主要包括以下程序:(1) 教师介绍案情并对学生分组。教师首先需要向学生介绍案件的大致情况,案情介绍可以从当事人、法院或者代理人等不同的主体视角来进行介绍,这取决于教师办理案件的角度和拟开展教学工作的切入角度。介绍案情应当掌握信息透露的度,通常情况下只需介绍本课所演练的案件类型、相关的法律主体、案件发生的时间、地点等基本信息即可。案件相关信息透露得过多会影响学生思考的空间和演练的难度,进而影响实际的教学效果。对案件作基本的案情介绍后,需要对学生进行分组,如何分组需要结合具体案情和学生的人数、法律实务能力等因素来确定。(2) 分发材料,确定各组任务。扮演不同角色的学习小组所拥有的材料、掌握的信息、所能运用的方法、所要实现的法律目标是不一样的。教师将预先准备好的材料分发给不同的学习小组,并确定各小组的任务。各小组应当明确负责人,由负责人来组织内部成员的分工和协作。(3) 学生分组讨论。学生的分组讨论是全真案例演示教学的关键环节之一,该环节要重点把握以下几个问题:一是尽量给每组学生提供一个相对独立的讨论空间;二是强调各组学生的独立讨论,防止各自信息、思路和方案的泄露;三是允许并鼓励学生查询各种资料、法律信息和法律条文;四是要求学生形成一份讨论报告。(4) 学生对案件进行模拟演练。在案件分组讨论工作完成后,学生开始进行模拟演练。模拟演练由授课教师主持,学生在模拟演练中扮演预定的角色,从各自所扮演角色的角度进行思考和学习。演练活动要尽量模拟现实的司法环境,要立足现实的案情和情境。模拟演练可以分阶段进行,也可以依照案件的处理流程全过程进行。(5) 点评与全真案例演示。该环节包括三项核心任务:一是关于模拟演练的点评。学生可以对分组讨论所形成的案件处理方案、模拟演练过程中的问题及经验等方面进行点评。点评可以包括学生的自评、学生的互评以及老师的点评。二是教师对全真案例的演示。教师的演示包括对法律方案和思路的展示、全真案例法律文书的展示、具体问题的处理技巧和技能的演示等内容,教师的演示和点评可以交叉进行。三是比较全真案例处理过程与学生演练过程中的各环节和要素。(6) 撰写全真案例演示教学课堂总结。撰写课堂教学总结的目的在于督促学生对案件过程中涉及的法律知识、所运用的法律方案、各种方案的利弊进行系统的思考和总结。课堂总结需要涉及的内容包括案件的主要内容、案件涉及的重要法律关系、各方主体的核心利益、各种案件处理方案的利弊以及个案处理的心得等内容。

四、全真案例演示教学法实务技能提升路径及其教育价值

全真案例演示教学法通过多种途径来提升学生的实务技能,其中最主要的路径包括:(1) 通过督促学生动脑、动手、动口等法律实践来提升实务技能。全真案例演示教学法需要学生自主完成的学习任务包括案卷资料整理、法条收集分析、法律方案的讨论与制定以及法律方案的模拟和案件总结等。学生顺利完成这一系列学习任务需要认真阅读案卷材料,搜集与案件处理相关的法律法规,与同学合作分工讨论并制定法律方案,撰写一系列法律文书,并与同组同学开展深度默契的合作。参与这一学习过程的学生,能够获得大量动脑、动手和动口练习的机会,他们的实务技能能够在大量的法律实践中得到提高。(2) 通过教师的演示与点评等方式提升实务技能。全真案例演示教学的核心内容之一是教师对于真实案件的演示,在演示的过程中教师会对真实的法律方案、思路进行分析,会对具体问题处理的技巧技能进行讲解,对真实的法律文书进行展示,对学生处理案件的思路、方案以及真实的处理办法进行点评与比较。教师的演示过程是学生深刻总结、反思和改良案件处理方案的最佳时机。学生通过教师的演示、点评和比较,能够从更深的层面理解和运用法律,进而达到提升实务技能的目的。(3) 通过培养学生综合而开放的思维方式来提升实务技能。我国现行的法学教育是以部门法为基础进行课程设置的,培养的层次越高,学生所学习的知识就越专。民法专业的研究生不懂刑法,刑法专业的研究生不懂民法,实体法专业的学生不懂程序法,程序

法专业的学生不懂实体法的现象非常普遍。然而,现实的案件不会只涉及某一部门法,而是会同时涉及多部法律,且程序法和实体法在应用过程中始终是不分离的。知识面过窄,各部门知识不能贯通运用严重制约着学生实务能力的发展。全真案例演示教学过程中运用的案例需要学生从多个学科来进行综合分析,需要综合运用各种救济程序。(4) 通过展现全真的案件素材来提升学生的实务技能。全真案例教学的核心要素之一是“全真的案件”。全真的案件意味着法律关系、法律主体、法律事实、法律文书、案件处理流程等一系列相关案件素材均是真实的。学生能够通过分析案件材料,观摩教师的演示等方式直接了解司法实践的运行状况,可以在课堂上看到真实的法律文书,了解真实的案件处理流程,感知法律条文如何被真实地运用于实践,进而使学生的理论知识与司法实践形成有机结合,使学生能够在毕业后迅速适应真实的法律环境。

全真案例演示教学法具有重要的教育价值:其一,有利于学生动手能力的提升。全真案例演示教学与传统的案例教学有一定的区别,其不仅强调教师对于全真案例的讲解和演示,更重视学生动脑、动口和动手来参与案件的解决和处理。学生动手解决法律问题是这一教学方法的最重要理念之一,是这一教学方法最重要的价值和目标所在。其二,有利于学生法律职业思维的形成。法律职业思维是指职业法律群体根据法律的品性对人的思维走向进行抽象、概括所形成的一种思维定势,是受法律意识和操作方法所影响的一种认识社会现象的方法,其是一种法律职业共同体独有的思维模式。形成良好的法律思维是成为一名成功法律实务工作者的前提和基础。在全真案例演示教学过程中,教学活动运用的真实案例将一些真实的法律问题带入课堂,学生在教师的引导下练习如何处理真实的纠纷,像法律职业人士一样思考和分析,在学习过程中逐步形成严密的法律职业思维。其三,有利于学生提前熟悉现实的法律社会。法律理论教学与法律现实社会存在一定区别,法律理论知识虽然源自法律实践,但其是从法律实践中抽象出来的,已经不能直接反映真实的法律社会。全真的案例将现实的法律元素带入了课堂,真实的案件、真实的当事人、真实的法律思维、真实的案卷材料等对学生熟悉现实的法律社会具有重大的价值,这一教学方法可以大大缩短毕业新生适应社会的时间。其四,有利于学生自主学习能力的培养。在全真案例演示教学活动过程中,学生的分组讨论环节、模拟演练环节以及案件的总结和分析环节均是需要学生自主完成的学习任务。在完成这些学习任务的过程中,学生需要自主检索法律条文、自主收集资料、自主分析和讨论案件并自主总结分析。这一系列的学习活动推动了学生自主学习能力的提升。其五,有利于学生协作意识的养成。协作意识是法律职业活动所需要的一种重要的思想观念。在全真案例演示教学过程中,诸如分组讨论、角色扮演等教学任务是需要学生相互合作才能高效完成的。通过在学习活动中的相互协调和配合,学生能够感受到团队合作的优势,意识到相互协作的意义和价值,进而形成协作意识。

法学实践性的相关范畴探索

王斌林*

摘 要:我国法学界对有关法学的实践性的概述是很有问题的,其表现为对实践性中"实"的理解的一根筋式的思路,以及对实践结构中相关范畴的分开化的、二张皮式的认识。对法学实践性的更深一步论述是要认识到它的相关范畴,即在技能和思考范畴内认识实践的属性;在教义与事实范畴内认识实践的中介;在理想与现实的范畴内认识实践的品质;在主观与客观的范畴内认识实践的本质。

关键词:法学 实践性 范畴

引言

法学"实践"话语的困惑与范畴缺失的反思。

突出法学的实践性、强调培养法科学生的实践能力和动手能力几乎成了法学界极力追求的、具有极大正当性的流行话语。在法学研究中,"实践"一语也几乎成了一张能拉大旗的"虎皮",谁都想证明自己的取向是"实践"的,似乎是如果谁在讲"实践",谁就更有底气。虽然在平常的法学教育和研究工作中,大家也注意到了很多实际问题,在

---

* 王斌林,男,湖南衡阳人,西南政法大学法学博士,南华大学文法学院副教授,研究方向:法律社会学、司法理论、马克思主义法学。

我们的研究成果中,实证材料也多了起来;在教学上,一些实践性课程如判例教学、诊所教学、模拟法庭、法院实习等已在法学教学计划安排中占较大比例。同时还有一些诸如重视老师的实践能力培养、安排老师到实务部门挂职锻炼等制度方面的新变化。但总的来说我们还只是在"说"实践,还没有真正"论"实践。这至少体现在以下四个方面。

第一,我们很少思考实践科学本身的构造,天真地想象只要"现实"地立足于所谓经验的场域,或借助于西方某位以实用主义闻名的法学大家,或在文章中多充斥一些案例材料等,就能与"实践"挨边。实际上,我们在注重他人实践经验并急于"结合实践"时,往往忘了"自身"的存在,不能说明实践者本身的取向与目的。如有学者指出:"法学是一门高度实践性的学科,它并不只是由一些普遍正确的命题所构成,而且需要大量的实践理性,需要许多难以言说、难以交流的知识。"[1]这似乎在提醒我们要控制自己的理性臆想,注重实践中确实存在的"难以言说",这好像也说到了法学实践性的要点。但真正的实践性问题是实践主体怎么安排大量的"难以言说",而不是反受其控,不然就如马克思所批评的旧唯物主义那样:"对对象、现实、感性,只是从客体的或者直观的形式去理解,而不是把它们当做感性的人的活动,当做实践去理解,不是从主体方面去理解。"[2]从马克思的话中我们可以感悟到,想要言谈实践,这绝不是一件简单的事。这里起码关系到一个"主体方面"的问题,无怪乎亚里士多德、康德和波斯纳把实践理性界定的那么复杂且都是从理性主体出发。所以,真正现实主义意义上的实践概述都包含着主体与客体、主观与客观、历史与当代、文字与经验方面的组合与互动,而这些也正是我们讨论"实践"时的短腿。

第二,从上述分析得知,我们对实践的认识是缺少范畴感的,所以往往一根筋式地界定法学实践性,如"它(法学)必须始终关注现实,回答现实生活中普通人关心的问题。在这个意义上,法学是一种非常讲究功利的学问。它是社会化的实践,一种职业性的知识,在很大程度上排斥了异想天开。它有时甚至不要求理论,而只要求人们懂得如

---

〔1〕 苏力:《反思法学的特点》,载《读书》1998年第1期。
〔2〕 《马克思恩格斯选集》(第1卷),人民出版社1995年版,第58页。

何做。”〔1〕这段说得很“实在”的话，确实也有一种贴近现“实”的感觉。现实生活中普通人关心的问题好像也应该由“柴米油盐酱醋茶”来回答。但是，用法律来解决问题就不可能从原生态到原生态，这里必须体现出一种“距离”感。所以，亚里士多德用幸福感来支撑其实践理性，休谟返回普通生活的实用主义目的还是“建立自己的和知识体系的基础”，康德的实践理性更是以先验的客体为基础。〔1〕 虽说这些“唯心主义”学者对实践的界定与真正现实主义有所不同，但他们倡导的主体与客体、经验与理性、感性与理性的范畴思维法却是必须继承的。所以即使到了现实主义法律实践理性的倡导者波斯纳这里，也不能仅仅以“实”论“实”，也还是以范畴思维法为基础的。如他主张法律是一种职业性的知识，却又“异想天开”般地诉求“更高的法律”；他认为法律是社会化的实践，却总还想挖掘“思想或氛围的意蕴”；他自然坚持财富最大化的功利倾向，但已上升到“道德目的”境界。〔2〕

第三，由于我们对实践的认识是一根筋式的，我们对实践知识的认识也是一根筋式的，我们也是总陶醉于所谓实用知识、实用技能中不能自拨，对法学教育的批评也只是指责其教的东西不实用，更有学者铿锵诘问到：“我不认为了解罗马法的裁判官法就一定比了解微软案件更重要，我不认为了解西塞罗的思想就一定比了解社会生物学或经济学知识更重要；我还不认为了解哈特的次要规则比了解金融工具或美国联邦储备委员会的货币决策更重要，不认为了解宏观调控政策对经济法的影响比了解证监会有关内部人交易的具体做法更重要。”〔3〕这种对知识的实用主义态度似乎能督促我们去获得更“实用”的实践武器，也似乎能让我们更靠近实践。不过，埃利希却说：“假如

---

〔1〕 苏力：《知识的分类与法治》，载《读书》1998 年第 10 期。

〔1〕 关于亚里士多德、休谟、康德的实践理性学说分别参见〔英〕韦恩·莫里森：《法理学——从古希腊到后现代》，李桂林等译，武汉大学出版社 2003 年版，第 49、125、144 页。

〔2〕 参见〔美〕理查德·A. 波斯纳：《法理学问题》，苏力译，中国政法大学出版社 2002 年版，第 150、477、575 页。笔者认为，波斯纳作品的主要译者苏力教授只注意了其学说所谓的“实践性、世俗性”等，这其实是一种单边化理解，没有充分说明波氏学说对西方法学理论的继承性，更没有充分发掘他的范畴思维法。其实，波氏学说的精髓还是强调对一种范畴性的、综合性的知识与能力的获得，用他自己的话说：“这就是学理分析与法律辩论的技巧、法学学理的知识以及法官与事务律师的习俗。”参见〔美〕理查德·A. 波斯纳：《法理学问题》，苏力译，中国政法大学出版社 2002 年版，第 583 页。

〔3〕 苏力：《法官素质与法学院的教育》，载《法商研究》2004 年第 3 期。

没有钢铁的科学而只有钢结构工程技术,假如没有植物学而只有药师的药草术情况就会大不相同:不仅研究本身而且实践工作都将极大地遭受这种片面性的损害。"[1]埃利希的论述无非是告诉我们光借助于有"直接"指导性的知识是不能帮助我们完成实践的。如若不然,那主要就不是知识的片面性问题,而是把人与实践之间的关系以及理论与实践之间的关系变成了一种片面。我们应该想到的是由于实践目的和方式的多样性,有时黑格尔的《法哲学原理》和凯尔森的《纯粹法学》与卡多佐的《司法过程的性质》和波斯纳的《法官如何思考》一样,对我们的实践有同样意义的参考作用。[2] 因为真正的实践应以"我"为主,根据"我"的目的去选择理论,而不是让理论本身的品性牵着鼻子跑,只有这样,人与实践、理论与实践之间关系的丰富内涵才能得以展示。关于这一点,应好好回顾一下马克思的话:"批判的武器当然不能代替武器的批判,物质的力量只能用物质力量来摧毁;但理论一经掌握群众,也会变成物质力量。理论只要说服人,就能掌握群众;而理论只要彻底,就能说服人。"[3]

第四,受上述所提一根筋式的、片面的思路的影响,很自然地我们就会人为地创造并分割一些"实践的"和"非实践的"东西,如法学知识与司法知识、精密理性与实践理性、理想的和现实的等[4]。尤其要指出的是,直至今日在法学教育与法学研究上还出现了所谓"法教义学"和"法社会学"之二分法,而对这两个领域我们似乎有了"成熟"的界定:"法教义学即是主要受德国法学传统的影响,强调以法律文本与

---

〔1〕〔奥〕欧根·埃利希:《法社会学原理》,舒国滢译,中国大百科全书出版社2000年版,第4页。

〔2〕任何理论对实践的指导作用跟理论本身的品质无关,而是看该理论与时代要求之间的契合程度,如果这种契合存在,那么一些看似抽象与"唯心"的东西也会彰显其实践意义。如恩格斯分析黑格尔学说的实践性时指出"黑格尔的整个学说,如我们所看到的,为容纳各种极为不同的实践的党派观点留下了广阔的场所;而在当时的理论的德国,有实践意义的首先是两种东西:宗教和政治。"参见《马克思恩格斯选集》(第4卷),人民出版社1995年版,第220页。其实,现代实用主义法学观就是本着现实的态度看到了不同风格理论的实际意义,所以它不是某一个理论流派能支撑的,如波斯纳所说:"我们打交道的实用主义是一个极其多样的传统,而不是某个单一的、融贯的思想流派。"参见〔美〕理查德·A.波斯纳:《法理学问题》,苏力译,中国政法大学出版社2002年版,第579页。

〔3〕《马克思恩格斯选集》(第1卷),人民出版社1995年版,第9页。

〔4〕这种分类参见苏力:《法官素质与法学院的教育》,载《法商研究》2004年第3期。

信条为基础,注重法律规范的价值的实现。法教义学还以法律概念为基础,尊重逻辑一致性的法律体系和法律的自主性,强调从规范来到规范中去,注重法律规范及规范与事实之间的关系的解释,强调维护裁判的统一。"[1]相对应的是:"社科法学主要受美国法学传统的影响,强调用社会科学的方法来研究法律现象,注重通过经验研究理解中国问题。面向真实的法律实践,注重从经验中提炼理论和概念,促进立法和法律实施建立在现实的基础上。"[2]其实,这种分类是站不住脚的,试想,德国法学就不是"建立在现实的基础上"的吗?我们要倡导法学的实践性就只有靠美国法学传统吗?

总之,我们对实践的强调与所谓的尊重在很大程度上就是一根筋式的思路和二张皮式的思考,这让人想到哈耶克所提的"短视的科学":"'短视的科学观'专注于研究特定的事实,因为只有这些特定的事实才是可以从经验中观察到的;更有甚者,这种科学观的鼓吹者还夸耀自己根本不受那种只有通过他们称之为'抽象思辨'(abstract speculation)的方式才能获得的观点的指导。毋庸置疑,这样一种短视的科学观根本不可能提高我们型构一种可欲的秩序的能力,反而在事实上达成成功行动所须依凭的所有有效的指导。这种'实在论'(the spurious'realism')自欺欺人地认为它根本就不需要任何有关整体秩序之性质的观点的指导,而且只致力于探究那些用以实现特定结果的具体'技术'。"[3]所以,简单地否定任何抽象思辨而去追求所谓的"实在"是不会形成对实践的科学认识的。如一味地只想到"实在",想到"具体",就会使我们"短视"起来,那法学的教学与研究也只会产生"短视"的结果。对于这一点,德国法学家魏德士也有类似的警告,他说道:"当今法理学教给法律工作者的,仍然是如何做以及匠人干的活所产生的后果。"[4]

我们不能完整界定什么是"实践"本身,其后果不仅是我们没有发

---

〔1〕 龚春霞:《竞争与合作:超越学科内部的藩篱——"社科法学与法教义学"研讨会综述》,载《光明日报》2014年6月18日。

〔2〕 同上。

〔3〕〔英〕弗里德里希·冯·哈耶克:《法律、立法与自由》,邓正来等译,中国大百科全书出版社2000年版,第99页。

〔4〕〔德〕伯恩·魏德士:《法理学》,丁小春、吴越译,法律出版社2003年版,第25页。

明属于我们自己的实践理性说,更为重要的是我们好像没有真正实践起来:很多所谓实践课的设计实际上流于形式,没有形成真正有持久示范效应的、代表我们自己实践教学特色的课程;培养的一些所谓"有实践技能"的学生也难以看出有成为真正优秀法律工作者的潜质;感叹法学院教的东西不实用,又没想到如何让实务部门与理论部门形成良好沟通机制的办法。还有,我们没想得更远一点:如何提高实践一线人员的实际能力,因为我们整个法律制度还需要改进。

其实,不能发现我们实践话语的困境就在于范畴的缺失,我们只是在说"一边"的事,即"只"是在说"无言的知识"、或"只"是在说"如何做"、或"只"是在说"实用知识"、或"只"是在说"社科法学"等。相反,完整诠释法学实践理性的波斯纳学说中就充满着范畴,他不是简单地强调所谓实践经验、实践方法、实践知识、实践过程的重要性,而是明显地批判继承了亚里士多德的可能性与现实性、康德的理性世界与感性世界、黑格尔的客观与主观的范畴分析法,并用实用主义方法把上述理论转化为评价性与描述性、经验的与思考的、手段的与目的的、无言的与反思的、实践的意蕴与思想的意蕴等多种范畴〔1〕。

所以,我们不能只批评理论脱离实践,而是要在更综合的视角下,对实践本身进行一种整合。在法学中,要构建"实践"话语并不是一件容易的事,实践主体的复杂性与实践对象多元化决定了实践不是简单地就"实"论"实",这里面既有妥当办事又有深谋远虑、既有技能发挥又有理性闪光、既要尊重现实又要展望未来、既有就事论事又有法律拟制。所以,波斯纳才会说道:"实践理性并非某种单一的分析方法,甚至也不是一组相关联的方法。它是一个杂货箱,里面有掌故、内省、想象、常识、设身处地(empathy)、动机考察、言说者的权威、隐喻、类推、先例、习惯、记忆、'经历'、直觉以及归纳。"〔2〕

因此,实践一说来之不易,实践是多层次、多方面的。切忌用"实践"或"实务"一词简化它的法学内涵,洗净真正法律实践的复杂。就法学学科的发展来看,没有对法律实践目的和社会复杂程度的"综合"

---

〔1〕 参见〔美〕理查德·A.波斯纳:《法理学问题》,苏力译,政法大学出版社2002年版,第35、133、139、575页。

〔2〕 同上书,第92页。

认识,没有法学自身的“整合”,是不能形成完整的学科的[1];就法律实践的社会对象而言,没有一种“融合”观也是不能对它进行完整分析的。[2] 以法律实践过程观之,映入人的眼帘永远也是实与虚的结合,就像哈耶克虽强调行为与经验的累进,但也要在事实性知识与科学的统一观下叙事一样[3]。所以,法学的实践观也必须在“综合”、“整合”与“融合”的意识下,在范畴意义上生存。

一、实践的属性范畴:思考的与技能的

法律实践对于代表一定的专业部门和职业要求的特定主体而言,它无疑首先表现为一种特殊的技能、技巧。专业性技能往往是通过比较固定的、与稳定对象相联系的实践经验和外在的行为方式而展示出来。所以,重视实践经验积累、实务方法训练和动手能力的培养成了法学教育反映其“实践”性的主要内容。实用技能的价值无疑主要在

---

〔1〕 伯尔曼对欧洲11、12世纪的注释法学的产生与发展的评论很能说明这一点,他指出:“这种出现于11世纪晚期和12世纪晚期的西方新的法律方法——它的逻辑、它的论题、它的推理类型、它的一般化层次、它的联系个别与一般及案件与概念的技术——乃是将法律作为一门自主科学而对之进行有意识地系统化过程的一个实质组成部分。对于冲突、权威法律文献以及通过一般原则和概念而对冲突的调和的强调是一种创造性的知识回应,它满足了协调社会结构之中并存的和竞争性的相互激烈冲突的因素的需要。要承认矛盾因素的某一方面均具有合法性,但是又要确认整个社会的结构性统一体——对于这类统一体来说,种种冲突因素都是它的组成部分——的合法性,又要寻找一种真正的综合,也就是说,在不破坏各种组成因素的自主性的前提下,对于含混与冲突加以解决——这是那个时代的革命性挑战。”参见〔美〕哈罗德·J.伯尔曼:《法律与革命——西方法律传统的形成》,贺卫方译,中国大百科全书出版社1993年版,第202页。笔者认为,在转型时期的中国很多法律性制度面临着革命性重建任务,所以可以说当代中国的法学任务与当时的注释法学有类似的情况,都需要“寻找一种真正的综合”。

〔2〕 哈耶克其实非常反对就实论实,他认为:“越来越多的社会科学家都把他们的研究局限于对社会系统某个部分中实际存在的东西进行讨论。但是这一事实并不会使他们的研究结果更具实在性,而只会使他们的研究结果在很大程度上与大多数有关未来的决策毫无干系。富有成效的社会科学必定在很大程度上是一种有关‘非实然’(what is not)的研究,即对可能性世界的假设模式进行建构。”参见〔英〕弗里德里希·冯·哈耶克:《法律、立法与自由》,邓正来等译,中国大百科全书出版社2000年版,第15页。

〔3〕 对此,迪尔凯姆指出:“首先,以最简单的社会或单环节社会为基础,根据社会表现出来的融合程度对社会分类;其次,再在各类社会的内部根据最初的多环节是否一体区分出各类变种。”参见〔法〕E.迪尔凯姆:《社会学方法的准则》,狄玉明译,商务印书馆2007年版,第103页。

于实,但我们在看重这个“实”时又容易忽视其必须对应的“虚”,所以在对法律实践理性的实质阐述上,也容易把法律的纯粹理性和思辨的特性从实践技能要素中予以剔除,以至于只强调法学是一种“难以言说、难以交流的知识”,而法律则“只要求人们懂得如何做”。这样一来,把职业化的法律人也就类比于一般的工匠了。

诚然,法律实践肯定有其技能性的一面,但处理人与人关系的法律绝不仅是一套技术化的经验和知识。亚里士多德就把法律的实践理性看做是一种道德知识的展开,这种道德知识不同于一般手艺人的技巧,它的实践智慧形式(Phronesis)是特别的。对此,伽达默尔总结到:“司法管理(Rechtspflege)乃是一种需要知识与技能的特殊任务。那么,它为什么就不是技艺呢?它为什么就不是把法律和规则应用于具体的事例呢?我们为什么就不能讲法官的‘技艺’呢?亚里士多德描述为法官的实践智慧形式(dikastike phronesis)的东西为什么就不是一种技艺呢?当然,如果我们考虑一下这问题,我们将明白,法律的应用包含一种特殊的法学难题。手艺人的情况在这里是完全不同的情况。手艺人由于对他的对象具有计划并且又有执行规则,从而他着手执行这项计划。反之,在‘应用’法律的人那里完全是另一种情况。在具体的情况里,他将必须松懈法律的严厉性。亚里士多德指出,任何法律都处于与具体行动的本人对立之中,因为法律是普遍的,不能在自身内包含那种适合于一切具体情况的实际现实性。法律总是不完善的,这不是法律本身有缺陷,而是相对于法律所认为的秩序来说,人实在必然总是不完善的,因而不允许有任何单纯的法律的应用。”〔1〕伽达默尔在这里无非指出了一点:法律实践总有太多的人的思考性选择,没有普遍适用的“单纯的法律应用”。这实际上反映了亚里士多德把实践理性界定为技术(Techne)与“明智判断”之间的“相互理解”(Verstandnis)的思想〔2〕。当然,亚里士多德出于创造伦理学的目的,他把道德与具体法律技艺分得很开,这与当代实用主义实践观还是有距离的。但不管怎样,他的实践哲学提醒我们,与政治和伦理紧密相

---

〔1〕〔德〕汉斯—格奥尔格·伽达默尔:《诠释学I:真理与方法》,洪汉鼎译,商务印书馆2004年版,第327页。

〔2〕同上书,第380页。

连的法律一旦进入实践,那将是合理性、科学性与技术性的混合。因此,实践是包含技艺与判断在内的一种"智慧"。

所以,法律实践虽也是知识与技能的发挥,但法律的"应用"却与手艺人的技艺不一样,与自然科学知识也不一样。因为,法律要认定的事实不是固化的,法律适用的对象不是"有计划"的存在,法律运行的结果也不是中性的。要对人与人、人与国家之间的利益关系作出判定,这其中没有"客观"标准答案与程式,没有简单地"普遍"性对特殊性的逻辑演绎,法律实践过程中充满着寻找、反思、思辨、情感、评价、对话等。总之,法律实践是思考与技能的综合。这种综合在法律实践和法学教育中得到多方面的诠释,它表现为"手段与目的""经验与评价""知识与技能"等多种范畴。

对于法学教育而言,虽然培养法律人的实践能力是直接目标,但任何现实经验、动手能力和办事能力都不能完全概括法律实践能力的内涵。法律人要在变动而充满争议的法律事实与法律关系中践行法律,就必须在现有经验和可能的变化之间作出选择。这样,法律知识就不只是一套现成的技艺,它还必须有反思与评价能力。对此,伯尔曼在总结欧洲法学教育的特点时就指出:"各种法律学说应当根据一般真理而予以批评和估价,而不仅仅作为一种工艺或技术加以学习。"〔1〕波斯纳也批判了那种"法学院专注于对法律实务直接有用的技巧传授"的教育模式,认为"这一程序阻止了一种批判的、外在的视角的出现。它把法律作为某种无需质疑的东西,总是存在并以其最接近当代形式存在的东西。"〔2〕所以,法律教育即使要培养法律人的实践技能和教授法律人的实践经验,那也是一种思考中的技能和经验,用波斯纳的话来说就是一种"直感",它"既非方法也不是学理,而是一种对可接受的诸多论点的储存,以及一种对学理稳定性的程度和特性的直感,或更一般地说,是一种对法律专业文化之整体轮廓的

〔1〕〔美〕哈罗德·J.伯尔曼:《法律与革命——西方法律传统的形成》,贺卫方等译,中国大百科全书出版社1993年版,第202页。

〔2〕〔美〕理查德·A.波斯纳:《法理学问题》,苏力译,中国政法大学出版社2002年版,第126页。

直感。[1]”

就法律实践过程而论,不可否认具体的个案解决需要具体的技能,但整体而言法律实践的对象与环境都是变动的,这样依赖稳定因素的技能是不能独立胜任作为实践的武器。正如美国法学家列维所言:“有关法律究竟是确定不变、体现于规则之中,还是变动不居、仅为解决具体个案的一种技巧的争论并没有击中问题的要害,因为它两者兼备。”[2]列维强调的是实践中必须不断加入新的思考,不能停留于解决个案的技巧。把经验当做法律生命的霍姆斯也说:“但最困难的工作是理解,两者(历史的和现有的立法)在每一阶段如何结合在一起产生出新东西。”[3]正因为,实践问题是变动的,新事物总是要出现的,所以,思考和“理解”就是拥有经验后的“最困难的工作”。思考之所以是必要的,关键就在于“新”的东西的不断出现,因此“我们的思考不是设法去理解既有的和现有的事实,而是企图去直接完成那些更加符合人们追求目标的新事实”[4]。所以,法律的实践过程外在表现为一种技巧、一种经验,但深层次确是心理意义上的,是思考意义的。[5]

思考性与技能性不是简单的二元对立范畴,而是综合地说明了法律实践中有意识与无意识、战术的与战略的相结合的属性。法律实践无疑是需要技能的,但法律工作又不似维修机器那样工匠化,要不然古罗马人也不会跑到自己的被征服者——古希腊人——那里学习哲学知识,因为古罗马的法学界知道掌握作为“公正和善良的艺术”的法

---

〔1〕〔美〕理查德·A.波斯纳:《法理学问题》,苏力译,中国政法大学出版社2002年版,第127页。

〔2〕〔美〕艾德华·H.列维:《法律推理引论》,庄重译,中国政法大学出版社2002年版,第9页。

〔3〕〔美〕小奥利弗·温德尔·霍姆斯:《普通法》,冉昊、姚中秋译,政法大学出版社2006年版,第1页。

〔4〕〔法〕E.迪尔凯姆:《社会学方法的准则》,狄玉明译,商务印书馆2007年版,第37页。

〔5〕波斯纳虽非常重视司法的实践性与现实性,但他却不把司法的经验与技巧当做一个自足自给的领域,而是看重对司法进行思考性理论提升。所以他在给自己的一本书起名时才会说道:“正以为我的重点在心理学,导致我冠名此书《法官如何思考》而不是《司法行为》。”参见〔美〕理查德·A.波斯纳:《法官如何思考》,苏力译,北京大学出版社2009年版,第7页。

律不是简单的技术活。[1] 在法律实践中,任何对事实的描述不可能是脱离"我认为"的规则,任何对经验的尊重也不会摆脱"我喜恶"的牵肘,任何无言知识的发挥也都需要"我判断"的补充。作为人的活动的实践其结果的目的性、过程的规划性与理解的先定性是不言而喻的。在法律实践中,对于任何既定的规则、方法的遵从都变成德国法学家魏德士所说的有思考性服从。反过来说,法律思考也不是脱离技能操作的冥想和纯粹的理论学习,这种思考应该把自然法理论转换为现实需要的道德批判武器,把康德的道德原则转变为实际中"我应该做什么"的行动指南,让凯尔森的纯粹法学来帮助我们分析法律的效力来源问题。总之,技能运用中的思考有理论性的一面,但不书卷化;有主义性的一面,但不教条化。它应在行动的积淀中化为一种"直觉"。

法律实践的技能性与思考性的综合属性又表现为法律实践过程的高层性与多元性,所以卡多佐才会在司法的过程中综合运用历史的、哲学的、社会学的、逻辑的方法。[2] 法律实践的特有属性又决定了它对法律人的综合要求,这也要求我们对法律人的职业属性有更深地认识。把"经验"视为法律生命的霍姆斯却最喜爱读柏拉图与康德写的、"唯心"味很浓的书,认为这能"锻炼自己的脑子"。而且,霍姆斯对法律职业有更高的期望:"把法律人当做思想家或者科学家。"[3]波斯纳也说道:"一个法官,就像一个军事统帅,进行的是一种'组织'工作。要做好审判工作,要求有各种品质的组合,而反思能力只是其中之一,道德洞察力是另一种。"[4]我国法学家贺卫方也提出:"一个优秀的法官不只是一个熟练的法律工匠,他还应当是一个历史学家,一个先知,一个哲人。"[5]

---

〔1〕 关于古希腊哲学思维对罗马法的影响,参见〔爱尔兰〕J. M. 凯利:《西方法律思想史》,王笑红译,法律出版社2002年版,第46—54页。

〔2〕 参见〔美〕卡多佐:《司法过程的性质》,苏力译,商务印书馆2002年版。

〔3〕 〔美〕斯蒂文. J. 伯顿:《法律的道路及其影响——小奥利弗·温德尔·霍姆斯的遗产》,张芝梅、陈绪刚译,北京大学出版社2005年版,第28页。

〔4〕 〔美〕理查德·A. 波斯纳:《法理学问题》,苏力译,政法大学出版社2002年版,第240—241页。

〔5〕 贺卫方:《不智的诉讼 含糊的判决》,载《南方周末》,1999年9月24日。

二、实践的中介范畴:教义的与事实的

实践是需要被分析、总结和阐述的,这涉及理论与实践之间的关系问题的一个重要方面——关于实践事实本身与实践教义之间的关系问题。这是一个复杂问题,背后包含着主体与客体、思维与存在等多方面的命题。对于实践主体自身固有的东西与实践对象之间的关系,以及主体的诉求和表达与实践本身的关系,不是一句简单的理论联系实际就能说清的。对于这个问题,马克思是这样入手的,他在分析实践的内涵时说道:"人应该在实践中证明自己思维的真理性,即自己思维的现实性和力量,自己思维的此岸性。环境的改变和人的活动或自我改变一致,只能被看做是并合理地理解为革命的实践。"[1]马克思在这里实际上指出了实践是如何表现与被表达的:对象的改造与实践主体自我的改造相结合,我们要循的思路就是二者是怎样结合的。同理,我们也可认为法律实践也是由法律问题解决与法律主体改变、理论阐述与实务描述相结合而组成的。法律主体的"思维的现实性和力量"的改变则通过新法律原则的阐述、新法律规范的诠释、新法律理论的产生作为表达载体来体现。法律问题的解决又通过对生活事实的规范化作为表现载体来展示。这样,法律现实中的问题与法律主体对"自己思维的真理性"的证明以一个相关的、有意义范畴面目出现,方能承担起作为实践载体的任务。所以,法律实践的载体范畴理论实际上是关于法学法律个别问题与普遍性规则、法律实务与法律理论、法律事实与法律原则之间的关系方面的命题,这几组关系也不是二元对立的,最终目的是为了寻找法律实践中沟通主体与客体的中介。通过什么载体来承载表达的与被表达的、规定的与被规定的、理解的与被理解的,这就是法学教义与法律事实本身之间的范畴关系问题,这个问题解决的程度又决定着真正法律实践理性方面的成果发展程度。

如让教义超越现实本身,则实践本身就成了"被"规定的东西。黑

[1] 《马克思恩格斯选集》(第1卷),人民出版社1995年版,第59页。

格尔的法哲学思想是这方面的典型,他把包含在历史理性中的普遍性运用于现实的特殊性之中,这是一个改造自己、规定客体的"实践"过程。如伽达默尔所说:"在黑格尔对实践性教化的这种描述中,我们已经认识到历史性精神的基本规定,即自己和自己和解,在他物中认识自己本身。这种基本规定在理论性教化的观念里得到了完美的表现,因为采取理论性态度本身就已是异化,即'处置一些非直接性的东西、一些生疏的东西,处置一些回忆、记忆和思维的东西'。这样,理论性的教化就超出了人类直接获知和经验的事务之外。"[1]在黑格尔的"实践"观中,表达实践的载体成了"超出了人类直接获知和经验的事务之外"的一种"规定",这是由于黑格尔在自身的"历史性精神"中找到了高于法律的实现基础的"法的意志"。由于"法的意志"对真正事实问题的高位性,马克思才会说道:"由此便产生了一种错觉,好像法律是以意志为基础的,而且是以脱离现实基础的自由意志为基础的。同样,法随后也被归结为法律。"[2]黑格尔这里显然只有实践主体自我的改造而没有对象的改造。我们现在的实践观主要也就是批判这种教义超越现实的状况。

不过,我们也要警惕另一种相反的极端。如教义表达太弱,则虽可贴近实践生活本身,但却不会有与之相应的科学精神去传承实践带来的、有价值的精华,这样产生的后果是实践对象的改造没有相应的实践主体自我的改造与之相匹配。西方后注释法学派对待罗马法的态度就是一个典型,如耶林所说:"若科学想要成为一种能够支配生活的力量,它就必须要与生活的诸多条件接轨,它必须要将法律带进一个更能与生活的要求相对应的形态中。这就是后注释法学派时代的任务,它更贴近生活。从这个立场上看来,它可说是一种进步。然而,为了这个进步所付出的代价并不轻;由于疏离了罗马法源,因而有相当程度的科学性被牺牲掉了,取代了纯粹罗马法的地位的是一些引述、权威著作、自行发明的或者误解了的规则。才再度活跃没多久的

---

〔1〕〔德〕汉斯—格奥尔格·伽达默尔:《诠释学I:真理与方法》,洪汉鼎译,商务印书馆2004年版,第25页。

〔2〕《马克思恩格斯全集》(第3卷),人民出版社1960年版,第71页。

罗马法精神,也就是自由研究与独立思考的精神,马上陷入深沉的休眠。"[1]耶林的这种评价也应引起我们的重视,在当今中国,法律实践经验不被科学地表达或者说实践者在实践中缺乏自由研究与独立思考的精神也是一个严重的问题。[2]

所以,表达实践的教义无论是太强还是太弱都不会带来真正的实践认识。教义与事实本身之间的关系问题构成了法律实践的一个重要范畴——中介范畴。现代法哲学家考夫曼从各个视角论证了任何法律实践实际上都是一种理论阐述与事实本身的关系范畴,他指出:"一方面将生活中的事实与规范拉近,另一方面则将规范与生活中的事实拉近。"[3]考夫曼一方面继承发展康德,让理智世界与经验世界相联系,但他没让理智强过经验,而是二者平等与融合,这样,"法律理念,或者是一般的法律原则与可规则的,由立法者想参与的生活事实,彼此之间,应该又相当性地对待。法律理念一方面必须对生活的事实开放,它必须被实质化、具体化、'实证化'——生活的事实,另一方面必须被理念化、规范且概念化的被'建构'形成。"[4]考夫曼另一方面也继承发展黑格尔,使相对立的意志与现实达成合一,又找到了这种结构的载体——"存有与应然间中介"。他把黑格尔的绝对东西实现化,以使表达的与被表达的统一于实在。这样,"立法是将法律理念及未来可能的生活事实加以调整,这样一种调整、这样一种配合、这样一种使存有与应然间的取得相对应,必须要有一个要件,也就是说第三者,在其中理念或者规范以及事实相合一,一个存有与应然间中介。我们需要有一个架构,它能够将特殊、一般、因素与规范等同地表现出,一种在宇宙性,一种在实然中的应然。这种第三者,立法与法律发

---

〔1〕〔德〕鲁道夫·冯·耶林:《法学是一门科学吗?》,李君韬译,法律出版社2010年版,第55—56页。

〔2〕我们经常批评我们的理论脱离实践。其实,这种批评是片面的,因为真正的问题是理论与实践没有在一定的中介穿引下达成一个沟通机制,这其中实务界不重视理论提升与知识的获得也难辞其咎。如卓泽渊教授早就指出:"法理学被置换被理解为常识的法学基础理论,实际上被作为法学基础知识而加以鄙夷。一些从事司法工作的人,甚至到了以为无须法理学,无须理解价值,只要认识汉字就可以充当法官的地步。"参见〔德〕伯恩·魏德士:《法理学》(中文版导读),丁小春、吴越译,法律出版社2003年版,第5页

〔3〕〔德〕考夫曼:《法律哲学》,刘义幸译,法律出版社2004年版,第188页。

〔4〕同上书,第189页。

现程序的中介,就是'意义'。这其中法律理念,或者是法律规范,及生活事实,必须是一致的,以至于他们可以彼此'相对称'"[1]。因此,无论是在司法实践过程中,还是在理论总结上,法律理念与生活事实之间必然通过有"意义"的中介让它们彼此成为一种"相对称",而只有在"相对称"之后才会有真正实践的完结成果。

在具体的司法实践中,教义与事实本身的综合实际上是贯穿于整个实践过程中的,这表现为原则阐明与事实分析之间无止境的循环,韦伯对此有详细的描述:"把对判决个案有决定意义的原因归纳为一条或若干条原则,这就是'法律原则'。这种归纳一般是受一项先前的或者同时的事实分析所制约的,即分析在法律判断上可以加以考虑的最后哪些组成部分的事实。反过来,阐明越来越多的'法律原则'又对划分事实的各种可能很重要的特征产生影响:阐明是建立在决疑论的基础之上的,并反过来促进发展决疑论。"[2]韦伯的意思是,在具体的法律实践中归纳原则与个案决疑是一个永不停息的循环。这说明表达实践与实践本身在以实践的"意义"为中介的前提下,彼此也成为一种"相对称"。也正是有了这样的"相对称",韦伯才能接下来在把握生活与逻辑升华的基础上,对法律进行"体系化"综合,即"建立所有由分析所获得的法的原则的联系,使它们相互之间组成一个逻辑上清楚的、本身逻辑上毫无矛盾的和首先是原则上没有缺漏的规则体系。"[3]

在法学理论创造上,现代实用主义和社会法学派在论述法律的实践性方面可以说是相对成功的,其成功之处就在于对范畴有着很好的理论表达,以至于最后对二者进行了"有意义"的勾连并形成了一个现代性定型的综合体。埃利希就综合了"活的法律"与"审判规范"(Entscheidungsnorm)。使二者相互面向最后达成一个"法命题"(Re-

---

〔1〕〔德〕考夫曼:《法律哲学》,刘义幸译,法律出版社2004年版,第190页。
〔2〕〔德〕韦伯:《经济与社会·上卷》,林荣远译,商务印书馆2008年版,第15页。
〔3〕同上书,第16页。

chtssatz)[1]。波斯纳则“相当性对待”了自然法与实在法、人的利益俗性与道德直觉、抽象的道德哲学理论与具体案件要求、心智与行为、逻辑与经验等,最后都归结于“活动理论”[2]。德沃金也在描述大量案件的基础上,通过阐释法律和整合法律,最后把整体性法律定性为一种“态度”[3]。同样,即便是在讲究条理、哲理深奥的德国法学家的著作里,我们看到的也不是纯教义了,例如,在魏德士的《法理学》中,除了一般理论介绍外,还有大量的有关法官实践方法方面的知识,可以说此书在综合法学理论和法律实践、法律价值和法律事实方面做了新的尝试,这样,魏德士才能把法理学的功能扩展为:经验功能、法学功能和规范功能。所以,有价值的教义背后都有它的实践力量,有内涵的教义都与其所处的社会之间合乎历史逻辑的联系,并对社会进行合乎逻辑的解释。

不能很好地处理这对范畴也是我们有关法律实践的认识方面的重要缺陷,我们虽可以很简单地看出我们的法学教义上的问题:法学教科书、法学理论、法学概念等都严重脱离实际。但殊不知这不是问题的关键。因为不是简单地复述联系实际、重视经验就可解决这个问题,我们在强调具体问题、具体时空、具体办法时,要想到仅仅靠“具

---

〔1〕 我们对埃利希学说的兴趣一般在于其“活法”理论中的“活”字,其实埃利希学说在整体取向上是有从具体(活法)到抽象(审判规范)的完整结构的,其理论最终的汇集成果就是“法命题”。对于“法命题”,日本法学家六本佳平总结道:“作为普遍的妥当的规范,是由制定法和法律书以权威的方式言明的法规定。”参见何勤华:《西方法学史》中国政法大学出版社1999年版,第466页。

〔2〕 波斯纳的实用主义不是一般地反对传统理论中的“大词法学”与“宏大叙事”,他首先要改变的是“主观与客观、心智与躯体、感觉与实在、形式与实质”之间的二元对立思维法,取而代之的是把对立关系转化为“创造性关系”,在此基础上实现理论的转型,如他所说:“不再关注观察的主体与客体(无论是自然实体还是社会实体)之间的被动的沉思关系,而是关注努力奋斗着的人类与那些烦扰人类但人类又正在努力征服的问题之间的积极的创造性关系。这并不一定就使实用主义对科学不友好,远非如此;但是实用主义转移了科学哲学的着重点,从通过观察发现自然规律,转移到以人类预测和控制自己的自然和社会环境的欲望为基础系统表述有关自然(包括人和社会)的理论上来了。”参见〔美〕理查德·A.波斯纳:《法理学问题》,苏力译,中国政法大学出版社2002年版,第578—579页。

〔3〕 一般我们把德沃金归纳于新自然法学派。其实,以实践观(主要是法律解释实践)视之,道德原则只是建构整体性法律的中介。通过连接法律的回顾性要素与前瞻性要素、政治的因素与法律的因素等,法律的道德感也就集合成了法律的“态度”。这方面分析参见参见〔英〕韦恩·莫里森:《法理学——从古希腊到后现代》,李桂林等译,武汉大学出版社2003年版,第460—475页。

体”是不会有实践表达的。要知道有提升的实践才是有价值的实践，所以不但法学教义要面对实践，还要使实践的经验系统化，要寻找有意义的“中介”，这也算是环境的改造和自我的改造的统一。在阐述法律实践时，不要再使教义法学与实践法学呈现二张皮的状态。法律理论教义的完整与对实践经验的尊重要同步进行。在人才培养上，要造就像波斯纳、卡多佐、霍姆斯这样能文能武的法官；在理论创造上，要写出属于我们自己经验的《法官如何思考》、《司法过程的意义》等〔1〕。

三、实践的品质范畴：理想的与现实的

实践之所以为“实”的，其首要的品质无疑在于它的现实性、实在性、实际性等，实践当然要立足于“实”，但就实论实却是一种极端的思维。因为对带有“虚”性的理想性东西都进行否定，往往会让我们丢掉另一种“实”，并以至于把理想与现实进行二元对立关系上的设置。如苏力就把“理想”界看做为：“是充分调动人类的想象力，想象我们渴望法官具有的能力和品质，并据此来批判现实的司法制度，构建我们可欲的司法制度。最极端的，这种理想的法官就是柏拉图《理想国》中的哲学王，就是基督教中的上帝（末日审判）。但这种法官显然是不可能的〔2〕”。这里倒是表现出了现实主义态度，但显然也有宿命感。不错，理想是有“想象”成分的，其批判功能也是不假的，但理想就等于“不可能”吗？即便是一时结果上的不可能，就能否定它的实践价值吗？要回答这些问题，就必须把理想与现实作为一对实践范畴来看待。

这对范畴是必然存在的，因为实践毕竟是反映人与外界的关系方面的命题，由此“理想”的话题便应然而生并呈现出其物性的力量。如恩格斯所说：“外部世界对人的影响表现在人的头脑中，反映在人的头

〔1〕 其实，一些刑法学家在这方面做了较好的尝试，如在北京市海淀区人民检察院挂职的一些法学教师编写了《刑法分解集成》、《新旧刑法比较研究》、《主诉检察官办案责任制的理论与实践》等著作。

〔2〕 苏力：《法官素质与法学院的教育》，载《法商研究》2004年第3期。

脑中,成为感觉、思想、动机、意志,总之,成为'理想的意图',并且以这种形态变成'理想的力量'。"[1] 恩格斯在这里赞赏"理想的力量"实际上是对主张一切事物是发展的、一切合理性都是暂时的黑格尔哲学的敬佩,并体现了对"讲实际"的费尔巴哈(机械唯物主义)的蔑视。恩格斯的论述告诉我们,在人与外界发生关系的过程中,除了现实的需要外,还必然会怀揣理想的激情,这种激情的存在是由改造环境、批判现状的现实需要决定的。所以,实践活动必然包含理想的与现实的双重要素。在人类法律发展史上,人们就曾经借助宗教等形式,来抒发理想的情感,并由此在客观上推动了法律的进步,维持了法律的权威,这一点就如美国法史学家赞恩所总结的那样:"对美好事务的憧憬、对美好生活的追求,一切理想、希望、温柔、慈爱、自我克制以及一切好的东西,仍然是驱使人公正守法的最有力的、也是最本能的感情因素。"[2]

不仅在宏观层面理想是法律发展的不可缺少的助力。在微观层面,在具体的人的诉讼活动中,人的理想实际上也是人们争取权利的必要助推器。耶林指出:"正像国民不是为了一平方英里的土地,而是为其名誉和独立而斗争一样,原告为保卫其权利免遭卑劣的蔑视而进行的诉讼的目的,并不在于微不足取的标的物,而是为了主张人格本身及其法感情这一理想目的,与这一目的相比,诉讼带来的一切牺牲和劳神对权利人而言,通通无足挂齿——目的补偿了手段。这种理想主义是如何深深地根植于法的终极本质——这种理想主义显示出法感情的健康程度。法从外表观之,仿佛是指示人们走向自我与利己的低地。并且,在这理想的高低上,人们将在低地上习得的小聪明、自私自利及用于衡量一切的功利尺度忘却,完全纯粹地赞同理想。"[3] 所以,法律权利的获得,法律价值的实现,往往并不是一蹴而就,而是一个由"低"到"高"的过程,它有时恰恰要求人们忘记眼前的现实利益而看远一点。这时如不带点理想的激情与浪漫(法感情)而总是本着庸俗化与机械化现实的心态反而是不会达到目的。

---

〔1〕《马克思恩格斯选集》(第4卷),人民出版社1995年版,第232页。

〔2〕〔美〕约翰·梅西·赞恩:《法律简史》,孙运申译,中国友谊出版公司2005年版,第281页。

〔3〕〔德〕鲁道夫·冯·耶林:《为权利而奋斗》,胡宝海译,载梁慧星主编:《为权利而斗争》,中国法制出版社2000年版,第13页。

在具体的司法实践中,法官也往往都有创造理想的冲动,表现在主动地寻找一种“更正确”的法以勾连现实与超现实(理想),如韦伯所说:“‘正确的法’作为一种‘想要自由的社会’之秩序,既作为理性立法的合法的尺度,也作为法律为法官指出了在一些似乎无形式特征的个案里司法的渊源。”〔1〕韦伯的话表明,法官解决具体的案件时总也还怀揣着“想要自由”的理想。所以,司法实践过程中不可能没有理想的色素,历史上就有法官运用“正确的”但相对来说还不现实的法律原则来判案,并以现实与理想相碰撞的方式来推动法律的进步。〔2〕所以法官有可能就是在利用现实来输送理想。对此,波斯纳也指出:“法官何以在相互竞争的社会理想之间作出选择,这种选择经常以个人深刻信奉的价值为基础。如果法官想把自己的社会理想向同事或未来的法官‘兜售’,他就会用富有感染力的、必胜无疑的口吻来表现这种理想——经常是表现他自己(修辞者称这种战术为‘道德召唤’),以期望读者皈依他的观点。”〔3〕波斯纳实际上在这里现实地描述了司法实践中理想的来源(法官信奉的价值)、理想的形式(道德召唤)、理想的外在形式(富有感染力的、必胜无疑的口吻)、理想的落脚点(以期望读者皈依他的观点)等。

可见,法律实践中的理想,是有关人们的原始情感、法律的推力、获得权利的进取心、现实的改造、法律的必要创新等方面的命题。理想的介入,才让人的需要与外界的实况、人的现状与人的意欲之间乃至法律与事实之间形成张力关系,这种关系的存在体现着实践的本真。在这种关系中,实践的人在超越、在学习、在探索、在创新,人的实践的品质总是在理念和现实之间得以展示。这又如哈贝马斯所言:“一套不可避免的理想化构成了事实性的理解实践的虚拟基础,这种理解实践能够批判性地针对自己的结果,因而能够超越自己。这

---

〔1〕〔德〕韦伯:《经济与社会·下卷》,林荣远译,商务印书馆2008年版,第46页。

〔2〕例如,18世纪的德国法官在一些民法案件中为了寻求超现实的“正当”,他们运用抽象的自然法(Naturrecht)创造了契约自由原则和第三方利益原则。同时,英国海事法院的法官为了更“合理”地适用法律,他们把新的法律出现看作自然法的“宁馨儿”。参见〔爱尔兰〕J. M. 凯利:《西方法律思想史》,王笑红译,法律出版社2002年版,第255—257页。

〔3〕〔美〕理查德·A. 波斯纳:《法理学问题》,苏力译,中国政法大学出版社2002年版,第188页。

样,理念和现实之间的张力闯入了语言地构成的生活方式的事实性本身之中。交往的日常实践由于其理想化的预设而对自己提出了过高要求,但只有根据这种内在超越性,学习过程才有可能进行。”[1]

马克思指出:“在政治国家真正形成的地方,人不仅在思想中,在意识中,而且在现实中,在生活中,都过着双重的生活——天国的生活与尘世的生活。”[2]根据马克思的启示,我们所处的法律实践场域也即是尘世的,又是天国的,前者让我们面对现实,后者让我们找到现实发展的目标。在转型时期的中国,很多法律制度都处在从无到有的临界点,如果我们的实践者都只有办“实”事和办“妥”事的现实主义心态,就会错过很多发展制度的契机。如在面对司法地方化、行政化与司法腐败的痼疾时,在面对信访不信法的尴尬时,面对“拆迁不立法”的耻辱时,面对“民告官”的难题时,面对司法无力保护民工子弟的异地高考权的无能时。我们可能不得不诉诸理想,当然这种理想不是臆想,恰恰是现实的目的。事实上,在我们很多司法实践中,法官恰恰只有靠带点理想色彩的“超越”法律的态度,才能解决真问题。

四、实践的本质范畴:主观的与客观的

社会实践显然首先是一种客观活动,它固然要受到一定客观条件的限制、受客观环境的影响甚至是决定性影响,法律实践又有其特殊客观性:拟制好的法律俨然已是一种客观,而法律关系、法律事实、法律环境、法定证据等更是客观存在。但这里面没有机械的和绝对自然的“客观决定”,客观性背后总好像有其他的推手。考夫曼就说道:“法官完全中立的、没有成见的、全然客观的,除去个人性格的图像,是完全而且根本不顾现实的。谁说在法律发现的过程中,没有任何形而上的合理的事务会对之发生影响,即使它只是反思地出现。”[3]既然

---

[1] [德]哈贝马斯:《在事实与规范之间——关于法律与民主法治国的商谈理论》,童世骏译,生活·读书·新知三联书店2003年版,第6页。

[2] 《马克思恩格斯全集》(第3卷),人民出版社2002年版,第172页。

[3] [德]考夫曼:《法律哲学》,刘义幸译,法律出版社2004年版,第84页。

实践中的法官(当然包括其他实践主体)必然有自己的、不能完全客观化的“成见”,外在的客观实践又有“形而上的合理的事务会对之发生影响”。所以,当我们“客观”地总结实践的本质时,总还有另一对范畴的存在——应弄明白客观的实践如何引发主观的话题。

法律实践作为社会实践的一类,总是具有社会实践的基本特征。对此,我们可先来回顾恩格斯的一段话:“社会历史领域内进行活动的,是具有意识的、经过思虑或凭激情行动的、追求某种目的的人;任何事务的发生都不是没有自觉的意图,没有预期的目的的。”〔1〕所以,实践又不得不是主观意义上的,首创法律实践理性学说的亚里士多德也把属于人的主观范围内的“中庸”品质当做实践理性的第一要素,即“我们的行为都是有意识的选择,处于相对中庸的状态,由理性设置的结果,它们是由一个具有实践理性的人所确定的。”〔2〕这里需要指出的是,恩格斯不是为目的而目的,亚里士多德不是为中庸而中庸;前者是为了说明目的与手段、预期与结果之间的辩证关系;后者是为了在实在的感觉与超然的美德之间找平衡。所以实践一说就又出现了实践中的主观与客观的关系范畴问题,这不是主观见之于客观(人们对实践的一般定义)那么简单,其中包含太多的复杂认识。

接下来要指出的是,实践论中的主观不是以单独形式存在的价值观、文化观和意识形态,而是指与改造客观世界同在的改造主观世界,之所以提主观性是因为没有绝对的客观性。后者认为有客观存在能自然生产的“正确”结果,设定好的社会场域、已标准化的语境甚至已成固定形式的逻辑和自然科学技术也已成为人们手中“客观”的武器。其实实践中的客观性东西本身被不断地人为性诠释、选择和改变,实践中也充满着人们有目的的正当性寻求、政治意识形态的左右、价值观的表达等,实践展示的是人的活动,而不是机械的客观实践。由此决定实践的多彩性和不确定性,也决定人们分析实践的知识装备的多样性。诚然,道德哲学、文化论与价值论这些“唯心主义”的东西是不能单独建构实践理性的,但他们又不得不存在。法律实践所面对的具

〔1〕《马克思恩格斯选集》(第4卷),人民出版社1995年版,第247页。

〔2〕〔英〕韦恩·莫里森:《法理学——从古希腊到后现代》,李桂林等译,武汉大学出版社2003年版,第48。

体问题和所处的具体时空很容易让人想到它的独立客观性。殊不知法律标准永远是政策导向式的与主观的[1]。在这里,人的主观固然不能代替客观事物本身,但法律实践的展开必然要让主观的东西与客观的事务之间形成奇妙的关系,如迪尔凯姆所说:"实际上,这些观念或概念,不管人们给它们以什么样的名称,都不是事务的正当代替者。它们产生于日常经验,其主要目的是使我们的行动与周围世界相协调,它们既由实践形成,又为实践而形成。"[2]这里"既由实践形成,又为实践而形成"的阐述,非常形象而又深刻地诠释了"观念或概念"的来源与目的以及法律实践本身的本质。从这个意义上说,法律实践又是主观与客观范畴内的。这对范畴可在实践的多方面进行说明。

首先,就是必须指明法律实践不是绝对意义上的"解决客观问题",而是"发现与设置"关系的展开,这就是说实践者发现了客观事物后并不是就事论事般地解决问题,而是通过自我设置、自我拟制以至于发现了一个新的事务,用伽达默尔的学说就好比被发现的客观事物是"事情的本质",而发现后的创造则是"事务的语言"。伽达默尔解释到:"'事情的本质'这个法学概念当然不是指派别之间争执的事情,而是为立法者制定法律以及解释法律时的个人好恶设定的界限。求助于事情的本质表明一种与人的好恶无关的秩序,并想使活生生的司法精神胜过法律的文字。甚至在法学中,事情的本质也是自身起作用的东西,是人们必须尊重的东西。"[3]而"事务的语言"是指:"我们通常根本不打算就其本身的存在听从事务,相反却把事务置于人的算计以及通过科学的理性化对自然的统治之下。"[4]伽达默尔在这里分

---

〔1〕 美国已故法学家列维批判了那种将事实与逻辑相对立的"法律现实主义"(legal realist)理论,他认为法律适应有一个整体化的"一套逻辑",而法律整体化逻辑的结构要素就是其形式上的逻辑性与客观性,事实上的政策导向性和主观性(policy-oriented and subjective)。参见〔美〕艾德华·.H.列维:《法律推理引论》,庄重译,中国政法大学出版社2002年版,第3页。

〔2〕〔法〕E.迪尔凯姆:《社会学方法的准则》,狄玉明译,商务印书馆2007年版,第36页。

〔3〕〔德〕汉斯—格奥尔格·伽达默尔:《诠释学Ⅱ:真理与方法》,洪汉鼎译,商务印书馆2004年版,第380页。

〔4〕〔法〕E.迪尔凯姆:《社会学方法的准则》,狄玉明译,商务印书馆2007年版,第36页;汉斯—格奥尔格·伽达默尔:《诠释学Ⅱ:真理与方法》,洪汉鼎译,商务印书馆2004年版,第380页。

别用了“事情”与“事务”二个词,这本身就很有韵味,实践中,人们有“必须尊重的东西”(相当于客观),但人不会简单地“就其本身的存在听从事务”,“人的算计”永远是发现事情后不可缺少的实践。正是因为“尊重与算计”的关系范畴的存在,实践的人实际上也就处在外在与内在、行为与动机的关系之中,又如韦伯所说:“对一个具体行为的正确的、因果的阐释,意味着外在过程和动机上恰如其分地被认识,同时在它们的相互关系上,在意向的理解上也被认识。”〔1〕

其次,法律实践也不是简单地实现“客观”的法律规定的过程,法律实践是“客观的依据与主观的争斗”关系的历史展开。法律本身存在已成为一种“客观”,但现实法律实惠的得到就在于主体的自觉与自力。世界上没有不包含着主体能动性的法律实践,也没有不含利益对抗与价值观交锋的法律适应。所以,耶林在讲权利争取的实际时,开始要作一个“主观/客观”的关系设置。“所谓客观意义上的法(Recht)指由国家适用的法原则的总体、生活的法秩序。所谓主观意义上的法即上文所言的对抽象规则加以具体化而形成的个人的具体权利。”〔2〕耶林式的“主观/客观”论证范式实际上预示了法律实践过程中充满着固定的与不固定的、实在的与抽象的、实然的与应然之间的选择。这样,我们又不难理解波斯纳的话:“成熟的法律制度会同时拒绝这两个极端,而主张一种规则与裁量、法律与平衡、规则与标准、实在法律与道德原则(相应于自然法)、逻辑与实践理性、职业法官与业余法官、客观性与主观性的混合。”〔3〕

总之,法律实践的客观性并不排挤其主观性,因为再依赖客观性东西的法律实践也不会给自己设定好产生固定结果的死模板。德国法学家魏德士指出:“所谓客观目的标准并没有将法禁锢于可靠的、有效的、‘客观的’价值秩序中。相反,它是使法律适应时代精神的工

---

〔1〕〔德〕韦伯:《经济与社会·上卷》,林荣远译,商务印书馆2008年版,第241页。

〔2〕〔德〕鲁道夫·冯·耶林:《为权利而奋斗》,胡宝海译,载梁慧星主编:《为权利而斗争》,中国法制出版社2000年版,第3页。

〔3〕〔美〕理查德·A.波斯纳:《法理学问题》,苏力译,中国政法大学出版社2002年版,第506页。

具。"[1]法律实践的客观性与主观性不是一对二元对立关系,而是一对范畴,它的存在提醒我们应在二者之间建立一种"协调",如孔德所言:"在思辨生活与实在生活之间直接建立全面协调关系的自发倾向,最终应该视作实证精神最可贵的优势,没有任何其他属性可以同样显示其真正性质并促进真正的升华。"[2]同时,它还告诉我们法律总是在实在与抽象之间循环,如波斯纳对法律的界定:"法律就仅仅是对特定情况下的国家权力将如何部署的预测。作为一种抽象实体的法律融入了物质性力量,而这种物质力量也是一种抽象的但有更切实影响的实体。"[3]这就是说主观性与客观性的本质范畴也就是在指:当一个法律制度成熟而成为"客观"物质力量时,人们应开始抽象地发现或怀疑,因为新的东西又要出现了。

反观我们现有的认识,对这对范畴的重视也是远远不够的,主要问题倒不是什么理论认识不到位,而是有实际后果的:我们实践中的法官明显缺少波斯纳所提的平衡术,法学教育中普遍不重视法律人的人格意识的塑造和思维创新能力的培养,理论成果中稀有将实践经验与文化观、价值观结合得很好的作品。因此,我们自己的"思辨生活与实在生活之间的全面协调关系"在哪？这是值得我们认真思考的。

---

〔1〕〔德〕伯恩·魏德士:《法理学》,丁小春、吴越译,法律出版社2003年版,第350页。

〔2〕〔法〕奥古斯特·孔德:《论实证精神》,黄建华译,商务印书馆2001年版,第21页。

〔3〕〔美〕理查德·A.波斯纳:《法理学问题》,苏力译,中国政法大学出版社2002年版,第28页。

《国际商法》课程双语教学初探

李　蓓*

摘　要:为顺应经济全球化和高等教育国际化的客观要求,全国各高校都将双语教学的研究和实践工作,作为本科教学改革的重要内容之一。在经贸、英语专业开设国际商法双语课程时,笔者建议采用部分沉浸式教学模型,精心选取配套教材,通过图表法、案例分析法、情景教学法、标志性话语贯穿法和督促学习法提升教学效果。

关键词:《国际商法》课程　双语教学　教学改革

为顺应经济全球化和高等教育国际化的客观要求，教育部早在2001年《关于加强高等学校本科教学工作提高教学质量的若干意见》中明确提出本科教育要创造条件使用英语等外语进行公共课和专业课教学。此后，在2005年1月、2007年1月、2007年2月和8月多次发文鼓励和推动双语教学的开展。2004年《本科教学工作水平评估指标体系》中也明确要求适宜专业如生物技术、信息技术、金融、法律等双语授课课程比例≧10%，其他专业积极推进双语教学。因此，全国各高校都将双语教学的研究和实践工作，作为本科教学改革的重要内容之一。顺应教育部要求,湖南财政经济学院也于2013年第一

* 李蓓,女,湖南长沙人。湖南财政经济学院法学与公共管理学副教授,研究方向为民商法。

学期起在英语系金融英语、外贸英语、翻译专业开设了《国际商法》双语教学课程。如何准确分析学生学习需求,合理设定教学目标,探索新型教学模式,努力挖掘、开发教学资源,提升学生与双语教学的对接度,以此达到提高教学质量之目标是摆在讲授《国际商法》教师前亟待思考和解决的问题。

一、《国际商法》课程教学目标的设定

双语教学的目标定位一直是有争议的。有人主张双语教学的目标是要强化目标语言(教学语言);有人主张双语教学的工具论,认为教学的目标是利用语言这一工具获取知识。

笔者认同双语教学的工具论观点。在我国,按照教育部现行的学科设置的划分规定,国际法是法学的二级学科,其下分为:国际公法、国际私法、国际经济法三个三级学科。目前学界的主流观点认为,国际商法是国际经济法的组成部分。由此看来,国际商法属于法学学科。在大学生中开设《国际商法》课程,不管是否运用双语教学的手段,其侧重点仍应为讲授国际商事法律制度,通过向学生介绍西方两大法系的特点、国际商事组织法、商事代理制度、联合国国际货物买卖合同公约和产品责任法等的相关规定,增强学生的法律意识,培养学生运用国际商法的基本理论和法律规定的能力,学会在涉外经济活动中运用法律与商事贸易惯例做武器,与合作伙伴或国际竞争对手直接进行交流与沟通,成为维护国家和企业的正当权益的复合型人才。双语教学是一个把两种语言作为教学媒介语的系统。20 世纪 60 年代,居住在加拿大魁北克省的英裔单语加拿大人向教育当局提交了一份法语沉浸式双语教学方案,期冀子女在学习学科知识的同时掌握法语——这一被认为是其子女未来就业和生存必备语言的外语。从双语教学的起源来看,也不是为学语言而单纯学语言,而是将语言习得沉浸在学科教学之中。国际商法教学目标的涉外性和教学内容的国际性,给英汉双语教学提供了用武之地。《国际商法》中充斥着大量的国际商事规则和西方国家的国内立法,尽管今日大量的规则都已经翻译成汉语并运用于实践,但由于语言的符号性、民族性和文化性,在翻

译任何一种规则时,译文总是很难做到完全表达原意。如果《国际商法》的教学始终都是基于中译本来进行,必然会有理解上的歧义产生。有些术语和规则,只有还原到其原来的语言文本中,才具有真实的含义,才能明确当事人具体的权利和义务,这就需要课堂教学中通过双语教学形式让学生接触到原汁原味的法律原文。开设双语教学的专业多定位为国际贸易、国际金融专业,人才市场要求这些专业培养出的学生不仅要精通法律,而且要有娴熟的外语沟通技能,能胜任涉及国际商事方面各项活动的开展,如创办跨国公司、签订国际商事合同,办理国际商事代理、保险、运输等业务,甚至涉足国际诉讼领域。这样一种技能,只有在国际商法的双语教学环境中才能被培养和熏陶出来。

综上所述,《国际商法》英汉双语教学的目标应定位于培养学生用英语来获取国际商事法律知识、用英语来思考相关的专业问题和用英语来表达相关专业问题的能力,培养学生在国际商事法律活动中使用英语的能力,并加速学生向"以英语作为工作语言"的阶段过渡。

二、课堂教学中的几点思考

在厘清了《国际商法》课程双语教学目标的基础上,具体到课堂教学实践活动的开展,笔者认为在教学模式、教材的选用、教学方法的运用方面值得深入思考。

(一) 精心选取教学模式

双语教学有三种实践模型:沉浸型教学、保持型教学和过渡型教学。以加拿大为例,沉浸型教学,按第二语言的使用比例可将其分为两种类型:一是完全沉浸式双语教育,开始时第二语言作为100%的教学语言,两三年后,第二语言的比例降低至80%,再过三四年后,降至50%;二是部分沉浸式双语教育,第二语言的比例始终占50%左右。保持型教学则是学生刚入学时用母语教学,逐步转成部分学科用双语,其他学科仍用母语。过渡型教学是学生刚进校时全部或部分学科用母语,后全部都使用双语。

在《国际商法》的课堂教学中,笔者推崇部分沉浸式双语教学,母语和英语在教学中各占50%比例。之所以选取该教学模式,是充分考虑了学生的前期法律知识积淀、英文实际水平情况而作出。《国际商法》作为一门专业性较强的法律课程,其中包含很多基本的法律术语和法律概念,比如什么是法律渊源、什么是法人和自然人、民事行为能力、严格责任原则,等等,而这些基本的法律术语和法律概念是民法、经济法等课程中应该先学习的基本内容,然而受教学计划的限制,英语专业学生不可能事先开设此类前置性的课程。在入学的第一学期开设了思想道德修养与法律基础课,但该门课程主要讲思想道德这一块,学生从该门课程上所获得的法律知识很少,也无法形成基本的法律素养。这直接增加了学生掌握国际商法专业知识的难度,更不用说双语教学。《国际商法》双语课程一般开设在本科二年级,虽然英语专业学生英语基础较为扎实,水平较其他专业学生强,但因缺乏法律英语的铺垫,加之初涉双语课程产生的不适应,由此带来畏难、抵触情绪都直接影响到教学效果。因此,笔者认为,适当地降低学习难度,采用部分沉浸式双语教学较为妥当,PPT 课件采用全英文形式,教师讲授穿插使用中文和英语,或有选择性地内容较为晦涩的章节,如 CISG 的介绍更多地用中文,而内容较为简单的章节,如产品责任法的教授采用全英文方式,更易于学生接受。虽然也有学者提出沉浸式教学与过渡式教学的结合,但笔者认为过渡式并不可取,因为过渡式教学更实用于知识结构环环相扣,知识脉络循序渐进的教学内容,在经过前期的准备后可过渡并实现质的飞跃,国际商法的知识体系非常的庞杂,涉及商事组织、国际商事代理、国际商事合同、国际货物买卖、货物运输与保险、国际支付结算、产品责任、知识产权和国际商事纠纷解决九大方面,且每部分内容自成体系,各章知识缺乏关联,也就使得量到质的飞跃失去基础,过渡式教学只能是鞭长莫及了。部分沉浸式教学模式将贯穿《国际商法》课程学习始终。

(二) 用心甄别可用教材

国际商法双语教学课程教材的选用是当前实施双语教学的难点。目前国内有关国际商法的双语教材并不多,主要分为两类:一类主要为国内学者编著,典型的如姜作利、张学森等编写的《国际商法》双语教材;另一类主要是西方原版的国际商法教材。两类教材均有一定的优缺点。国内学者编写的教材,其优点是符合中国人的视角与教材编写习惯,语言难度有所降低,一般的学生可以接受,有利于学生全面地理解掌握,缺点是其内容表述上往往具有较为明显的中国式的思维习惯与表述方式,而非地道的专业英语。而国外教材的优点是能够使学生学到最纯正的法律英语及最新的国际纠纷案例,但这类教材本身针对的对象是西方学生,缺少对中国涉外法律规则和相关涉外案例的介绍,因此与中国学生学习从事涉外经贸活动规则的要求相差较大,无论是对教师还是学生,对这一类教材内容的熟悉与把握都需要较多的时间。

经过两年的双语教学探索实践,笔者认为张学森编著的中英文双语版《国际商法》作为授课配套教材较好。本书既有中文部分阐述国际商法基本知识,又有英文部分摘录法律原文,方便学生中英文对照学习。教师可有针对性地引导学生先阅读英文部分内容,学习原汁原味的地道法律英语表述方法,阅读遇到困难时再通过中文部分弄懂其意,加深理解。本书每章开篇都有 Key Terms,帮助学生整理出本章涉及的法律术语和词汇,结尾都配置有全英文表述的 cases,帮助学生检测本章所学知识的掌握和运用程度。该书既介绍了国际商法的理论知识,又考虑到了学生法律英语表达能力的培养,成为了教师和学生学习《国际商法》课程的得力帮手。

(三)巧妙运用教学方法

记忆只是一种简单枯燥的机械劳动,而只有思考才能发挥人的潜能,从而推进学术的进步和发展。在国际商法课程教学中如何培养学生的学习兴趣,调动学生积极思考,需要教师广泛、巧妙地运用多种教学方法。

1. 图表法

在国际商法的重点章节中都会介绍不同法系,不同国家对同一问题的不同法律规定,为了使纷繁复杂的教学内容变得一目了然,便于学生区分并记忆,不妨将相同主题以表格形式归类总结。如违约救济——损害赔偿方法,是以恢复原状为主,还是金钱赔偿为主,法国法、德国法、英美法规定各不相同,此时就可以以列表方式进行总结。在讲述要约的撤销和撤回区别时,则可用线段图形式表示出要约传递和承诺作出的过程,在不同环节标示出撤回和撤销字样,使学生形成感性认识。环节颇多的信用证、跟单托收等国际支付方法内容学习时,图表法也能派上用场。

2. 案例教学法

在《国际商法》课程学习的同时,外语专业学生一般都在学习《外贸函电写作》这门课,两门课在教学内容上出现了重叠,如国际贸易术语的介绍,国际货物买卖风险的移转,但两门课仍有其不同的侧重点,国际商法的侧重点则在于向学生提供大量的案例,以及来自英美法系的判例,通过案例的分析,提高法律知识实践运用能力。因此,案例教学法是课堂教学不可或缺的部分。

案例分析不仅是帮助学生理解法律知识的途径,还是启迪学生思维,引入新知识的方法。如笔者在讲述产品责任法中产品"缺陷类型"时,先不急着把结论性知识告诉学生,反倒是以两个消费者,一个身处中国,一个身处美国,同诉麦当劳热饮烫伤案引起学生对审判结果的思考,经过学生的激烈讨论后,再由学生推导出警示标志的缺失也是缺陷的知识点。

3. 情景教学法

为了活跃课堂气氛,提高每一位学生的参与度,也练习学生的英语表达能力,可安排情景教学环节。情景教学,就是由学生来扮演角色,比如扮演两个具有合同关系的商人,就一方违约与否问题结合所学合同法知识,分别用英语陈述观点,展开辩论,从其他同学中选出法官和陪审团成员作出最终判决。情景教学,因调动了学生的法律思维,提高了思辨的能力,练习了英文表达,在服装、道具的配合下极大满足学生的表现欲望而受到追捧。

情景教学法不光用在课程教学中,也可用在学生的期终考核形式中,打破传统的书面考试形式,通过这种方式考学生实际运用知识能力,考口头表达能力,考团队协作精神,考查效果更全面、更真实。

4. 标志性话语使用法

由于英语在我国还只是外语,对于大多数人来说,还远没有达到第二语言的程度，所以用英语授课，对于学生和教师来说，最大的问题是如何使学生抓住教学的要点。为达到这一目的，教师在上课时，可使用一些承上启下的标志性话语(discourse markers)，将讲课的各个部分串联起来，提醒学生各内容之间的衔接和过渡。这些标志性的话语有：在讲课开始时，Today we're going to look at/talk about/discuss…(即告诉学生本课要讲什么)；First of all，I'm going to outline…Then we'll move on to…(即告诉学生按什么步骤讲)。在课程教学中，可以使用：First of all，let's look at…Now let's move on to consider more closely see that…为了作进一步的解释，可以使用：That is to say…或 That means…或 Let me rephrase what I just said…或 What I mean by that is…为了进行对比，可以使用：On the other hand…或 On the contrary…或 Conversely…表示因果关系时，可以使用：As a result…或 Consequently…或 Hence…或 Therefore…或 Thus…如需要举例说明，可以使用：To illustrate…或 For example…或 For instance…讲课结束时，可以使用：To sum up then…或 In conclusion…或 In short…或 To recap…或 To conclude…这些话语的使用，将有助于学生抓住教师讲授的内容。

5. 督促学习法

如上所述，因英语专业学生没有民法、经济法等前置性课程的开设，所以法律基础知识较为薄弱，针对这一现象，教师可在课后推荐一些通俗易懂的法律书籍和普法视频给学生，以弥补法律知识的不足。教师可通过读后感等作业的布置来督促和检查学生课余学习情况。

三、完善国际商法双语教学的几点建议

(一) 合理安排教学计划

为了弥补学生法律基础知识的不足，建议院校在制定人才培养方案时，适当增加《国际商法》双语课程课时量，最高可至 72 学时，以便教师能较为从容地在课堂中给学生补充讲述一些涉及民法、经济法知识，夯实学生的法律知识基础，形成一个完整的法律体系。

本门课程最好开设在英语专业的第 4 学期，此阶段学生经过两年专业英语的学习，阅读、表达能力都得到极大提升，辅之以同期开设的

其他专业课,如外贸函电写作等在教学内容上与国际商法相辅相成,互为补充,使得学生学习难度降低,学习效果更好。

(二) 推进教材和资料建设

教材的选择在双语教学中至关重要。国外的原版教材其教学体系与我国国内的课程教学内容并不匹配,而且其英语语言难度明显偏大,和我国学生的英语水平相距甚远,而国内学者编写的双语教材面向本科院校的法学专业,非法学专业学生的特点与知识结构没有得到充分关注。因此,笔者认为,编写一本适合非法学专业学生使用的《国际商法》双语教材是当务之急。教材内容体系应当与经济贸易类专业、英语专业的教学计划相适应,同时考虑到与其他相关课程教学内容的衔接,并合理融入与国际商法有关的法学基础知识,即将国际商法所需法学基础知识加以整理放在教材之前,或将该部分知识有机融入教材的每一章内容。

学院图书馆或系部图书室应购入国际商法原版图书或教材,以满足教师和学生教与学的需要。

(三) 加强师资队伍建设

《国际商法》双语教学不仅需要教师精通国际商事法律,还要求教师有较高的英语水平,尤其是英语表达能力以及用英语授课和组织教学的能力。此外,教师的法律英语水平也是需要提高的,这种提高是全方位的,不只是词汇和表达方式问题,更重要的是语言风格和语境问题。这一点可以从两个方面入手解决,一方面可以考虑聘请院内外籍教师辅助教学及进行教师的培训,另一方面可以安排双语教师定期进行专门英语培训,或提供出国进修机会,以培养适应《国际商法》双语教学的骨干教师。

在国际经济与贸易专业、英语专业开展国际商法双语教学的巨大价值已是教育界同仁有目共睹的,完全契合人才培养的终极目标,但目前此种新型教育模式的实践才刚刚起步,值得思考、摸索的东西还很多,但相信只要教育工作者怀抱一腔热情,攻坚克难,脚踏实地,联系实际,一定能使双语教学在国际商法课程的教学中光彩夺目。

参考文献

［1］戴庆康:《〈国际商法〉英汉双语教学初探》,载《大学教育科学》2005 年第 3 期。

［2］陈科杰:《高职国际贸易专业国际商法课程双语教学探索》,载《职业教育》。

［2］程早霞:《关于高等院校双语教学理论与实践的探讨》,载《牡丹江师范学院学报》2005 年第 5 期。

MOOC 教学模式在卓越法律人才培养中的应用探索*

代艳丽**　汪　波***

摘　要:MOOC 作为一种新型的教育方式,对比传统法学课堂教学模式具有明显的优势,符合卓越法律人才培养的需要。在联通主义学习理论的指引下,MOOC 教学模式对高校传统法学教学进行了再造,以法学学生的自主学习为中心,发挥法学专业教师的辅助和协助作用,借助数字化的教学手段,通过在线学习讨论、翻转课堂等教学方式,培养塑造高质量复合型的卓越法律人才。

关键词:MOOC 教学模式　卓越法律人才　培养

MOOC 是近几年出现的一种免费在线教学方式,同时也是一种新的课程模式。越来越多的人为 MOOC 教学模式所呈现出的规模大、开放性广和自组织等特点所吸引。2008 年,MOOC 首次出现在公众面前,投入使用时,仅拥有 2300 个注册用户,经过短短几年的发展,MOOC 现在已拥有了几百万注册用户,规模庞大。目前,随着 Udacity、Coursera 和 EDX 三大平台的运用,MOOC 课程针对高等教育,形成了

---

* 本文系 2014 年湖南省普通高校教学改革研究项目(项目编号:244)的研究成果。

** 代艳丽,女,湖北荆门人,南华大学文法学院党委副书记,博士,副教授。

*** 汪波,女,江苏常州人,南华大学文法学院副教授。

自身较独立的学习系统和管理系统，国外越来越多的大学师生陆续加入到了这种新的教学模式。“MOOC 是以大规模互动参与、借助互联网开放获取资源为目标的在线课程，既提供视频、习题、教材等传统课程材料，也提供交互性论坛，并为学习者、教师、助教、建立学习社区，将数以万计的学习者，在共同学习目标、学习兴趣和先备知识的驱使下组织起来。”[1]这种新的教学模式在一定意义上说是从根本上颠覆了大学传统的讲课形式、教学管理等过程，同时也为我们探索卓越法律人才培养提供了一种新的教学模式思路和方法。

一、MOOC 教学模式符合卓越法律人才培养的需要

（一）“以（学）生为本”的人才培养理念

《教育部中央政法委员会关于实施卓越法律人才教育培养计划的若干意见》指出，卓越法律人才培养要“以全面实施素质教育为主题”，“以培养应用型、复合型法律职业人才为重点”。传统法学教学模式中大学生更多的是作为被动的聆听者和接受者，学生的主体作用及价值没有受到应有的重视，而 MOOC 非常重视学生的个体价值，学生自主掌握学习的节奏，甄选学习内容，把握学习进度。同时，在 MOOC 教学模式下，教师不会强行要求学生必须在什么时间完成什么作业、测试等，充分为学生营造了以学生为中心的学习氛围，让学生能根据个人的兴趣、爱好开展学习活动。

（二）互动参与、自主学习、多样性学习评价的教学模式

卓越法律人才培养计划的主要任务是要坚持厚基础、宽口径，强化学生法律职业伦理教育、强化学生法律实务技能培养，提高学生运用法学与其他学科知识方法解决实际法律问题的能力，促进法学教育与法律职业的深度衔接。传统的法学课堂上，一直延续的是知识的灌输，“填鸭式”的法学理论课堂讲授占据主导地位，老师讲，学生听，师

---

〔1〕 张振虹、刘文、韩智：《从 OCW 课堂到 MOOC 学堂：学习本源的回归》，载《现代远程教育研究》2013 年第 3 期。

生之间缺乏互动与参与,近年来,尽管进行了一系列的改革,尝试了课堂上的讨论和案例教学法的应用,但整体教学模式框架没有改变。传统的法学教学模式和法学实践教学环境较差,培养过程强调科学理论知识的讲解,忽视了法学专业本身应具有的实践特点。就目前的法学实践教育环节而言,又存在实践教育与理论教育相分离的客观情况,实践教育与理论课程教学完全分离,由实务部门按照本单位工作实际安排学生实习,让学生形成两套不同的知识语境体系。实践教育如何与理论教育融会贯通,仍然是一个需要面对的现实课题。传统法学教育学习评价方式单一,往往以一次课程考试或考核确定学生本门课程的学习成绩。传统法学教学模式培养出来的学生,往往出现学生通过考试进入公检法等法学实务界以后很难很快适应具体法律实务,不能适应社会的需要。MOOC 教学过程强调课堂学习前的自主学习、通过预习及自学了解和掌握基础的知识,课堂上的学习以互动式讨论、翻转课堂的教学模式来实现好的教学效果,在课后的学习阶段,MOOC 有组织线下的学习讨论和相关实践活动,强调参与和互动,同时注重学习评价方式的多样性,注重过程评价及多元化主体评价。

(三) 辅助式的教师团队

MOOC 教学过程中教师从传统教学模式中的课堂主导者转变成协助者,成为学生自主学习的支持团队。传统法学教学模式下,法学教师发挥着课堂主导作用,教师在课堂上处于绝对主导地位,而当前,就我国高校教师队伍建设情况而言,教师在取得教师资格证后,学校很少再组织对高校教师的系统化、专门化的教育培训,大多数教师本人对此也缺乏深刻理解,缺失接受专门化学习、教育培训的兴趣和动力,在教学水平和教学实践上都是一种自我探索和提高的过程。很显然,这种形势下的法学教师将很难满足学生的自主学习需求,很少能够与学生实现互动,单调的教学方式也使得学生“昏昏欲睡”。MOOC 教学模式下,教学活动由专门的教学团队构成。这个团队中有负责讲授主体内容的主讲教师和相关的助教,有负责设计课程内容的设计、制作人员,有负责网络技术的相关技术人员,有负责学业评价和监督的辅导老师等。MOOC 平台上的教师,其作用更多的可以定位为辅助者或协助者,成为学生学习的支持团队。这个教学团队将在各自负责领域不断更新知识、完善教学内容和相关辅助工作,为学生自主学习提供很好地学习辅导。

(四) 多元化的教学资源

MOOC 教学模式下,课程名称及内容全部在网络上可见,学习时间、地点不受限制,学生可以选择自己合适的时间、感兴趣的内容进行自主学习。MOOC 课程资源丰富多元,在各种课程资源中,通过互联网上某个集合点进行分布,通过这些集合点,学生可以根据自己的兴趣爱好自主选择海量的学习课程。学习内容、学习进度都可以自主选择、自我掌控。而传统的法学教育过程中,教学资源都是非常有限的。

二、MOOC 教学模式在卓越法律人才培养中的具体应用

(一) MOOC 教学模式下学生的自主学习

MOOC 教学理念源于 George Siemens 于 2005 年提出的一种新的学习理论——联通主义学习理论。该理论的基本思想为:知识是网络化联结的,学习是连接专门节点和信息源的过程。[1] 在学习过程中,学生本人掌握学习的控制权,学习以自身为起点,每个个体学习者的知识构成一个有限网络,这种网络同时被连接进各种相关的组织与机构;在同一过程中,各种相关的组织与机构的各种知识又反向输送回了个人网络,让个体学习者继续学习。此学习方式的特点在于,通过知识发展的循环学习者在专门领域的学习中可以不断地吸收新知识,保持在自己的专业领域知识的不断更新。这种连接能够使我们学到比现有的知识体系更多、更重要的东西。[2]

MOOC 教学模式充分注重以学习者为中心,体现以人为本的教学

---

〔1〕 George Siemens, Connectivism: *A Learning Theory for the Digital Age*, Instructional Technology & Distance Learning, 2005, 2(1): 3-10.

〔2〕 王佑镁、祝智庭:《从联结主义到联通主义:学习理论的新取向》,载《中国电化教育》2006 年第 3 期。

理念。其一,MOOC 教学模式下学习者的自主选择、自行规划、自我掌握的能力更强。MOOC 教学模式下的学生学习是自主进行的,通常情况下是采取观看课程视频的形式在网络平台上进行,网络平台的学习有其自身特点,在课程选择、时间安排上完全可以实现由学生自己支配,学生学习的自主权很大、主人翁姿态更强。其二,MOOC 教学模式下,学生能更好地理解和掌握相关法学理论。MOOC 教学模式下,注重课堂内外的讨论,法学理论对部分学生而言是枯燥的,需要在各种相关讨论中加深理解。此外,法学是一门应用性很强的学科,除了法条规定外,更多的是法律理论问题和法律实务案例。开展课堂讨论让学习者用所学的法学理论分析社会生活中的实务案例、剖析案例中存在的各种法律现象,这是学习过程中将枯燥的法律条文实际运用并牢固掌握的一种好的学习过程,学生在辅导老师的协助下,通过互动交流与讨论,达到厘清问题本质,深入掌握法学理论知识的效果。

学习过程中学生个人可以根据自己的需要选择学习内容进行自学。MOOC 教学模式下,学习内容呈现海量、动态汇集的特点,在海量、动态的学习内容中,通过某些集合点(如,网页、课程通讯 Newsletter)实现连通和汇集,从而提供给学生学习使用。学生在学习的过程中,通过观看视频和课前的网络自学等方式,将法学课程中的内容和课程外的内容相互融会贯通,根据自己的理解和想法撰写新的内容,通过撰写博客、分享新资源、参与论坛讨论等形式发表简短的意见。法学专业学生积极与同时学习该课程的其他学习者分享自己的学习体会、学习创意和学习内容,每个学生的积极参加会引发其他学习者的更多思考和响应。课程内容的分享既可以是新的相关的学习资源,又可以是学习者在学习过程中提出的新观点、新思想等。课程协调人会去粗取精、去伪存真,将其中有价值的内容整理进课程通讯中。

对于卓越班的法学学生来说,学习 MOOC 课程也不是一件轻松的事情。其一,要想成长为高素质、复合型的专门人才,应具备一定法学知识背景,需投入较多的时间和精力,并且要具有较熟练使用网络工具的能力,要能够得心应手地从相关网络课程中获取所需要的法学知识和相关信息,能够自主地参与法学相关主题的讨论。其二,MOOC 教学模式下,法学课程和其他课程一样,都具有去中心化的特点,要求学生自我管理课程学习事项,这种学习方式需要教师的指导和协助,否则学生很容易迷失,在网络课程中,从何学起,如何学,需花费多少时间,学习计划、学习步骤是否合理等都会使学生感到迷惘。其三,MOOC 教学模式下,凸显的是以学生为本,要求学生自我组织和自我管理,在学习过程中,学会自我调节也是非常必要的。网络平台上海量、动态的学习资源,需要自己制定学习方案,自觉按时完成。并且学习效果好坏缺乏评价机制,对学习好的学生缺乏奖励机制,这些在一定程度上可能影响学生的学习动力。

(二) MOOC 教学模式下教师作用的发挥过程

MOOC 教学模式下,课程设计专家对各类课程的设计,在结构体系上是完整的,有课程协调人、课程目标、课程知识体系、讨论主题、学习讨论时间设计、作业等内容。同时由于 MOOC 是一种较开放的教育模式,学习者的学习环境都是开放性和个性化的,在学习过程中,需要运用到一些网络学习工具等,这些都决定了对于 MOOC 课程的组织者、协调者——教师而言,教学工作不是减少了,而是增加了。

MOOC 课程的构建需要法学教师组成专门的团队进行建设。除了深厚的法学专业功底外,更需要良好的组织协调能力。在 MOOC 课程建设和维护过程中,需要根据学生学习兴趣和学习进度制作课程视频、引导课堂讨论、开展社会实践等,这些课程内容和教学过程,教师没有扎实的法学专业功底是不可能做好的。此外,这其中的很多环节和内容都在网络上在校进行,因此还需要团队成员中有熟练掌握计算机技术的相关人员,建设和维护在线课程平台。因此,建设一门较好的、受大众欢迎的 MOOC 课程需要教师投入更多的时间和精力。

MOOC 课程构建以后,在教学过程中,对比传统的法学教学课堂,教师的作用发生弱化,由传统的主导变为在线协助和指导,但教师的工作量其实并没有减少。MOOC 课程中,教师除了根据法学学生特点制定科学、合理的专门课程计划外,还要根据课程设计专家的课程设计安排,及时地调整、更新课程内容,随时保持与上课学生的联系,遇到学生有学习上的各种问题时及时提供相关学习支持服务,同时要为学生课后学习巩固所学的法学知识提供协助服务。并且,作为教师,要学会运用现代信息技术手段搜集更新法学专业知识,追踪法学前沿信息并及时掌握学生的学习动态等。MOOC 教学模式下教师的角色转变,对单个授课老师而言是很难独立承担的,MOOC 教学模式下通常是采取组建教学团队来进行教学活动。课程的教学团队通常包括了:担任某门课程的主讲教师和为主讲教师提供协助工作的助教,为学生提供学习讨论、课后巩固所学专业知识的辅导老师,设计制作某门网络课程的课程设计专家和相关的网络技术专门人员等。在这个团队中,大家各司其职,积极沟通,共同完成某门法学课程的教学工作。

教学团队中,各组成人员的地位和作用是不相同的。主讲教师和助教负责法学课程理论讲授、课堂上的讨论活动和相关教学计划等安排;辅导教师的职责是给法学学生提供学习支持,了解学生的学习状态,关注学生的学习过程;相关课程设计专家的主要任务是设计并制作出相关课程的视频课件并安排好相关的实践环节;网络技术人员的职责是为主讲教师和学生提供数字技术服务。

从 MOOC 课程的构建到整个教学的全过程,教学团队各司其职,为学生提供了全方位的优质课程和相关学习服务,教师的辅助作用得以体现,帮助法学学生实现法学知识的自我构建,在教的过程中充分展现了自己的综合素质,教学相长中实现了自身的价值。

(三) MOOC 课堂教学组织的全过程

MOOC 教学模式下,法学课程的学习具有翻转式教学的课程组织模式特点。所谓翻转课堂,即是指将本应在课堂上的学习环节翻转至课程学习之前进行,先让学生利用休息时间进行自我放松式的自主学习,掌握学习要点,完成相关的学习任务。而后,在课堂学习过程中,将原本的课堂讲授翻转成课堂讨论,通过教师的引导,让每位学生充分表达自己的观点,存在不同观点时,让学生之间进行交流辩论,在互相表达、交流辩论的过程中达到掌握知识、完善知识体系的效果。翻转课堂中,教师原本的“满堂灌”讲授被学生的学习讨论所取代,教师所承担的主要责任是引导学生学习,同时为学生提供各种学习支持服务。

卓越法律人才培养中的翻转课堂教学过程，可以分为课前、课中、课后三个阶段：在课前阶段，教学团队中的课程设计专家要与主讲教师一起，确定好具体课程内容和相关课程体系，网络技术人员要将相关课程信息及时发布到相关学习网站，供法学学生浏览、选择相关课程，并进行相关的注册登记。在规定的时间，学生完成注册登记后，辅导老师将相关信息汇总，根据学生人数进行分班管理。随后，教学团队相关工作人员将主讲教师讲课视频及相关学习资料，放至学习网站。之后，学生自主选择学习内容进行相关学习。视频的学习过程中设置有各种小测试，只有通过测试的学生才能继续学习。这样学生自主学习情况通过测试能够得以部分体现，在视频的学习过程中，学生还将参加相关的学习网站组织的学习讨论，通过学习讨论情况，教学团队进一步了解和掌握了学生的学习情况，再根据情况进行课程设置的优化和更新。在课中阶段，学生自主主导学习，教师仅仅起到发起学习活动和协调学习过程的作用。在学习过程中，学生通过讨论，学习如何将法学理论知识与法学实践相结合，学会如何加深对相关法学理论的理解，教师的作用在于最后的总结、归纳课堂上提出的各种相关观点。在课后阶段，就是如何引导学生将法学理论与司法实践相结合，如何在具体案例中运用所学法学理论知识进行分析，在司法实践中增长才干和本领。

总之，MOOC 教学模式下，通过学生的自主学习、教师团队辅助作用的发挥，在轻松互动的学习氛围中，实现学生对法学理论的认识、掌握，并能很好地将法学理论与司法实践相结合，实现卓越法律人才的培养目标。

国际经济法课堂教学的改革与创新

——以二本院校为视角

肖灵敏*

摘　要:在经济全球化、法律职业化、全面推进依法治国的大背景下,我国国际经济法的课堂教学面临前所未有的机遇和挑战,改革传统的课堂教学方法势在必行。虽然很多高校教师纷纷提出相应的改革措施,形成了--些行之有效的新教学模式、手段和方法,但教学效果不太理想,二本院校更甚。因此,应针对二本院校师资力量参差不齐、学生英语水平普遍较低的现状,根据国际经济法课程的教学内容,在整个教学过程中应始终贯彻实施教学互动模式,灵活运用各种教学手段和方法,以培养应用型、复合型的涉外法律人才。

关键词:涉外法律人才　教学互动模式　教学内容　教学方法

自从我国实施依法治国方略,于2001年加入世界贸易组织以及于2002年实行统一的司法考试制度以来,我国高等法学教育面临了前所未有的机遇和新的挑战。特别是2011年12月23日教育部和中央政法委发布的《教育部中央政法委员会关于实施卓越法律人才教育培养计划的若干意见》提出,“把培养涉外法律人才作为培养应用型、

---

* 湖南文理学院法学院教师。

复合型法律职业人才的突破口。适应世界多极化、经济全球化深入发展和国家对外开放的需要，培养一批具有国际视野、通晓国际规则，能够参与国际法律事务和维护国家利益的涉外法律人才。"2014 年十八届四中全会明确了全面推进依法治国的重大任务，其中任务之一是"加强涉外法律工作"。因此，在这种大环境下将培养应用型、复合型涉外法律专业人才作为主要任务的国际经济法的课程教学就显得尤为重要。如何培养涉外法律专业人才，《国家中长期教育改革和发展规划纲要(2010—2020 年)》明确提出了"创新人才培养模式……重点扩大应用型、复合型、技能型人才培养规模……注重学思结合。倡导启发式、探究式、讨论式、参与式教学，帮助学生学会学习"。

那么如何在国际经济法的课程教学中达到上述要求，改变目前涉外法律专业人才稀缺[1]和高等院校国际经济法课程教学效果不理想[2]的现状，这是广大法学教育工作者面临的重大课题。笔者在二本院校已从事了十年的国际经济法课程的教学工作，下文也仅从二本院校的角度对国际经济法的课堂教学改革问题进行探讨。

一、目前国际经济法课堂教学面临的挑战

目前国际经济法课堂教学过程中所面临的挑战是多方面的。

第一，学生学习该课程具有较大的难度。由于国际经济法多元化发展(如，各国国内贸易法、双边贸易条约、区域贸易协定、多边贸易条约和国际商业惯例等发展的浪潮正席卷全球)，国际经济法学体系性不强，且内容庞多繁杂(涵盖了国际贸易、国际投资、国际金融、国际税收、世贸组织法及国际贸易争议解决等多个领域)，正如美国著名国际经济法学家杰克逊教授描述的"国际经济法的变化之快就像在急速行

[1] "64% 的涉外案件因涉外法律人才的匮乏鲜有人问津，目前中国律师中 99% 在国内从事法律服务，在国外从事法律服务的仅占 1%，涉外业务在整个行业中所占份额极小，而且中国在海外的案件胜诉率极低，海外仲裁 9 成以上案件败诉。"(参见杨凤宁：《经济全球化视野下涉外法律人才培养问题初探》，载《民族教育研究》2014 年第 25 期。)

[2] "传统国际经济法学教学方法是以教师授课为主，在讲授过程中，以理论阐述为主，辅以一定的案例教学。这样的教学方法不太适合国际经济法学的特点，教学效果不理想。"(参见荆珍：《思维导图在国际经济法学教学中的应用研究》，载《第 5 届教育教学改革与管理工程学术年会论文集》2012 年第 12 期。)

驶的列车上看窗外的风景一样”。[1] 正因为国际经济法学体系具有交叉性、综合性和边缘性等特点,而且国际经济法离学生的生活相对较远,使得学生对涉及国际经济领域的诸多法律问题缺乏足够的感性认识,对课程内容的理解有较大的困难。因此,在学习过程中,学生普遍存在畏难情绪,学习兴趣也不浓厚。

第二,国际经济法教材严重滞后。教材作为教学内容的载体,对教学起着重要的作用。而目前国内二本院校选用的国际经济法教材是“十五”国家级规划教材,不仅整体偏重理论性、学术性,不利于学生自学,而且内容陈旧,更新较慢,未能及时体现最新立法现状和最新学术研究成果,教材中每章后所编的典型案件,并不能反映当前国际经济法的热点、难点问题,这样导致学生学习积极性不高并严重依赖教师的讲解。

第三,传统的教育教学方法存在弊端。“目前的法学教育中缺乏系统的比较法、外国法教育,学生获得国际化法律训练的机会与途径单一,缺乏国际视野的问题仍然十分严重。”[2] 目前大多数二本院校还是采取传统的国际经济法课程教学方法,主要以讲授为主,习惯于分析国际经济法的基本原理和基本制度。尤其偏重于采取解析国际经济条约中的法律条款的教学方式,常常使学生知其然不知其所以然。

第四,制度性的配套保障措施缺乏。“由于缺乏制度性的配套保障措施,由于法学教育的国际化对学生、教师的要求很高,成本也很高,中国法学教育的国际化仍显步履蹒跚。”[3] 一方面中国亟须大批优秀的涉外法律人才;另一方面,目前的人才培养体系又无法担此重任,因而迫切需要有针对性地进行法学教育改革,建立健全制度性的配套保障措施,至少在师资力量和基础教学设施上应保障能开展国际经济法课程教学的改革和创新活动。虽然在全球化背景下培养一大批高级涉外法律人才已提到议事日程,但目前还只有几所重点大学开

---

〔1〕 John H. Jackson, *Legal Problems of International Economic Relations* (4th Edition), West Group, 2002.3.

〔2〕 韩大元:《全球化背景下中国法学教育面临的挑战》,载《法学杂志》2011 年第 3 期。

〔3〕 同上。

办涉外法律人才实验班,如山东大学决定自2012年起组建涉外卓越法律人才实验班;上海对外经贸大学自2013级新生起,已组织实施“涉外卓越法律人才”实验班;2014年中国政法大学新开设涉外法律人才培养模式实验班。而绝大部分二本院校的法学专业囿于师资力量有限、教学设备不齐全,根本无力开设这样的实验班。

第五,法学学科毕业生的就业率低。“根据《中国法治发展报告NO.7(2009)》的统计:截至2008年11月,全国共设立法学院系634所,改革开放30年增长了105.67倍,法学本科在校生30万人左右。”〔1〕而2007年法学学科毕业生的就业率竟列文科毕业生倒数第一。〔2〕这说明法学毕业生所具备的法律职业技能,与法律职业对他们的能力要求相比,存在巨大的差距。“中国高等法学教育走到今天,应该说已到了必须要改的时候。法学教育改革必须适应法官、检察官和律师等法律职业的需要,也要满足企事业单位、立法、行政及其他机构对法律人才的客观需求。”〔3〕

二、目前国际经济法课堂教学改革现状分析

针对上述国际经济法课堂教学的诸多挑战,很多高校教师纷纷提出相应的改革措施,形成了如下一些行之有效的新教学手段、模式和方法。

(一)运用思维导图教学手段

例如,法学教育工作者荆珍在《思维导图在国际经济法学教学中的应用研究》(2012)一文中认为,思维导图〔4〕对解决国际经济法学教

〔1〕冀祥德:《法学教育的现状及展望》,载李林:《中国法治发展报告NO.7(2009)》,社会科学文献出版社2009年版,第332页。

〔2〕同上书,第336页。

〔3〕张建军:《法学本科专业国际经济法课堂教学改革思路之梳理》,载《西安电子科技大学学报(社会科学版)》2013年第23期。

〔4〕思维导图是一种全新的思维模式,它综合利用左脑的语言、数字、逻辑、顺序、分析、列表、线性感,以及右脑的节奏、形象、色彩、维度、空间感、整体性等多种大脑皮层思维技能,以增强人的思维能力,提升注意力与记忆力,更重要的是,它能够启发我们的联想力与创造力。(参见〔英〕东尼·博赞、巴利·博赞:《思维导图》,中信出版社2002年版,第34页。)

学中的主要问题具有积极作用,“可以极大地促进学生学习国际经济法学的主动性和积极性,可以显著提高国际经济法学的教学效果,真正响应了高等教育改革项目‘卓越法律人才教育培养计划’中的推进教学方法改革,提高国际经济法学教学质量的需要”[1]。

这种思维导图可在学习国际经济法的理论知识时,供教师上新课或上复习课、学生上台参与教学时采用,有利于对庞杂的国际经济法知识进行系统性的讲解和复习。

(二) 采用不同的教学模式

1. 实践教学模式

有的法学教育工作者提出了教学互动模式。例如,虎岩在《多媒体课件环境下的国际经济法教学互动模式探析》(2010)中认为,“多媒体课件的使用既会使教学互动丰富立体,也会对教学互动形成制约。以创设司法情境为基础的案例教学、以扮演角色为形式的模拟式教学、以学生亲自参与为内容的体验式教学、以点评与讨论为核心的影视教学是多媒体课件环境下国际经济法教学互动的主要模式”[2]。

有的法学教育工作者提出了实战型教学模式。例如,王东在《〈国际经济法〉课程实战型教学模式基本框架设计》(2011)一文中提出,“在《国际经济法》课程中实施实战型教学模式把学生置于真实或近乎真实的环境中,能使学生学到在教材中或隔离开的教学中没有接触到的许多法律问题;通过给学生提供实战机会,使他们能把学到的零散的知识系统化,在传统课堂教学忽视或无法提供的机会中进行主体性训练,使学生真正成为学习的主体”[3]。

有的教育工作者提出了抗辩式教学模式。例如,南海燕在《抗辩式教学在国际经济法课程教学中的运用》(2013)一文中采用了抗辩式教学模式,“它以让学生模拟抗辩双方律师在法庭上为当事人争取最

---

〔1〕 荆珍:《思维导图在国际经济法学教学中的应用研究》,载《第5届教育教学改革与管理工程学术年会论文集》2012年12月29日。

〔2〕 虎岩:《多媒体课件环境下的国际经济法教学互动模式探析》,载《河南省政法管理干部学院学报》2010年第5期。

〔3〕 王东:《〈国际经济法〉课程实战型教学模式基本框架设计》,载《法制与经济》2011年第9期。

大利益为主要特色"[1]。

有的教育工作者提出了"情境体验式"教学模式。例如,樊帅在《浅析国际经济法"情境体验式"教学的系统化建构》(2012)一文中采用"情境体验式"教学模式,"它是以建构主义理论为基础在'情境创设'的条件下通过'情境体验'使学生习得国际经济法知识的教学过程。该模式是一个系统化的建构过程,以互动合作式的师生关系和认知对象的有机组合为前提,通过案例或卷宗材料的收集、整理、参与者分组创设'虚拟情境',并运用案例情景讨论、程序情境体验、诊所式专业实践等手段使学习者在'体验'过程中将国际经济法知识转化为内在认知的一部分,以达到改善教学手段和提升学习效率的目的"[2]。

上述四种教学模式都是在实践活动中进行教学,强调学生的主动性和参与性,能充分调动学生的学习积极性和主动性,锻炼培养学生的实际操作能力。但不足之处在于,很难适用于课堂教学,即使能在课堂上采用也只能适用一两次,否则会影响正常的教学进度。

2. 双语教学模式

有些法学教育工作者提出了双语教学模式。例如,石慧在《国际经济法课程双语教学的实践》中(2011)提出,"国际经济法双语教学的目标是培养涉外法律服务人才。教学模式采用以思维训练和能力培养见长的英美法系的教学模式,改良我国的案例教学法,改进实践性教学。教学语言尽可能使用英语,特别是课堂上多使用简单英语,课后营造英语阅读氛围"[3]。又如,曾文革,杨署东,周钰颖在《〈国际经济法〉双语教学模式选择探讨》(2012)中提出,"现阶段,穿插型双语教学模式比较适宜于我国国际经济法课程。只有科学地运用了这一双语教学模式才能充分发挥它的实效,真正达到开展双语课程的教学目的"[4]。

---

〔1〕 南海燕:《抗辩式教学在国际经济法课程教学中的运用》,载《河南教育学院学报(哲学社会科学版)》2013 年第 32 期。

〔2〕 樊帅:《浅析国际经济法"情境体验式"教学的系统化建构》,载《湖北警官学院学报》2012 年第 12 期。

〔3〕 石慧:《国际经济法课程双语教学的实践》,载《中国大学教学》2011 年第 1 期。

〔4〕 曾文革、杨署东、周钰颖:《〈国际经济法〉双语教学模式选择探讨》,载《河南商业高等专科学校学报》2012 年第 25 期。

双语教学模式符合复合型的涉外法律人才的培养目标,但在二本院校中不能普遍适用,也不能贯彻国际经济法课堂教学的全过程,因为二本院校本身师资力量的不足,很少有中国教师能进行双语教学,即使引进外籍教师,但精通中国法律的也很少。

(三)综合运用多种教学法

例如,陆爽在《国际经济法教学中以学生为中心的综合性教学方法探讨》一文中认为,“以学生为中心的综合性教学方法,是指以学生为主体,融合多种教学方法和手段的复合型教学方法,有利于充分调动学生学习的积极性、主动性和创造性,能够很好适应国际经济法教学,成为国际经济法教学方法改革的一个新亮点”[1]。又如,王林彬,李燕荣在《综合教学法在国际经济法教学中的应用》中提出,“综合性教学法包括启发式教学、讨论式教学、案例分析和诊所式教育等多种方法。但在教学实践中,应注意各类教学方法在各章节的不同应用和配置”[2]。

笔者认为,在国际经济法课堂教学中运用综合性教学法,能够充分发挥每种教学法的长处,避其所短,应根据教学内容和学生特点进行合理配置。配置的成功与否取决于教师对教学内容的娴熟程度和学生的配合程度。

三、国际经济法课堂教学的应用策略

在经济全球化、我国统一司法考试制度、我国涉外法律人才稀缺的背景下,应针对二本院校从事国际经济法课堂教学的师资力量参差不齐、学生英语水平普遍较低的情况,同时根据国际经济法的教学内容,在整个教学过程中应始终贯彻实施教学互动模式,灵活运用各种教学手段和方法。

---

〔1〕 陆爽:《国际经济法教学中以学生为中心的综合性教学方法探讨》,载《教育文化论坛》2011年第3期。

〔2〕 王林彬、李燕荣:《综合教学法在国际经济法教学中的应用》,载《教育评论》2012年第5期。

（一）教学互动模式贯彻教学过程始终

在《国际经济法》课程整个教学过程中始终贯彻实施教学互动模式，能充分调动每一个学生的学习兴趣，能使学生深刻理解在教材中或隔离开的教学中没有接触到的许多法律问题。通过师生互动，使学生真正成为学习的主体。

（二）采用多媒体技术和思维导图教学手段辅助教学

如前所述，运用多媒体技术能丰富课堂教学内容、形象生动展示教学内容，能扩充学生知识面和提高学生学习兴趣。教师均可利用思维导图进行知识的系统讲解和归纳，同时可指导学生学会制作思维导图对所学知识进行梳理，牢固掌握知识。总之，采用多媒体技术和思维导图等教学工具辅助教学，能够高效地培养学生的思维能力和创新能力。但在运用多媒体技术和思维导图手段辅助教学时，需要师生课前花费大量的时间和精力进行精心设计，否则杂乱无章的多媒体演示和思维导图反而会误导理解。

（三）灵活运用各种教学方法于不同教学内容

我们应根据不同二本院校的师资力量的强弱、学生英语水平的高低和教学设施配备的多寡灵活运用各种教学方法于不同教学内容。在运用各种教学方法之前，应理论联系实际，对教材内容进行合理取舍。例如，湖南文理学院法学院的国际经济法课程只安排了60课时来进行教学，而教学内容繁多，体系庞杂，学习难度大，教学任务重。因此，根据该课程的教学大纲与选修课程《国际商法》、《国际贸易法》、《国际投资法》教学大纲的不同要求和教学内容的不同安排，并与选修课程的任课老师协商一致，在选修课中已重点学习的内容可略讲甚至不讲，而在其他课程中未重点讲解甚至从未学习过的内容应详细讲解。另外在司考中涉及的但教材中又未编排的内容应予以适当补充。

笔者在安排该课程的教学时，以培养应用型、复合型的涉外法律人才为教学目标，要求学生重点把握国际经济法的涵义、调整对象、基本原则;国际经济法学与其他相邻部门法的关系;国际货物买卖法律制度、国际货物运输法律制度、国际货物运输保险法律制度、国际贸易支付方式、世界贸易组织的基本原则、知识产权的国际保护、国际投资担保的国内法和国际法制度、避免国际重复征税和国际重叠征税的方法、防范国际逃税与避税的方法、国际经济贸易争端的解决方法等基础理论,并能运用所学的国际经济法律专业知识解决我国在对外经济交往中的一些理论和实际问题。

1. 开展讨论式、参与式教学

笔者在国际经济法的课堂教学中采取了以"教师引导—学生自学—集体讨论"的教学方式,每堂课都事先安排学生预习的内容和思考的问题,在讲授新课时,适当提问检验学生的预习情况,并对难点组织学生进行讨论。如在讲解国际经济法的调整对象、国际经济法的基本原则在实践中的体现;国际经济法与其他相邻法律部门的联系与区别、如何运用《联合国国际货物销售合同公约》和国际贸易术语解释通则解决国际货物买卖合同中的纠纷;如何运用 WTO 争议解决机制解决 WTO 成员之间在履行 WTO 各协议过程中发生的争议等难点内容时,笔者在讲授完相关的知识点后,提出有针对性的思考题或有争议的问题组织大家讨论。学生也踊跃发言,大胆讨论,畅所欲言,并能提出自己独特的见解。这使学生的创新思维得到了最大程度的锻炼。

同时笔者在国际经济法课堂教学过程中,坚持"以学生为本"的基本原则,展开参与式教学。教师应选择好难度较小的章节让学生走上讲台自己讲。例如,国际经济法的绪论、国际贸易法概述以及教材各章的第一节的概述都可以放手让学生来讲解,要求学生讲解时控制时间在 20 分钟以内,将自己要讲的重点内容讲清楚,难点可当堂向学生或教师提问,非重点且容易理解的部分可一言带过甚至不讲。同时笔者也可采取平时加分奖励措施激励每个学生都积极上台。因为要求学生讲解的内容相对容易理解,学生愿意着手准备,也容易讲解清楚。特别是学生在台上讲时,台下的学生听得特别仔细,想找出台上学生讲得不对的地方甚至提问。尤其是一些平时不敢问教师的学生这时也敢问学生"老师"。这样通过学生互动,所学的知识能掌握得非常牢固,还能够有效地锻炼学生在公共场合的胆量以及切实地提高学生的应变能力,有利于学生未来职业生涯的发展。当然教师要掌控整个教学的时间和进度,同时当堂进行点评和疑难解答。

2. 根据教学内容进行案例教学、适当安排研究性教学

因为国际经济法是理论性和实用性都很强的课程,因此,案例教学法是在讲授国际经济法的基本法律制度时必不可少的环节。学生掌握国际经济法的基本法律制度的程度如何,取决于教师选择的案例的经典性。例如,在教学国际货物贸易法时,精选一个涵盖国际货物买卖法、国际货物运输法、国际货物运输保险法律制度、国际贸易支付法律制度的案例进行详尽分析。而在平时教学中,教师选择的案例应该适合学生的水平,应真实精简、典型多样、循序渐进,而且结果应具有争议性,具有探讨的价值。一般来说,司法考试真题精简且涉及知识面广,可用来作所学知识点掌握程度的检测。

同时,笔者在教学过程中根据学生对知识的掌握程度,适当布置课程作业。而且会布置一个具有研究性的问题(例如,国际经济法的地位,国际投资法中特许协议的性质,WTO 的争议解决机制的利弊与中国的应对,这些课题都具有争议性,都可用来作为研究的课题)。要求学生写一篇课程小论文,并要求在论文内容和格式上基本达到毕业论文的规范要求。这不仅为将来的毕业论文写作奠定基础,培养学生的创新能力,也为学生将来考研方向提供一定的参考价值。

3. 模拟法庭转换角色教学

国际经济法课程在大三第二学期安排教学,此时学生已具备模拟法庭的能力。由于模拟法庭时需要精选案例、分配角色、准备台词,要模拟成功,需要花费较长的时间。因此,在国际经济法的整个教学过程中安排一次模拟法庭就足够了。一般在国际经济法的最后一章“国际经济贸易争议解决”中安排模拟法庭比较合适,既可对前期学过的知识进行系统归纳总结,也可灵活运用知识进行现场演练。同时,学生可转换角色,扮演原告、被告、法官、律师等角色进行思考和辩论,能够丰富学生的想象思维和提高学生的实务操作能力。

4. 利用“法律诊所”进行实践教学

目前并不是所有的二本院校都设立了“法律诊所”。在已设立了“法律诊所”的情况下,“学生在‘法律诊所’中在教师的指导下为委托

人提供咨询,'诊断'法律问题,开出'处方',并提供法律服务,这一做法是让学生以律师的身份办案,在法律事务的实践中积累法律职业技能,培养法律职业意识"[1]。而目前还没有设立"法律诊所"的院校,应创造条件设立,或者可与附近的律师事务所或法院合作,由律师事务所或法院提供案源,学校教师组织学生探讨案情,提供"处方"。

5. 针对不同学生进行双语教学

二本院校的学生英语水平普遍不高,在国际经济法课堂教学的全过程是不可能完全进行双语教学的。因此,教师应根据教学内容有所选择地进行双语教学,例如,在讲解《国际货物买卖合同公约》、《国际贸易术语解释通则》、《商业单据托收统一规则》《跟单信用证统一惯例》时,可对这些公约和惯例的英文版和中文版进行对照讲解,更易使学生明白相关规定的含义和在国际贸易实际中运用到的单据的操作流程。而对于少数英语水平较高的学生,可对他们提出更高的要求,阅读相关外文文献和案例,并能激励其将来从事涉外法律工作或报考国际经济法学研究生的积极性。

总之,受上述诸多因素的影响,我国国际经济法课堂教学改革不可能一蹴而就,须遵循教育教学改革的客观规律,在国际经济法的教学中,可以根据教学内容的不同特点,选择不同的教学模式、手段和方法,综合利用其优点,运用于教学的各个阶段,形成综合性、立体式教学方法,这样做将会取得好的教学效果。

---

〔1〕 杨高峰:《法律诊所教育本土化过程中的问题与对策》,载《中国大学教学》2009年第2期。

实践教学探索

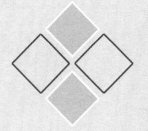

论法学本科"两型四化"实践教学模式建构

——以湖南师范大学法学院实践教学探索为例*

李爱年** 陈一诚***

一、"两型四化"实践教学模式体现法治时代要求

法学教育必须高度重视实践教学的改革创新,这是因为法学理论属于法律实践的一个内在部分,并在法律实践中表现自我意义,即法学理论是实践性的,更是法律实践性的。[1] 我国处于社会和经济转型时期,加上人们观念上的不断变化和立法的快速发展,法学院传统上注重教授的法律知识内容也面临不断变化。事实上,即便是以讲授法律知识为主要内容的课程,其最为重要的目的也不限于具体知识的传输,而在于培养学生的法律思维和法律技能。2007 年,美国卡内基研究会提出了一份关于法学教育的研究报告,提出法学教育不仅是要教学生"像律师那样思考",而且要教学生"像律师那样执业(lawyering)";并指出美国法学院的判例教学忽略了法律人的职业伦理和技

---

* 湖南师范大学教学改革研究项目《湖南师范大学卓越法律人才培养的研究与实践》(校行发教务字[2014]85 号)。

** 李爱年,湖南师范大学法学院副院长,教授。

*** 陈一诚,湖南师范大学法学院教务办主任。

〔1〕 刘星:《法学知识如何实践》,北京大学出版社 2011 年版,第 2 页。

能的培养。这并非美国法学教育特例,其实也是我国法学教育应当充分考虑的问题,把法律思维、职业技能和职业道德都纳入法学院教学的范围内,这不仅已经成为各国法学教育的基本共识,其实也是法学的内在特殊性以及法治发展的时代要求。“作为一门与社会实践紧密联系的学科,法学与哲学、历史等人文学科有较大的区别。为培养能够在社会中发挥独特作用的法律人才,法学教育不仅要传授法学知识,更要培养学生的法律职业能力和素养,培养推行法治的生力军。在这种改革氛围中,法学实践教学受到广泛重视,模拟法庭、法律诊所、案例课、谈判课等各种形式的实践教学得以长足发展。”[1]事实上,这些实践或模拟实践的目的都在于要将法律知识、法律技能与作为法律人的基本职业伦理要求内化到法律人的基本思维方式,进而成为法律人行为的动力与指南。

法律思维是法律职业者运用法律规定的标准、程序和逻辑来观察、分析和解决问题的思维方式。法律毕业生初涉法律实务往往困窘于面对真实案件或社会纠纷而千头万绪、没有任何人可资决断的现成既定事实,从而感到错综复杂无从下手。其实质是法律毕业生缺少法律思维的事实判断训练,传统法学教育贯穿始终的是法律知识的传授和理解能力训练,而对法律事实判断能力的训练付诸阙如。法律思维运行有事实平台、法律平台和综合权衡平台三个主要平台。任何法律实务首先遇到的就是法律思维运行的事实平台问题,即如何遵循法律的要求去观察、采集、分析、认定和运用事实。而事实总是时代的事实,任何事实都是时代精神的载体,然而,现有法学教育所提供的法律课程则很少关注事实观察、获取、判定和法律解读能力的训练,案例分析或模拟法庭等都是设定的简单逻辑前提下的训练,其中的事实都是事前既定范围的事实,是脱离现实生活的技术化处理了的事实,是附属于预设教学目标的事实,缺乏了现实事实的变化性。因此,这样所训练的还是法律知识的理解和运用于既定事实,而不是基于对法律精神的诉求对事实做合符法律思维的检视和梳理。

我国法学本科教学工作顺应时代要求,不断推进实践教学改革。

---

〔1〕 王晨光:《“个案全过程教学法”是探索法律实践教学新路径》,载《法学》2013年第4期。

2007年，教育部、财政部推动的“高等学校本科教学质量与教学改革工程”（以下简称“本科教学工程”），把“实践教学的改革创新”列为建设重点之一。[1] 2011年两部委又印发了“本科教学工程”实施意见，决定在“十二五”期间继续实施“本科教学工程”建设。2012年教育部、中央政法委员会联合发布《关于实施卓越法律人才教育培养计划的若干意见》，教育部决定在高等学校分批建设“卓越法律人才教育培养基地”。2014年10月党的十八届四中全会审议通过了的《中共中央关于全面推进依法治国若干重大问题的决定》（以下简称《决定》），提出全面推进依法治国，总目标是建设中国特色社会主义法治体系，建设社会主义法治国家。要实现依法治国，需要培养一大批高素质的法律专门人才。《决定》提出，要“推进法治专门队伍正规化、专业化、职业化，提高职业素养和专业水平。完善法律职业准入制度，健全国家统一法律职业资格考试制度，……健全从政法专业毕业生中招录人才的规范便捷机制。”在此时代背景下，加强法治思维训练、推进法学教育转型、强化法学教育服务法治国家和法治社会建设，这是所有法学院系的时代责任，有必要依照“本科教学工程”建设的新要求，大力探索法学专业实践教学的新模式。

近年来，湖南师范大学法学院组织力量以一系列各级教改课题[2]为依托对法学专业实践教学模式进行了探索和研究。逐步形成了“两型四化”法学实践教学培养模式，即以复合型、应用型人才培养为目标定位，确立“理论与实践结合、校内外资源兼容”的教学理念，构建课程体系科学化、教学手段多元化、师资结构复合化、实践环节实战化的运行框架，全方位训练学生的法律思维，打造专业能力与职业素养于一体的法律职业人才培养模式，并在理论研究、课程改革、学生法律职业能力训练等方面都取得了丰硕的成果，在湖南省属高校起到了

---

〔1〕 教育部、财政部决定实施“高等学校本科教学质量与教学改革工程”意见提到：大力加强实验、实践教学改革，重点建设500个左右实验教学示范中心，推进高校实验教学内容、方法、手段、队伍、管理及实验教学模式的改革与创新。

〔2〕 2007年学校教改课题《宪法实践课教学研究》、2009年教育厅的教改课题《专业素养与职业素养相统一的法学人才培养模式探索》、2010年教育厅教改课题《普通高校法学本科人才培养方案规范研究》、2012年教育厅教改课题《高校法学专业学生实践平台建设研究》、《高等学校法学专业综合改革试点》、2008年教育部青年基金项目《法治进程中的高等法学教育改革》。

示范作用,在全国高校中产生了较大影响,有效促进了人才培养质量的提升与学科建设的发展。

"两型四化"法学实践教学培养模式中的"两型"是指复合型和应用型。复合型强调的是法学专业本科生的多元知识体系,学生除了具备法学专业知识之外,还应当具备与专业密切相关的知识,如经济学、管理学、心理学、语言学、自然科学等;应用型强调的是学生的实践能力,学生在具备复合型知识体系的基础上,具有一定的职业眼光、职业操守、职业判断能力,即法律职业共同体所必备的执业能力与职业思维。法学是一门应用性很强的学科,法学教育的目的是为社会培养更多的适应社会和时代需求的应用型人才。因此,上述两型关系是辨证的,前者是后者的前提和基础,后者是前者的实现与目的,二者统一于法学实践教学模式。

二、"两型四化"模式是体系化实践教学机制

培养复合型应用型人才,能力培养是关键。我院为了培养学生的应用能力,在法学本科教育中,构建了"全程式"法学实践教学体系。这个实践教学体系,不是独立开设的实践教学,而是贯穿于整个人才培养的过程中,既包括课程外的实践教学环节,也包括课程内的实践教学活动。具体来说,这个体系是通过"四化"来完成的。

(一)课程体系科学化

课程体系的科学化是实践教学模式的基础。我们将实践教学融于课程教学体系之中,加大实践教学的广度和深度,拓展了学生接触现实法律实务的机会和途径,为学生知识结构的优化和应用能力提高打下了良好的基础。根据知识、能力和素质协调发展的原则,我们进一步完善了原有的课程体系:

第一,优化理论课程结构。课程是人才培养的基石,是提升教学质量的核心组成部分之一。要培养出适应社会发展的复合型应用型法学本科人才,就必须建立适合学生发展的课程体系和面向未来的课程结构。为此,我们坚持每两年修订一次法学本科才人培养方案。在

2013 年的修订中，凸显了三大特色：首先，进一步强化基础知识、基本理论和基本技能的教学，为开展实践教学提供可靠保障；其次，对不适应社会发展需要的课程体系及时进行优化、整合，为开展实践教学腾出必要的课时等教学资源；最后，通过大力推进多媒体教学、讨论式教学等教学改革，增加单位课时的信息量，确保理论课程减量不减质，数量优化精简，质量不降反升。

第二，增加实践课程比重。实践教学课程模块中，在原有的法律实践平台的基础上增加了现场开庭、模拟法庭实训、法律咨询实训、政府法制实务等课程，同时要求本科生实践性课程不得少于 1/3。为了有利于学生成人成才，我们要求教师紧跟时代要求，结合自己的研究成果进行讲授。同时为了做好实践性课程，从 2007 年起，我们从实践性强的课程中打造精品。通过几年努力，我们已培育出由《环境与资源法学》、《宪法学》、《国际私法》等 8 项课程为内容的校级、省级、国家级精品课程体系，大大提高了实践课程的教学质量。[1]

第三，提升教学内容质量。在执行课程体系中，我们尤其突出教学内容的改革，结合法律诊所式教学、案例教学、双语教学与互动式讨论教学，强化教学内容中实践教学的部分，并做好实践教学教材建设。学院教师主编《法律逻辑学》、《环境法学》、《行政法与行政诉讼法学》、《新婚姻法学》等各类实务运用导向的教材达 12 部，其中国家级规划教材 2 部，出版专著《法治进程中的高等法学教育改革》1 部。

（二）教学方法多元化

教学方法的多元化是实践教学模式的重点。我们切实改进教学方式与方法，实行教学方法的多元化。其一，借鉴国外先进的教学理念，探索启发式、探究式、讨论式和参与式教学，提升学生的实践能力。其二，推行以问题意识为导向、融合知识传授、思维训练和能力培养为一体的学生主导型教学方法，着重培养其职业思维能力和运用法律规范解决实践问题能力。其三，运用现代信息交流手段，搭建“网上交流

〔1〕 已评为国家级精品课程：《国际私法》；省级精品课程：《宪法学》；校级精品课程：《国际经济法》、《商法》、《知识产权法》、《民法》、《资源与环境保护法学》、《经济法学》。参见：http://jpkc.hunnu.edu.cn/kecheng_1.asp? page = 4&forwhat = 学校精品课程。

平台”,实现教与学的多层次、多形式交流。在此方面,师生贡献智慧,积极探索教学方法和手段改革,发表《环境法律诊所教学的反思》[1]、《论环境法学教育中伦理元素的融入》[2]、《中国法学教育改革的基本思路》[3]、《论法学教育中宪法实例教学的原理及其应用》[4]、《华德福教育模式在法学教学中的应用》[5]、《法律思维:法学教育与司法考试的契合点——论法学教育与司法考试的互动与改良》[6]、《法学专业学生实践能力培养模式创新研究——以湖南师范大学法律援助中心为平台》[7]、《模拟法庭在高等法学教育中的教育价值》[8]、《论讨论式教学法在法学本科教育中的应用》[9]、《卓越法律人才培养中法律文书学师资队伍建设的困境与对策》[10]等一系列法学教改论文。

(三)师资结构复合化

复合化师资结构是实践教学模式的关键。这就要求:一是老师特别是专业课老师除了应当具有宽厚的专业基础知识和良好的人文素养外,还要有较强的实践能力;二是法学院专业老师与校外指导老师在理论和实践上要优势互补。为了达到这个要求,我们做到了两点:第一,提升现有师资实践能力。一是学院先后派遣 11 名骨干教师到美国、加拿大、德国、日本、意大利等国家外出学习案例教学、双语教学、诊所式教学等实践教学模式;二是积极鼓励教师参与地方立法、司

---

〔1〕 陈颖:《环境法律诊所教学的反思》,载《云南大学学报》2012 年第 4 期。

〔2〕 屈振辉、李爱年:《论环境法学教育中伦理元素的融入》,载王翰主编:《法学教育研究》,法律出版社 2012 年版,第 136—146 页。

〔3〕 朱立恒:《中国法学教育改革的基本思路》,载《法学杂志》2008 年第 1 期。

〔4〕 周刚志、肖北庚:《论法学教育中宪法实例教学的原理及其应用》,载《湖南师范大学教育科学学报》2007 年第 3 期。

〔5〕 阳东辉:《华德福教育模式在法学教学中的应用》,载《教育评论》2011 年第 6 期。

〔6〕 梁开银:《法律思维:法学教育与司法考试的契合点——论法学教育与司法考试的互动与改良》,载《法学评论》2011 年第 4 期。

〔7〕 周利民、陈胜国、周潇:《法学专业学生实践能力培养模式创新研究——以湖南师范大学法律援助中心为平台》,载《中南林业科技大学学报(社会科学版)》2014 年第 4 期。

〔8〕 肖晗:《模拟法庭在高等法学教育中的教育价值》,载《时代法学》2010 年第 4 期。

〔9〕 李慧玲:《论讨论式教学法在法学本科教育中的应用》,载《时代法学》2014 年第 2 期。

〔10〕 肖晗:《卓越法律人才培养中法律文书学师资队伍建设的困境与对策》,载《湖南警察学院学报》2014 年第 4 期。

法、执法及诉讼代理等实践活动，提升教师自身的实践感知与经验[1]，如我院教授2008年受湖南省政府法制办委托为《湖南省行政程序规定》预先进行合法性审查，参与了财政部《加入WTO〈政府采购协定〉对我国医药行业的影响》项目研究，主持外交部《美日政府采购限制措施比较研究》项目，而后为两型社会法制保障献言献策，并先后完成了《长沙市机动车尾气排放防治条例》、《长沙市餐厨垃圾管理办法》、《长沙市水资源管理条例》等专家建议稿和《湖南省湘江流域水污染防治条例》专家修改意见，为地方环境立法做出了贡献；三是陆续派遣优秀青年教师到湖南省检察院等实务部门挂职锻炼，提升教师自身的实践感知与经验。第二，聘请实务部门专家传道授业。先后聘任外交部、国务院法制局、湖南省人大、湖南省高院、湖南省检察院、张家界市中院等单位的20余位具有丰富立法、执法、司法实践经验的专家担任兼职教授，参与培养方案制定，讲授法律职业技能课程。

(四) 实践环节实战化

实践环节是实践教学模式的核心，也是贯穿实践教学全过程的主线。我们构建了课堂、校内、校外“三位一体”的实践环节实战化操作模式。

第一，课堂实践教学。课堂是教学的主阵地。法律专业基础课尽管有很强的应用性，但也是理论课程。我们充分利用课堂把握重点、突破难点，运用理论讲解、案例分析、视频观看、文献阅读等多种方式把观点陈述清楚，使学生对理论知识有一定的认知度。但要让同学认可和接受教师的理论知识，仅靠教师的独角戏是不能实现的。因而，教师在理论教学中，还得充分发挥学生的主体地位，让学生去参与和体验。学生参与、体验的过程就是课堂实践教学的过程。这一环节的实施关键在于根据教材要求创设相应的实践参与活动，这主要包括课题讨论、案例分析、司考试题分析、写作课后案例评析等。在这些实践参与活动中，注重培养学生的“问题意识”、实践理性，培养学生对法律事实的挖掘、整理和判断的能力，激发学生对法律运行过程细节的敏

---

〔1〕 吴智老师、吕宁老师、王葆莳老师先后到湖南省检察院、外交部挂职锻炼，肖晗和王彬辉先后去长沙市司法局和公安局挂职。

感性、好奇心和进取心。

第二,校内实践教学。我们紧紧围绕教学大纲和实践教学模式的需要,精心设计了校内实践教学计划。具体操作如下:一是构建实验实训体系。我们建有高标准的模拟法庭、司法鉴定中心以及法学实验教学软件平台。在教师的指导下,学生可以便利地开展法律辩论、模拟法庭、案例点评、案件论证讨论会等丰富多彩的职业能力训练。在这一环节中,我们注意培养学生的独立意识,即让学生以主体的身份独立理解问题、分析问题、解决问题。二是构建论文实训体系。论文写作是学生实践的重要一环,要求通过针对法律实务问题的论文写作,培养学生的理论素质和运用法学理论解决问题的能力。三是构建社会实训体系。鼓励学生参加法学院组织的青年志愿者协会、“三 I”协会、法律义工协会等,并在其中获得了一系列成绩。

第三,校外实践教学。校外实践教学我们是通过成立“一个中心”、创办“一个团队”、建设多个实践“实习基地”以及鼓励学生参加社会调查研究、撰写调研报告等方式来展开的。一是成立“一个中心”、创办“一个团队”,让“中心”和“团队”成为法学专业本科生实战的舞台。我院 2005 年成立“法律援助中心”〔1〕,2009 年组建法律本科生“诉讼实践漾翅团队”〔2〕。我们的学生通过法律咨询、代写文书、参与诉讼等方式,将法律理论知识与现实法律现象进行对照、印证,将抽象的理论转变成处理案件的实际工作方法,培养学生应用各种法律知识、社会科学知识乃至社交知识的能力。“中心”和“团队”采取教师全程指导,学生实际办案的方式,变“模拟演习”为“实战训练”,使学生亲身体验办案过程,从而迅速掌握办案技巧,提高办案技能。法律援助中心和漾翅团队成立以来,2010 至 2013 年先后直接代理各类诉

---

〔1〕 湖南师范大学法律援助中心是经省司法厅批准成立的社会援助机构,成立于 2005 年 5 月,2010 年全面启动。中心由法学院院长肖北庚教授担任总顾问,多位法学院的专家教授担任专家顾问,现有法律援助律师 35 人,援助工作者 4 人,援助志愿者 40 余人。

〔2〕 漾翅法律实践团队——成立于 2009 年 7 月 7 日,是以法学院教师黄捷、蒋先福及律师高占国为核心组成的全国首家独有的法律专业同学自主开展法律实践,结合专业知识服务社会、义务代理、集体进步的专业团队。

讼案件 100 余起。[1] 其中"凤凰山庄起诉长沙市政府拆迁工程违法"案件,漾翅团队在与长沙市政府对簿公堂中胜诉,被评为"2010 年度湖南最具影响力法治事件"[2],湖南师范大学法律援助中心被推广为湖南高校法律援助的示范基地。二是建设多个校外实践实习基地。实习基地是法学专业本科生由法学院走向社会的桥梁。我们先后与湖南省检察院、湖南省司法厅、张家界市中级人民法院、长沙市检察院、弘一律师事务所等 15 家单位签订"共同建设实习基地协议",所有法学本科生和法律硕士生毕业前必须在实习基地实习 1—2 月。在法官、检察官、警官、律师的指导下,全景式直观感受侦查、公诉、审判、执行以及辩护等诉讼活动。三是参加各项社会调查研究,撰写调研报告。要求同学们根据教学内容,任选一专题自拟题目做调查研究,以小组 5—8 人为单位进行,通过问卷调查、个别访谈、文献收集、个人体会等方法对各类法律问题撰写调查报告(如各项大学生创新实验计划),这一系列活动不仅提高了学生的写作能力,更增加了学生的社会阅历,提升了学生的实践能力。

三、"两型四化"实践教学模式产生卓越实效

探索和应用法学实践教学模式的 7 年以来,实践教学模式融入法学教育的方方面面,产生了非常明显的聚合效应,成效十分明显。

1. 教师教研硕果累累

以法学实践教学模式为载体,我院教师积极进行教研改革探索,先后承担了 20 余项各级教改课题,在《教育研究》、《法学杂志》、《湖

---

[1] 参见湖南师范大学文科综合实验中心:《援助弱势群体 锻造法律人才——我校法律援助中心工作纪实》,参见湖南师范大学网站,2013 年 3 月 19。http://ggxy.hunnu.edu.cn/Center/InfoShow.aspx? keyId=3099,访问日期 2014 年 11 月 14 日。

刘练:《每周人物志——漾翅法律实践团队:风雨漾翅人》,2013 年 04 月 08 日,http://www.hunnu.edu.cn/info/1021/1185.htm,访问日期:2014 年 11 月 14 日。

[2] 叶子君:《拆迁令程序不合法 凤凰山居民告赢市政府》,载《三湘都市报》,2010 年 3 月 1 日。http://www.hn.xinhuanet.com/newscenter/2010-03/31/content_19389807.htm,访问日期:2014 年 11 月 15 日。

雷鸿涛:《〈行政诉讼法〉修改十大看点》,参见法制周报—湖南法制新闻网,2014 年 11 月 3 日。http://www.efaw.cn/a/fazhizhoubao/2014/1103/5932.html,访问日期:2014 年 11 月 15 日。

南师范大学教育科学学报》等专业期刊上公开发表论文60余篇,公开出版法学教育改革专著《法治进程中的高等法学教育改革》1部[1],师生共同撰写《法学实践教学的探索与改革》论文集一部。已培育出由《环境与资源法学》、《宪法学》、《国际私法》等8项课程为内容的校级、省级、国家级精品课程体系;学院教师主编的《法律逻辑学教程》[2]与《国际私法》[3]已入选国家十一五规划教材。

2. 实践能力亮点突出

在法学实践教学模式的推动下,我院学生法学实践能力显著提升,敢为天下先,取得良好的社会反响。2005年9月,我院学子戴彬等三名同学撰写的《建设节约型社会应取消部分城市对摩托车、小排量汽车的歧视性措施》社会调查报告,上书温家宝总理,获得国家发改委的回复和肯定,中央电视台、凤凰卫视、中国青年报、香港大公报等数十家境内外媒体对此进行了广泛报道。[4] 2010年,我院学生团体漾翊团队成功代理"凤凰山庄强拆案",被评为"2010年度湖南省最具影响力法治事件"[5],《民生周刊》、《羊城晚报》、《工人日报》、长沙政法频道等媒体以"告赢市政府,法律系学生的一堂实践课"为题追踪报道,法学专家陈云良教授撰文《输得光荣,赢得伟大》[6],给予了高度评价。2011、2012年3月15日,法律援助中心在湘西自治州工商局的大力支持下,多次前往湘西,开展了"法援湘西行"3.15大型普法宣传活动。该活动受到社会各界充分肯定,《湖南日报》、《团结报》、《三湘

---

〔1〕 朱立恒:《法治进程中的高等法学教育改革》,法律出版社2009年版。

〔2〕 张大松、蒋新苗主编:《法律逻辑学教程》,高等教育出版社2007年版。

〔3〕 李双元主编:《国际私法》,北京大学出版社2011年版。

〔4〕 洪克非:《三名大学生上书国务院反对"双禁"—国家发改委回复:"双禁"与现行法规和建设节约型社会相悖》,载《中国青年报》,2005年10月28日。http://zqb.cyol.com/content/2005-10/28/content_1195307.htm,访问日期:2014年11月15日。

〔5〕 2011年3月,长沙凤凰山庄胜诉长沙市政府一案在湖南省依法治省领导小组办公室举办的"2010年度湖南省最具影响力法治人物暨法治事件"评选中被评为湖南十大最具影响力法治事件。参见《2010年度湖南省最具影响力法治事件》,湖南省人民政府门户网站,2011年04月22日。http://www.hunan.gov.cn/zhuanti/10thddh/jscj_26263/sghn/fzhn/jscj/201111/t20111117_421716.html,访问日期:2014年11月17日。

〔6〕 陈云良:《输得光荣 赢得伟大》,载《法治中国2010》,法律出版社2011年版。

都市报》、红网、星辰在线、新浪网及湘西当地媒体都进行了报道。[1] 2010 年,中心与学院团委联合开展了社区矫正等法律义工活动,为长沙文明城市创建做出了一定贡献,我院参加援助工作的十名同学荣获开福区司法局嘉奖。2011 年,以《三湘都市报》为媒体平台,中心联合多家律师事务所开展了"法援团免费帮你打官司"活动,为交通事故受害者提供了多次司法帮助[2];联合《法制日报》等单位开展了法人论坛"法律人的理想·良知与责任·公益诉讼与维权为视角"的研讨会,联合《法制日报》举办了"微博版权保护研讨会"[3]和"微博体版权沙龙"等活动,得到了媒体的多次报道,社会的充分肯定。中心主任周利民老师因此被湖南省依法治省领导小组评为 2011 年度全省普法依法治理先进个人。

3. 综合素质全面提升

"两型四化"实践性教学模式使得专业基础知识教育、素质教育、应用能力无缝对接,拓宽了学生的视野,全面提升了学生素质。本科生考研率 2010 年达到 40.8%,2011 年达到 45%,2012 年达到 47%;法学专业司法考试通过率 2010 年为 51.3%,2011 年为 52%,2013 年为 58%,2014 年为 54.9%。2011 年全国各地"两院"招考中,我院有 80 余名学生脱颖而出,进入各级法院、检察院,显示出强大的竞争能力。在 2005 年全国大学课外学术科技作品竞赛中,我院学子获得一等奖。2009 年参加第六届 Jessup 国际法英文模拟法庭中国赛区选拔赛获得二等奖,2010 年参加 ADR 国际英文模拟法庭辩论赛力压哈佛大学、清华大学等知名高校,夺得第四名的好成绩,2012 年参加首届湖南省知识产权竞赛获一等奖,2013 年参加湖南省首届模拟法庭竞赛获得三等奖,我院学子全琼获"优秀辩手"称号。2013 年,我院学生彭中

[1] 林展翅:《湖南师大法援中心"空降"湘西 大爱助力法律援助》,参见星辰在线长沙新闻网,2012 年 03 月 15 日。http://news.changsha.cn/h/411/20120315/976328.html,访问日期:2014 年 11 月 16 日。

[2] 王为薇:《三湘都市报"法援团"免费帮您打官司》,载《三湘都市报》,2011 年 05 月 05 日。http://news.ifeng.com/gundong/detail_2011_05/06/6221367_0.shtml,访问日期:2011 年 11 月 16 日。

[3] 林展翅:《湖南学界倡议保护微博版权"微长沙"邀您同行》,参见星辰在线 长沙新闻网,2011 年 9 月 29 日。http://news.changsha.cn/cs/2/201109/t20110929_1294852.htm,访问日期:2014 年 11 月 17 日。

遥荣获湖南省挑战杯一等奖、国家三等奖,同年参加第11届Jessup获中国赛区二等奖。

4. 用人单位高度评价

湖南师范大学法学专业毕业生具有出色的社会适应能力、扎实的专业基础以及良好的工作能力,从而受到了用人单位的充分肯定和广泛好评。在2008—2011年学校组织的3次对毕业生质量调查中,对我院毕业生的政治素质、专业水平、业务能力、敬业精神、责任心以及处事能力、人际关系等进行了较为全面的了解,分别有95%、94%和98%的用人单位对学院毕业生表示满意,普遍认为"法学院毕业生专业水平较高、综合素质好、工作能力强、人际关系较好、有创新能力、有吃苦精神、作风严谨、虚心好学、积极肯干"。2012—2013年度,我院本科生有近30人考入各级法律实务部门工作,工作单位反馈意见称我院培养出的学生"业务能力强,专业基础扎实",深受用人单位好评。

正因为"两型四化"实践教学模式的科学性和时效性,在全省和全国有一定影响,故2012年8月1日,湖南师范大学成功入选首批全国60家应用型、复合型卓越法律人才培养基地。[1]

---

〔1〕 2012年8月,教育部发布了《关于首批卓越法律人才教育培养基地评审结果公示的通知》,湖南师范大学成功入选全国首批"卓越法律人才培养"应用型复合型法律职业人才教育培养基地。http://law.hqu.edu.cn/s/45/t/726/69/fe/info27134.htm,访问日期:2014年11月16日。

探讨高校法学实验实践教学的做法和若干思想

梁智平*

高校法律教学与实践改革一直高校教师的追求与梦想,也是学生的呼唤和现实社会生活的需求,更是遵循教育与实践的传统规律。孔子曾经说过:教育过程是学、问、思、辩、行。“笃行之”,使观念和行为统一,切实地实行,最终形成坚定的信念和明确的概念、观点和果敢的行动。二本院校的法学教学应如何定位,笔者的观点就定在实践能力的运营性:一个比较优秀的本科毕业生应该做到能够蓄德修身、手起事成、接案论理、草拟文稿。

高校教学的实习环节十分重要,多数学校采取的是放羊式的松散型实习,弊多利少,一个重要的原因就是缺乏法律的支持。学校没有争取政府的支持,实习仅以为是学校的事,没有认识到实习也是全社会的事。建议湖南省法学教育学会起头,向经济发达省市学习,提出法律议案,敦促湖南省人大立法,颁发《湖南省高等学校学生实习与毕业生就业见习条例》。

* 梁智平:男,湖南湘潭人。湖南人文科技学院政治与法律系副教授,主要研究方向为民商经济法,从事高校法学理论教学。

一、对教学环节(课程教学、教学实习)的改革实践

(一) 以《法社会学》课程教学的改革实践为例

(1) 教学实践对象背景介绍:对象为2011级法学班全体学生,共计120人。时间是在2014年5月—6月,当时多数学生正在备战司法考试和研究生考试。时间对学生来讲异常宝贵和难得。

(2) 实践教学的要求提出。有三个环节:先期发动,讲明意义;散发课题,自由组合;班级遴选,竞聘出局。

(3) 具体做法:老师事前通过网络上传12个课题到学生QQ群里,给予学生充分认识讨论课题的时间,然后规定在一周内由学生自由组合并选题,每课题小组成员控制在3—5人,原则上同一个班级的学生选题不得相同。选题之后,小组成员确定组长并对成员进行分工:集体调研、收集资料,个人整理数据,专人撰写初稿,小组修改讨论通过文稿,由组长指定的成员制作PPT课件(PPT制作要求:有文字有图片 有音频,不少于15张),各组推举一名文稿讲解员准备在全班同学面前演讲,十人当中取前三名参加全系P K。届时邀请专家参加全系的课题报告评审,给出点评意见,分别评出一二三等奖若干,给予奖励。

学生用了一个月的课余时间完成了初稿,之后进行修改,评比,筹备全系的课题汇报评审会。《法社会学》教学实践课题评审会于7月6日下午进行了两个多小时的角逐。与会的博士教授、老师多达11人,是学校开展教研活动参与人数最多、阵容最大、规格最高、历时最长、影响最广、效果最好的活动。学生徐范、刘成城自我评价说"这是继模拟法庭之后又一校内最出彩的教学实践课。"

学校教务处领导、系主任、党总支书记始终参加评审,并结合本系的教学实践活动情况做了清晰客观的评价,充分肯定了教学实践活动扎实、认真、积极、有效的开展。对2011级全体法学班级的积极参与和认真的热情,课题研究的深度、论文撰写的水平、PPT的制作都给予高度的赞赏和批评建议,同时也指出了今后的方向。

活动所形成的41份论文和调查报告、PPT课件等知识成果,分别

整理整理归类，准备提交给有关部门或单位，供他们在决策中或在实践工作中加以改进并完善。

(二) 对教学实习、毕业实习的改革实践

1. 对教学实习的改革实践

(1) 采取分阶段，分主题，分任务进行的目标型的实习方法。以学业指导老师带队组成的指导队，在大一的时候，组织学生去法院旁听案件审理，体会法律与司法的尊严和神圣，激励学生法律学习的兴趣，端正专业思想。

座谈讨论收获与感想，对学生专业思想的巩固和牢靠很有帮助。并要求学生开始撰写文稿，把历次参加的活动都详细地记录，写出文案，锻炼学生用法言法语表达思想。

(2) 大二时带领学生校外去戒毒所走访、调查、座谈，吸毒人员生长的环境，包括家庭环境、居住环境、学习环境、休闲环境等，让学生认识到环境对他们的影响，珍惜今日自由愉快的学习环境，培养学生报答家庭与社会的感恩思想。

在学生大二时，组织学生参加校内模拟法庭、辩论赛、挑战杯。指导学生分析案例，找出法律关系，析缕案件焦点与各方的权利义务；指导学生写作证人证言、调查笔录、起诉状、辩护词、答辩状、审问提纲、判决书、裁判书；指导学生模拟开庭审判的各个环节和程序。

(3) 筹办了学生自己的论文刊物《法事园地》，选优刊发文稿，每学期一期，每期刊发文字一万五千余字，四个对开，印刷一百份。培养了学生的写作基本功。组稿审稿，排版校对，插图布局，印刷发行，编辑通联，内外宣传。

《法事园地》的出版发行，得到了教授和老师及同学们的好评与称赞，得到了众多专家指导与帮助。提升了学生的文字综合能力。

2. 对毕业实习的改革实践

毕业实习是指学生在毕业之前，即在学完全部课程之后到实习现场参与一定的实际工作，通过综合运用全部专业知识及有关基础知识解决专业技术问题，获取独立工作能力，在思想上、业务上得到全面锻炼，并进一步掌握专业技术的实践教学形式。它往往是与毕业设计

(或毕业论文)相联系的一个准备性教学环节。

高校法学毕业实习是指高等学校按照法学专业培养目标和教学计划,组织学生到国家司法机关、企业事业单位法律顾问、社会团体法律顾问及其他中介社会组织进行与专业相关的实践性教学活动。

我们的做法是:

(1)展开带队老师跟班式毕业实习,做到“三同”。2011年,我们尝试由老师带队跟班实习的模式,由老师带领实习队来到偏远的基层检察院双峰县,全体实习生和带队老师都卷铺盖带日用品,吃住生活、工作在检察院45天。带队老师与实习学生同吃一食堂、同住一个院、同做一类事(同看案卷,同做笔录)。

要求以准检察官的身份开展实习工作。入院进行“检察官”宣誓仪式,授发佩带实习工作胸牌,配备专职检察官一带一地做实习指导老师。

带领学生去看守所、监狱做询问、做笔录,到案件现场取证调查。整理宗卷(案卷),起草法律文书,学生的一日工作被安排的满满的,学生的激情也十分饱满,每天沉浸在紧张又忙碌的愉快的工作中。

(2)陪同实习学生一起到中级人民法院上下班实习60天。①督促学生做旁听开庭庭审笔记不少于10篇;②督促学生坚持翔实书写实习日记,每周进行检查阅读批改;③带队老师每周一下到实习生所在的庭,询问学生实习表现情况,及时发现问题及时纠正和协调;④做阅卷笔录3—5份;⑤每旬或20天定期召开一次实习生全体会议,传递法院和学校,学生与指导老师的信息。

学生勤学好问、乐于吃苦、认真严谨、纪律严明、踏实勤奋、积极向上的实习作风,受到了中级人民法院上下的交口称赞。

二、法学教育课外实践产生的积极效果

自2009年,我们在戒毒所开展活动之后,在我们的提议和积极倡导之下,协同对方开办了“爱心讲坛”。现在历时5年了,吸收聘请了社会名人36人自愿做爱心讲坛的老师,被国家司法部评为先进基层戒毒所,并推广了他们的经验与做法。

建立了校企共赢合作单位。每年都安排学生去实习、调研、访问，进行法制教育的实践课外活动 13 余次，参与学生达 700 余人次。

自 2009 年以来，全校就有 11 位老师在戒毒所爱心讲坛兼做义工，仅政法系就有 4 位博士、教授出任爱心讲堂的公益教师，主动牺牲个人休息时间，放弃家务劳动，献爱心，做公益讲座，无私奉献劳动成果。

（2）为了提升法学教育课外实践的实际效果，我们做过不少创新尝试，比如在 2014 年 11 月 1 日的活动中，我们要求学生完成“三个一”：一篇访谈录或调研感想；一篇腾讯 QQ 日志；一封微信圈里传播，文字篇幅分别不少于 1500、500、500 字。

学生微信阅读反馈的最多的拥有 24 位，平均拥有阅读浏览读者 16 位。扩大了教学实践成果波及了社会，引起社会对吸毒人员的关注和挽救资助，扩大了正能量的传播。

三、法学实践是对学生综合素质的检验历练和提升

有的学生司法考试过了，但一直不敢就业。究其原因是这些学生不会沟通交流，不会写作，最致命的是不会说话、怯生。

实习是综合检验学生素质的重要时期，也是缺啥补啥的极好机会。我们有老师倡导学生通过司法考试后还要具备四会：一会说话；二会交际；三会写作；四会驾车。

因此，我们组织学生走进社区、走进公司、政府机关、事业单位、建筑工地、物业公司、居委会、戒毒所、监狱公安、检察院、人民法院、司法局等单位，进行调查、询问、咨询、走访、协作工作或做义工，从中学会了沟通，体察了民情，收集了第一手资料。丰富自己的人生经历，积累文员基本功。

文科生一般不擅长做 PPT 文件，也没有正式学过论文写作的方法。平时富有带班实习经验的老师就通过小论文、小调查等方式训练学生的写作。比如通过对《法社会学》课程教学的改革实践活动，学生学会了整理数据和资料；学生第一次学会了撰写论文稿，第一次尝试制作 PPT 课件，第一次登台演讲自己的作品，锻炼自己的口才，还又一

次丰富并拓展了学生的计算机应用能力,也为毕业撰写毕业论文打下了基础。

四、向邻省市学习,建议制定建立“湖南省高等学校学生实习与毕业生就业见习条例”

高等学校学生实习与毕业生就业见习是全社会的责任,是学校与社会结合的重要联系渠道,规范管理,制度约束高等学校学生实习与毕业生就业见习,是政府、社会、学校、学生的共同职责,是进入依法办学,依法实习见习的重要途径。

高等学校学生实习与毕业生就业见习是遴选责任心强、综合素质优秀的老师,还是搞老师轮派?是从新进老师中派出还是以收入多寡来安排?是看工作关系熟练,还是看领导关系或看课时安排?是以工作为重,还是以人情关系为重?遴选的实习老师对于实习的好坏,效果如何有明显的区分和严重的影响,也是院系领导需要谨慎考虑的一个不小的问题。

(一)走出去考察访问学习——

1. 清华大学法学院的做法

清华大学法学院的做法是让有职业经验的教师承担实习教学任务;让有教学资料积累的老师承担实习教学任务;让学生在分组对抗和老师的点评中获得学习(学习过程不是教师进行讲解的过程,而是学生进行分组对抗和教师点评的过程)。

——强调运用苏格拉底的教学法。并着重指出,苏格拉底的教学法,并不完全是互动,而是提出一系列较高深的问题,采取不断提问,不断给答案,但又不是一次给到底,根植于基础理论的一种教学。

2. 江西财经大学法学院的经验

江西财经大学法学院的经验是:实习与教学定位于经济犯罪侦查,与高院高检联系频繁,互派人员上岗挂职。他们还与党的纪委、行政监察系统联系密切,后者提供学生实习的机会;实习学生还到了仲裁委员会、劳动争议仲裁机构挂岗实习;还与监狱有联系密切。

3. 小结

清华法学院留美学者王亚新教授说得好：案例教学不是拿来案例就讲，而是梳理之后、提炼之后的教学；是一个给故事讲概念，给概念讲故事的案例教学；是一个个案与系列案的集合讲解；是一个教学实践的个体活动，是一个职教化的技术性的复杂脑力活动。

4. 湖南人文科技学院政法系成建制的组合实习

我们的实习，不是对学生实习放任自流，也有许多值得肯定和发扬光大的。比如：我们的法学毕业生实习，是成建制的组合，让全体学生参与，让全体学生受益，让全体学生感知。

比如，关于模拟法庭课程建设，我们强调四个关键：即参与率（本届法学专业的学生/参加人数）、开庭率（每学期几次开庭，利用率如何）、轮训率（即大学四年，学生人均实际参加次数）、多案率（即学生模拟法庭民刑各类案例开庭的多样性如何）——往往是为了大艺术节的表演，或为了应付上级或兄弟院校检查的排练，而没有把模拟法庭当做真正的校内实践活动，或教学环节。

（二）分灶吃饭，各取所需

迎合社会，迎合学生，多头发展，多元存在。实践证明：主动接受改制，一定要有学校自己的特色。各校都在摸索着进行，各自的招数大同小异。比如大一审判观摩，大二模拟法庭与案例教学，大三法律诊所、法援，大四公检法仲劳监纪委实习。有些学校对法律诊所、对模拟法庭、对案例教学都有很准确的定义、很到位的思考和区分运用。比如，对外经济贸易大学法学院。

（三）规范高校实习管理，保障学生实习是全社会的共同责任

我们主动积极地提出法律提案，牵头起草、督促省政府法制办或省人大出台的《湖南省高等学校学生实习与毕业生就业见习条例》。有了《湖南省高等学校学生实习与毕业生就业见习条例》，高校及学生实习有了法律依据，便于学校落实实习计划，完成教学实习大纲，真正地落实关爱学生前途和学校的前途命运，是高校与社会紧密结合的重要途径与方式，也是提高高校社会声誉的有利途径。

向比邻省市学习,教学实习实践,不仅是个专业的问题,还应该有个长效的法律法规制度的保障,是全社会的问题。我们过去对这个问题认识不足。往往是学校一家孤军作战,没有取得政府人力资源社会保障部门和人事部门的支持。

附录

《湖南省高等学校学生实习与毕业生就业见习条例》(草案)

第一章 总 则

第一条 为了提高学生实践能力、就业能力和创新能力,完善人才培养机制,促进毕业生就业,根据《中华人民共和国教育法》、《中华人民共和国高等教育法》、《中华人民共和国职业教育法》等法律、法规,结合本省实际,制定本条例。

第二条 本省行政区域内的高等学校学生实习与本省常住户口的高等学校毕业生就业见习,适用本条例。

本条例所称实习,是指高等学校按照专业培养目标和教学计划,组织学生到国家机关、企业事业单位、社会团体及其他社会组织进行与专业相关的实践性教学活动。

本条例所称毕业生就业见习(以下简称见习),是指各级人民政府或者人民团体组织毕业后一年内尚未就业的毕业生到国家机关、企业事业单位、社会团体及其他社会组织进行的就业适应性训练。

本省行政区域内的中等职业学校、技工学校的学历教育学生实习与本省常住户口的中等职业学校、技工学校的学历教育毕业生就业见习,依照本条例执行。

第三条 学生实习坚持学校组织、政府扶持、社会参与的原则。

见习坚持个人自愿参与、政府扶持帮助、社会共同参与的原则。

第四条 县级以上人民政府教育、人力资源和社会保障主管部门按照各自职责,负责学生实习工作的指导、协调和监督管理。

财政、卫生、安全生产监督管理、工商、税务等部门按照各自职责，做好学生实习的相关工作。

第五条 县级以上人民政府应当统筹规划见习工作，加强见习指导与协调，促进毕业生提高就业能力。

人力资源和社会保障、教育、财政等部门按照各自职责，做好见习的相关工作。

工会、共产主义青年团、妇女联合会以及其他社会组织，协助人民政府及其有关部门做好见习工作。

第六条 县级以上人民政府应当制定优惠政策，鼓励各类企业事业单位、社会团体及其他社会组织接收学生实习和毕业生见习，为当地经济社会可持续发展吸纳、培养和储备人才。

第二章 组织与保障

第七条 学校应当根据专业特点和培养目标，认真履行学生实习的组织责任，提高学生的实践能力、创造能力、就业能力和创业能力。

第八条 保障学生实习是全社会的共同责任。

国家机关、国有和国有控股企业、财政拨款的事业单位和社会团体应当按照在职职工的一定比例接收学生实习，具体比例由地级以上市人民政府确定。

其他企业事业单位、社会团体及社会组织应当为学校组织的学生实习活动提供帮助和便利。

第九条 学校与国家机关、企业事业单位、社会团体按照自愿协商、优势互补、利益共享的原则，建设实习基地，为学生实习提供便利。

第十条 行业组织应当引导和鼓励本行业企业事业单位与学校开展合作，并发挥行业资源、技术和信息优势，推动共建实习基地和开展合作项目。

第十一条 学校应当按照规定安排专项经费用于学生实习。

第十二条 县级以上人民政府及其人力资源和社会保障主管部门应当及时掌握本地毕业生就业情况，有计划地组织当地毕业后一年内尚未就业的毕业生参加见习，扩展就业机会。

第十三条 县级以上人民政府可以根据需要,将符合下列条件的单位确定为见习基地:

(一) 具有较强的社会责任感,管理规范;

(二) 自愿且能够持续提供一定数量的见习岗位;

(三) 提供的见习岗位具备一定技术含量和业务内容,能确保毕业生提高技能水平和工作能力。

县级以上人民政府在确定见习基地时,应当考虑单位的行业分布,优先考虑当地重点发展的优势产业,同时吸纳不同行业的企业事业单位参加,以满足见习的需求。

第十四条 行业组织应当引导和鼓励本行业企业事业单位积极提供见习岗位。

第十五条 县级以上人民政府要加强对见习基地的检查与指导,及时解决见习工作中遇到的困难和问题。

见习单位未依法履行见习管理职责的,由县级以上人民政府取消其作为见习基地的资格。

第十六条 学校应当加强对见习政策的宣传,将见习作为就业指导的重要内容。

第十七条 报刊、广播、电视、网络等媒体应当广泛宣传见习制度和企业事业单位开展见习的经验做法,形成社会普遍关注、各方共同参与的良好氛围。

第三章 实习规范与管理

第十八条 学生实习一般由学校统一组织。学生要求自行联系实习单位的,应当经学校同意。学校应当安排实习指导教师掌握实习情况,统一管理和考核。

第十九条 学校组织学生在实习基地实习,学校、实习基地和实习学生应当签订三方实习协议,明确各方的权利、义务和责任。

实习协议应当包括以下主要内容:

(一) 学校和实习单位的名称、地址、法定代表人或者主要负责人,实习学生的姓名、住址和注册学号;

(二) 符合教学大纲要求的实习期限;

（三）实习方式、内容和岗位；

（四）实习终止条件；

（五）违约责任；

（六）争议的解决方式。

实习协议可以根据实习的性质和需要，约定意外伤害保险的投保人、投保额度、损害赔偿、实习报酬、保密等其他事项。

其他实习单位接收学生实习的，可以参照本条第二、三款的规定与学校、学生签订三方实习协议，明确各方的权利、义务。

第二十条 学校在学生实习工作中应当履行以下职责：

（一）建立健全实习管理制度；

（二）按照专业培养目标和教学大纲，制订实习计划；

（三）联系并合理安排实习单位；

（四）安排责任心强，有一定经验的实习指导教师；

（五）对学生进行安全、纪律教育；

（六）检查学生实习情况，及时协调处理有关问题；

（七）建立学生实习管理档案；

（八）法律法规规定或者实习协议约定的其他事项。

第二十一条 实习单位应当履行以下职责：

（一）做好实习学生在单位内的管理工作；

（二）提供合适的实习岗位、必要的实习条件和安全健康的实习环境；

（三）根据实习要求，选派有经验的实习指导人员；

（四）对学生进行安全培训和技能培训；

（五）向学校反馈学生的实习情况；

（六）法律法规规定或者实习协议约定的其他事项。

第二十二条 学校和实习单位不得有下列行为：

（一）安排未满十六周岁学生顶岗实习；

（二）安排学生到夜总会、歌厅、洗浴中心等类式的服务场所实习；

（三）安排学生从事高毒、易燃易爆、国家规定的第四级体力劳动强度以及其他具有安全隐患的劳动，但完成学生本专业实习所必需的

除外;

(四)安排学生在需要相应职业资格的岗位上顶岗实习;

(五)安排学生周实习时间超过四十小时;

(六)委托中介机构或者个人代为组织和管理实习;

(七)其他影响实习学生人身安全、身心健康的行为。

第二十三条 实习单位接收学生顶岗实习的,当期接收实习学生的人数不得超过本单位在职职工总人数的百分之三十。

第二十四条 学校组织学生实习,不得违反规定向实习学生收取费用。

第二十五条 实习指导教师应当加强与实习单位的联系,根据实习计划和实习单位的具体情况,做好学生的实习指导、教育和管理工作。

第二十六条 实习单位应当合理安排实习指导人员的工作,保证实习指导人员指导学生实习的时间。

实习指导人员应当根据实习计划和实习协议,对学生实习进行指导。

第二十七条 学生应当根据学校和实习单位的要求实习,接受学校和实习单位的管理和考核评定。

学生应当尊重实习指导教师和实习指导人员,遵守实习单位的规章制度和劳动纪律,保守实习单位的秘密。

第二十八条 学生顶岗实习期间,实习单位应当按照同岗位职工工资的一定比例向学生支付实习报酬,具体比例由地级以上市人民政府根据本地实际情况予以确定。

非顶岗实习的学生,学校、实习单位和学生可以在实习协议中约定给予实习补助。

实习单位、学校应当按照规定或者约定,按时足额向学生支付实习报酬、实习补助,不得拖欠、克扣。

第二十九条 实习协议确定的投保人,应当及时为学生办理意外伤害保险等相关保险。

第三十条 实习结束时,实习单位应当根据学生实习期间的表现考核评定成绩,出具实习鉴定。

第四章　见习规范与管理

第三十一条　县级以上人民政府人力资源和社会保障主管部门具体负责见习的组织和管理工作,建立健全相关制度。

第三十二条　国家机关、企业事业单位、社会团体及其他社会组织应当积极创造条件,提供见习岗位,并向县级以上人民政府人力资源和社会保障主管部门报送见习岗位信息。

第三十三条　本省常住户口的毕业生在毕业后一年内未能就业的,可以自愿参加其常住户口所在地的市、县人民政府或者人民团体组织的见习。

各级人民政府可以根据本地区人才引进工作的需要,吸纳非本地常住户口的毕业生参加见习,改善本地人才队伍结构。非本地常住户口毕业生参加见习享受的优惠政策,由地级以上市人民政府制定。

第三十四条　见习单位应当与毕业生按照平等自愿、协商一致的原则签订见习协议。

见习协议应当包括以下主要内容:

(一) 见习单位的名称、地址、法定代表人或者主要负责人,毕业生的姓名、住址、毕业院校;

(二) 见习期限;

(三) 见习计划安排;

(四) 岗位职责;

(五) 见习待遇;

(六) 见习单位和见习人员的权利和义务;

(七) 见习协议的解除条件;

(八)违约责任;

(九)争议的解决方式。

第三十五条　见习期限一般为三个月至六个月,最长不超过十二个月。

第三十六条　见习单位应当履行以下职责:

(一) 提供合适的见习岗位、必要的见习条件和安全健康的见习

环境;

(二) 配备相关工种岗位训练的设施、设备和见习指导人员;

(三) 对见习人员进行安全培训和技能培训;

(四) 见习协议约定的其他事项。

第三十七条 见习单位不得有下列行为:

(一) 安排见习人员从事高毒、易燃易爆、国家规定的第四级体力劳动强度以及其他具有安全隐患的劳动;

(二) 未经见习人员同意安排见习人员周工作时间超过四十小时;

(三) 其他影响见习人员人身安全、身心健康的行为。

第三十八条 见习单位当期接收见习人员的人数不得超过本单位在职职工总人数的百分之三十。

第三十九条 见习人员应当遵守见习单位的规章制度和劳动纪律,服从见习指导人员的管理,保守见习单位的秘密。

第四十条 见习单位应当每月向见习人员提供不低于当地最低工资标准百分之八十的生活补贴。

见习单位支付生活补贴后,见习单位所在地人民政府应当落实省人民政府的有关规定,对见习单位给予补贴,补贴的具体数额由地级以上市人民政府根据本地实际情况予以确定。

第四十一条 见习人员可以在见习基地所在地参加城镇居民基本医疗保险,个人缴费标准和政府补助标准按照当地学生参加城镇居民基本医疗保险相应标准执行,并享受相应待遇。

见习单位应当为见习人员购买人身伤害意外保险。

第四十二条 政府所属的人才服务机构、公共就业服务机构应当及时组织开展见习单位和毕业生的双向选择活动;见习人员要求托管人事档案的,应当提供免费人事档案托管服务。

见习人员在见习期间落实就业单位的,可以随时办理就业派遣手续。

第四十三条 见习人员见习期满,见习单位应当进行考核鉴定并为其出具见习证明。

第四十四条 鼓励见习单位优先录用见习人员。

见习人员见习期间或者期满后被见习单位正式录用的，见习单位应当及时与其签订劳动合同。

第四十五条 见习期满仍未能实现就业的毕业生，由政府所属人才中介服务机构、公共就业服务机构和学校毕业生就业服务机构继续进行就业指导和推荐就业。

毕业生有创业愿望的，政府所属人才中介服务机构、公共就业服务机构应当提供项目开发、方案设计、风险评估、开业指导、融资服务、跟踪扶持等创业服务。

第五章 扶持与奖励

第四十六条 县级以上人民政府教育行政部门应当会同人力资源和社会保障部门，利用现有信息网络资源，建立学生实习公共服务信息平台，及时公布有关单位提供的实习岗位、当年本地区学校学生实习信息，为学校、实习单位和实习学生提供服务。

学校应当于每年六月底前，将下一年度的学生实习人数、专业类型、实习时间等信息分别报送省教育、人力资源和社会保障部门。

鼓励国家机关、企业事业单位、社会团体及其他社会组织向县级以上人民政府教育、人力资源和社会保障部门报送可提供实习岗位的信息。

第四十七条 县级以上人民政府建立见习信息服务平台，收集并发布见习供求信息，推荐有意向参加见习的毕业生到相关岗位见习；通过各种方式引导和鼓励国家机关、企业事业单位、社会团体及其他社会组织接收毕业生见习。

第四十八条 各级人民政府应当按照国家和省的有关规定，结合实习、见习状况和实习、见习工作目标，在本级财政预算中安排资金，用于实习和见习的指导、培训和补贴等。资金的筹集和使用管理办法，由各级人民政府制定。

第四十九条 各级人民政府应当创造条件，为建立实习基地、合作建设实验室或者生产车间等校企合作项目提供资助。

第五十条 除本条例第四十条规定的补贴之外，有条件的地方人民政府可以给予见习基地一定的补贴。

第五十一条 发展改革、经济和信息化、农业等部门应当引导和鼓励建立实习基地、见习基地,对基地有关促进当地经济和社会发展的重点项目优先予以扶持。

第五十二条 科学技术行政部门应当对生产、教学、科研结合效果良好的实习基地、见习基地,在科学研究和技术开发等方面优先给予资金支持。

第五十三条 对企业接收学生和毕业生实习、见习并支付实习报酬、见习补贴的,按照国家规定给予税收优惠。

对实习基地、见习基地依法减免有关行政事业性收费。

第六章 法律责任

第五十四条 学校有下列行为之一的,由教育行政主管部门处以警告、责令改正,对拒不改正或者因工作失误造成重大损失的,对直接负责的主管人员和其他直接责任人员给予处分;构成犯罪的,依法追究刑事责任:

(一) 未按规定安排实习经费或者挪用实习经费的;

(二) 安排未满十六周岁学生顶岗实习的;

(三) 安排学生到夜总会、歌厅、洗浴中心等等类式的服务场所实习的;

(四) 拖欠、克扣学生实习补助的;

(五) 未按照协议为学生购买意外伤害保险的;

(六) 发现实习单位违反本条例规定侵害学生权益未及时采取有效措施制止的;

(七) 其他影响学生实习或者侵害学生合法权益的行为的。

第五十五条 实习、见习单位有下列行为之一的,由人力资源和社会保障部门处以警告、责令改正,并依法追究相关人员的责任:

(一) 未为实习学生、见习人员提供必要的实习、见习条件和安全健康的实习、见习环境的;

(二) 违法安排实习学生、见习人员超时实习、见习的;

(三) 克扣、拖欠实习学生、见习人员的报酬、补助或者补贴的;

(四) 未按照约定或者规定为实习学生、见习人员购买意外伤害保险的；

（五）其他侵害实习学生、见习人员合法权益的行为的。

第五十六条 实习、见习单位有下列行为之一的，由人力资源和社会保障部门责令改正，并按照实习学生、见习人员人数处以每人一千元的罚款：

（一）接纳未满十六周岁学生顶岗实习的；

（二）安排学生到夜总会、歌厅、洗浴中心等等类式的服务场所实习的；

（三）违法安排实习学生、见习人员从事高毒、易燃易爆、国家规定的第四级体力劳动强度以及其他具有安全隐患的劳动的；

（四）当期接收顶岗实习学生、见习人员人数超过本单位在职职工总人数的百分之三十的。

第五十七条 学校委托中介机构或者个人代为组织和管理实习的，由教育行政主管部门责令改正，并按照实习学生人数处以每人一千元罚款。

第五十八条 学校和实习单位有本条例第五十四条、第五十五条、第五十六条所列行为的，除由有关部门依法处罚外，应当将学生送回学校所在地，并承担所需费用。

第五十九条 实习指导教师未按照本条例规定履行指导、教育和管理职责的，由学校依照有关规定予以处理；造成严重后果的，依法追究法律责任。

第六十条 实习单位有违反本条例规定行为的，实习学生应当向学校报告。学校应当及时对有关问题进行协调处理。

学校、实习单位、见习单位违反本条例规定或者实习、见习协议约定，对实习学生、见习人员造成损害的，应当依法承担赔偿责任。

第六十一条 实习学生、见习人员在实习、见习期间严重违反单位规章制度的，实习、见习单位可以终止其在本单位的实习、见习。

第六十二条 单位和个人违反本条例规定，弄虚作假，骗取政府补贴、资助、补助的，由相关行政部门追回已发放的补贴、资助、补助，并取消其三年内获得相关补贴、资助、补助的资格；构成犯罪的，依法追究刑事责任。

第六十三条 教育、人力资源和社会保障部门、其他有关部门及其工作人员违反本条例规定,在实习、见习工作中玩忽职守、滥用职权、徇私舞弊的,由上级机关或者其他有权机关责令改正,并对直接负责的主管人员和其他直接责任人员,依法给予处分;构成犯罪的,依法追究刑事责任。

第七章 附 则

第六十四条 省外学校学生在本省行政区域内实习,依照本条例进行管理。

第六十五条 本条例自 2015 年 5 月 1 日起施行

法学应用型人才培养目标下的实践教学改革研究

——以长沙理工大学法学专业为范本

申　纯*

摘　要：为了应对当前我国高等院校法学教育所面临的困境，法学专业的本科教育应当立足于培养应用型人才的目标，而重视实践教学是实现这一培养目标的必经之路，当前大多数高等院校的法学院都已经认识到实践教学的重要性，但是在课程设置、实践教学管理等方面还存在诸多不足，本文以长沙理工大学法学专业的实践教学工作为研究范本，分析了目前实践教学中比较突出的几个问题，并提出应当从完善课程设置、加强师资队伍建设、加强基地建设、完善实践教学评价机制等几个方面着手进行改革，切实提升法学专业实践教学水平。

关键词：应用型人才　实践教学　教学改革

我国法学专业的高等教育长期以来就存在着重理论、轻实践的通病，很多法学专业的毕业生在经过大学四年的专业培养走入社会以后，面对纷繁复杂的实际问题，却显得束手无策，必须在经过两三年甚

---

* 申纯，男，湖南邵东人，长沙理工大学文法学院法学系副主任，博士；主要研究方向：刑法学、教育学。

至更长时间的经验积累以后,才能真正适应法律工作者的社会角色。为了解决这一问题,很多高等院校都提出了以实践教学为平台,提升学生的实践能力,培养应用型的法学人才的目标,但是在具体落实上,尤其是在如何构建科学完善的实践教学体系的问题上,还处于摸着石头过河的探索阶段,各所高校的做法也不一致。本文以长沙理工大学法学专业为例,希望对实践教学的改革提出一些建议。

一、应用型人才培养目标的确立

(一) 法学教育的性质决定了应用型人才培养的目标

法学作为一门应用性的社会科学,一名合格的法律人才,首先需要的是具备分析问题和解决问题的能力,正如霍姆斯大法官所言:"法律的生命并非逻辑,而是经验。"只有具备了相当的实务经验,才能谈得上灵活运用所学的理论知识。法律条文不是空洞的理论,而是立法者对无数次社会纠纷的解决过程中形成的经验总结,立法的目的也在于以一套被实践证明相对公平的规则来化解纠纷,以实现对正义和效率的追求。因此,法学教育不可能脱离实践而存在,法学研究也必须立足于社会实践,这就决定了法学教育应首先立足于培养应用型人才,除了让学生学习法律,还要培养他们运用法律知识去解决实际问题的能力。

(二) 应用型人才培养目标是当今发达国家法学教育的通行做法

根据法学教育的人才培养目标的不同定位,法学教育人才培养模式大致有三种:职业教育模式、通识教育模式、职业教育和通识教育合一模式。[1] 职业教育要求培养的是职业化的法律技术人才,而通识教育则致力于培养具有人文情怀和广阔视野的综合型人才,其实在当代社会,完全的职业教育或者完全的通识教育都难以满足社会对高等教育的人才培养需求,大多数国家的法学教育都是采用的职业教育和

---

〔1〕 牟文义、田建强:《我国法学本科教育的理论与实践》,吉林大学出版社2010年版,第26页。

通识教育合一的培养模式,但是更侧重于职业教育。英美法国家一贯重视职业化法律人才的培养,注重案例教学,这与其判例法的法律体系和审判制度紧密相关,从效果来看,这一培养目标为英美法国家培养了大量出色的法律职业人才。即使是德日等大陆法系国家,目前的法学教育也在逐步倾向于职业教育,“学习以美国和英国为典型代表的职业教育模式,接受职业教育模式下法学教育的优点”〔1〕。法学职业教育模式的一个基本特征就在于以应用型人才培养为目标,注重学生在实践当中运用法律的技能。

(三) 应用型人才培养目标是解决当前法学教育发展困境的必经之路

当前我国高等院校的法学教育面临着一个悖论,一方面是高等院校法学专业就业形势普遍严峻,2014 年教育部公布了近两年就业率较低的本科专业的名单,法学又名列其中。但与此相对的却是用人单位所急需的法律实务人才相对紧缺,尤其是既精通法律知识,又具有其他专业知识背景或了解行业特点的复合型法律人才供给不足。出现这一矛盾的原因是多方面的,但其中一个重要原因就在于高等院校的法学教育往往与社会实际需求脱节,培养的毕业生不能满足用人单位的要求,往往需要在社会这所大学中“回炉重造”。要解决这一问题,就必须加强对在校学生的实践教学的培养,改变传统的“填鸭式”教育方法,着力于培养应用型法学人才。

当前我国法学教育界已经认识到了应用型法学人才培养目标的重要性,高等院校对本科阶段法学专业人才培养,已经逐步改变过去只注重课堂教学的单一培养模式,比如 2012 年,由中共中央政法委员会、中华人民共和国教育部联合举办的卓越法律人才教育培养计划工作会议在北京召开,正式成立了由公检法司等多部门和高等学校负责同志组成的卓越法律人才教育培养计划指导委员会、专家委员会,并将正式启动建设北京大学、中国政法大学等 20 多所高校与各级法院、检察院、律师事务所、企事业单位等部门共建的一大批法学教育实践

---

〔1〕 邓建鹏:《应用型法学人才的实践能力及其实现途径》,载《当代法学》2012 年第 6 期。

基地和100多个卓越法律人才教育培养基地。此举标志着我国在法学应用型人才培养方面的新局面。

长沙理工大学作为一所湖南省内的一本院校,自2000年以来就开始招收法学专业本科生,法学专业自办学以来,一直将“培养应用型人才”作为人才培养的基本目标。为了更好地契合社会需求,结合长沙理工大学的理工科专业优势,自2010年以来设置了“工程法学”与“社会法学”两个本科专业发展方向,并开设了相应的专业课程,着力于培养“工程法学”和“社会法学”的应用型法学人才。

二、当前法学教育中实践教学的现状和存在的问题

法学实践教学是实现应用型人才培养目标的重要举措,可以说,实践教学水平的高低,直接决定了应用型人才的培养质量。在我国传统的法学教育中,理论教学占据了几乎全部的教学时间,其经典模式为“灌输式”的课堂讲授,教师仅仅就理论进行系统的阐释,而没有从法学学科本身的实践性、技术性出发来训练学生的实践能力和操作能力。当然,随着法学教育的发展尤其是对应用型人才培养的逐步重视,现在绝大多数法学院的课程设置都在理论教学之外增加了实践教学环节。主要采用模拟法庭、法院旁听、案例教学、毕业实习等形式开展实践教学活动。这些实践教学活动的开展,充分说明广大教育工作者已经认识到法学教育不仅仅是传授法律知识,更重要的是教给学生分析、辨别知识和运用知识的能力。以长沙理工大学法学专业为例,从学生入校开始,基本上每个学年都为学生开设了专门的实践课程,大一有专业见习、大二有专业社会调查、大三有专业实习、大四有毕业实习,除此之外,还开设有模拟法庭、法律诊所等实训课程,这些教学活动在一定程度上让学生接触了实践,增强了学生的实践能力,但是还存在一定的问题。

(一)理论教学与实践教学存在脱节

一方面,从课程的设置上看,现有的法学理论课程的开设主要以法学科目的划分或国家颁布的主要法律(基本法)为内容,而以培养和

训练学生实际操作技能的课程却很少甚至根本没有。另一方面,理论教学与实践教学往往由不同的老师担任,而且相当部分从事理论教学的教师自身也缺乏实务经验,这就导致理论教学往往只注重课本上的法学理论知识的传授,而从事实践教学的老师也难以根据学生的专业知识情况对其进行有目的的指导。

(二) 实践教学课程同质化较为严重

人才培养应当是一个循序渐进的工作,实践课程的设置也应当遵循这一规律,根据学生的专业理论水平设置相应的实践课程内容,比如在大一的专业见习,其目的在于使低年级的法学本科生通过见习,能够对司法实践有一个感性认识,同时锻炼他们的社会参与能力。而大三的专业实习,目的在于通过实习这种教学方式,使学生对所学的专业知识能学以致用,熟悉实体法及程序法的运用方法、程序,掌握证据甄别、运用的方法、技巧,提高学生理论联系实际、运用法律解决具体问题的能力。大四的毕业实习,课程设置的目的在于根据学生的就业意向,为即将毕业的学生走上工作岗位积累实践经验,同时通过到用人单位实习,让学生和用人单位增进相互了解,为学生就业创造条件。但是从实施情况来看,目前的见习、实习课程无论是从内容、方式、还是所联系的实习单位来看,都存在着高度的同质化的情况,对不同阶段的学生的实习课程的指导几乎没有进行区分,这就使这些实践课程设置的目的在一定程度上打了折扣。

(三) 对实践教学效果缺乏科学的评价机制

以往的教学评价通常注重理论教学的评价,忽略实践教学环节教学效果的考量。这就导致了实践教学往往流于形式,学生只需要提交实习报告、实习日志等资料,并且由实习单位和指导老师进行评分就可以完成实习课程,实习效果难以保障。

(四) 部分实习单位参与积极性不高

实践教学需要依赖于实习单位的积极参与,实习单位需要投入相当的人力、物力、财力来保障学生实习的顺利进行,但是由于法学专业的实习往往集中于公检法等司法机关,这些实习单位往往面临着接收多所院校的学生,而且许多公、检、法部门及律师事务所因业务的压力和对学生工作能力的不放心,并不是特别愿意接纳实习生,即使接纳,也很少为学生提供必要的法律职业训练机会,职业技能的训练往往被打杂性事务所替代。

(五) 分散实习的效果难以保障

实习是学校组织安排的最重要的实践教学活动,也是学生必须完成的学习任务。但是,由于大多数法学院校均采用集中实习与分散实习相结合的方式,而分散实习的学生由于是自己联系的实习单位,没有教师的指导和监督,其实习的自觉性大打折扣,有的根本不实习,其实习目的根本无从实现。

三、法学专业实践教学改革的建议

针对以上问题,笔者认为应当从以下几个方面对法学专业的实践教学进行完善。

(一) 完善课程体系的设置

首先,在理论教学当中增加对学生法律实务技能进行培训的课程,比如长沙理工大学法学专业开设了《专业社会调查》这门实践课程,但是在此之前设置了相应的理论课程《社会调查方法》,为实践教学的顺利进行打下理论基础。再比如,对法学专业高年级的学生可以开设《法庭辩论技巧》、《企业法律实务》等课程,为其今后参与司法实践提供必要的知识储备。

其次,对于部分核心课程,可以在理论教学中设置一定的课时用于实践教学,让学生在学习理论课程的同时就有机会了解到与本课程相关的司法实践问题。

再次,在实践教学的体系设置上,应当遵循教育规律,循序渐进的设置实践教学课程。同时要加强对实践教学的目标管理,严格按照课程设置目的进行教学安排。比如对实习单位的安排,专业实习从提升学生的实践能力，更好地消化和理解所学的专业理论知识的角度，可以考虑联系公检法等司法机关，而毕业实习则应当通过分析学生的毕业意向以及往届学生的毕业分配情况，联系工程企业、律师事务所等作为实习单位，为学生的就业创造有利条件。

(二) 加强实践教学的师资队伍的建设

有较高理论素养与司法实务经验的实践教师是实践教学的重要条件，必须要有丰富实践经验的教师参与实践教学指导。一是大力引进具有法律职业资格和司法实务工作经验的教师，积极聘请司法部门业务、企业法务部门骨干、优秀律师等担任兼职教师讲授实务性强的专业课，进一步改变教师队伍结构和知识结构。二是鼓励教师多途径与律师事务所、公检法等部门合作，参与法律咨询、案件诉讼代理等实践活动，关注法律实务中的新问题，增强法律实践经验和实际运用能力，丰富教学内容。三是建立健全“双师型”教师培养激励机制。高等院校要将“双师型”教师培养纳入师资队伍发展规划，并从制度建设、经费投入上给予“双师型”教师一定的倾斜，设立“双师型”教师津贴，建立实践教学专项经费，鼓励教师指导学生定期开展法律实践活动，并将是否具有“双师型”教师资格、是否承担实践课程、有无实践经历，作为晋升职称、科研资助，以及各种“质量工程项目”评比的加分条件。

(三) 建立科学的实践教学质量评价机制

从人才培养目标、课程设置的合理性与适用性、课程实践的社会效果及教学方式和技巧、学生掌握知识的程度、实习单位的条件保障的考核等多方面制定一整套科学、系统而切实可行的评价方案和操作细则，实践教学评价机制既要注重结果，又要反映过程；既要有阶段性评价，又要有综合性评价；既要做到评价主体多元化，又要做到评价方式多样化，真正发挥教学评价对应用型法学人才的导向作用。

(四) 加强实践教学基地建设

专业实践教学基地是学生了解社会、参与实践的重要途径，是第一课堂的有效延伸，建设好校内外实践基地，完善实践教学平台，是培养法学专业学生实践素养、提高他们实践能力、实现应用型人才培养目标的重要保障。校外实践基地的建设应该以能否培养学生的实践和创新能力为选择标准,一方面要注重实习基地的多样性,能容纳更多的学生参与,同时满足不同学习阶段和不同类型的学生的实习需求。另一方面也应当注重质量,建立一批相对稳定的优秀实习基地,学校应当加大实习经费投入,并对优秀实习基地给予一定的奖励措施,提高实习单位的参与积极性。

同时还应当重视校内实践教学基地的建设,比如长沙理工大学就设置有"工程法律事务所"、"大学生法律援助中心"等校内实践教学基地,这也是学生参与司法实践的重要平台,而且相对于校外实践,校内实践教学所需要的时间、场地、经费等门槛更低,更有利于实践教学工作的日常化。

(五) 加强对实践教学的过程管理

实践教学要真正成为落实应用型人才培养目标的有效手段,还必须加强对实践教学过程的监管。以对实习工作的管理为例,主要包括两个方面:一是加强对学生的管理,对集中实习的学生,指导老师应当全程进行管理,及时向实习单位了解情况。对分散实习的学生,在开始实习之前,要求分散实习的学生将实习单位的联系方式和具体地址告知实习指导老师,实习开始之后,指导老师需不定期地与实习单位联系,了解学生的实习情况,对实习学生进行电话跟踪,在必要时也可以进行实地检查。二是加强对实习指导教师的管理,学校或学院应当成立专门的实习指导小组,由指导小组定期到实习单位进行检查走访,并由参与实习的学生对指导老师进行评分,督促指导教师认真履行指导职责。

论法学专业“打破四个界限”实践教学模式的建构

——以吉首大学为例*

杨　信**

摘　要：我国传统法学本科教育长期以来存在“重理论、轻实践”的倾向。吉首大学法学专业教学特色鲜明，在长期的实践和摸索下，总结出法学专业“打破四个界限”的实践教学模式，按照理论教学与实践教学整体设计，实践教学分类规划、单独考核的原则对法学专业实践教学模式进行改革，重点围绕法学专业学生能力培养目标和实践教学对理论教学的反作用来对法学实践教学内容进行系统设计。

关键字：法学专业　四个界限　教学模式建构

当下，我国法学专业本科学生就业形势不容乐观。一方面，近年来我国高校法学专业办学规模和招生规模的急剧扩大、毕业生数量的大幅度攀升给就业制造了压力；另一方面，现阶段，随着社会的不断发

---

* 本文系吉首大学2011年教学改革研究重点项目《法学专业实践教学模式的创新与实践》的阶段性成果之一。

** 杨信，女，湖南吉首人，湖南吉首大学法学与公共管理学院，讲师，中山大学法学院2013级民商法博士研究生。

展,法律职业及相关岗位的门槛被空前提高,不但要求学生懂法律专业知识,还要懂相关专业的知识;不但要求学生具备良好的文字写作能力,还要具备良好的口头表达能力、动手能力、思维能力、心理素质、临场应变能力,等等。这些对学生的实践能力和综合素质提出了更高的要求,也对高校法学专业人才培养模式尤其是实践教学模式提出了更高的要求。吉首大学法学专业教学特色鲜明,在长期的实践和摸索下,总结出法学专业“打破四个界限”的实践教学模式:

一、传统法学本科教育中实践教学模式的缺陷

我国传统法学本科教育长期以来存在“重理论、轻实践”的倾向。各高校现行实践教学的内容和形式存在着一定的“泛化”和“工具化”现象,主要表现为将理论与实践割裂开来,将学校和社会割裂开来,在形式上主要依赖于单向度地集中时间进行“毕业实习”或单项训练。此外,受当下“专业主义”思维定势的影响,部分院校的法学实践教学项目的设计在法学与相关专业之间人为地划出藩篱来,将不少行之有效的实践教学项目排除在法学专业实践教学体系之外,割裂了法学专业与相关专业之间的联系,导致实践教学项目的手段和方法单一,难以适应培养高素质法律人才的需要。因此,遵循法学专业本科教育的基本规律,根据本单位的实际情况探索行之有效的实践教学模式是优化法学本科人才培养的客观需要。

二、“打破四个界限”实践教学模式的基本理念

(一) 打破法学专业和相关专业的界限

我们认为,一个高素质的法学专业学生,除了必须具备扎实的法学专业知识外,还必须具备丰富的相关专业知识,包括社会学、管理学、心理学,以及医学、生物学、化学等方面的知识。因此,实践教学项目的设计应不拘一格,尤其要重视那些综合性实践教学项目的特殊功效。

（二）打破课堂内和课堂外的界限

合理安排实践教学的课内外时数比例，特别是将第二课堂纳入培养计划，与第一课堂有机结合，使得课堂内实践教学的内容与课堂外实践教学的内容完全衔接起来。与此同时，要特别注意培养学生具备书本知识的迁移和运用的能力，做到理论联系实践和学以致用。

（三）打破校内实践与校外实践的界限

为了拓宽实践教学的渠道，加深学生对社会了解的程度，在实践教学场所的选择上，可以将校内基地和校外基地结合起来充分利用。比如，既可以组织学生到法院观摩庭审活动（走出去），也可以联系法院将部分案件放在校内的模拟法庭进行审理，给学生提供观摩的机会（请进来）。

（四）打破学期、星期和假期的界限

在时间安排上，将实践教学变成一项经常性的教学活动。除了要求学生每学期和每周完成教学计划规定的那些常规实践教学项目外，还可以设计一些非常规的实践教学项目利用休假日开展，比如，可以要求学生利用寒暑假和休假日参加社会实践，撰写调查报告。

三、法学专业“打破四个界限”的实践教学模式改革设计

（一）优化配备实践教学的指导教师队伍

基地校内现有在职实习指导教师三十余人，结构合理，其中含兼职律师10人，每年都在所在的律师事务所指导毕业生实习工作。此外，校外基地所在的法律实务部门学生实习由所在的单位指派办案的法官、检察官、律师担任指导老师，一般每2—5名学生由一名指导老师指导，基本上能保证实践教学活动的顺利开展。

(二) 注重实习基地建设

法学专业司法实践教学基地经过多年的建设和改革,取得了明显的成效。校内现已建成高规格的刑事侦查和法医实验室一个,配备有测谎仪等多种先进的鉴定仪器和设备;建成多功能模拟法庭一个,建筑面积425.5 ㎡,造价逾百万元,上述教学设施和设备均已投入使用并产生了较好的效益。

(三) 充分发挥学生社团的作用,开展丰富多彩的实践教学活动

吉首大学法学院下辖两个学生社团组织:法律援助中心和心理援助社。这两个社团组织其成员主要由法学专业的本科学生组成。几年来,这两个社团在号召学生开展专业活动方面发挥了重要的作用,先后组织了诸如"送法到社区"、"监狱一对一帮教"、"普法宣传",以及庭审观摩和模拟法庭等丰富多彩的专业活动。2007、2008 年吉首大学法律援助中心连续两年荣膺"湖南省优秀大学生社团"的荣誉称号。

(四) 加强与地方立法机关、行政机关、司法机关和各法律服务机构的联系,与之建立固定的实践教学协作关系

为了给学生提供更多的实践场所,我们特别注重加强与周边州、市公安机关、检察院、法院、律师事务所等法律实务部门的联系,并先后建成湘西自治州中级人民法院、湘西自治州人民检察院等 17 个固定的法学实践教学基地,其中湘西州检察院获评为省级优秀实习基地。每年学院与这些单位联合组织法学论坛、公诉团体辩论赛等活动,本专业部分老师还被聘请为这些单位的法律顾问和监督员等,为学生开展实践教学活动创造了良好的环境。

(五) 加强实践教学的制度化和教材建设,为实践教学提供充足的经费保障

长期以来,我们特别注重法学实践教学的各项制度化建设,建立了规范的实践教学管理制度和质量监控机制,编撰了系统的《法学专

业实践教学大纲》。本专业教师先后编写出版了《法学基础实验实习操作指南》、《刑事科学技术大全》、《法医学实验》、《司法文书写作原理与实践》等教材,在使用过程中取得了良好的效果。在经费保障方面,除了合理使用常规的实践教学经费外,还在法学重点专业发展规划中通过合理预算,拿出一部分经费作为实践教学经费,以保障实践教学的经费需要。

四、“打破四个界限”实践教学模式的主要内容与方法

近年来,吉首大学法学专业围绕“打破四个界限”实践教学模式致力于实践教学改革。按照理论教学与实践教学整体设计、实践教学分类规划和单独考核的原则对法学专业实践教学模式进行改革,重点围绕法学专业学生能力培养目标和实践教学对理论教学的反作用来对法学实践教学内容进行系统设计。在构筑法学实践教学体系时,注重向全面素质教育转变,向培养知识迁移能力、独立分析问题的能力、动手能力、创新能力转变,向以学生为主体的实践教学模式转变,并根据社会对人才的需求,及时调整了法学实践教学计划及大纲,完善实践教学体系,将法学实践教学的各环节——庭审观摩、模拟法庭、法律咨询、社会调查、课程实践、专业见习和实习等贯穿于法学专业教学的全过程。

(一)案例教学法

一方面,充分利用现有的信息渠道广泛收集每一门课程的案例和事例,经过整理,形成了较为完整的法学案例集。另一方面,在每一堂课的内容设计和组织实施过程中,尽可能地恰当运用这一教学方法。案例教学既能开阔学生视野,又能活跃课堂气氛,收到了良好的教学效果。

(二)“讨论式”教学

根据我们的经验,就一般的法学问题而言,小组讨论较易深入,但

耗时较多。比较经济而有效的做法就是事先布置讨论主题,选择有代表性的或相对立的观点发言,教师适时进行讲评或做小结。讨论的目的不是让学生就事论事地表明态度,而在于从事实中引申出观点,从某一结论的得出再触类旁通地获得更多的知识。

(三)专题讲座

近几年来,我们为本科学生开设了形式多样的"法学论坛"受到了学生的普遍欢迎。就法学课程相关的专题讲座,一般是围绕法律文本的变迁、法学研究的前沿动态,以及教师相关的课题研究方向开设。先后聘请了国内外知名法学教授,以及本院教师也积极推出一系列有内涵有特色的专题讲座,拓展了课程教学的新视野,深受学生欢迎。

(四)庭审观摩

一般由任课教师事先同司法审判部门取得联系,组织学生到法院旁听案件审理。使学生全面了解诉讼的庭审程序、法官是如何发挥庭审主导作用的,以及各个诉讼主体在诉讼中的地位及各角色的作用。待观摩结束后,一般要求学生谈谈观感体会,并进行总结点评,以便真正提高学生的理解、认识和分析能力。

(五)模拟法庭

一般是在教师的指导下由学生扮演案件当事人,如法官、检察官、律师以及其他诉讼参与人等,以司法实践中的法庭审判为参照,模拟审判某一案件的教学活动。模拟审理结束后,由教师针对案件事实是否清楚、证据是否确实充分、法庭辩论是否有理有据、运用法律是否正确、诉讼程序是否合法等进行点评。该教学方法可以全方位锻炼学生的思维分析能力、口头表达能力和应变能力等。

(六)社会法律援助

通过学生组织的面向社会公众提供的法律咨询,为公众解决法律疑问。由于法律咨询涉及的法律问题范围较宽,能很好地锻炼学生的表达能力和应变能力,也能促进学生加强专业意识,提高学生法律专业水平和扩大知识面，开阔视野。

(七) 监狱“一对一”帮教

监狱是一个大课堂。通过组织学生探监，可以获取部门法（主要是刑法）研究的第一资料，特别是各类刑事案件资料。通过与罪犯面对面的接触并提供相关法律问题的咨询，可以锻炼学生的思维能力、表达分析具体问题的临场应变能力。特别是与监狱方达成“一对一”帮教协议，使得学生参与到监狱教育改造罪犯的过程中，从而提高学生将来从事司法行政工作的职业能力。

(八) 刑事侦查实验

通过对具体的刑事案件（或模拟的刑事案件）的侦查，掌握基本的刑事侦查策略，熟悉刑事侦查常规技术和程序、能合理采取现场勘验、侦查调查、侦查控制、强制和询问、学会组织和进行侦查实验，特别能使用相关的仪器对指纹、足印、工具痕迹、车辆痕迹、枪弹痕迹以及笔迹等进行检验，学会对爆炸物、墨水、血痕、精斑、唾液、毛发等进行物证检验，掌握各种刑事照相的基本要领。通过学生实地动手、动脑，培养学生的实际操作能力。

(九) 审判、检察和律师业务实习

审判是指法院依法审理各类案件并作出裁判的一项司法活动。法院的审判业务是涉及知识面最广、实践性和专业性最强的法律实务之一。审判业务实习就是组织学生到法院各个业务庭进行较长时间（3 周）的实践，并在担任指导教师的案件主审法官的指导下介入办案的各个环节，以此熟悉审判业务活动的基本特点和具体要求。检察业务实习即组织学生到检察院进行较长时间（3 周）的实践，并在担任指导教师的负责具体案件检察官的指导下介入办案的各个环节，以此熟悉检察院业务活动的基本特点和具体要求。律师业务实习即组织学生到律师事务所进行较长时间（3 周）的实践，并在担任指导教师的办案律师的指导下介入办案的各个环节，以此熟悉律师业务活动的基本特点和具体要求。

(十) 法律咨询

主要通过组织学生深入社区面向社会公众提供的法律咨询,为公众解决法律疑问。由于法律咨询涉及的法律问题范围较宽,能很好地锻炼学生的表达能力和应变能力,也能促进学生加强专业意识,提高学生法律专业水平和扩大知识面,开阔视野。

(十一) 社会调研

深入社区做普法调查或者专题法律调查,针对具体宪法问题做专题调查。特别在个案中通过深入社会实践包括走访群众,分析社会现状和构成。特别是可选择一些特殊的社群,如对监狱服刑人员、劳教所劳教人员以及吸毒所的吸毒人员等进行调查,对其做具体分析和研究,形成调研报告。

此外,按照常规教学的要求,学生见习和到基地实习也是重要的实践环节,一般按学校相关规定执行,学生的学习效果计入其课程考核总分。总而言之,法学教育的完善与进步是无止境的,我们法学教育不仅要结合法学学科的自身特点,也需要根据我国现今的国情,创造出最适合的教学模式,多一些尝试与创新,就能收获意想不到的效果。

参考文献

[1] 杨佶、张玲:《我国法学实践教学中法律职业培养的探索》,载《教育教学论坛》2012 年第 11 期。

[2]《教育部、中央政法委员会关于实施卓越法律人才教育培养计划的若干意见》,教高(2011)10 号。

[3] 唐赞玉:《计算机基础实验教学改革的思考和实践》,载《吉首大学学报》2012 年第 5 期。

[4] 张维红:《大学三种权力的历史、现状与反思》,载《吉首大学学报》2012 年第 5 期。

[5] 李仁玉、张龙:《实践型法律人才的培养探索》,载《当代法学》2008 年第 3 期。

地方本科院校《行政法学》课程实践教学方法研究

——基于校地合作办学的视角*

龚向田**

摘　要:地方本科院校《行政法学》课程实践教学方法之研究,还处于初始阶段,亟须进一步完善与发展。从校地合作办学的视角去探索地方本科院校《行政法学》课程实践教学方法,具有不可或缺的价值。校地合作办学视角下的地方本科院校《行政法学》课程实践教学方法研究的理想图景应当展现为:校地合作下的《行政法学》课程实践教学方法之构设、校地合作下的《行政法学》课程实践教学方法之运行以及校地合作下的《行政法学》课程实践教学方法之保障三重维度。

关键词:行政法学　实践教学方法　校地合作办学

当今社会,地方本科院校的法学专业应如何生存与发展,这是每个有历史责任感的法律人皆必须予以回应的一个重大问题。学界基

---

* 本文系湖南省教学改革项目《地方教学型本科院校〈行政法学〉课程实践教学法研究——基于校地合作办学的视角》(湘教通[2013]223号)的阶段性成果。

** 龚向田,男,湖南邵阳人,怀化学院政法系副教授,副主任,法学博士,主要从事行政法与行政诉讼法学研究。

本上赞同地方本科院校的法学专业应以培养应用型人才为己任,因此,大力宣扬与推广法学专业实践教学方法。学界关于法学专业实践教学方法的成果较多,但存在低水平重复现象,同时,面向地方的法学专业实践教学方法的研究成果较为匮乏,且研究思路还甚为宏观或简陋。笔者以为,法学专业实践教学方法的真正生成与发展离不开校地合作办学,而校地合作办学下的法学专业实践教学方法的科学合理构建又必须依赖于校地合作办学下的部门法学实践教学方法的生成与发展,因为后者乃前者的基础、力量与源泉。然而,当下校地合作办学下的部门法学实践教学方法的研究,尤其是面向地方的行政法学实践教学方法的研究成果较为匮乏,且校地合作办学下的行政法学实践教学方法究竟如何运行的探索尚付阙如。因此,本文拟从校地合作下的《行政法学》课程实践教学方法之构设、校地合作下的《行政法学》课程实践教学方法之运行以及校地合作下的《行政法学》课程实践教学方法之保障三个层面对校地合作办学视角下的地方本科院校《行政法学》的课程实践教学方法予以新的探讨,显然,这无论对校地合作下的其他部门法学的实践教学法的创新与完善,抑或对校地合作下的整个法学专业课程的实践教学方法的进一步完善与发展皆具有一定的积极意义。

一、校地合作下的《行政法学》课程实践教学方法之构设

探讨校地合作下的《行政法学》课程实践教学方法,我们首先应当对实践教学方法的存在形态予以构设,对此,学界众说纷纭、较为混乱。笔者认为,校地合作下的《行政法学》课程实践教学方法主要存在行政案例教学方法、行政模拟法庭教学方法、现场旁听、观摩行政审判教学方法、法律诊所教学方法以及专题社会实习教学方法五种形态。

(一) 行政案例教学方法

哈佛大学法学院院长兰德尔(C. C. Langdell,1826—1906)于 19 世纪 70 年代开创了案例教学方法的先河,他认为,为了培养学生独立思

考、分析、推理、表达以及解决问题的能力必须促使学生注重学习法院的判例、养成律师的思维方式。兰德尔先生对于案例教学方法的研究具有划时代的意义,但对于行政案例教学方法,尤其是校地合作下的行政案例教学方法的探索还鲜有虑及。我们认为,校地合作下的行政案例教学方法,指校方与地方实务部门的指导教师根据行政法学课程教学大纲规定的教学目的和要求,在校方授课教师讲授完某一行政法理论或行政法律规范时,选取适当的行政法案例,引导学生对案例所提供的材料和问题进行分析研究、提出见解或作出判断,从而使学生在共同分析、讨论行政法案例的过程中深刻而全面地理解与把握这一行政法理论或行政法律规范的一种教学方法。校地合作下的行政案例教学方法的主要特点表现在:其一,适用的主体是校方与地方实务部门的指导教师及在校法学本科专业的大学生;其二,适用的时间应在校方授课教师讲授完某一行政法理论与行政法律规范时(如讲授完行政处罚法理论与行政处罚法律规范),王文模先生曾言:"初治法学者,恒具有茫然而无所适从之概念。故第一步至少应将若干基本法律问题解释明晰,实为切要。法律条文与实际判例犹钥匙之于锁,未了解法意,决不能领会判例之要旨。故以分析判例方法为初治法学者之工具,要为最不合理之途径。"[1]其三,适用的条件应根据行政法学课程教学大纲规定的教学目的和要求,选取适当的行政法案例;其四,适用的目的是促使学生深刻而全面地理解与把握教师所讲授的特定的行政法理论与行政法律规范。诚如王泽鉴先生所说:"法学乃实用之学,旨在处理实际问题,实例研究系依据法律论断具体案件当事人的权利和义务关系。为发现适用于案件事实的法律,一方面须本诸案例事实去探寻法律规范,另一方面须将法律规范具体化于案例事实。此所涉及的是一种相互阐明的思考过程,具有法学方法的意义。"[2]

(二)行政模拟法庭教学方法

学界关于模拟法庭教学方法的界定已有一些观点,如有的学者认

---

〔1〕 转引自杨征军等:《法学实践教学法探析》,载《北京市政法管理干部学院学报》2004年第2期。

〔2〕 王泽鉴:《民法总论》,中国政法大学出版社2001年版,第44页。

为,模拟法庭教学,是指“在教师的指导下由学生扮演法官、检察官、律师、案件的当事人、其他诉讼参与人等,以司法审判中的法庭审判为参照,模拟审判某一案件的教学活动”〔1〕。还有学者认为,模拟法庭教学是指“学生根据教师提供的案例资料,分别扮演不同角色,依照法院开庭的程序,亲自参与案件的审理,将课堂中所学到的法学理论知识、司法技能等综合运用于实践,实现理论与实践相结合的法学教学模式。”〔2〕但关于校地合作下的行政模拟法庭教学方法的全面、系统的界定,还鲜有论及。笔者以为,校地合作下的行政模拟法庭教学方法,指校方与地方实务部门的指导教师根据行政法学课程教学大纲规定的教学目的和要求,在校方授课教师讲授完行政诉讼理论或行政诉讼法律规范时,选取适当的行政法案例,引导学生分别扮演不同角色,以第一审行政审判为参照,模拟审判所确定的案件,从而使学生既融会贯通了有关实体法知识与程序法知识又锻炼了学生分析与解决问题等综合能力的一种教学方法。其特点主要表现在四个方面:第一,适用的主体有校方与地方法院的指导教师及在校法学本科专业大学生;第二,适用的时间应在校方授课教师讲授完行政诉讼理论或行政诉讼法律规范时,因为此时行政法的实体法知识与程序法知识都讲授完,为模拟法庭的正常进行提供了基础;第三,适用的条件应根据行政法学课程教学大纲规定的教学目的和要求,选取适当的行政法案例,并以第一审行政审判为参照(第一审行政审判较为系统、完整,更能激发学生的各项潜能。);第四,适用的目的除了促使学生能更好地掌握相关的实体法和程序法的基本理论和知识、了解法庭庭审的基本程序和要求外,还能锻炼学生的组织能力、论辩能力、应变能力和运用法律解决问题的能力等。

(三)现场旁听、观摩行政审判教学方法

校地合作下的现场旁听、观摩行政审判教学方法,指校方指导教师在地方法院的协作下,根据行政法学课程教学大纲规定的教学目的

---

〔1〕 王玉霞:《试论模拟法庭教学法》,载《中国成人教育》2009年第7期。

〔2〕 许均秀等:《法学专业实践性教学模式建构的思考》,载《中国成人教育》2008年第8期。

和要求,在讲授完行政诉讼理论或行政诉讼法律规范时,选取适当的行政法案例,组织学生去法院旁听、观摩行政审判,使学生置身于真实的审判环境,了解行政审判程序,并使学生的理论联系实际等能力得以锻炼的一种教学方法。其特点表现在:第一,适用的时间应在校方授课教师讲授完行政诉讼理论时,因为此时行政法的实体法知识与程序法知识都讲授完,为现场旁听、观摩行政审判提供了基础;第二,适用的条件,校方授课教师应根据行政法学课程教学大纲规定的教学目的和要求,在地方法院的协作下选取适当的行政法案例,同时,地方法院应为校方旁听、观摩的学生提供适宜的环境或场所;第四,适用的目的在于使学生有效体验真实的行政审判程序,培养与锻炼学生的理论联系实际、法庭组织、协作等能力。

(四) 法律诊所教学方法

20 世纪 60 年代美国法学院普遍兴起了法律诊所教学方法。21 世纪初,为了扭转学历教育传统模式的不利局面,注重培养学生的职业技能,我国在美国福特基金资助下,首先在北京大学、中国人民大学等 7 所高校的法学院适用了法律诊所教学方法。学界对法律诊所教学方法已有诸多研究,如有的学者认为,法律诊所教学方法指"仿效医学院利用诊所实习培养医生的形式,通过诊所教师指导学生参与法律实际运用的过程,培养学生的法律实际能力,促进学生对法律的深入理解,缩小学院知识教育与职业技能的距离,培养学生的法律职业意识观念"的一种法学教育方法。[1] 还有学者认为,法律诊所教学方法指"把医学院学生临床实习中的诊所式教育模式引入法学教育,通过法律诊所教师指导学生参加司法实践,将所学法学理论知识与真实的法律案件结合在一起,培养学生对法律实际运用能力和解决问题的方法与技巧"的一种法学教育方法。[2] 但关于校地合作下的行政法律诊所教学方法的系统界定,还鲜有论及。笔者以为,校地合作下的行政法律诊所教学方法,指由校方、地方政府法制办及律所共同组成的

---

〔1〕 甄贞:《诊所法律教育在中国》,法律出版社 2002 年版,第 3 页。

〔2〕 许均秀等:《法学专业实践性教学模式建构的思考》,载《中国成人教育》2008 年第 8 期。

指导教师在校方授课教师讲授完整个行政法理论与法律规范时,在校方所设立的法律诊所借鉴医学院学生临床实习中的诊所式教育模式,选取适当的、真实的行政法案例,引导学生为当事人提供法律咨询、办理真实案件以培养学生的责任心和职业道德与促进学生运用行政法知识解决实务问题能力的一种教学方法。其特点主要有三:第一,适用的指导教师应由校方、地方政府法制办及律师事务所共同推荐组成,因为学生是办理行政案件,要养成律师思维习惯;第二,适用的条件,指导教师应选取适当的、真实的行政法案例,因为学生既有的知识和经验很难解决过于复杂的案件;第三,适用的目的是培养学生的责任心和职业道德与促进学生运用行政法知识解决实务问题的能力。

(五)专题社会实习教学方法

校地合作下的行政法专题社会实习教学方法,指由校方、地方实务部门或其他组织共同推荐组成的指导教师在学生毕业前的一年或半年之内,根据法学专业人才培养目标与行政法领域的专题理论与制度,组织不同的专题实习小组深入到实务部门进行专题社会实践,以使学生巩固与加深对所学知识的认识及提高学生运用行政法知识解决实务问题能力的一种教学方法。其特点主要有三:第一,适用的指导教师应由校方、地方实务部门或其他组织共同推荐组成,因为行政法是一门应用性较强的学科,其专题理论与制度涉及诸多实务部门;第二,适用的时间是学生毕业前的一年或半年之内,因为此时行政法领域的诸项理论与制度皆讲授完,而且历经了模拟法庭、旁听与观摩行政审判及法律诊所等实践教学,这为学生进一步理论联系实际提供了坚实的基础;第三,适用的目的是使学生巩固与加深对所学知识的认识及进一步提高学生运用行政法知识解决实务问题的能力。

二、校地合作下的《行政法学》课程实践教学方法之运行

前述校地合作下的《行政法学》课程实践教学方法之构设,解决了诸教学方法是什么的问题,但只有诸教学方法真正得以实施,才能对

人才的高质量培养具有现实意义，故而，探讨校地合作下的《行政法学》课程实践教学方法之运行，则成为了一个必然的选择。校地合作下的《行政法学》课程实践教学方法之运行应涉含三个阶段，即初始阶段、发展阶段及深化阶段。

（一）校地合作下的《行政法学》课程实践教学方法运行的初始阶段

此阶段由于学生刚接触行政法的各项基本理论，因此，必须适用行政案例实践教学法使学生吃透书本知识。行政案例实践教学方法具体运行的途径：首先，校方与地方实务部门的指导教师共同商定适用于某一课程内容（如行政处罚、行政许可以及行政确认、行政裁决、行政征收与征用等）的适当案例，并把此案例发放给学生，以便其有充分的时间进行准备。这里需要说明的是，所选取的适当案例并非重"判决案例"，轻"非判决案例"，因为"判决案例虽然能够为研究主体提供基本的分析文本，但受制于当事人主张及相关法律争点的拘束，判决范围往往比较狭窄，甚至根本无法触及行政案件背后的政策争议和利益博弈。相比之下，那些没有进入司法审查程序仅存在于行政管理实践中的大量事例，更能充分展现事件背后的利益分布与政策抉择"[1]。其次，校方与地方实务部门的指导教师应就本堂案例教学的教学内容、教学目的、教学案例及讨论问题等向学生做一下简单说明，然后将学生分成若干小组，由各组推选代表发言，即对案件中的事实认定、法律适用、争议之知识点进行法律逻辑和理论逻辑的分解与综合。[2] 在学生的相互提问、质疑或抗辩的过程中，指导教师应尊重学生的主体地位，同时应善于控制局面、引导学生进行有效的辩论或探讨。再次，当学生课堂讨论案例后，校方与地方实务部门的指导教师应对学生的整个案例探讨及时有效地予以总结与点评，从而使学生既能够通过案例分析来掌握所讲授的行政法基本理论，又能够熟练地运用行政法基本理论来解决实际问题。最后，指导教师应就整个案例教

---

〔1〕 章志远：《行政法案例研究方法之反思》，载《法学研究》2012 年第 4 期。

〔2〕 参见关保英：《行政法案例教学研究》，载《河南省政法管理干部学院学报》2009 年第 4 期。

学对学生进行考评,如要求学生撰写案例分析报告,以达到检验案例教学的效果或使学生巩固、加深对相关行政法理论或行政法律规范的理解与认识。

(二) 校地合作下的《行政法学》课程实践教学方法运行的发展阶段

此阶段教学进度已讲授完行政诉讼法理论与法律规范,可适用行政模拟法庭教学法、旁听、观摩行政审判开庭教学法。具体运行的途径:适用行政模拟法庭教学方法一般要经过前期准备、实务模拟、总结考评三个阶段。前期准备阶段,由校方与地方法院的指导教师选择模拟法庭的案件、确定角色人选(包括审判长、审判员、书记员、原告、被告、代理人、证人等),并对诸角色提出适当的要求。实务模拟阶段,众所周知,法庭审判分为开庭、法庭调查、法庭辩论、最后陈述、评议与宣判五个环节,指导老师可引导学生模拟完整个环节,并要求学生以事实为根据,以法律为准绳,严格按照程序法和实体法的相关规定对诉讼活动进行模拟。总结考评阶段,首先,校方与地方法院的指导教师应对整个模拟庭审活动,如各个角色对事实的认定的准确性、对法律适用的正确性、案件中争论的焦点问题以及各环节所应注意的各种诉讼技巧等予以简明扼要的总结,以提升学生的理论认识水平与增强学生的法律实务能力。其次,双方指导教师要对参与模拟法庭的学生从对实体法和诉讼法知识掌握的水平、庭审中的学习态度以及各项素质和能力等进行考评并确定学生成绩。

适用旁听、观摩行政审判开庭教学法应包括旁听、观摩前的准备、旁听、观摩庭审、旁听、观摩后的总结与考评三个环节。旁听、观摩行政审判前,校方指导教师应在地方法院的协助下选择适当的案件,并组织学生讨论即将审判的案件以及向学生提出观摩审判的目的和要求。进行旁听、观摩庭审,校方指导教师应督促学生注意观察行政审判程序的不同阶段审判人员如何指挥庭审活动以及注意了解不同的庭审阶段所要完成的任务等。旁听、观摩庭审后的总结与考评,校方指导教师应在旁听、观摩庭审后要求学生撰写总结报告,并邀请有关法官共同根据学生对整个庭审的理解和评价意见作出考评。

(三)校地合作下的《行政法学》课程实践教学方法运行的深化阶段

此阶段行政法学的基本理论知识全部讲授完,可适用法律诊所教学法、专题社会实习教学法,使学生进一步全面系统的掌握与灵活运用所学的整个行政法知识。具体运行的途径:适用法律诊所教学方法分为法律诊所教学的准备、法律诊所教学的实施及法律诊所教学的考评三个阶段。法律诊所教学的准备,首先,校方、地方政府法制办及律所共同推荐组成的指导教师应找寻、选取适当、真实的行政案例(如法律援助中心接手的行政案件);其次,指导教师应把行政案例发放给参与法律诊所教学的学生,使学生预先了解与熟悉案情。法律诊所教学的实施,指导教师要引导学生像律师一样接待当事人、对案件进行实际的调查研究(如收集证据、分析案情、撰写法律文书等)甚至出庭代理。法律诊所教学的考评,为了保障法律诊所教学的成效,指导教师应根据评价的核心指标(对行政法知识的掌握程度、职业技能、职业道德及社会责任感)对学生予以考评。评定的最终成绩来源于客户的评价、法官的评价及指导教师的评价。

适用专题社会实习教学方法分为专题社会实习教学的准备、专题社会实习教学的实施及专题社会实习教学的考评三个阶段。专题社会实习教学的准备,首先,校方指导教师根据行政法领域的若干重大专题把学生分为若干专题实习小组并做好实习计划;其次,校方指导教师与地方实务部门的指导教师商定具体的实习场所,法学院或法学部与地方实务部门有实践教学基地的,可确定实践教学基地为实习场所。专题社会实习教学的实施,首先,校方指导教师把学生送到指定的实习场所,并与实习场所的指导教师做好交接工作;其次,习场所的指导教师应要求学生遵守实习纪律、做好日常工作并写好实习日志;再次,校方实习指导教师和实习基地指导教师应相互合作对实习的过程进行监督。专题题社会实习教学的考评,学生实习完后,指导教师应要求学生完成实习总结、实习报告的任务,并根据实习点指导教师的评定、校方实习指导教师的评定以及实习小组的评定对学生予以考评。

三、校地合作下的《行政法学》课程实践教学方法之保障

毋庸置疑,校地合作下的《行政法学》课程实践教学方法的有效运行具有不可或缺的价值,但现实的困境是有些高校的行政法实践教学因诸多不利因素的束缚仍处于残缺甚至空白状态。因此,如何保障校地合作下的《行政法学》课程实践教学方法,是一个迫在眉睫的问题。校地合作下的《行政法学》课程实践教学方法的强力有效保障应着重体现在人力保障、物力保障及财力保障三个方面。

(一)校地合作下的《行政法学》课程实践教学方法的人力保障

校地合作下的《行政法学》课程实践教学方法实施的关键在人,因此,人力保障的问题是一个需要优先考虑的问题。校地合作下的《行政法学》课程实践教学方法的人力保障主要是参与实践教学的师资保障。当前,大部分地方高校的行政法学专职师资缺乏,而且具有双师(这里的双师,指实质意义上的双师,即既具有深厚的理论功底,又具有丰富的司法实践经验,而非形式意义上的由教师资格证与律师执业证所构成的双师。)的行政法学专职师资更是严重缺乏。究其主要原因有三:其一,部分地方高校的法学院或法律系对行政法学课程很不重视,虽然开设了行政法学课程,但主讲教师是非行政法专业的教师,甚至是非法学专业的教师;其二,“中国法学院的院长、教授中有过官员、法官、律师、检察官经历的实在为数不多,他们大都是从高中进大学,然后留校任教,这种经历决定了他们不可能深入了解实际,不可能具有较为丰富的社会经验。”[1]其三,目前,担任行政法学课程教学的教师由于理论教学的任务繁重,加之科研任务的压力,不得不把主要的精力放在理论教学与学术研究上,因而,很难在实践教学方面有所作为。为了扭转此种不利局面,我们可以通过“走出去、请进来”两种重要途径予以完善与发展。“走出去”即鼓励(削减理论教学与科研

---

〔1〕 郝铁川:《拉近法学家与现实的距离》,载《法制日报》,2004 年 4 月 1 日。

任务）行政法教师去接触行政法律实务、了解行政法律实践、关注对行政法律运用中的技术性问题，如由学校推荐行政法教师到基层政府、公、检、法或律所等部门挂职锻炼。“请进来”即基层政府、公、检、法或律所等部门也可以推荐业务能力强、办案水平高的公务员或律师经学校聘任担任在校学生行政法实践教学的指导教师或客座教授。

（二）校地合作下的《行政法学》课程实践教学方法的物力保障

校地合作下的《行政法学》课程实践教学方法实施的基础在物，因此，我们应关注与加强物力保障。校地合作下的《行政法学》课程实践教学方法的物力保障主要体现在校方的实践教学设施建设与地方实务部门的实践教学基地建设两个方面。前者包括模拟法庭、法援中心、多媒体法律诊所教室等，目前，国内许多著名大学实践教学设施较为完备，如建有功能齐全的模拟法庭实验室，但大部分地方二本院校践教学设施还比较陈旧、简陋，很难达到理想的实践教学效果。教育部曾在 2007 年提出，为了推进高校实验教学内容、方法及实验教学模式等的改革与创新必须重点建设 500 个左右实验教学示范中心，据此，地方高校应有时代使命感、紧迫感，应加快实践教学设施建设的步伐，即使条件再艰苦，也应该首先把完备的模拟法庭实验室建立起来。至于地方实务部门的实践教学基地建设，目前，绝大多数地方高校在地方实务部门都有实践教学基地，如我校（怀化学院）相继与怀化市中级人民法院、人民检察院，司法局，人和人律师事务所等政法机关和法律服务机构签署了共建实践教学基地协议，对双方的权利义务等作出了明确规定，切实保障了法学专业本科生的旁听、观摩行政审判及专题社会实习教学法等的实施。

（三）校地合作下的《行政法学》课程实践教学方法的财力保障

校地合作下的《行政法学》课程实践教学方法的实施还需要一定的财力，即经费支持，如建设新的模拟法庭、改善旧的多媒体设施、实践教学基地的维护与改善、实践教学的管理与指导等都需要相应的经费保障。大多数地方高校的实践性教学陷入困境的重要原因在于经费的严重不足，因此，我们必须高度重视实践教学的经费保障。适当或充足的经费保障乃做大做强实践教学的必要条件。可喜的是,中青联发[2005]3 号文件《关于进一步加强和改进大学生社会实践的意见》指出“各级党委和政府要为高校组织社会实践活动创造条件,提供便利。制定社会各方面支持大学生社会实践的政策和具体办法,调动各方面的积极性,为大学生社会实践创造有利条件。鼓励支持社会各方面接纳大学生社会实践”,这为我们向有关国家机关争取各项实践教学经费提供了依据。但主要的经费保障应来源于校方自身,校方应高度重视法学实践性教学,并提供合理的专项基金,此外,我们还可以通过争取优秀校友的捐赠等途径获取实践性教学经费。当然,获取了充足的经费,还不一定使实践教学卓有成效,因为有些经费没有真正投入到实践教学中去,而是被某些不称职的经费管理负责人挪用或滥用了,因此,建立一个科学合理的实践教学经费管理制度不可或缺。

推进地方高校法学专业实践教学变革的探索与实践*

谭正航**

摘要:加强实践教学变革对于地方高校应用型法学专业人才培养意义重大。推进地方高校法学专业实践教学变革面临学生非认同性,教学时间难以保障及教学机制不规范等问题。推进实践教学改革与创新是地方高校法学教育发展的必然选择。地方高校法学专业应坚持理论与实践教学相融合、系统性、特色化和普遍性等基本原则,从提升学生对实践教学兴趣、修改完善培养方案、加强教师队伍建设、改革实践教学实施体系及创新评专业技能价机制等方面推进实践教学机制变革实践。

关键词:地方高校　法学专业　实践教学　变革

随着法学专业不断开办与招生规模的不断扩张,我国法学专业学

---

* 本文系湖南吉首大学教学质量工程建设项目《教育法学》新开课程(编号:2012KCB07)阶段性成果;吉首大学服务武陵山片区区域发展与扶贫攻坚特色专业群建设教改研究项目《武陵山片区地方高校法学专业课程特色设计研究》(编号:JDTJG007)阶段性成果;湖南省普通高等学校教学改革研究项目《武陵山片区地方本科院校基层应用型卓越法学专业人才培养模式研究》(编号:HJG2012-261)阶段性成果;湖南省普通高等学校教学改革研究项目(编号:湘教通[2013]223—272)阶段性成果。

** 谭正航,法学博士,湖南吉首大学法学与公共管理学院副教授,西南政法大学法学博士后研究人员,主要从事经济法与教育法研究。

生就业难问题逐步凸显。造成法学专业就业难问题的原因很多,其中重要原因在于目前的法学专业人才培养机制与实践需要存在较为突出的脱节与不对应问题。地方高校在学术能力培养平台、师资水平等方面难以与重点大学相比,但具有密切联系地方与实践教学资源丰富等优势。地方高校只有以培养应用型法律人才为基本目标,不断地从地方经济社会发展中寻找提高法学专业人才培养资源,不断深化实践教学改革,找准法学专业特色发展之路,才能发挥培养优势。以培养应用型卓越人才为目标,充分利用地方教学资源加强实践教学,强化学生专业实践技能训练,是提高地方高校法学专业人才培养质量与就业能力的基本出路。

一、推进地方高校法学专业实践教学变革的意义

(一) 是发挥地方高校培养优势的需要

地方高校大多处于经济社会欠发达地区,在科研平台、研究水平和师资力量等与部属重点大学存在较大差距,因而在法学专业人才理论塑造与学术能力培养上无法与重点大学相提并论。但是,地方高校与所在地方的经济社会建设联系更为密切,具有充分利用地方资源培养应用型人才的比较优势。因此,地方高校法学专业人才培养不能盲从重点大学,而应根据自己的区域发展需要和自身培养能力等确立法学专业人才培养目标和培养模式。加强地方高校法律专业人才实践教学,能有效彰显地方高校培养法学专业人才优势,提升人才培养质量。吉首大学法学教育开办于 1996 年。自开办以来,以培养面向西部基层应用型法律人才为目标,以大湘西地区经济社会发展为指向,发挥地方高校培养优势,积极推进与地方法律实务部门深度合作,积极为地方法制建设提供智力支持,不断推动实践教学改革与创新,充分利用校内外实践教学的研究平台,在不断探索与创新过程中,逐步形成了法学实践教学"三化"培养模式,即"标准化"、"规范化"和"实战化"模式,有效地提高了法学专业学生的实践能力,为欠发达地区法学教育实践教学改革与创新提供了有益启发与示范作用。

(二)是优化法学专业人才服务地方建设的选择

随着西部大开发及武陵山等连片特困区域发展与扶贫攻坚等战略的推进,地方基层社会特别是西部地区基层需要大量的应用型法学专业人才。地方高校成长与发展与地方,与所在地区发展荣辱与共,是地方经济社会发展的重要推动力量。服务地方建设是地方高校的基本责任与价值所在。就法学专业来看,培养面向基层的应用型法律人才是地方高校法学专业发展的必然选择,因此必须不断加强实践教学机制的改革与创新。为培养面向西部基层法学专业人才,吉首大学依据地方基层法学专业人才实践技能的构成要求,创新地制定了法学专业人才实践教学标准体系与推进方案,在实践教学体系、措施与保障机制等方面不断推进改革与创新,提高了实践教学实效,优化了法学专业对地方法治建设的服务功能。

(三)是提升法学专业人才综合素质的要求

法学是一门实践性和应用性很强的学科,法学人才也是一个职业化的群体。法学专业人才的培养就一定要关注这一特点,建立完善的实践教学体系。[1] 实践教学既可以检阅、修正和巩固已有的专业知识和理论体系,又有利于形塑法学专业思维、强化法律职业伦理修养,更有利于训练法律专业学生的应用能力,因而是提高法学专业人才综合素质的有效方式。实践教学也提高法学专业教学质量的基本保障。吉首大学法学教育自开办以来,充分利用校内外实践教学研究平台,建立了多层级、体系化的实践教学机制,以全面培养学生的社会交往、语言及法律适用能力,在法学专业人才实践能力培养中逐步探索和形成了“三化”培养模式,有效地提高了法学专业学生的实践能力和职业适应力,取得了良好的教育效益和社会效益。近年,法学专业学生司法考试通过率高达50%以上,就业率高达90%以上。2012年法学专业代表队获得了湖南省首届大学生模拟法庭竞赛冠军。

---

〔1〕 白云:《法学专业实践教学评价体系的构建》,载《黑龙江高教研究》2014年第1期。

(四) 是增强法学专业人才就业和职业发展前景的诉求

随着法律才由精英教育向大众化教育的转型,法学专业人才就业竞争日趋激烈,就业难问题逐渐突显。其中,法学专业人才特别是地方高校法学专业人才就业竞争能力不强是造成该问题的重要原因之一。法学专业人才培养机制与社会需求脱节是造成就业难问题的主要原因。改革与创新地方高校法学专业人才培养机制,强化其实践能力和职业能力培养,是有效增强法学专业人才就业能力的基本路径。吉首大学法学专业实践教学推行"三化模式"改革,强化学生法律职业素质与技能培养,大大提高了法学专业学生的就业竞争力。近年来,在法学专业就业普遍不太理想状态下,吉首大学法学毕业生就业率逐年增长,毕业生的实践水平和职业能力得到了用人单位的普遍肯定。

二、推进地方高校法学专业实践教学变革面临的主要困境

(一) 学生对实践教学难以认同

学生既是大学活动的主体,也是大学活动的主要对象,还是大学活动的主要载体。[1] 学生认同与配合是实践教学得以有效推进的关键。目前,地方高校大部分法学专业学生对实践教学兴趣不大,热情不高。主要原因在于学生对实践教学重视和认同不够。首先,法学专业学生不仅要按照培养计划通过众多专业课程的学习,而且还在外语及素质培养等公共课程上有较多要求,学习任务较重,难以有精力顾及实践技能的培养。其次,由于地方高校法学实践教学形式化、精英化等原因,大部分学生难以得到有效的训练,实践技能难以得到实质性的提高。再次,由于实践教学师资、平台等因素制约,地方高校法学实践教学效果不佳,也影响到学生对实践教学的认同。学生对法学实践教学的难以认同是影响地方高校法学专业实践教学变革推进与质

〔1〕 张维红:《大学三种权力的历史、现状与反思》,载《吉首大学学报(社会科学版)》2012 年第 3 期。

量提高的根本性原因。

(二) 实践教学时间难以保障

面对法学专业人才就业难等问题，许多地方高校对法学专业人才培养目标及方案进行了修订，但实践教学的时间依然只占极少部分。从国家教育部门关于课程设置内容的具体要求来看，法学专业四年学习期间包括公共课、专业基础课、专业必修课等在内的理论教育内容，几乎占了四年学分的 95% 以上，而实践教学所占的学分比例大多不足 5%，使得实践教学时间十分有限。[1] 虽然许多地方高校培养方案展开了诸如模拟审判、辩论赛、实习等实践教学形式，但因为教学时间难以保障、教学效果缺乏评价等诸多原因，导致大多数情况下实践教学流于形式，教学效果不佳。

(三) 实践教学机制不规范

实践教学对于法学专业人才培养的重要性不断凸显，许多高校不断强化法学实践教学机制建设。但从总体来看，地方高校法学实践教学机制还存在随意化、形式化与规范化差等问题。首先，地方高校实践教学体系不规范，不仅法学专业人才实践教学形式之间缺乏连贯性，而且实践教学内容与法律职业要求存在脱节现象。其次，实践教学实施不规范，许多地方高校在实践教学培养目标、实践教学环节以及实践课程设置、实施路径和实践教学平台建设方面缺乏制度规范，导致实践教学缺乏整体和系统性。最后，实践教学评价机制不规范，许多地方高校对实践教学效果与学生实践能力缺乏评价标准与评价方式缺乏必要的设计，导致多数师生对其应付了事，实践教学质量难以保障。

(四) 师资力量难以适应要求

据资料显示，人才培养中天赋占 10%，机遇占 5%，而教师对培养

---

[1] 马涛:《论高校法学专业实践教学模式改革》，载《西部学刊》2013 年第 3 期。

对象的影响占85%之多。[1]师资是地方高校法律实践教学实施的核心,其有效实施需要一支理论与实践经验丰富的师资力量作为基础性保障。从整体来看,我国地方高校大部分法学专业教师是从高等院校毕业后直接走上教学岗位,缺乏必要的社会与法律实践经历与经验,指导学生实践教学的技能不强,难以适应实践教学改革与创新的需要。而司法机关等法律实务指导老师大部分缺乏高校教育教学经历,缺乏担任实践教学的理论素养和方法培训。加上缺乏有效激励机制,司法机关等法律实践部门的兼职教师也难以认真从事实践教学。地方高校师资力量难以适应法学实践教学需改革与创新将是其面临的重要困境。

三、推进地方高校法学专业实践教学变革的基本原则

(一) 理论教学与实践教学融合原则

理论教学与实践教学融合原则指地方高校法学专业实践教学在理论教学基础上加强实践能力训练,在实践教学中深化对法律理论的认识与掌握,实现理论教学与实践训练的有机融合。该原则充分体现了法学理论教学与实践教学紧密联系的理念,有利于发挥法律理论对实践训练的指导作用,也有利于发挥实践教学对理论教学效果的检验。法学实践教学可以有效地配合法学课堂理论教学,提高法学专业教育的教学效果。[2] 理论教学与实践教学融合原则是地方高校法学专业人才培养模式改革与实践教学机制创新的基本原则,为其指明了方向和提供了基本理论支持。

(二) 特色化原则

特色化指地方高校应依据当地经济社会发展对应用型法学专业

---

〔1〕 魏进平:《地方高校研究生培养模式——产学研合作教育的探索》,载《国家教育行政学院学报》2008年第9期。

〔2〕 马涛:《论高校法学专业实践教学模式改革》,载《西部学刊》2013年第5期。

人才培养的需要,构建特色化的实践教学机制,以优化法学专业人才服务地方的建设功能。特色化不仅有利于充分利用地方教学的资源优势,而且有利于克服法学专业人才同质化培养的弊病,优化法学专业的内涵建设与提高法学专业人才的就业竞争力。特色化原则首先要求地方高校法学实践教学依据地方实践教学的资源设计特色化的培养目标与实施方案。其次,特色化原则也要求地方高校依据师资、实践平台等制定特色化的法学专业实践教学体系,以保障特色化教学方案的有效推进与培养适合地方需求的特色化人才。

(三) 系统性原则

系统性原则指地方高校法学专业实践教学构建系统化教学机制应循序渐进,遵循学生法律知识与技能的发展规律,对学生法律实践能力进行全面的体系化培养。系统性原则不仅要求对法学实践教学进行科学的规划与设计,而且要从法治整体思维与法律运行的基础出发,在进行法学专业实践能力培养时融合其他方面的训练,是提升法学专业人才适应复杂社会关系能力的需要。

(四) 普遍性原则

普遍性原则指地方高校法律实践教学实施应针对所有学生,鼓励与促使学生参与实践教学过程,克服多数学生充当"观众"等问题。普遍性原则是全面提高地方高校法学实践教学效果与人才培养质量的根本要求。为此,地方高校法学实践教学应依照普遍性原则设计实践教学内容、方案与评价机制,加强教学效果的反馈与监督,使实践教学受益于每一个法学专业学生。

四、推进地方高校法学实践教学变革的主要对策

(一) 提升对实践教学重要性的认识

兴趣可以大大提升学生钻研和探索的积极性和主动性,增加他们对相关内容的敏感性和对困难的承受力,从而为学习实践活动的发展

和学习效果的提升提供巨大的支持作用。[1] 提升法学专业学生对实践教学重要性的认识,提高其对实践教学的兴趣,是破解其对实践教学非认同性问题的基本进路。为此,首先,地方高校可从法律职业发展与就业能力等层面加强对学生实践技能培养与实践教学价值的教育。其次,可通过聘请法学毕业生及法律实务专家进行法律实践技能重要性讲座等方式加强对实践教学重要性的教育。最后,可通过加强法学专业人才培养方案及评价机制中的实践能力评价分量促使其加强对实践教学重要性的认同,从而使得学生逐步养成加强实践技能培养的自觉性。

(二) 修改完善专业培养方案

完善地方高校法学专业人才培养方案是推进实践教学机制变革的制度性保障,修改完善法学专业培养方案是推进变革的切入口。为此,首先,地方高校应合理确定法学专业人才培养基本目标。基于地方高校的特色办学与基层法学专业人才的需要等特点,地方高校可将法学专业人才培养目标定位于面向基层的应用型法律人才。其次,优化地方高校法学实践教学的课程体系。可从三个方面着手:一是在理论教学中强化理论与实践教学的融合,在培养计划中加强课程理论教学中的实训教学环节;二是在适当压缩理论课程数,增加诸如司法理论与实务研究,法律谈判技巧及社会热点法律实务问题研究等实践教学课程和教学时间;三是改革培养方式,加强实践教学力度。地方高校法学专业人才培养方案在必修课之外建立理论与实践选修课模块,进一步加大实践教学力度。

(三) 加强实践教学规范化建设

加强地方高校实践教学规范化建设,是推进其改革与创新的重要内容,也是提高实践教学效果的要求。地方高校可从以下方面加强实践教学的规划建设:首先,地方高校可依据法学教育现状和基层应用型法学专业人才的能力需求,科学界定法学专业人才实践能力种类,

---

〔1〕 韩培花、朱国新、谢佳伟:《学课堂教学活动中的双重实践及其互动》,载《吉首大学学报(社会科学版)》2011 年第 2 期。

剖析每种实践能力的内涵和要求,然后有针对性地对每一种实践能力的培养设置实践教学活动和教学质量评价标准。其次,在实践能力培养标准指导下,强化实践教学课程设置规范化。地方高校可将实践教学课程分为专业实习和专业见习、实训课和实践教学环节三类,按年级进行排列布局改革,以优化实践教学的联系和互动关系,并严格按照制度和程序实施所开设的实践教学课程。再次,加强实践教学平台建设的规范化。地方高校应以量化与优化其实践能力和支撑能力为导向,推进实践教学平台建设的规范化改革。可从法学实践教学平台的基本条件规范化、平台实践保障能力规范及评价规范化等方面加强建设。最后,加强实践能力培养保障的规范化。地方高校可通过修订法学专业人才培养计划,规范实践教学体系和课程机制,完善法学专业课程实验、见习、实训教学、模拟法庭教学、专业实习教学基地建设与管理等制度体系,为实践教学的规范化运行奠定基础。

(四)优化师资队伍建设

教师综合素质的高低决定着人才培养的质量,决定着高等教育的发展命脉。[1] 加强"双师型"师资队伍建设是推进地方高校法律实践教学变革的基本保障。首先,一方面,地方高校法学专业可加强现有教师队伍实践教学能力的培养,通过支持教师到法律实务部门进修、挂职锻炼等方式,提高其法律实务操作能力与实践教学水平;另一方面,可通过多渠道聘请具有丰富经验的法律实践部门专家担任兼职教师,并通过理论培训、课程进修等形式提高其对法学实践教学原理的素养。其次,建立法学实践教学校内与校外教师协作指导机制,由校内和校外指导教师共同制定实践课程体系、教学计划和毕业论文选题等,促进理论与实践的有机融合。最后,优化实务教师的激励与约束机制,规范实践教学兼职指导津贴的发放,通过职务晋升激励、教学效果考核与责任约束等制度,强化其提高教学水平与教学能力的自觉性和内在动力。

---

〔1〕 参见崔虹云、尚东昌:《论我国地方高校本科人才培养模式与创新策略》,载《继续教育研究》2014 年第 6 期。

(五) 完善实践教学的实施体系

完善实践教学的实施体系是保障实践教学的有序推进,创新教学体系是推进改革的重要措施。为此,首先,地方高校可依托地方资源开设特色化的实践教学课程,以充分发挥地方高校培养优势与强化法学专业人才培养的特色。如吉首大学法学专业开设了《武陵山片区习惯法》、《基层司法实务》等实践教学课程。其次,优化实践教学平台建设。地方高校可利用本地资源,在司法、行政、立法等部门建立多类型的应用型法学专业人才培养的实践基地,强化实践基地的教学功能。再次,改革实践教学方法。依据实践教学类型及学生能力状况,地方高校法学实践教学可采用研究性教学、参与教学、案例教学、诊所教学等多种教学方法。最后,优化实践教学激励约束机制。地方高校可从教师职称评审、绩效分配、教学经费支持等方面激励教师重视和乐于从事实践教学,并从教学效果评价、责任、制度等层面加强约束机制。

(六) 创新专业技能评价机制

改变传统重理论轻实践的法律专业人才能力评价机制,建立以理论考试与实践能力考试并重的评价机制是推进法学实践教学机制变革的重要路径。为此,地方高校法学专业首先应改革传统只重视理论水平等的评价机制,将法律实践能力和操作技能等作为法学专业人才能力评价的重要组成部分。其次,建立法学专业人才实践技能评价体系。在系统分析法学专业人才实践技能要求的基础上,建立相应评价指标体系,以此对不同年级的法学专业学生的实践能力评价与改进方向进行指导。最后,改革法学专业毕业论文的撰写与评价机制。在重视引导学生毕业论文研究实践问题的基础上,增加实践技能毕业评价机制,将其对社会疑难问题分析能力、案件代理能力等作为毕业水平评价与毕业条件之一,以强化其接受实践教学的内在动力和自觉性,创新与优化专业技能评价机制的引导功能。

围绕案例开展网上协作学习初探

——刑法学网上教学的实践与反思

皮桂香*

内容摘要：网络技术的快速进步，给网上教学提供了契机。本文首先阐述围绕案例开展网上协作学习的理论基础，再理论联系实际，说明其在刑法学上的运用，最后对其具体构建提出了自己的意见。

关键词：网上教学模式　案例　协作学习　刑法学

刑法学课程是中央广播电视大学开放教育法学专业专科阶段必修的一门专业基础课，该门课程的教学目标是理论紧密联系实际，对刑法疑难问题和现实热点问题，进行分析研究，培养学习者的法律思维，以提高分析问题、解决问题的实际运用能力。为实现这一教学目标，笔者在教学实施过程中，一直尝试在面授辅导的前提下，将案例和网上协作学习结合起来，运用在刑法学的教学上。在此将自己的教学探索与大家分享并进行反思。

一、围绕案例开展网上协作学习的理论基础

远程开放教育的教育对象主要是在职的成人学习者。成人学习

* 皮桂香，湖南常德电大教师。

者学习目的性强,希望将学到的东西运用于实际工作中,解决实际面临的困惑或问题;同时渴望结交朋友,获得友谊。然而,成人学习者工学矛盾突出,要找出很多系统的时间定时来学校参加面授辅导或者面对面的小组讨论存在诸多困难,使得网络环境下的协作学习变得十分必要。

信息工业与网络技术的快速进步,给教育的发展带来了无限生机。每一个人都可以在网上获取资源,进行学习。教与学的过程没有了时空的限制,教育越来越走向网络化、虚拟化、国际化和个性化,网上教学成为可能。教师可以快速、准确、择优地利用、开发、整合资源,以创设情景、设置问题、布置任务,引导学生构建知识;学习者亦可把网络与信息技术作为学习的工具,通过 BBS、QQ 群等网络交互方式进行认知、分析与思考,做到真正意义上的知识建构。

建构主义学习理论认为:知识不是通过教师传授得到的,而是学习者在一定的情境即社会背景下,借助其他人(包括教师和学习伙伴)的帮助,利用必要的学习资料,通过意义建构的方式而获得。它提倡在教师指导下的、以学习者为中心的学习。协作学习是建构主义学习理论指导下的一种学习策略。所谓协作学习是指学习者通过小组形式来组织学习,提高学习效率。小组成员一方面需要自己独立完成自己的工作,另一方面要与其他学习者进行交流,共同完成整体的学习任务。

而基于案例的网上协作学习是协作学习的一种综合性具体学习模式。这种学习方式通过具体的案例,把学习设置到复杂的、有意义的案例情境中,让学习者成为有效的合作者,学习者之间保持融洽的关系、合作的态度,共享信息和资源,共同担负学习责任,完成学习任务。案例教学易于记忆,更有参与性,便于学习者发现法律与日常生活事件之间的联系,激发学习法律的兴趣,培养自主学习和终身学习的能力。

二、围绕案例开展网上协作学习的实践

在讲授刑法学总则的犯罪构成这一专题时,笔者将引起社会热议

的山东招远“麦当劳”杀人案引入到网上协作学习中。建议大家尽可能地搜索各种网络资料和纸质文献,就刑法的犯罪构成、量刑情节等展开讨论。该案一审已经宣判,在社会上引起广泛关注,笔者将该案交由学生网上讨论协助学习。在讲述刑法分则的刑讯逼供罪时,笔者围绕佘祥林杀妻案件,引导学生开展网上协作学习。大家都热情投入进来,认真收集整理材料,从刑法学、证据学、国家赔偿法学等多个角度展开分析,积极踊跃发表自己的看法,用学到的知识从多个角度进行分析论证。有些学生还结合周围了解的刑讯逼供有关案例进行扩展,最后大家引起了共鸣,对刑讯逼供进行口诛笔伐,协作学习极为成功,案例讨论内容丰富、言之有物、条理分明,逻辑严密。

经过几个学期的实践,刑法学课程网上协作学习的实效性明显增强,学习者发帖的积极性有了很大的提升。而且,通过小组协作学习,学习者学习本课程的兴趣得到了提高,这一点从网上课程讨论区学习者发帖的数量、质量,面授辅导到课率、课程期末考试成绩合格率和良好率的提高可以得到佐证。

三、围绕案例开展网上协作学习的反思

近几个学期以来,笔者相继组织过几次围绕典型案例展开的 QQ 群讨论或者 BBS 交流,其中既有成功也有失败。活动之前,笔者总是很认真地选择编写案例,尽可能使案例素材脉络清晰、描述详细,活动的组织与安排也有详细的步骤与指导。但是有时一场讨论下来,暴露了很多的问题:参与人员不多,帖子屈指可数;理解片面肤浅,讨论浅尝辄止。有的站在非法律角度对事件进行评判,有的出于“试卷化”思维定势,简单地作出对错判断,缺乏系统的缜密的分析与思考。更有甚者,有的讨论的是远离主题的娱乐内容,有关案例则成了“见缝插针”和“走马观花”的事,跑题严重。

要改变目前网上协作学习“有名无实”的现状,使之更具有实效性,就需要分析问题的原因以及寻找解决的策略。据笔者分析调查,造成以上问题的原因有很多,主要在于网络平台不畅、学习者对相关刑法基础知识的储备不足、对网上协作学习缺乏有效监控,等等。通

过反思,笔者认识到,要高效开展网上协作学习,必须具备以下条件:

(一) 组建平台是前提

要充分利用 QQ 通讯工具,建立学习小组 QQ 群。QQ 的普及性及优良的交互性,使得它在小组协作学习中极易为众多学习者所接受与适应。组建 QQ 群时,可以以班级或者专业为单位,结合学生人数、学识水平、学习态度、学员间的熟悉程度等多种因素;而且,要甄选合适的人员担任小组长。面对众多的学习者,仅通过辅导教师一人难以对网上协作学习中遇到的所有问题逐一给予帮助和支持。所以,笔者选出小组长并对其进行培训,通过小组长对小组其他成员进行帮助和支持,这样可提升对小组协作学习支持服务的广度和深度。

网上协作学习的时间安排也应充分重视。时间安排要恰到好处,尽可能地让更多的成员有时间参与;同时要引导学习者对讨论的问题有足够的知识储备,让学生有话可说。同时成员平日也需要多交流与沟通,否则同学之间缺乏必要的感情基础,缺乏交流, 势必影响交流的积极性。

具体步骤是:(1) 学习者自发或在笔者的要求下建立本小组 QQ 群,同时笔者也是群成员。(2) 由笔者或小组长将预先设计好的活动内容、活动要求上传至群共享,并留言提醒所有成员,约定讨论时间。(3) 在约定的时间内小组成员分别在 QQ 群,发表各自的观点与看法并展开讨论。笔者同时参与,控制与指点讨论的方向与焦点问题。(4) 小组长总结整理讨论内容并上传至 QQ 共享,如有兴趣,小组成员仍可继续沟通。

在这个过程中,QQ 的各项功能,如消息盒的及时提醒、在线离线文件传输、QQ 群聊与共享,使小组的所有成员都能随时随地开展小组协作性讨论与学习。大家可以直接使用 QQ 聊天,不用受电脑的限制,也能参加到小组的学习活动中。这样,交流范围并不仅仅局限于学习小组,学习的内容也不再限于教材知识,QQ 群功能可以将参与者扩大到所有有兴趣的人,从而有助于培养学习者的协作学习能力,逐步形成学习小组乃至群成员学习兴趣的“生活圈”。实践证明,这种碎片式的学习非常有效。

（二）精选案例是基础

恰当的案例，是网上协作性学习的核心要素，是小组协作学习得以进行的基础。要选择适合开展小组协作学习的社会热点案例，只有学习者对案例事件有强烈的情感驱动或代入倾向，才有可能思考案例事件的问题所在，并愿意通过某个平台或渠道表达个人的看法与观点。众所周知，对于法律案例的辩论，重点在于辩论它的争议点，如果选择的主题都是一些对错非常明显的案例，缺乏争议点，讨论就难以持续下去。必要的情况下，还可对真实案例进行假设，以加大讨论的空间。对于案例的选择，应秉承“少而精”的原则，尽可能地选择经典案例展开讨论，让大家都有兴趣参与进来，都有话可说，而不能过多地开展，为讨论而讨论。精心选择案例，应强调知识与时代和社会的融合，激发学习者的兴趣。兴趣是最好的老师，好的案例可充分调动学习者的兴趣，学习者被动的“读死书”也转变为主动将知识进步“活”的建构，激发了智慧的火花，同时在指导教师的引导下，学习者将来源于实践的理论进一步为实践服务，多元化地分析纷繁复杂的社会现象，提高了对问题的分析、解决能力。

（三）监控实施是关键

教师应积极引导网上协作学习的实施，增加学习者对讨论问题的知识储备。公布讨论案例，可以提前两周在学习平台上进行，其目的是让学习者通过自学对有关案例知识做一定程度的了解。

另外，教师应积极参与网上协作学习活动并进行监督和引导，发现问题及时纠正。比如，对学习者发表的内容及一些共性问题进行必要的点评，及时删除一些不适当的帖子使网上讨论能顺畅进行。小组长对小组协作学习要进行引导、组织和管理，认真填写《小组协作学习活动记录表》，并对每次讨论活动评分。老师可对评分情况进行抽查，并将讨论评分作为形成性考核的重要依据之一。

QQ 群的充分利用和案例的精心选择，将学科知识点与真实社会情境有机整合，对于学习者的协作学习、自主探究、法律思维的养成效果显著，有利于教师的教学能力与研究能力的提高。但是 QQ 在教学中的运用目前尚处于自发状态,还停留在尝试阶段,对社会典型案例的分析需要一定的理论基础,协作学习也有诸多因素限制,实践探索中存在运作水平低、思想成分少、技术元素不够等不足。如何在今后的网上教学中充分利用好QQ群与典型案例资源,最大限度地实现课程教学设计目标,路漫漫其修远兮,吾将"上下而求索"。

参考文献

1. 陈小莲:《网络环境下小组协作学习策略初探》,载《人才培养模式改革和开放教育试点论文集》,http://doc88.com/p-6897357729319.html,2015年8月9日访问。

2. 黄伟:《研究性学习中的小组合作探析》,http//www.edu.cn/20011212/3013693.sthml,2015年6月5日访问。

3. 张琦:《基于网络开展小组协作学习的尝试与反思》,中国远程教育出版社2010年版。

4. 陈君贤:《如何帮助开放教育学生有效开展小组讨论》,中国远程教育出版社2010年版。

法律职业共同体教育背景下法学本科实践教育的反思

蒋伟龙*

内容提要：实践教学是法学教学的关键一环，在法学教学中发挥着十分重要的作用。它不仅利于加深学生法律理论和法律制度的理解，而且利于培养学生的法律职业能力和创新能力。为适合法学本科实践教学需要，建议将专业教育与法律职业有机结合，科学设置实践教学课程，采用立体思维教学于实践教学课堂中等措施，畅通法学实践教育与法律职业教育的渠道，以推动法学实践教学的完善。

关键词：实践教育　职业教育　创新

法学本科教育不仅仅是简单地传授法律知识，更重要的是在于培养学生的法律职业能力，而法律职业能力的培养离不开法律实践教育。在我国，由于多种因素的影响，我国教育历来存在重理论轻实践、重结果轻过程的弊端。"法律的生命不在于逻辑而在于经验。"法学和自然科学一样，是一门典型的实践性极强的社会科学，为此，我们应该从法学本身的性质和要求出发，反思我国法学本科的实践教育，在法学本科教学中高度重视其实践性并采取有效措施培养符合法治国家要求的法治人才。

---

* 蒋伟龙，男，湖南长沙学院法学副教授。

一、法学实践教学的重要性

实践教学是连接理论与实际的桥梁,在法学教学中发挥着十分重要的作用。

(一) 利于深化学生对法律理论及法律制度的理解

在进行实践教学的过程中学生们需要深入到具体的案件或者场景之中,运用所学的法律原理和法律制度对案件进行深入的探索和思考,找出解决问题的法律对策。在这一过程中,学生们通过对具体案件的分析,理解了抽象的法律理论,掌握了相关的法律制度。他们会觉得法律离现实生活并不遥远,而是存在于现实之中,与大家的生活息息相关。通过实践教学,学生们学会了对法律制度的运用,加深了对法律理论和法律制度的理解,提高了对法律理论和法律制度的掌握程度。

(二) 利于加强学生的法律职业能力

法学本科生的培养目标主要是将来能从事法律职业工作,实践教学在培养学生的法律职业能力方面发挥着十分重要的作用,是提高学生法律职业能力的必由之路。首先,在实践教学过程中,学生们通过案例讨论、模拟法庭、司法实务实习等方式参与实际案例或者事件的讨论、分析与处理,由于没有现成的答案可供参考,就促使他们积极思考,探寻解决问题的对策,有利于增强他们的法律职业能力。其次,学生们参与实际案件的处理,需要收集证据,分析案情,甚至扮演当事人,进行小组合作等,他们的语言表达能力、合作能力等也得到充分的培养和锻炼。另外,在实践教学活动中,学生们通过分析和处理大量的实际案例,体验和锻炼了他们的法律职业者素养和职业道德。[1]

---

〔1〕 参见过曾元:《倡导参与式教学法,培养创新型人才》,载《中国高等教育》2008年第10期。

(三) 利于激化学生的创新能力

实践教学的独特价值在于,使学生们能够直接参与真实的法律实务操作过程。学生们通过参与法律实务操作,直接切入生活,掌握了法律运行的规律,生动地学习了法律知识,学会从法律的视角来看待社会问题。这有利于激发他们独立思考和独立解决问题的积极性,培养创新意识,形成锐意进取、坚韧不拔的品质。[1] 而且,实践教学为学生们提供了一个自主学习的空间,有利于提高他们学习法律的积极性和主动性,培养他们的问题意识、探索精神,同时激发他们探索法律问题的敏锐性。

二、法学本科实践教学存在的问题

法律实践能力包括文本分析能力、法律写作能力、实务操作能力、团结协作能力、独立工作能力等。目前我国的法学教育由于缺乏相应的实质实践能力训练,难以满足社会实践的需求。具体存在以下问题:

(一) 实践教育定位模糊

关于法学教育的定位究竟应当是职业教育还是素质教育,我国法学界、教育界在 20 世纪末一度曾进行过集中性探讨,但最终并无定论。[2] 事实上,长期以来,我国对于法学教育尤其是法学本科教育的定位不明导致实践课程教育定位模糊。法学本科教育的素质教育和专业教育属性最终必然要导向法学职业教育,法学本科教育的职业教育特点是由法学教育内在固有的特点所决定的。首先,所谓法学教育的职业教育属性指的是法学职业教育是法学专业教育基础上的法律职业能力的培养。由于我国对法官职业定位上的偏差(定位于公务员)导致对法官专业性乃至整个法学教育的目标定位认识模糊。只有在良好的专业理论教育基础上才能培养法律人真正具有的职业法律

---

〔1〕 范秀红:《法学教育中学生创新能力的培养》,载《中国高教研究》2009 年第 6 期。
〔2〕 苏力:《当代中国法学教育的挑战与机遇》,载《法学》2002 年第 6 期。

表达能力、探知法律事实能力和法律思维能力。因为“法学教育的目标不在于填鸭式的知识灌输和法条的背诵,也不在于对天文地理的简单通晓,而在于培养法律人才独特的法律思维和处理法律疑难问题的综合能力”[1]。其次,法学职业教育重点强调的是法学专业教育的导向是法律职业能力的培养。本科专业首先是建立在特定学科基础上的,并不必然与特定职业对应,当然最终会是职业能力培养与提升的基础。法律职业共同体如法官、检察官、律师等的专业性使法学专业教育具有其他非专业性职业对应的专业教育不同的特点,即法学专业教育必须以法律专业性职业教育为导向。事实上,世界各国的法学教育模式无论区别多大,均强调法律专业教育基础上的专业性职业教育。因此,我们必须考虑实践教育的合理定位,实现法学实践教育的目标。

(二) 实践教育空心化

法学实践教学的应有之义,一方面它以教授实践能力为主而与法学理论教学相对应;另一方面它以培养职业法律人才为目的而与以培养学术人为目的的理论教学有对应。实践性教学对于加深学生对司法系统运作的认知、提升理论联系实际解决社会问题的能力、培养社会责任感等有重要作用。但从目前高校法学院开展实践教学的状况看,其大多流于形式。主要体现在:一是毕业实习流于形式。据笔者调查,大部分法学院一般将毕业实习安排在大四,实习期一般为 3 个月。为了给学生更多的选择机会和实习自由,不少高校都采用了集中实习与分散实习相结合的形式,大部分学生往往选择分散实习的形式。但遗憾的是,由于学校疏于监督和管理,多数学生并未真正到有关单位实习,而是应付了事。从实习时间不够,至在实习表上造假,找关系盖章换取毕业实习阶段的学分。其中原因很多,不少学牛主要是想将时间用于准备考研、公务员考试或者寻找就业信息。近两年来这种现象日趋严重,应当引起更多的重视。二是创新性实践性教学流于形式。不少学校都在探索各种实践性教学模式,如案例讨论课程、法

---

〔1〕 王晨光:《卓越法律人才培养计划的实施》,载《中国法学教育研究会 2013 年年会暨“法学教育与法律职业”论坛论文集》,2013 年。

庭观摩和模拟法庭等。案例讨论课程能够积极帮助学生理解法学理论知识,引导学生树立法律思维。在实施过程中存在的问题:首先,实践课程的内容体系是根据理论教学的内容体系来安排的,往往所用案例局限于某一知识结构,讨论的案例没有现实中遇到的真实情况复杂,复杂的典型案例难以讨论下去;其次,法学内部学科划分过细,真实案例中的完整内容往往被割裂开,不利于培养学生全面细致地观察问题、分析问题和解决问题的能力。关于法庭观摩和模拟审判,其实践教学效果往往难以令人满意。主要表现在:在法庭观摩前学生对整个案件了解不深,仅仅通过一次听审,难以把握案件要点,学生能观察到的一般也只是案件庭审的基本流程、双方辩论是否精彩等。教学环节的模拟审判,由于时间较少的原因,也仅仅是解决了学生们初步体验审判程序的问题,难以从中培养更多的职业能力。再者,能直接参与模拟审判的学生毕竟有限,大部分学生只是充当看客,效果并不理想。

(三)实践课程设置难以满足实际需要

在法学本科实践教学环节,各地本科院校法学院一般都不重视研究实践教学体系,实践课程教学设置往往闭门造车,依人设课,没有去相关部门调研和开展专业论证,导致实践课程对法学人才的培养没有起到应有的作用。其原因主要是源于法学教育与法律职业长期缺乏制度联系、处于脱节的状态所致。法律实践教育是培养法科学生的职业技能、职业道德观念和社会责任意识。“法律学生若想真正成为真才实学的职业家,就必须像医生那样经历临床实习培训。”[1]法律职业技能是进行法律实践、从事法律职业的基本技能,包括法律推理技能、法律解释技能、法律诉讼技能,等等,是将理论学习与法律职业实践联系起来的桥梁。职业技能课程设置包括但不限于目前所开设的模拟法庭等,还要细化到每一具体办案细节,诸如调查取证、文书写作等技巧。在课程时间安排上,应与学生参加重大考试或进行求职的时间回避,采取整合方式,保证职业技能课程相对集中,整体连续。在日

---

〔1〕 Judge, JeTnne Fiank: Why Not a Clinical Lawyer School? *University of Pennsylrania Law Review*, 1933, 81(8):907.

常教学中,可通过分组讨论、模拟法庭审判、法律诊所等知识和技能高度整合的方式训练学生如何将知识运用于实际案例。而在教学方法上,要坚决克服灌输式、填鸭式、经院式的教学方法,采取双向双动式、启发式、辩论式、研讨式的教学方法,诸如行之有效的案例教学法、课堂辩论研讨法、社会调查法以及诊所式教学法,等等。所以,我们必须深刻把握住法律实践教育的内涵,科学安排实践教学课程的各个环节、内容和方法。

三、畅通法学实践教育与法律职业教育的渠道

法学教育应与法律职业相衔接。在法治发达的国家法学教育是精英教育,是在为法律职业储备人才。借鉴这些国家的经验,我们也应当把法学教育与法律职业密切联系起来。

(一) 明确实践教学定位,将专业教育与法律职业有机结合

从理论上说,法律专业教育是从事法律职业的必经之路,法律职业决定了法学专业教育的培养目标、要求和方式,也决定了法学专业教育的布局结构和办学层次,更决定了法学专业教育改革发展的方向。一般来说,大学法学教育应为法律职业教育提供基础;另一方面,法律职业教育又为法学教育的提高和发展提供信息和重要条件。从实践上看,首先要提高法律专业队伍的入门门槛,法学专业毕业的人才进入司法机关工作以前应接受岗前培训;对于已在岗位的工作人员,限期提高学历,接受培训,不符合条件的转岗,不再允许非法学专业毕业的人直接从事法律职业;非法学专业毕业的人要参加国家统一安排的司法考试,通过以后,才可以从事专门性法律工作。其次抓好继续教育。随着世界的变化,法律知识更新越来越快,新的法律不断被制定出來,这都要求我们的法律工作者要不断地更新已有的知识,根本的途径就是不断接受法律培训,形成法律教育—法律职业一法律教育的良性循环。

(二) 科学设置实践教学课程

第一,进行课程调控,应当增设法学实践课程,使其达到总课时比

例的约1/3。首先，对于教育部规定的16门法学核心课程，可将其中应用性较强的课程进行单列，转化成案例课，以提高学生的实践分析能力。其次，应从必修中删除部分针对性不强的课程或者将其转化为选修课，比如中国法制史。再次，应当适度增设与法律职业技能密切相联系的一些课程，比如律师实务，以加强对学生法律思维的培养并提高其实务操作能力。一些综合类的院校还可以利用自身的教学资源，开设口才学、礼仪学等选修课程来提升学生职业素质中的软实力。最后，一些财经、理科、工科等专业类院校的法律院系可以利用自身的专业优势，增设一些专业特色课程。

第二，对不同年级设置不同的实践课程。在设置法学实践课程时，应当体现出年级的差异性，对不同年级的学生设置不同的实践课程。对于大一的学生，由于他们不具备一定的法律基础知识，对法学学科基本上处于感性认识阶段，故实践课程主要结合观摩审判、法律讲座等形式来进行。对于大二的学生，可以结合法学理论课来设置实践课程，采取案例分析、模拟法庭等形式进行。对于大三的学生，其实践课程的设置，可以采取法律诊所、法律咨询等一些能够接触真实案例的方式，培养他们运用所学法律知识解决实际问题的能力。对于大四的学生来说，考虑到他们已经具备了一定的法学专业知识和分析问题、解决问题的能力，应当培养他们的沟通、协调能力，根据他们的兴趣，设计专业实习课程，指导他们到法院、检察院、律师事务所等部门进行专业实习，为他们成为法律人做好准备。[1]

（三）实践教学课堂采用立体思维方式

长期以来，我们的法学教学中，每门课程教师往往只顾自己所教的实体法或程序法领域，人为地将二者分离，讲授实体法的老师不讲授程序法，教授程序的老师不关注实体法。实体法与程序法内容的割裂，导致整个案件的完整内容得不到充分展示，不利于培养学生全面解决问题的能力。因此，实践教学应当抓住实体法与程序法两条主线，依据具体内容要求教师在实践教学过程中兼顾实体法与程序法的

〔1〕 参见董红、王有强：《法学实践教学模式探讨》，载《中国成人教育》2011年第3期。

立体思维,避免由于程序不到位导致本来可以胜诉的案件却以败诉结案。必要时,可让实体法老师和程序法教师在实践课上同台指导,取长补短,各自运用自己的专业优势对案例进行剖析,这样既能整合师资优势,提高了教学质量,又能开发学生的职业思维,激发学生参与课堂讨论的积极性;同时,这种互补思维教师同堂教学,提高了案例分析的正确性,从而保证了办案质量,让学生在日后的办案过程中习惯性地将实体法和程序法结合起来考虑问题,少走弯路。

人才培养创新

地方本科法学教育的校企合作育人实践及启示

——以湘南学院为例

周桂英*

在2010年《国家中长期教育改革和发展规划纲要(2010—2020年)》(以下简称《规划纲要》)提出:高等教育要"牢固确立人才培养在高校工作中的中心地位,着力培养信念执著、品德优良、知识丰富、本领过硬的高素质专门人才和拔尖创新人才"。并明确提出了人才培养的新途径,即"创立高校与科研院所、行业、企业联合培养人才的新机制"[1]。也就是说,高校要完成人才培养的任务,必须走出校园,向行业、企事业寻求合作育人,这无疑是新时期高等教育改革发展的方向。湖南省教育厅副厅长在总结高等教育改革的成果时,强调"开展以突出学生实践能力培养为重点,以推进产学结合,促进高校与行业、企业和实务部门联合培养人才为突破口"的改革试点工作。可见,以高校为主,寻求行业、企业合作育人已经在高校掀起新的教育教学改革热潮。法学专业作为纯文科专业,能否走出去,实现校企合作,关系着专业综合改革成败,也是能否实现应用型培养目标的关键。

---

* 周桂英,湖南湘南学院教师。

〔1〕《国家中长期教育改革和发展规划纲要(2010—2020年)》,载《光明日报》2010年7月30日。

一、培养应用型法律职业人才是地方本科法学教育的目标定位

地方本科是 20 世纪 90 年代末期全国高等教育管理体制改革的结果,在"共建、调整、合作、合并"的八字方针指导下[1],全国高等教育开始了新一轮管理体制改革,到 2000 年才最后形成两级管理、以省为主的高校管理体制。2000 年以来,湖南省出现了一批通过专科合并升本的省管地方本科学校,这批本科学校,本科办学时间短,办学资金来源单一,教育教学资源没有一本充足,师资力量不足,图书资料及实验设施设备等硬件条件也差强人意,科研水平不高,同质化强。在《关于地方本科高校转型发展的指导意见》(征求意见稿)提出:按照经济社会发对人才的需求,对高等教育实行分类管理,科学定位高等学校的人才培养类型、科学研究任务、主要服务面向、质量标准要求和国家、社会责任。地方本科学校根据地方经济社会发展对人才的需求,定位本校的人才培养类型,做好顶层设计是适应转型的首要任务。湘南学院便是合并地方多个高校,新成立的,属省管辖的典型地本科院校。湘南学院的办学定位是应用型本科,大力发展应用技术教育;确定了"在服务地方的过程中发展壮大自我,在壮大自身的同时促进地方经济更快更好地发展"的办学理念;坚持走产教融合、校企合作、互惠双赢的道路;加大力度推进校企合作,深化产学研用合作教育,强化特色,注重创新,构建有个性的多样化人才的培养模式。

对于法学教育,教育部和中央政法委联合发布了《关于实施卓越法律人才教育培养计划的若干意见》(以下简称《意见》),总目标是培养应用型法律职业人才,具体要求是"培养造就一批信念执著、品德优良、知识丰富、本领过硬的高素质法律人才",并提出以"培养应用型、复合型法律职业人才,是实施卓越法律人才教育培养计划的重点。适应多样化法律职业要求,坚持厚基础、宽口径,强化学生法律职业伦理教育、强化学生法律实务技能培养,提高学生运用法学与其他学科知

---

〔1〕 韩梦洁、宋伟:《新中国成立以来高等教育区域结构的制度安排与反思》,载《新华文摘》2014 年第 8 期。

识方法解决实际法律问题的能力,促进法学教育与法律职业的深度衔接"[1]。

在认真研究《意见》的基本精神,结合学校的办学定位的基础上,确立了法学专业以培养应用型法律人才为目标,制定法学本科人才培养方案,构建"平台+模块+课程群"的课程体系。课程体系按纵向层次搭建四个教育平台,即通识教育平台、专业教育平台(专业基础课、专业必修课、专业限选任选课)、职业技能教育平台、公共实践教学平台。平台由学科、专业共同知识的课程组成,充分体现"宽基础、强能力、善应用、高素质"的人才培养特点,培养高素质应用型人才,凸显法学专业特色。其中的职业技能教育平台的课程设置,坚持以学生就业为导向,面向社会和法律行业要求,新增《民法案例与实务》、《刑法案例与实务》、《诉讼法案例与实务》、《商经法案例与实务》等培养优秀的律师、法官、检察官必备的课程,目的在于加强法学专业信念、提高学生法律专业技能,提升未来法律人的法律实际操作能力。同时,对于法律职业人员来说,主要是依靠自己所学的知识,通过与人交流来完成工作,所以沟通、交流能力是极其重要的一项职业能力,为此,增设了《面试技能训练》课程。还专门增加开设了《司法考试研究》、《实务写作技能训练》等课程,为学生顺利通过司法考试和公务员考试提供专门训练。这些人才培养方案充分体现了法科学生在法学基础之上的应用技能培养。

二、校企合作是地方本科法学人才培养的有效途径

法学专业要实现应用型法律职业人才的人才培养目标,必须进行专业综合改革,走校企合作之路。

法学教育作为纯文科教育,传统办学模式多为几本教科书、一支粉笔就完成了教学过程。法学专业在高校一直被认为是投入最少、最好办的专业。可是,在国家新的人才发展战略思想指导下,对人才提出了新的要求,根据《国家中长期人才发展规划纲要(2010—2020

[1] 教育部、中央政法委员会《关于实施卓越法律人才教育培养计划的若干意见》,教高[2011]10号。

年)》规定,“人才是指具有一定的专业知识或专门技能,进行创造性劳动并对社会做出贡献的人,是人力资源中能力和素质较高的劳动者。”[1]强调了人才的专业性和专门性,人才作为我国经济社会发展的第一资源,必须“以坚持能力为重,优化知识结构,丰富社会实践,强化能力培养。着力提高学生的学习能力、实践能力、创新能力,教育学生学会知识技能,学会动手动脑,学会生存生活,学会做事做人,促进学生主动适应社会……”要提高人才培养质量,就必须坚持“以服务为宗旨,以就业为导向,推进教育教学改革,实行工学结合、校企合作、顶岗实习的人才培养模式”。可见,校企合作为人才培养的一种模式之一。

法学专业的校企合作是必需的,也是可行的。法学专业走出学校,寻求行业合作,利用行业优质司法资源,开展合作育人。就法院系统现有资源能为育人所用,至少有以下几个方面:一是高素质的法官队伍是很好的教育师资;二是所开展的业务是最好的实训场所;三是良好职业氛围有利于法科学生陶冶职业情操;四是其他资源。充分利用行业的优势资源为法科教育服务,可以聘请法律实务专家为客座教授、外聘教师、毕业论文指导教师。听取作为实习实训的老师对学生素质及知识结构的意见,共同修订人才培养方案。

法学专业的校企合作,高校主动,行业部门积极参与、全力配合就是成功的合作。高校通过主动联系地方行业部门,选择行业优势资源,主动合作。以湘南学院法学专业人才培养示范基地郴州市中级人民法院为例,郴州市中级人民法院以厚德、崇法、为民、秉廉为院训,致力争先创优,获得了中央政法委授予的“全国清理执行积案先进单位”等为代表的15项国家级荣誉。先后被省委省政府授予“省级文明单位”等50多项省级荣誉称号,目前已稳居全省法院第一方阵。从法官队伍情况看,郴州市中级人民法院现有法官93人,其中高级法官50人,具有硕士研究生以上学历的24人(其中法学博士1人),加上下辖11个县(市、区)法院,具有研究生学历及以上共计108人。这些学历高,实务经验丰富的法官队伍,无疑是可挖掘的师资资源。如何挖掘

[1] 《国家中长期人才发展规划纲要(2010—2020年)》,载《光明日报》2010年7月30日。

呢,学校与法院合作采取了许多行之有效的激励措施。首先,中级法院领导十分重视,由主管副院长负责,主管组织人事的政治部为责任部门。其次,政治部挑选业务过硬,品德优良的法官作为培养对象,如担任实习、见习、论文指导老师。再次,将指导任务作为业务考评任务,对担任实习、见习、论文指导任务的法官增加业务考评分,被指导学生反映好的予以加分。最后,校方聘请优秀法官为课内实践教学老师、毕业论文指导教师,并发给聘书。校企双方注重发掘,充分运用,并形成了良性循环,互有需求,双方都有意识尽力配合和满足,为法学人才培养助力。

三、法学教育校企合作的成功实践

湘南学院法学专业在办学过程中,与司法机关合作多年,积累些许成功经验,这里介绍几个方面:

(一)频繁互动、在优势互补中互利共赢

除传统的毕业实习项目外,学校与法院积极沟通,协同合作,不断创新互动活动内容,我们与中级法院互动式活动主要从两方面看:一方面是行业法院给校方支持。师资力量支持,学校聘请法院实务专家6人为客座教授,外聘实践课教师4人,聘请毕业论文指导教师4人;实习实训场所的提供,基地集现代高科技于一体的科技法庭,为实践教学提供足够的实训设备和实践场所;法院文化建设活动中的司法大讲坛举行的高端论坛也成了学校师生的大课堂。另一方面是校方给法院的贡献。法科学生是司法公开对象,也是司法为民最好的舆论支持,如联合开展的志愿者与法院参加的下乡普法义诊,举办了典型案例进校园;高校法学专家教授理论研究有助于解决实务难题,如教师专家参与法院青年文化茶吧(主题论坛),专业指导各种文艺汇演、演讲比赛活动;法院的群众开放日有大学生讲评的身影,节日的舞台有学院师生和法院干警联欢的歌声;大学生的实习和见习也缓解法院干警不足、工作任务繁重的问题,法院是欢迎大学生的。通过双方协议规范交流互动,以各自资源优势激发互动需求,校企合作运行机制顺

畅、关系融洽。对法院来说,有高校专业队伍的参与和专业指导,活动的质量和层次均上了台阶、上了档次,给广大干警带来了全新的感受。教师和学生在参与这些活动中,感受体验、得到锻炼、增长了见识,领悟"书到用时方恨少"的真谛。也真正实现了在互动中资源共享,在互动中交流促进,在互动中优势互补,在互动中发展共赢。

(二) 成熟稳定的毕业实习和司法见习机制

学校与行业的合作为法学专业教育教学提供平台,使司法见习、法庭旁听、毕业实习、课程见习等实践教学环节全面有效地落实,每年7—8 月大一、二学生司法见习,11—12 月毕业实习,不定期的学生法庭旁听和课程见习。平均每年有近三百人次学生进行实践活动,实习和见习有固定的一对一的指导,大一学生经过司法见习,深化了专业认知,巩固了专业思想,大二开始,法科学生的学习风气明显好转。同时,也为学生明确职业规划,坚定职业信念产生积极的影响,我校法学专业对口就业率高。从 2010 年起,法学专业共有 4 届 263 名本科学生毕业,其中 68 名进入法院、检察院、律师事务所从事法律职业工作,65 名进入政府部门以及证券公司、保险公司、银行等企业、事业从事法务工作,60 名考上研究生,继续深造。就比例而言,约 50% 直接从事法律职业工作,约 25% 进入机关企事业单位从事法律相关工作,约25% 考上研究生继续深造。

(三) 独具特色的"法律服务志愿者窗口"

在郴州市中级人民法院领导和相关部门极大的关心和支持下,设立了"法律志愿者服务窗口"项目。中级法院提供办公设备和场地,挂牌"湘南学院法律服务志愿者窗口",法院提供办公设备和场地,志愿服务者在具备法学理论知识的大二、大三法科学生中考核选拔,经过培训后才能上岗。志愿者三人一个班,其职责是在窗口接待群众来访、代写诉讼文书等咨询服务和导诉服务,法律服务工作,每个班写有工作日志。互派指导老师对志愿者进行指导,湘南学院法学系指定 2 位具有律师实务经验的专业老师做指导,法院也安排专人指导学生志愿者。三年来,法学专业学生志愿服务 280 个工作日,共计 1110 多人次参与志愿服务。接待群众来访和咨询近 300 人次,代写法律文书近 100 次,仅这一项院校双方投入志愿者服务经费共计 56460 元。法律服务志愿者通过窗口服务了社会,也服务了自己,是一种长效的稳定的实践平台。"法律服务志愿者窗口"得到法院系统的高度重视,湖南省作为导诉服务的特色和典范,教育部评估专家视为法学专业产教融合、校企合作的成功范例。

(四)合作科研和促进就业结硕果

院校双方合作,为学生实践学习创造了平台,也为教师的理论研究提供载体。校企合作过程中,学校与法院开展合作研究,公开发表教改和科研论文近 10 篇,成功申报各类课题 6 项,产生的学生科技成果 4 项。如 2010 级法学 1 班的喻静怡、尹俊、段科伟等同学申报题为《以法律服务志愿者窗口为平台创建法学专业实践学习模式》,2012 年被批准为大学生研究性学习和创新性试验计划项目。2011 年法学系主任周桂英成功申报《加强志愿者服务窗口建设、构建研究学习型校园文化》为湘南学院校园文化精品建设项目,周桂英、杨学科写的理论文章《以产学研合作教育打造卓越法律人才培养平台》,公开发表于《怀化学院学报》2012 年第 12 期;《卓越法律人才教育背景下的地方高校法学教育转型之思——以湘南学院法学系实践性法学教育为例》公开发表于《湘南学院学报》2013 年第 1 期。

校企合作实现了应用型人才培养目标,取得了丰硕的育人成果。湘南学院法学专业学生每年的司法考试 A 证通过率均超过 30% 以上,最高达 43%。学生的考研录取率均在毕业生总数的 20% 以上,两年考上研究生超过 25%,名列学校前茅。合作促进学生就业,在每年度的全省"两院"招录时,法院政治部积极引导毕业生报考,法院积极与学院沟通,提前预告本市招考的职位和计划,有的放矢地引导毕业生报考。进入面试环节后,我们又派出专人与学院老师一道辅导入围学生如何更好地面试,指导学生如何准备体能测试(仅指司法警察职位)、体格检查和考察政审,进一步提高了学院的录用率。学生报考"两院"的毕业生多,三年中有 19 人被郴州市中级人民法院录用。每年作为聘任制书记员和法警到郴州市两级法院工作的都有五六人。

法院给湘南学院法学专业毕业生的评价:“在实际工作中表现出综合素质较高、适应能力较强、实务操作较规范、发展潜力较明显等特点”。如2010届毕业生蒋立军,当年10月考入永兴县法院执行人员职位,2012年就被择优推选到团县委工作,并于当年12月被选拔任用为团县委副书记。2013年9月,被选调到省政协工作。

合作共建、频繁互动,互利共赢,郴州市中级人民法院与湘南学院合作共建的人才培养基地产生了良好的社会效果,郴州电视台,人民法院网多次报道,教育部评估专家也予以充分肯定。

四、法学教育校企合作的启示及不足

法学专业校企合作成功实践给我们许多启示,也有许多需要进一步改进的地方。

(一)法学专业校企合作实践的启示

(1)互利共赢是合作的基础。校企合作需要校企双方“两头热”,学校热是人才培养的需要。企业和行业的热从何而来呢,从大的方面讲,需要国家政策的支持;从小处讲,要找到企业行业需求点,让它感到合作是有利的。

(2)坚强的组织领导是合作的保证。双方领导重视,并给予实质性支持,还要有明确的责任部门和责任人。

(3)项目式是合作发展趋势。双方在保持常规的、传统的合作基础上,要不断地探讨深化合作的领域,设计成项目推进深化是非常有效的方式。

(二)法学专业校企合作存在的不足和困难

(1)司法机关没有用人自主权。它们的进人途径主要是公开招考,对口培养、定单式培养对司法机关没有意义。

(2)师资队伍建设遇到难题。师资数量不足、现有教师队伍整体提升空间有限。

(3)合作共建教学资源难以实现。法院干警工作任务重、时间上不允许。对教学的规范也不太熟悉。

法务会计应用型本科人才的培养路径探索*

郑谊英**

摘要:基于交叉学科平台培养复合型、应用型法务会计人才不仅具有必要性、可行性,而且具有紧迫性。但在法务会计交叉学科人才培养试点中,遇到了诸多阻力和困难,需要从教育理念的转变、交叉学科建设的培育、体制和制度的变革等方面入手构建创新型的本科人才培养模式。

关键词:交叉学科　法务会计　应用型　人才培养

改革开放以来,我国高等教育事业取得了长足的发展。但随着高校的普遍扩招和办学定位的趋同,法学专业盲目按照惯性思维发展的趋势非常明显。不同层次的院校纷纷设立法学本科专业,大量招收法学本科生,其教育规模和招生人数在整个高等教育中占据了非常大的比例。2009 年中国法治蓝皮书透露:我国高校法学院系 30 年增长了 100 多倍,法学学科毕业生就业率列文科毕业生最低。2012 年就业蓝

---

* 本文系 2013 年湖南省高校创新平台开放基金课题《我国司法会计鉴定实施规范及证明机理研究》(13K121)的阶段性成果;2014 年湖南省教育科学规划课题《地方本科高校法学专业转型发展的研究与实践——以法务会计为例》(XJK014BGD007)的阶段性成果。

** 郑谊英,女,湖南桃源人,湖南财政经济学院科研处副处长兼学科建设办公室主任,副教授。研究方向:经济法、司法会计鉴定。

皮书显示:法学专业本科毕业生就业率连续3年持续走低。高校法学人才培养存在诸多先天不足:办学定位不明确、学科专业无特色,培养模式老化,课程设置大一统,与地方产业结构脱节等。目前,一方面,社会对法学人才的需求趋于饱和,人才供给过剩;另一方面,众多企事业单位人才大量需求又得不到很好的满足。其主要问题不是人才培养的数量,而是人才供给与需求在人才培养规格上的错位对接,出现了法学专业大学毕业生的结构性失业。这种结构性失业现象反映出地方本科高校法学教育和社会经济、文化传统、科学技术这些外部关系的失调,而这种失调将直接波及并作用于高等教育的内部,法学专业转型发展势在必行。

当传统的法学专业面临着专业定位与市场需求不匹配、办学特色不突出、招生就业难等诸多现实困难时,我们依托学院的传统优势学科,尝试着走一条交叉学科建设的创新之路。跨学科设置交叉学科专业,是培育和发展新兴学科的重要途径,也是国际上许多发达国家本科专业建设的共同趋势。在我国,教育部鼓励高校打破学科壁垒,在遵循学科专业发展规律和人才培养规律的基础上,积极开展跨学科设置本科专业的实验试点工作,努力实现人才培养模式的多样化。自2007年以来,我校整合会计学、法学、管理学等学科的优势资源,搭建了法务会计交叉学科建设平台,大胆尝试在专科层次、法律事务专业下,设置跨学科法务会计专业方向,致力于探索法务会计交叉学科人才培养的新模式。

一、基于交叉学科平台培养法务会计人才的必要性和可行性

(一)基于交叉学科平台培养复合型、应用型法务会计本科人才是市场经济发展、司法实践和社会实践的迫切需求

法务会计是一门融会计学、法学、管理学、审计学、证据学、侦查学等多学科理论和方法于一体的新兴交叉学科。法务会计是沟通法律与会计的桥梁,它是经济与法律的真正互补与融合。20世纪70年代末、80年代初,随着美国大量内部股票舞弊案和储蓄信贷丑闻的出现,

产生了一批既懂会计又懂法律的法务会计职业人员，发展至今许多国家的各类金融机构和大型企业纷纷开始聘用法务会计人才，以防范和治理各类欺诈和风险行为。目前，在我国经济高速发展中出现了一系列新问题，如公司的财务造假及财务欺诈、国有资产流失的腐败现象、严重的偷逃税等税务欺诈及各类合同纠纷正日益增多。在我国打击经济犯罪司法实践中，会计造假、财务舞弊、商业贿赂等经济犯罪案件也不断呈现隐蔽性、专业化、复杂化和多元化的特征，加之，各类市场经济主体自我法律保护意识和风险防控意识的不断增强，社会急需一批既懂会计又懂法律的法务会计人才提供专业服务。虽然法务会计与传统的会计、审计、法学专业存在着密切的联系，但是，法务会计是围绕法律与会计相遇后产生的一系列新问题提供专门服务的。复合型、应用型法务会计人才的地位是普通法律工作者或财会人员所不能替代的。根据《美国新闻与世界报道》的调查评选结果显示，法务会计位列美国21世纪20种最热门行业之首。近几年，我国法务会计实务工作也已经开展起来，法务会计新兴职业的出现反映了社会对法务会计人才的迫切需求。

（二）基于交叉学科平台培养复合型、应用型法务会计人才将为毕业生开辟广阔的就业和发展前景

法务会计专业建设是完全按照市场的迫切需求培养人才。近些年来，国内外一系列重大的公司财务欺诈案件，其主要作案手法都是利用了会计规范同法律规范的错位，即一些形式上合乎会计处理但实质上歪曲会计准则和不符合法律规范的处理来操纵会计报表。这些情况的出现，恰恰反映了传统的会计学、审计学、法学专业教育的局限，甚至在一定程度上存在与社会需求的脱节。目前，一方面，社会对传统的法学、会计学人才的需求趋于饱和，毕业生就业趋向困难；另一方面，社会对法务会计人才的需求却与日俱增，我们必须及时调整专业建设思路，以市场为导向，培养复合型、应用型法务会计人才。我国法务会计人才现实需求主要有四大领域：第一，立法、行政、司法机关。具体包括：（1）人大机关；（2）纪检监察机关；（3）审计机关；（4）人民法院；（5）人民检察院；（6）公安机关；（7）海关；（8）财政机关。

第二,监督鉴定机构。具体包括:(1)司法鉴定机构;(2)建筑招投标机构;(3)建筑质量监督管理机构。第三,社会中介服务机构,具体包括:(1)律师事务所;(2)会计师事务所;(3)价格师事务所;(4)税务师事务所。第四,企事业单位。开展法务会计交叉学科专业建设,培养复合型、应用性法务会计人才将为毕业生就业和发展开辟广阔的前景。

(三)基于交叉学科平台培养复合型、应用型法务会计人才是对高校传统人才培养模式的变革与创新

法务会计跨学科人才培养是构建复合型、应用性人才培养模式、深化高校教育教学改革的关键,也是高等教育实现"三个面向"和可持续发展的必由之路。目前,各高校法学与会计学本科生、研究生人才培养,是以传统的法学与会计学学科门类为依据,分别在法学院与商学院(或财经类院校专设会计学院)设置法学与会计学专业。事实上,法律实践已经催生并且促进了法务会计的产生与发展。然而,现代学科制度人为地划定法学与会计学学术探索的边界,不可避免地出现了学术研究与人才培养的盲点。目前,高校培养的法学与会计学人才不仅难以适应其专业之外的能力需求,而且缺乏采用综合性思维方法分析和解决问题的能力。"只有形成超越法学与会计学专业体制的更高层次的知识生产方式,才能在一定程度上摆脱由僵化的法学与会计学学科专业体制所带来的知识生产危机。"2007年,教育部发布了《关于申报2007年度人才培养模式创新实验区的通知》,启动了人才培养模式创新实验区。当年,经湖南省教育厅批准,我校在省内首家开设了法律事务专业下的法务会计专业方向,并已于2009年正式招生。我校大胆尝试着走一条交叉学科的专业建设之路,复合型、应用型人才培养模式的创新之路。

(四)基于交叉学科平台培养复合型、应用型法务会计人才符合国家推动教育内涵式发展的政策性要求

党的十八大报告明确提出,要"推动高等教育内涵式发展"。高等教育内涵发展的核心就是提高教育质量。加强地方性本科高校法务

会计应用型人才培养的研究与实践,符合国家推动教育内涵式发展的政策性要求,是国家人才培养战略调整的重要举措,是教育在经济社会发展中转方式调结构的必然选择。因此,基于我省区域经济发展需求,结合地方高校法学人才培养转型发展思路和我校人才培养的优势和特色,构建以法务会计"三反一防"(反腐败、反舞弊、反欺诈和企业财务风险防范)职业技能培养为目标的应用型专业人才培养体系和质量保障机制具有重要的现实意义。

二、基于交叉学科平台培养法务会计人才面临的主要现实困难

2007 年 7 月,我校在省内首家申报了法律事务(法务会计方向)并获得教育厅批准。2009 年 9 月至今,法律事务(法务会计方向)已连续五年正式招收专科生。在法务会计专业建设中,尽管面临学科理论体系不成熟,专业技术性强,建设难度大等诸多现实困难,但我校法务会计专业建设团队积极探索、不断创新,在教学、科研、社会调研等专业建设工作方面做了大量的工作,并取得了初步成效。该专业建设也得到了社会各界的大力支持,尤其受到了湖南省纪委的密切关注和高度重视,为地方反腐败工作提供了服务。通过不断的探索与实践,在法务会计交叉学科专业建设试点中,取得了初步成效,但也遇到了前所未有的阻力和困难。

(一) 法务会计人才培养目标高、难度大和实际办学底子薄、层次低之间的矛盾十分突出

(1) 法务会计的"专科"办学层次与法务会计的跨学科人才培养目标之间出现错位。目前,在我国法务会计尚属新生事物,与国际领域法务会计发展相比,我国法务会计人才培养在理论研究、教育培训等方面相对滞后。我国法务会计人才的培养尚处于起步阶段。法务会计尚未被列入我国高等教育专业目录,基本上是开设院校根据社会需求,结合本校实际,在多方面考察学习的基础上,自主开设法务会计专业(方向)。高校至今尚未有将法务会计作为独立专业开设的先例,

作为专业方向教育的高校也是屈指可数,主要是针对本科生或硕士研究生开设,博士研究生尚属空白,而且办学层次参差不齐。但我校是全国唯一一所在专科层次开设法律事务(法务会计专业方向)的学校。我们的法务会计专业定位是面对社会、面向企业办学,兼顾司法界,重点是法律与会计两门学科的融合,而不是办成司法会计专业。专业重点是"三反一防","三反"指反腐败、反舞弊、反欺诈,"三反"的重点是反腐败;"一防"是指企业财务风险防范。学生就业的主要出路是成为各级纪委、社会各界反腐败人才、公司企业内部纪律与监察人才、各种金融机构各种性质公司企业的风险管理人才、反腐败反欺诈监控人才、法务部的合法合规审核人才及律师事务所会计事务所专业人才。但我们遭遇的现实是办学基础薄弱、专科办学层次明显偏低,难以满足市场对法务会计复合型、应用型人才的实际需求。

(2) 在专科三年的有限时间内,教学时数少与人才培养目标高的矛盾十分突出。在我校"211"专科教学模式下,既要求学生打好会计专业基础,又要具备良好的法学素养,还要进行学科的交叉融合。如果在会计学、法学之间缺乏科学权衡,没有侧重点,极易出现"四不像"、"两张皮"的现象。法务会计是法学与会计学交融所产生的新兴学科,其侧重点在会计学,法务会计是一门重心在会计学的应用型学科。作为法务会计专业,如果学生会计基础没有打好,在后续的交叉性较强的课程教学中就会出现新的问题。在交叉学科的教学实践中,学生明显感到有困难,有些甚至就完全弄不懂。有的学生甚至感到:"法务会计的东西大家是真的想学,也想学好。但对于老师讲的知识,真的只能被动地接受了,想主动吸收,但是真的无奈。""法务会计的综合性太强,就我们现在的知识量理解有些东西,有时就是丈二和尚摸不着头脑。"由于教学时数少与人才培养目标高的矛盾十分突出,以至于专业建设工作推进得不理想,该开设的课程没有按部就班地开设。

(3) 法务会计专业建设的客观需求遭遇法学申本不成功的现实尴尬。一方面,法务会计专业自身建设急需提升办学层次,另一方面,法学申本面临重重困难。法学专业的尴尬处境不利于法务会计专业建设的发展。

(二) 师资队伍建设是基于交叉学科平台培养法务会计人才的重点和难点

目前,虽然已经组建了一支专业建设团队,但这支队伍离法务会计专业定位还存在着很大的差距。到目前为止,没有会计专业老师的直接和深度的参与,仅局限于法管系内部组建团队。而法务会计专业建设的最大特点是会计和法律的融合、交叉。

法管系现已确定的 6 位专业教师中,仅 2 位教师具有会计学、法学交叉学科背景,1 位教师具有法学、侦查学交叉学科背景,2 位教师同时拥有律师、注册会计师“双师”资格,4 位教师主要从事法务(司法)会计方向研究。大多数教师没有系统地接受过会计专业的培训和学习,尽管此前老师们已经自学了会计基础知识,但远远不能满足专业建设的需求。另外,现有队伍中严重缺乏有法务会计实务操作经验的师资。

(三) 抓好课程体系建设是基于交叉学科平台培养法务会计人才的当务之急

专业建设必须高度重视特色课程的教学大纲、讲义及教材编写工作。该专业人才培养方案中《法务会计》、《司法会计鉴定》、《税收筹划与风险防范》三门特色课程,均为会计和法律交叉融合度很高的课程,目前国内没有完全能够满足我校现实需要的教材,急需组织校内外专家教授编写教学大纲、讲义及出版教材。大纲、讲义、教材的编写一定不能忽视实务操作层面的内容。目前该专业人才培养方案中的实验、实训课程是简单的会计加法律的做法,没有真正体现法务会计专业特色的实训项目。

三、法务会计应用型本科人才的培养路径探索

当市场对人才需求多元化时,如何结合地方区域经济发展特点以及学校自身的办学优势,将法务会计专业办出特色,提升人才培养质量,以专业建设来支撑法务会计学科建设,以学科建设来引领专业发

展,突破目前法学专业在招生与就业上遇到的瓶颈,推动新兴学科的持续发展与壮大,在当前是一个重要的研究课题。

(一) 变革传统教育理念,面向市场需求培养特色人才

法务会计人才培养是完全面向市场的需求培养人才,该专业建设的启动实质上是对于传统教育理念的一种变革与创新。目前,我国大学在跨学科人才培养方面面临着三重障碍:组织结构的院系隔离和跨学科学位的欠缺造成组织障碍;僵化的人事制度和评价制度构成制度障碍;以学科分化为基础的管理体制、学术评议中的“本位主义”造成资源障碍。我们要打破僵化的教育理念,不断改革创新。同时,学校从宏观上要有导向、出台激励政策,从人力、物力、财力上扶持法务会计专业建设。凝聚人心,充分调动教师投入专业建设的积极性、主动性,要把教师创新的潜能激发出来。同时,建立法务会计应用型本科人才培养的质量保障机制,以制度创新引领交叉学科建设,分析人才培育应具备的环境、资源和软硬件条件,从思想观念、体制机制、组织管理和人才队伍培养等方面建立健全保障机制,从教学环节设计、课程设置、教学过程的组织与管理、教学评价、教学内容安排、教材开发、师资条件等方面制定具体实施步骤与实施内容。

(二) 科学准确定位,提升法务会计的办学层次

基于法务会计应用型本科人才需求的现状与趋势,在总结我国现有高校法务会计人才培养与教学改革研究的基础上,借鉴国外成功经验,通过系统性研究与设计,围绕特色定位,探索培养法务会计应用型本科人才的路径,构建法务会计应用型本科人才培养质量的保障机制,从而实现培养基础扎实、知识面宽、应用能力强、综合素质高的应用型人才的总体目标。

(三) 加强交叉学科团队建设,组建专业建设队伍

加强法务会计学科专业建设和改革,建立科学的专业体系。打破学科专业壁垒,重视法务会计专业内涵的调整和优化,为跨专业教育、培养应用型法务会计本科人才搭建平台。专业指导委员会的成员要

考虑有实务界的精英加入,让我们在专业建设中紧紧围绕实务工作的需要培养法务会计人才。

外引内培,加强师资队伍建设,法务会计学科专业建设急需引进符合专业建设要求的学科带头人。为培养学生的动手能力,满足该专业的实践教学需要,急需拥有丰富实践经验的专业师资融入专业建设团队。聘请法务会计(司法会计)理论界、实务界的专家、教授来校授课、讲座。把聘请法务会计(司法会计)实务专家面向学生短期授课作为专业教学的重要补充。每学期选派1至2名教师到会计师事务所、检察机关或企业法务部、风控部等对口部门挂职锻炼,或利用寒暑假开展深入的调研活动。目前法务会计专业国内尚无成熟的学科理论体系可供支撑,这也是该专业来源于市场、来源于实践的客观需求。

(四) 优化课程体系和教学内容,改革教学方法和教学手段

设计充分满足业界需求的专业知识与职业技能结合的课程模块体系。平衡通识教育与专业教育、理论教学与实践教学、专业基础教学与职业技能训练之间的关系。在教学方法和教学手段上,把专业理论的地位和职业技能的培养完全等同,注重职业技能的培养和训练,强化实践教学环节,搭建满足特色人才培养需要的实验、实训平台,全面开发培养"三反一防"职业技能的实验、实训教材。

(五) 倡导教学科研融合,加强研究平台内涵建设

倡导教学科研融合,使科学研究活动与应用型人才培养呈"正效循环"效应。法务会计人才培养迫切需要加强相关的实证调查与科学研究。需加强湖南省高校社科重点研究基地——"湖南省法务会计研究基地"的内涵建设,提升科学研究成果的档次,产出标志性成果,为人才培养服务。

党的十八届四中全会通过的《中共中央关于全面推进依法治国若干重大问题的决定》明确提出:把法治教育纳入国民教育体系。当前,经济活动越来越复杂化,大量的法律问题和经济问题相互纠缠,社会分工进一步细化,职业进一步细化,法律人才培养面临着新的机遇和挑战。法学专业建设不是没有出路,而是过去的法学专业建设在很大

程度上脱离了社会办学,学科体系和知识结构脱离了市场需要。当市场对人才需求多元化时,只有紧密结合地方区域经济发展特点以及学校自身的办学优势,将法务会计专业办出特色,提升人才培养质量,以专业建设来支撑法务会计学科建设,以学科建设来引领专业发展,才能突破目前法学专业在招生与就业上遇到的瓶颈,推动新兴学科的持续发展与壮大。

复合型知识产权实务人才的协同培养机制研究*

刘友华**

摘　要：国家知识产权战略的实施与推进，我国对知识产权高端人才的需求缺口日益扩大，而目前我国知识产权人才培养却难以满足社会的需要，其主要问题是：人才培养缺乏针对性，脱离现实需求，与专业特点不协调、培养体系仍有待完善、培养激励机制欠缺等。这就需要建立多元主体参与的复合型知识产权人才培养机制，推动政府加大投入，鼓励社会全程参与，最终由高校承担培养体制改革，注重培养复合型知识产权实务人才。

关键词：多元主体　知识产权人才　复合型　培养机制

在"创新型国家战略"的背景下，知识产权激励创新的功能凸显，日益成为核心竞争力。知识产权战略成为国家发展的重要方略，而知识产权人才的培养又是战略的重要支撑与保障。

---

* 本文系湖南省软科学重点项目《落实〈湖南省知识产权战略实施纲要〉视域下多元化知识产权人才培养机制研究》（项目批准号：2010ZK2023）的成果。

** 刘友华，法学博士，湘潭大学法学院知识产权学院院长助理、副教授、硕士生导师。

一、知识产权人才培养多点开花的繁荣局面

(一) 国家知识产权战略及有关政府部门的推动人才培养和专业开设

2008年12月,国务院制定了《实施国家知识产权战略纲要任务分工》,就纲要中的战略重点、专项任务、战略举措等方面的任务分工进行了明确规定。[1] 为确保逐年推进知识产权战略实施工作,国家知识产权战略实施部际联席会议28个成员单位共同研究制定了2009和2010年《国家知识产权战略实施推进计划》。此外,不少省、市、自治区及地方政府也根据本地区的实际情况相继出台实施国家知识产权战略纲要的实施意见以及地方知识产权战略纲要。

作为国家知识产权战略实施的重要战略措施之一的"加强知识产权人才队伍建设"中明确规定要"建立部门协调机制,统筹规划知识产权人才队伍建设,大规模培养各级各类知识产权专业人才,重点培养企业急需的知识产权管理和中介服务人才。"

为满足国家经济和社会发展对知识产权专业人才的需求,教育部鼓励和引导高校设置知识产权相关专业。目前已有近20所高校在本科阶段设置了知识产权专业,部分高校设置了知识产权专业及知识产权法第二学士学位[2];制定《学位授予和人才培养学科目录设置与管理办法》,鼓励高校结合本单位知识产权学科与专业发展需求,自主设置与调整一级学科下的知识产权二级学科。

(二) 各高校纷纷成立知识产权学院

为加快知识产权人才的培养,各高校纷纷成立知识产权学院。2008年12月26日,湘潭大学成立了湖南省首家也是唯一一家知识产权学院。学院以培养复合型知识产权人才为目标,立足于服务湖南和

---

〔1〕 参见《国务院办公厅关于印发实施国家知识产权战略纲要任务分工的通知》。

〔2〕 根据教育部发布的2012年新专业目录,知识产权专业由以前目录外试办专业变为特设专业,各高校可根据情况自主设置,仅向教育部备案即可。可以预见,全国各高校将开启知识产权专业教育的高潮。

"长株潭两型社会"建设，力争建成在湖南省具有优势、在全国有较大影响的知识产权学院。2009 年 11 月 26 日，中国人民大学成立知识产权学院，彰显了其对知识产权教学与研究的高度重视，体现了中国人民大学法学学科的创新发展思路，也标志着中国高等院校知识产权的教学与研究开始进入新的层次、新的阶段。2010 年 4 月 26 日，为尽快解决深圳知识产权人才紧缺的"瓶颈"问题，深圳大学成立知识产权学院。2010 年 9 月 26 日，西南政法大学成立知识产权学院。2011 年 4 月 29 日，西北政法大学成立知识产权学院。而在此前，北京大学、中南财经政法大学、华东政法大学、中山大学、暨南大学、西北大学、同济大学、山东师范大学、山东大学、南京理工大学等先后成立知识产权学院。这表明，在国家政策的引导下及社会需求的促动下，我国知识产权人才培养呈现多点开花、向全国铺开的繁荣景象，但知识产权人才培养体系却仍调整，以满足社会的需要。

二、我国现有知识产权人才培养机制中存在的问题

通过 SWOT 分析表明，当前社会环境下我们进行知识产权人才培养机遇与挑战并存。知识经济的加速到来，使知识产权日益成为国家的核心竞争力。国际化和全球化竞争的加剧使得知识产权成为企业核心竞争力，企业尤其是创新型企业对复合型知识产权人才的需求如饥似渴，但现实中知识产权人才培养却难言理想。

(一) 纯法学的知识产权人才培养缺乏针对性，脱离现实需求

知识产权学科具有技术性、复合性与交叉性的学科特点，因而知识产权人才具有极强的实践性、应用性与复合性。而我国现有知识产权人才培养体系却未尊重知识产权专业的特点与人才培养规律。因而呈现的是：一方面社会亟须大量知识产权人才；而同时高校培养的知识产权人才却因难以适应企业的需要，不为社会所接纳。

从我国知识产权教育与人才培养现状看，传统的知识产权人才培养模式普遍缺乏针对性，脱离社会现实需求；国内大多知识产权学院依托法学专业实施知识产权人才培养，而事实上，纯法学的人才培养

模式对于知识产权人才培养具有明显的局限,难以满足社会对复合型知识产权人才的需求。

(二) 知识产权人才培养体系相对封闭,仍有待完善

从全国来看,我国知识产权人才培养体系的问题主要体现在两个方面:一是学科专业设置和培养模式与社会实际需求脱节,多数源自法学专业,而社会实际需要主要是懂技术、懂经营、懂法律的知识产权管理型和实务型人才;二是高校在知识产权学科建设、课程设置及师资队伍建设与发展要求还不相适应,在知识产权学科建设中,对学科资源的整合还缺乏有效的机制,特别对政府、社会尤其是企业、高校之间在知识产权人才培养的沟通、协调与互动较少,这使得高校与社会、企业难以成功对接,这种相对封闭的知识产权人才培养体系亟须打破。

(三) 知识产权人才培养激励机制等欠缺

对知识产权人才的关注与认同,出现“政府热、企业冷”的现象,与国外企业对知识产权人才的运用程度相比,我国还远远不够。所以,一方面企业亟须吸引、引进知识产权人才,以促进企业知识产权的创造与管理等工作;另一方面,政府及有关管理部门却忽视了知识产权人才培养中的培养、使用的衔接等激励制度与机制的制定,使各方特别是企业难以从重视知识产权人才中得到直接、立竿见影的收益,从而缺乏引进、吸收知识产权人才的内在动力。无论是知识产权司法人才、服务人才等,均出现地区分布不均状态,主要集中在一线城市和沿海一带,二线、三线城市知识产权人才相对缺乏。

可见,知识经济时代,知识产权的技术性、复合性、实践性、应用性日益凸显,这对知识产权人才培养提出了更高要求。如何培养符合社会需要的人才,成为全国各大知识产权学院共同面临的难题。

三、多元主体参与的复合型知识产权实务人才培养机制的构建

本文认为,知识产权人才培养的关键在于:要打破知识产权人才

培养过程中高校与社会的分隔状态,及时回应企业需求,充分利用政府、社会及企业等主体参与知识产权人才的培养过程,提高人才培养的质量,使之能适应社会的需要。

(一) 多元主体参与的复合型知识产权实务人才培养的转型

培养复合型知识产权实务人才应在以下方面实现转变:

第一,人才培养模式的转变,即由高校独立承担转为高校、政府、企业共同参与。从经费投入、平台搭建、课程设计到人才培养的具体环节,均有政府、企业的全程参与。政府、企业的参与,不仅有利于理论与实践的对接,提高学生实践能力,也有助于高校及学生更好地了解社会的需求,调整培养方向与课程体系,强化培养方案的针对性,以回应社会现实的需要。

第二,课程设计理念的转变,即由封闭走向开放,从单一走向多元。除了实施高校传统的课堂教学与实践教学外,还可建立"开放性课堂",即邀请政府部门和企业界的实务专家来院讲学和开设实务课程。开放性课堂的开设,不仅有助于学生更好地把握知识产权实务和知识产权前沿动向,强化高校与实践部门的互动与交流,也为订单式人才培养模式与模块化课程体系设计的实现奠定基础。

(二) 多元主体参与的复合型知识产权实务人才培养机制的制度架构

从知识产权学科交叉与人才复合性需求出发,考察政府、社会特别是企业、高校在知识产权人才培养中的作用,推动政府加大投入,鼓励社会全程参与,高校主要承担的知识产权人才培养机制,注重培养复合型知识产权人才。其主要架构是:

1. 政府投入机制

由于知识产权人才具有极强的实践性,因而需要更多的培养资金,仅仅依靠学校现有的与其他专业人才相同的资金难以满足需要,因而需要相关政府部门加大对知识产权人才培养的投入。

2. 社会(企业)参与机制

第一,社会全程参与人才培养的机制。由于知识产权人才具有实践性与学科交叉等特性,因而知识产权人才培养必须面向社会,面向企业,才能适应社会需要,这就需建立、完善社会参与的知识产权人才培养机制。

第二,社会的订单式培养机制。为发挥知识产权人才培养效益的最大化,通过与企业、中介机构签订定向培养协议,建立面向企业的"订单式培养机制"。通过动态反映知识产权人才的需求,及时调整人才培养方向与数量。

第三,社会参与的实习机制。为增强知识产权人才培养的实用性,应完善知识产权人才培养的实习平台与就业平台等社会参与培养的机制。使企业、管理部门、实务机构等共同合作参与知识产权人才的培养。

3. 高校承担的知识产权人才培养机制

高校是知识产权人才培养的主要承担者。应整合内部现有资源,完善现有知识产权人才培养方案,特别是模块化人才培养方案,强化理工类知识产权人才、管理类知识产权人才与法学类知识产权人才等方向特色。

上述多元主体参与的培养机制的创新在于:一是将知识产权人才培养置于整个社会管理与运行系统中,注重发挥政府、社会尤其是企业在知识产权人才培养中的作用,使人才培养机制更具现实基础;二是基于知识产权人才的特殊性,强调政府、企业、高校在互动中进行订单式与模块化培养,实现知识产权人才培养无缝对接,人才培养更具针对性与现实性。

(三) 多元主体参与的复合型知识产权实务人才培养机制的具体实现

1. 政府常态化投入机制的实现形式

相关政府部门加大对知识产权人才培养的投入可通过人才培养专项经费、实习绿色通道项目、科研项目资助等形式实现。

第一,人才培养专项经费。可考虑到省级政府财政单列知识产权人才培养专项经费。由知识产权业务主管部门依据各高校知识产权人才培养的现实情况予以拨付。[1]

第二,实习绿色通道项目,实现高校—社会的人才培养无缝对接。可由知识产权业务主管部门支持培养知识产权人才的高校联系企业,并为学生提供实习补贴。实习绿色通道项目的优点在于:一是使企业、管理部门、实务机构等共同合作参与知识产权人才的培养,切实发挥作用;二是企业等实习单位通过项目可发现合适人才,从而缩短人才培养的时间成本,学生一旦毕业即可很快适应企业的工作状态;三是可增强学生实践能力与应用性。

项目的理想状态是:由知识产权业务主管部门、知识产权优势培育企业(或知识产权事务所等需求迫切的机构)及高校三方主体分担人才至企业实习补贴,将人才实习过程延长至1年,给予学生一定数额的实习补贴。这将大幅提高知识产权人才的实践能力,同时为企业提供发现优秀、合适人才的平台。

第三,科研资助计划。知识产权业务主管部门可将扶持知识产权优势培育企业的项目委托相关高校知识产权学院予以研究,将科研与企业联系起来,使理论与实务有较好结合的同时,人才通过实际参与导师的项目,其科研能力得以提高。因此,科研资助计划是培养实务型知识产权人才的重要平台与途径。

2. 以订单式培养为依托的企业参与机制

区别于传统知识产权人才培养模式,从知识产权特殊性入手,基于产业与社会发展中知识产权人才需求状况,通过动态反映知识产权人才的需求,及时调整人才培养方向与数量,建立政府、企业、高校在互动中的订单式与模块化培养机制,其优点在于使知识产权人才的培养能结合企业的实际需要,凸显知识产权人才培养的实务性,更符合知识产权人才培养的本质,也有利于知识产权人才培养效益的最大化。

3. 高校知识产权人才培养机制的改革

包括政府及社会的知识产权实务精英参与高校人才培养的机制、

---

〔1〕 如湖南省知识产权局、湘潭市人民政府与湘潭大学在共同重点建设湘潭大学知识产权学院项目中,分别从省级财政和市财政专项经费中拨付专项年度经费,支持湘潭大学知识产权学院人才培养就是这种制度的具体实践与探索。

师资队伍建设、生源拓展、培养方案完善等。可主要从以下方面着手：建立工科学生推荐免试人才项目,实行双导师制、形成开放式师资体系,实施知识产权人才模块化培养方案。

第一,建立开放式师资体系,打造多元化的师资团队,强调师资理论与实践的结合、文理工多学科的交叉。由于知识产权具有较强的专业性与实务性,因而知识产权人才特别需要企业、相关业务部门的实务指导。因此,在师资队伍方面,实行双导师制,形成开放式师资体系,在学生选定校内导师的基础上,为其配备实务导师,将富有实务操作经验的专家纳入知识产权人才培养体系无疑符合市场规律与社会需要。

第二,鼓励文理工多学科交叉,凸显知识产权人才培养的复合性。

从理工科与管理学科专业选拔生源,在强化学生多元知识结构的同时,突出实践模块教学,凸显应用性和复合性;同时,由于知识产权特别是专利权,具有较强的技术性。以工科学生为基础进行人才培养,其优势不言而喻。因此,在理工类高校特别是综合性大学展开工科学生推荐免试研究生项目也就符合知识产权人才培养的规律。[1]

开拓性建立法律硕士(知识产权)研究生与理工科课题组的实验交流机制。其具体做法是:在理工科本科生攻读法律硕士(知识产权)的第二学年,即修习完专利法、专利代理与撰写实务等理论课程的基础上,依其本科专业组成3—4人的专利撰写小组,返回其本科学位所在学院的课题组,深入课题组进行技术资料收集、专利文献挖掘、技术方案的完善与保护等专利实务支持工作。在为理工科课题组研发团队的技术研发服务的同时,更重要的是,在校内融合、共建了协同创新和人才培养的平台,极大地提升了法律硕士(知识产权)研究生的实践能力,开创性地探索了法律硕士(知识产权)研究生的协同培养机制。

第三,实施模块化培养方案,凸显人才培养的差异化与特色。

---

〔1〕 如湘潭大学制定了为理工学生培养知识产权研究生单列指标的政策,连续2年单列15名推免指标,为知识产权研究生培养提供了较好的生源保障。从研究生培养实践看,这些学生备受欢迎,取得非常良好的效果。

近年来,一些高校就知识产权本科人才的培养尝试了模块化教育[1],尝试"知识产权人才模块化培养方案"。根据社会对知识产权人才的复合型知识结构的需求,克服传统纯法学(知识产权法学)培养模式,将知识产权课程分为四大模块,即公共课程模块、法学模块、知识产权模块与工科模块。根据产业发展及企业的需要,按订单式培养的要求,再将其中工科模块具体化为机械模块、化工模块、信息工程模块等。合理设置专业课程,凸显人才培养的差异化与特色,使其符合社会特别是企业的不同需求。

根据知识产权人才培养的复合性、应用性特点,除探索政府、企业参与人才培养的机制创新外,还可邀请相关实务专家直接参与人才培养过程,强化理论与实践的对接,可着手在以下方面进行:一是邀请知识产权政府主管部门、司法实务部门、企业知识产权管理部门以及知识产权中介机构的专家定期讲学和开设相关实务课程,为学生提供一个由政府、企业直接参与的开放性课堂;二是通过聘请政府部门和企业界有关专家担任实务导师,直接参与学生指导和学生培养,实现高校—社会人才培养的无缝对接。

总之,知识产权人才的培养,应以培养复合型知识产权实务人才为目标,强化政府、社会及高校的多元主体的参与及互动,尊重知识产权人才培养的客观规律,提高知识产权人才培养的质量。

---

〔1〕 如湘潭大学知识产权学院在国家知识产权局与湖南省知识产权局的指导下,考虑国家及湖南省经济转型与产业发展的需要,已逐步探索、推进"知识产权人才模块化培养",分别试点了化工专业、机械专业、信息工程专业的知识产权本科双学位教育,通过合理设置知识产权专业模块,完善教学方案,进展良好。迄今为止,已培养复合型人才200余人,通过专利代理人资格考试人员50余人。

论法学教育中法律思维的培养

郭　哲[*]　冯　雁[**]

摘　要：大学生是祖国的未来，是建设社会主义法治国家的中坚力量，是构建和谐社会的中流砥柱。一个社会的法治化程度不仅仅取决于法律知识的宣传及普及程度，更取决于法律思维方式的形成。作为新时代的大学生具有法律思维方式至关重要。本文从新形势下加强大学生法律思维培养的现实紧迫性为研究出发点，按照提出问题、分析问题、解决问题的思路，首先阐述了法律思维方式，然后立足我国高等教育的现实分析了大学生法律思维方式存在的问题，同时在此基础上就如何加强大学生法律思维的培养做了初步构想，探索提高大学生法律思维培养的有效途径，以期提高我国大学生的法律思维。

关键词：法律思维　法律方法　司法考试

一、法律思维论

“一般来说，一位合格或者优秀的法律职业者应具备四个方面的能力和素养，具体包括法律信息知识，言辞文书技术(即辩论修辞写作

---

* 郭哲，女，湖南长沙人。湖南大学法学院副教授，法学博士，硕士生导师。主要研究方向：法理学，法律逻辑学，经济法基础理论，司法制度研究。

** 冯雁，女，湖南宁乡人，湖南大学法学院2014级法律硕士。

能力)、法律方法和伦理信仰。有的学者认为,所谓法律方法,是指在一定的理论体系和价值追求的指引下,通过法律思维运用法律解释、法律漏洞填补和法律方法续造等方法,将法律规范应用于现实生活,解决实际问题的能力。这种能力的培养需要长期的集中式的抽象的理论学习过程规范应用于现实生活并且解决实际问题的能力。"[1]可见,在孙笑侠教授看来,法律方法就是法律思维论。它是法律学习者和法律人的核心能力。法律信息知识是法律思维的基础,言辞文书技术是法律思维的表现,伦理信仰是法律思维的执著。离开了法律思维,法律职业者的能力培养就只是一句空话套话,再多法律知识的学习也只能封存在人的记忆之中,难以转化为法律人的职业能力。随着中国法治化进程的推进,作为学习法律的学生,我们是实现社会主义法治社会的主要力量,我们就更应该好好培养法律思维。

二、大学生法律思维方式存在的问题

1. 法律认知水平偏低

在每天的日常生活中,我们很少会意识到法律的存在。我们在超市购物付款,认为这是应该的;等到绿灯再过马路,因为这样做我们才不会被车撞;我们很少去考虑这些被我们界定的'应该的'集体判断和程序。其实,在我们的社会生活里,随时随地都渗透着一种平常而实在的法律。超市购物是我们在和卖家订立买卖合同,买方和卖方承担着不同的义务;绿灯行是我们应该遵守交通规则,交通规则就是一种行政法规。出生、死亡、婚姻、停车标志、警服、证书等无不显示着法律的存在。在当今社会中,"我们对法律的体验既是陌生又是熟悉的;法律既平常又神秘,平常是因为随处渗透,而神秘则是因为其规则数量庞杂、原理高深难测。但我们应该注意到,在现代社会中、日常生活中融入了越来越多的法律。

2. 法律言辞文书技术不足

(1) 对教材上现有知识掌握不足,辩论修辞写作能力欠缺。某些

---

〔1〕 孙笑侠:《职业素质与司法考试》,载《法律科学西北政法学院学报》2001 年第 5 期。

时候由于教师对所学科目的重视不够,出现课堂教育形式依旧是原有的应试教育模式。枯燥乏味的知识满堂灌致使课堂气氛沉闷,学生对知识的掌握也就缺少足够的兴趣。大学生整体对法律认知水平不高。

(2)司法考试忽略了法律思维的培养。作为国家法律职业准入制度的司法考试,担负着选拔法律人才的使命,以法律职业能力的核心要素也即法律思维为中心展开考查,无疑是该制度的宗旨和目的所决定的。2002年以来,国家实施的统一司法考试更多的还是关注对法律和法条知识的考查,总体上忽略法律思维水平的测试。考试重点的偏离,必然降低司法考试的信度和效度。[1] 首先,从不同学历的应试者通过率来看,现在流行的说法是:博士考不过硕士,硕士考不过学士,学士考不过专升本的学生。其次,从司考通过者的真正水平来看,尚无法满足司法实践的需要,许多通过国家司法考试进而成为了法官和律师的人的业务能力也是令人怀疑的。最后,很多参加过司法考试的人认为,考试能否通过一部分要靠运气。有的人选对了答案,却不知为什么;很少有人敢保证,这次通过了,下次还能通过。这些事实和现象说明,现行司法考试的信度和效度堪忧,没有也不可能实现司法考试的价值和目标。问题的症结在于:司法考试从内容到形式都没有充分考虑和反映司法过程中法律思维的要求与特点,法学教育难以适应司法考试的要求,司法考试也衡量不了法学教育水平的高低;具备一定法学素养的人难以通过司法考试,司法考试通过者却感觉对法律知之不多。在信仰法律的前提下,一个具备法律思维的人必然具备一定的法律知识,因为离开了法律知识就不可能形成法律思维;但一个具备了较为丰富法律知识的人,则不一定能形成法律思维,故而可能根本无法胜任法律人所面临的工作。所以,司法考试应当以考查司法过程中不可或缺的法律思维为中心,否则即不可能实现国家司法考试的制度价值。

3. 法律信仰的缺失

运用法律思维方式处理问题的重要前提是对法律的深深信仰。只有在对法律的外在感知的基础上,才能产生公平正义观。从而形成

---

〔1〕 参见许章润:《法律信仰——中国语境及其意义》,广西师范大学出版社2003版,第58页。

对法律的信仰。总之,法律信仰是“社会主体对社会法的现象的一种特殊的主观把握方式,是社会主体在对社会法的现象的理性认识基础上油然而生的一种神圣体验,是对法的一种心悦诚服的认同感和依归感,是人们对法的理性、感情和意志等各种心理因素的有机的综合体,是法的理性和激情的升华,是主体关于法的主观心理状况的上乘境界。”〔1〕随着社会价值观多元化的发展,法律信仰同时受到了来自各方的挑战。由于多数学生对于如何运用法律来维护自身的权益感到迷茫,即使个别认为法律可以解决自己的问题,但由于通过法律解决问题费时、费力、费钱等因素,通过法律解决问题给自己带来的“赢了官司,输了利益”的歪曲心理,所以产生了“宁愿私下解决”的现象,这也直接地影响了对法律的信仰程度。也因此产生了两方面对法律信仰的冲突,首先表现为权力信仰对法律信仰的冲突。在中国从古至今一直在人民心中存在着权大于法的理念,所以一直有很多人对权力的信仰远远大于对法律的信仰。无论遇到什么事情,甚至可以通过正常的法律解决问题的时候也同样会选择用权力解决。“找关系、托熟人才能办成事”的思想已经根深蒂固。从中国的历史中我们也可以看出,人们对权力的不懈追求。在人们不懈追求权力的背后,同时也隐藏着巨大的利益。不管是毕业后找工作,还是仕途上的升官发财,都离不开权力这个“操纵杆”。从现在大学生争先恐后地进学生会就可以看出权力给他们带来的快乐。其次,法律信仰与金钱信仰之间的较量。在中国有句俗语,“有钱能使鬼推磨”,甚至还有“有钱能使磨推鬼”。通过这句话我们就可以看出当时人们的价值观,认为有钱可以办一切事情,虽然说当时的法治没有现在完善,但这种歪曲的价值观还依旧影响着我们每一代人。由于市场经济的不断深入,金钱在社会上的作用就越发明显。虽然我们处在相对封闭的学校内,但它也是社会的一个浓缩代表,唯利是图的观念早已波及校园的每个角落。信仰和法律在他们的眼里只占非常狭小的空间。由于崇拜和追求权与钱,法律信仰在大学生的观念里受到了严重的挑战,甚至不惜挑战法律也要追求权与钱,从而达到自己的目的。

---

〔1〕 参见潘剑锋、陈杭平:《再论法学教育与司法考试的关系》,载《法律适用》2008 年第 1—2 期。

4. 权利义务认识的片面性

法律权利与义务观念是全体公民必须具备的基本观念。对于身在高校接受高等教育的大学生来说,更应该很好地懂得如何适当行使自己的权利,懂得正确履行自己的义务。而作为中国发展的主力军,却在法律的权利与义务上认识不到位,或多或少存在着片面性。首先,在权利方面的偏差。部分学生扩大了自身的权益而弱化了自身的义务。如在学校发生意外伤害事故时,学校是否应该承担赔偿责任。其中只有较少数的学生认为应该视校方是否有过错而定,而少数人则不清楚,多数人选择应该由校方赔偿。很显然,多数学生的责权观念不明确,认为我在学校上学,学校就应该负责一切。其次,在义务方面的偏差。在面对所应履行的义务上,尽量逃避自己所应尽的义务。在行使权利的同时,不去履行尊重他人权利的义务随处可见,自己有发表意见的权利,却不考虑尊重他人的权利。自己有合理使用教育资源的权利,却不履行爱护学校公共财产安全的义务。类似这种权利义务偏差的现象在如今大学生身上随处可见。这样的一种思维方式既影响了对法律的认识,也不利于法治社会的发展。

三、大学生法律思维方式的培育途径

1. 增强大学生的学法、用法意识

学习和掌握基本的法律知识是培养法律思维方式的前提。只有具备了法律思维方式才能以法律为依据解决生活中的问题,才能营造一个遵纪守法的和谐社会。由于法律条文繁杂枯燥,为了提升大学生对于学习法律的兴趣,可以丰富法治教育活动的形式。突破课堂,将法律渗透到大学生的校园活动中,增强用法意识。如举行法律知识讲座、法律知识竞赛、法律知识趣味问答、模拟法庭、组织学生观看诸如《今日说法》这类的法制节目,等等。充分利用大学内的各项资源,积极鼓励学生成立各种法律类社团,如知识产权学会等。调动学生的积极性和学习热情,也通过开展调查问卷来收集学生在日常生活中遇到的各种不公平的待遇,并通过集体对案例的讨论等形式激发学生以法律的手段解决问题,从而通过满足学生解决问题的急切心理来激发学生学习法律知识的热情。只有具备了法律知识,有了法律思维,实现公平、公正才成为可能。

2. 树立法律信仰,维护法律权威

信仰法律需要一个人在内心深深地认同法律才会自觉地维护法律尊严,甚至对法律产生权威感。所以大学生应通过学习法律知识、了解法律,同时理解法律对当今生活的作用。根据我国法律的精神及功能,它不仅是打击犯罪分子的工具,更是维护自身权益的武器,可以为自己解决实际问题,只有这样才能树立对法律的信仰。法律具有权威性是实现法治国家的基本前提。法律的权威主要表现在外部的强制力和内在的说服力上,任何个人和组织都不能超越法律,一旦有人触犯法律,就将受到法律的惩罚。法律的内在说服力表现为法律本身的合理性,也表现为执行过程中的合理性,只有法律本身公正、公平、合理,才能被人信仰、信服。要做到法律的权威,国家不仅需要使法律更完善、更合理、更公平,我们大学生也更应该努力提升自己。

3. 司法考试应向法律思维回归

从一定意义上讲,国家司法考试是司法职业准入的门槛,其实也是连接大学法学教学与国家司法职业的中介,这样一个地位必然要求国家司法考试既要与法学教学实践相贯通,也要与司法职业要求相适应。对于两者任一方面的偏离,都会导致国家司法考试之权威性和有效性的降低或丧失。[1] 相应地,作为国家司法人才主要培养方式的大学法学教育,为了有效实现法治国家的人才培养目标,满足未来法律人的职业需要,也应当主动适应国家司法考试的要求和指导,努力创新以法律思维培养为载体和导向的素质教育与职业教育并重的中国法学教育模式,实现与国家司法考试的良性互动。改变以法律知识认知为中心的法学教育和司法考试模式,向以法律思维培养为中心的法学教育和司法考试模式转变,推进法学教育从课程体系到教学方法,司法考试从考查内容到命题形式的全方位改革,既可以实现法学教育与司法考试的良性互动,缓解目前二者的紧张关系,也可以兼顾

[1] 梁开银:《法律思维:法学教育与司法考试的契合点》,载《法学评论》2011 年第 4 期。

法学教育之素质教育与职业教育的双重目标。[1] 当然,法学教育与司法考试的改革是一个长期和渐进的过程,不可能一蹴而就,其中既有观念的渐变,也有技术进步的要求。

法律思维的一端连接着信仰和价值,另一端连接着说理方法和解决纠纷的艺术。正是这样的思维方式确保了法律的社会地位、法律解决社会问题的能力、法律在社会中运作的生命历程。[2] 我们大学生作为特殊的社会角色,代表着国家的希望与未来,对国家的发展至关重要。培养大学生的法律思维任重而道远,我们要勇于创新,努力探索培育大学生法律思维方式的新路子,推进法治社会的进程。

---

〔1〕 孙笑侠:《法学教育的制度困境与突破》,载《法学》2012 年第 9 期。

〔2〕 谌洪果:《法律思维:一种思维方式上的检讨》,载《法律科学—西北政法学院学报》2003 年第 2 期。

关于远程环境下开办法学(农村法律事务方向)专业的思考

刘建宏*

一、开办法学(农村法律事务方向)专业,是推进农村公共法律服务体系建设的需要

(一) 在全面推进依法治国的形势下,农村需要大量的法律服务人才

1. 中共中央关于全面推进依法治国的决定,对农村的法律服务体系建设提出了明确的要求,农村对于法治建设骨干的需求增大

中国共产党第十八届四中全会通过的《中共中央关于全面推进依法治国若干重大问题的决定》第5条第(3)项指出:"建设完备的法律服务体系。推进覆盖城乡居民的公共法律服务体系建设,加强民生领域法律服务。完善法律援助制度,扩大援助范围,健全司法救助体系,保证人民群众在遇到法律问题或者权利受到侵害时获得及时有效的法律帮助。"第6条第(2)项指出:"发展公证员、基层法律服务工作者、人民调解员队伍。推动法律服务志愿者队伍建设。建立激励法律服务人才跨区域流动机制,逐步解决基层和欠发达地区法律服务资源

---

* 刘建宏,湖南广播电视大学教师。

不足和高端人才匮乏问题。"[1]对包括广大农村在内的法律服务体系建设提出了更明确的要求，将基层法律服务工作者、人民调解员队伍建设提到了一个新的高度。为了落实中央关于全面推进依法治国的重大部署，必须加强农村法律服务人才的队伍建设，系统开展农村法律服务人才的培养。

2. 我国的涉农法律体系已经基本完善，这些法律的实施，需要大量系统掌握涉农法律知识的专业人才

近几年来，我国陆续修订或颁布了村民委员会组织法、农村土地承包法、农村土地承包经营纠纷调解仲裁法、乡镇企业法、农民专业合作社法、农业技术推广法、农业机械化促进法、农业法、畜牧法、渔业法、森林法、草原法、种子法、农产品质量安全法和水法等涉农法律，这些法律的实施，将改变农村的许多事务依靠行政手段和政策解决的状况，使农村逐渐走上依法办事的轨道。这一转变过程，需要大量熟悉涉农法律知识的基层法律服务工作者、人民调解员提供优质的服务。

3. 从当前农村的实际情况来看，农村对于法律人才的需求量很大

(1) 农村急需数量较大的大量法律服务工作者。我国的律师基本上是面向城市开展法律业务，现有的21万多名律师主要集中在城市，农村的一般法律事务无法接受律师提供的法律服务。截止到2013年，我国还有174个县没有律师事务所，直到2014年，通过政府与社会多方努力，采取志愿律师等方式，才解决这些县没有律师的问题。[2] 乡镇(不含城市街道，下同)基本上没有律师事务所。湖南省2000多个乡镇中[3]，除县城以外，没有一个乡镇设立了律师事务所[4]。律师不愿意去乡村工作，是众所周知的现实。

为了解决包括农村在内的基层法律服务问题，我国多年来一直实行基层法律服务所与律师事务所并行的法律服务模式。但是，基层法

---

〔1〕《中共中央关于全面推进依法治国若干重大问题的决定》，新华网，2014年10月30日。

〔2〕刘子阳:《174个县无律师已经全部解决》，载《法制日报》2014年10月18日。

〔3〕徐守盛:《抢抓新一轮改革机遇需要勇气智慧决心更需要行动》，载《新湘评论》2014年第11期。

〔4〕湖南省司法厅、湖南省律师协会:《关于全省律师事务所和律师2013年度考核结果的公告》，湖南司法行政网，2014年11月11日。

律服务所在乡镇设置的比例也很低,绝大多数乡镇的法律服务机构是一片空白。在湖南省的农村地区,法律服务的职能主要由基层法律服务所承担。2014 年,湖南省司法厅公告注册的基层法律服务所中,在县城和其他乡镇的基层法律服务所总共只有 289 家,还有 1711 个乡镇没有成立基层法律服务所,没有基层法律服务所的乡镇占全省乡镇总数的 85.6%。[1] 根据司法部颁布的《基层法律服务工作者管理办法》规定,每个乡镇应设立 1 家基层法律服务所,每家基层法律服务所最少 3 名法律服务工作者,按此计算,湖南省至少还缺 5133 名基层法律服务工作者。

(2) 农村急需培养大量具备一定法律素质的人民调解员。在全面推进依法治国的形势下,为了适应农村法治建设的需要,农村的人民调解员需要系统掌握法学基本知识和涉农法律知识。湖南省有 4 万个行政村[2],按每个村至少 1 名具备相应法律知识的人民调解员计算,湖南省目前需要 4 万名系统接受法学基本知识和涉农法律知识教育的人民调解员。

(二) 我国当前的法律服务人才培养机制与模式,不能满足农村对于法律服务人才的需求

我国现有的法律专业人才主要是由高等湖南电大法学专业培养的。关于我国法律人才的培养,教育部法学专业教学指导委员会主任徐显明教授在 2010 年发表的《中国法学教育的发展趋势与改革任务》一文中指出:"全国开设法律专业的大学已经有六百多所,开展各种形式法学教育的单位总计有九百多个,法律专业的在校学生七十多万人。从规模上看,法学教育在整个高等教育中占有很大比重。"[3] 目前,湖南省有三十余所本科和高职院校开办了法学或法律事务专业。全日制高等学校的法律人才培养规模确实很大。但是,普通高校、职业学院的法学专业难以培养全面适应农村法治建设需要的法律人才。

---

〔1〕 湖南省司法厅:《2013 年湖南基层法律服务工作者年度注册公告》,湖南司法行政网,2013 年 12 月 30 日。

〔2〕 徐守盛:《抢抓新一轮改革机遇需要勇气智慧决心更需要行动》,载《新湘评论》2014 年第 11 期。

〔3〕 徐显明:《中国法学教育的发展趋势与改革任务》,载《法制资讯》,2010 年 1 月 31 日。

1. 相对于广大农村对于法律服务人才的需求,全日制高校的培养能力有限

按照中央全面推进依法治国的部署,农村需要的基层法律服务工作者和人民调解员数量巨大。以前,高等学校基本上没有为农村输送这方面的人才。现在,如果靠全日制高校的法学院系培养这一类人才,这些学校受培养目标、招生对象、办学规模等限制,不可能在较短时间内为农村定向培养大量的法律服务人才。

2. 现有法学专业的教学内容基本上是面向城市的,没有开设涉农的法律课程,难以培养适应农村法治建设需要的法律人才

教育部于2012年公布的我国普通高校法学专业的16门核心课程中,没有一门涉及农村法律法规。按照现有法学专业教学计划培养出来的学生,受培养目标和课程体系结构的限制,没有掌握足够的涉农法律知识,难以全面适应农村法治建设的需要。近几年来,部分高校为了在法学专业教育中办出自己的特色,在法学专业的基础上开设了律师方向(北京开放大学)、行政执法方向(中央广播电视大学)、海关方向(大连海事大学)、劳动和社会保障方向(广东开放大学)等。但是,尚未发现开设法学专业农村法律事务方向的有关信息。现有法学专业培养的毕业生由于没有掌握足够的涉农法律知识,而难以适应农村法治建设的需要。

3. 普通高校、职业学院法学专业的毕业生一般不愿意到农村从事法律服务和人民调解工作

我国目前仍然是二元社会,城乡差别大是无法回避的现实。农村对于高校法学专业的毕业生没有吸引力,高校法学专业的绝大多数毕业生不愿意到农村从事法律服务和人民调解工作。即使是定向培养,也难以保证学生毕业以后去农村工作。

(三) 依托湖南省"农民大学生培养计划",在远程环境下开办法学(农村法律事务方向)专业,可以为农村大力培养留得住、用得上的法律服务人才

1. 湖南省"农民大学生培养计划"为开设法学(农村法律事务方向)专业提供了经费保障和政策支持,保证了充足的生源

一般情况下,法学(农村法律事务方向)专业因培养目标和招生对象的特殊性,生源可能不足。但是,湖南省于2014年启动的"农民大

学生培养计划”为本专业方向解决了生源问题。根据该计划规定,符合入学条件的农民可以就读有关专业,由政府承担 2/3 以上的学费。[1] 本专业属于涉农、惠农专业,学生可以享受“农民大学生培养计划”的各项优惠政策,这对于农民具有较大的吸引力。为进一步了解湖南电大在读专科学生对是否就读本专业方向的态度,我们对其中 660 人进行了抽样调查。对来自长沙、湘潭、株洲、湘西、怀化和娄底电大的在校专科生进行了问卷和访谈,问卷 660 人,访谈 46 人,他们分别来自不同的领域,所学专业涉及法学、乡镇企业管理、农村行政管理等。问卷调查结果显示,86.4% 的学生明确表示很愿意就读法学(农村法律事务方向)专业。截至 2013 年秋季,湖南电大已经毕业和在籍的“一村一名大学生计划”学生 64228 名。[2] 他们都是法学(农村法律事务方向)专业潜在的本科生生源。

2. 在远程环境下开办法学(农村法律事务方向)专业,可以直接招收农民就地培养,其数量大大超过全日制高校的培养规模

基于远程环境开办法学(农村法律事务方向)专业,充分发挥现代教育信息技术的优势,利用网上空间开展教学,避开诸如宿舍、食堂、教室和老师等办学条件的限制,直接在农民中招收学生,就地培养具有法学基础知识、系统的涉农法律知识和农村法律服务与调解技能,服务“三农”的基层法律服务工作者与人民调解员,能较好地解决为农村培养留得住、用得上的法律人才问题。

3. 法学(农村法律事务方向)专业的培养目标定位是服务农村的基层法律服务工作者和人民调解员,具有很强的针对性和实用性

法学(农村法律事务方向)专业围绕农村法律人才培养目标,针对农民这一特定培养对象,将现有法学专业知识体系中的纯理论知识和远离农村事务的法律知识剥离,系统纳入涉农法律知识,以弥补现有法学专业在培养农村法律人才方面的不足,这是专门针对农村法治建设需要而实施的法学专业拓展与延伸,因此,具有很强的针对性和适用性,可以为农村大力培养留得住、用得上的法律服务人才。

---

〔1〕 中共湖南省委组织部:《关于实施“农民大学生培养计划”的通知》(湘组发【2014】12 号),2014 年 9 月 29 日,http://www.hnrtu.edu.cn/redwind。

〔2〕 湖南广播电视大学教务处:《开放教育办学情况报告书》(2013 年)。

4. 涉农法律体系的初步完善,为开设法学(农村法律事务方向)专业提供了基本条件

近几年来,我国陆续修订或颁布了农村土地承包法、农村土地承包经营纠纷调解仲裁法、村民委员会组织法、乡镇企业法、农产品质量安全法、农民专业合作社法、农业技术推广法、农业机械化促进法、种子法、农业法、畜牧法、渔业法、森林法、草原法、矿产资源法和水法等涉农或与农村相关的法律,形成了比较完善的涉农法律体系。这些法律的颁布和实施,使农村法律事务在事实上成为了法学专业的一个方向,为开设法学(农村法律事务方向)专业提供了明确的教学内容。

二、湖南电大具备在远程环境下开办法学(农村法律事务方向)专业的基本条件

(一)湖南电大法学专业的办学历史与积淀

湖南电大自1979年创办至2013年底,已累计招收专本科学生88万人,毕业64万人。湖南电大自1982年开设法学专业专科,至1999年止,已累计招收法律专科学生29834人。1999年参加"教育部人才培养模式改革和开放教育试点"项目,截止到2013年底,法学专业本科和专科已分别累计招生23223和37154人。[1]

在30余年开办法学本科和专科专业的教学实践中,湖南电大积累了比较丰富的办学经验与办学资源。先后主持建设了国家开放大学共建共享课程农村常见法律纠纷处理技巧、学前教育政策法规、税务行政执法专题、家庭文化建设课程,编著或主编《农村常见法律纠纷处理实务》、《教育合同实务》、《学前教育政策法规概论》、《律师实务》、《市场经济法教程》、《教育合同》、《行政法与行政诉讼法》、《法律模拟实践》、《法学概论》等教材,主持建设湖南电大法学实践教学基地——湖南清源律师事务所(按政策在与湖南电大脱钩后仍为湖南电大的教学实践基地)、湖南电大在线法律援助中心和模拟法庭实训室。

在开展法学专业和法学课程建设与教学的同时,湖南电大教师也

---

〔1〕 湖南广播电视大学教务处:《开放教育办学情况报告书》(2013年)。

积极开展法学教育研究,近5年组织全省电大优秀法学论文评选3次,先后公开发表学科论文与教研论文50多篇,主持省级以上教改课题4项。2013年11月,湖南电大系统29名法学教师集体加入湖南省法学教育研究会。12月,挂靠湖南电大的湖南省法学教育研究会法学远程教育专业委员会成立,进一步推动了全省法学远程教育研究。

这些课程教学经验积累与课程建设成果,为建设法学(农村法律事务方向)专业(本科)奠定了一定的基础。

(二) 专业教学团队

1. 法学(农村法律事务方向)专业教学团队概况

法学(农村法律事务方向)专业教学团队教师总数22人,其中专职教师12人,校外兼职教师10人。专职教师中有教授(含其他正高级专业技术人员,下同)3人,副教授(含其他副高级专业技术人员,下同)6人,高级职称比例为75%。兼职教师中有教授2人,副教授4人,高级职称比例为60%。

专业教学团队阵容较齐整,结构合理,教学能力与研究能力较强。专业教学团队的学历、职称、年龄、性别结构合理,整体素质优良,能够保证教学的顺利进行,实现培养目标。

2. 教学设施条件

湖南电大拥有远程环境下开办法学(农村法律事务方向)专业所必需的网络、资源条件和图书资料。

湖南电大校园网采用两台锐捷多业务万兆交换机6810E作为核心层交换机,锐捷3550-12G作为汇聚层交换机,锐捷2100系列作为接入层交换机,构成了双核心星形分布的拓扑格局。目前,业务实现全线虚拟化管理,构建全省系统数据中心,出口带宽总计近1Gb。湖南电大建有15万人注册的远程教育在线学习平台、湖南终身教育服务平台—湖湘学习广场等系统应用平台,拥有近200T容量的数字化教学资源。校本部接入计算机2000台,建有22个网络教室及16个多媒体教室。湖南电大通过计算机互联网提供远程学历教育、网上直播教学、双向视频交互式教学、教务管理、网上考试、数字图书馆等多种教学和教学管理的应用服务。湖南电大建有校内模拟法庭教室和校园网上法律实践教学平台——湖南电大在线法律援助中心。

目前,湖南电大图书馆面积达5000 ㎡,共有大小书库48间,设有现刊阅览室、过刊阅览室、报纸阅览室、电子阅览室、自习室等读书学习场所。入藏文献总量220余万册,其中纸本图书36.42万册,期刊合订本2.5万册,报纸合订本1万册,每年订购中外文报刊540余种。数字资源主要有方正的电子图书和同方知网(CNKI)全文学术期刊、博硕论文、会议论文、报纸、工具书、年鉴中的农业科技、哲学与人文、信息科技、教育、政治与法律、经济与管理科学、医卫等七个专辑的系列数据库。此外,还有中国数字图书馆的部分数字资源以及试题库等特色数字资源。电子资源存储10余TB,按国家教育部的换算标准,可折合图书180多万册。国家开放大学和部分分部(省电大)系统的电子图书、电子期刊、特色数据库等都可作为湖南电大共享的数字资源。数字文献资源非常丰富,且全天候为全校师生提供文献资料查询、下载、全文阅读、全文传送等服务,能较好地满足全省系统师生学习、教学、科研对信息资料的需求。

3. 湖南电大建立了比较完善的专业和课程建设机制

为进一步规范、推进专业与课程建设,完善教育教学质量,深化教学改革,提高人才培养质量,湖南电大开展了一系列制度建设与完善工作。

第一,完善相关制度,加大对课程建设的激励。在认真梳理原有制度的基础上,湖南电大针对课程与专业建设中的突出问题和薄弱环节,对一些不适应教学改革要求的制度进行了修订与完善,并进一步制定了适应湖南电大发展的新制度,如:《湖南广播电视大学课程建设管理办法》、《湖南广播电视大学教学团队建设管理办法》、《湖南广播电视大学省开课程考核说明编制管理办法》、《湖南广播电视大学省开课程考试改革试点方案》、《湖南广播电视大学网上教学规范》、《湖南广播电视大学开放教育课程形成性考核实施办法》、《湖南广播电视大学精品课程建设管理办法》、《湖南广播电视大学完善教学质量保障机制若干规定》等,同时,加大对课程建设的投入,如校级精品课程3—5万,出版教材奖励1万。通过制度的建设与完善,对课程建设的理念、标准、要求等做了规范与保障,对课程资源建设、形成性考核、终结性考核、实践教学等常规教学过程提供了可行、有力的制度保障。

第二,强化制度落实,切实保证制度的执行。为进一步促进制度执行力的提高,及时发现和解决制度执行过程中存在的问题,总结和推广教学改革的成果,湖南电大开展了经常性的教学检查与督导工作,如:每学期都开展全系统的教学检查、网上教学检查与实践教学检查工作,定期地进行课程建设检查与验收,课程与专业团队建设检查与验收工作,学期末还就制度建设和制度执行情况对各个教学部门开展专项检查,以督导与推进各项专业与课程制度的执行与完善。

三、法学(农村法律事务方向)专业人才培养方案

(一) 专业代码

专业代码:030101K

(二) 招生对象

法学(农村法律事务方向)专业招收具有相应学历的农民:

(1) 高中起点本科(高起本)招生对象为具有普通高中、职业高中、技工学校、中等专业学校毕业证书和同等学力者;

(2) 专科起点本科(专升本)招生对象为具有国民教育专科毕业证书和同等学力者。

(三) 培养目标

法学(农村法律事务方向)专业的培养目标定位为服务农村的应用型人才,即培养德、智、体、美全面发展,掌握法律基础知识和系统的涉农法律知识,具有为农村提供法律服务的基本技能,能在农村的基层法律服务所、人民调解委员会从事法律服务或人民调解工作的应用型专门人才。

(四) 培养规格

1. 知识要求

(1) 基础知识。通过学习,应当掌握法学专业应用型人才必备的以下基础知识:

政治理论知识、民族政策与理论知识;

语言表达与文字知识、逻辑学知识、犯罪心理学知识;

英语知识,能借助工具阅读、翻译法律资料;

计算机应用和操作方面的知识,能够熟练使用计算机学习和办理业务。

(2) 专业知识。法律专业基本知识。以教育部于 2012 年发布的《专业目录》中确定的法学专业核心课程为主要依据,本专业要求学生掌握其中的法理学、宪法、行政法与行政诉讼法、刑法、民法、环境资源法、刑事诉讼法、民事诉讼法和婚姻家庭法,选择学习治安管理处罚法、人口与计划生育法、合同法、消费者权益保护法基本知识。

涉农法律知识。本专业要求学生掌握农村政策法规、村民自治法律制度、农村土地法律实务基本知识,选择学习农村经济组织法律制度、农村资源法律制度、农村产业法律制度、农产品质量安全法。

农村法律服务技能。本专业要求学生掌握农村法律服务、人民调解实务、农村常见法律纠纷处理等技能。

2. 能力要求

(1) 基本能力。

具有较强的语言文字表达能力和逻辑思维能力;

具有较强的对复杂情况的驾驭能力及人际关系协调能力;

具有良好的心理承受和环境适应能力;

具有基本的英语听说读写能力;

具有继续学习新的法律知识、跟上立法发展步伐的能力和适应社会与自身发展的能力。

(2) 职业能力。

具有运用法律分析、判断和解决农村法律事务的能力;

具有独立的收集证据、整理证据、分析证据和运用证据的能力;

具有沟通、协商、谈判、辩论的能力；

具有写作农村常用法律文书、提供法律咨询、订立与审查合同,以及解决合同纠纷的能力；

具有主持和参加农村常见法律纠纷调解的能力；

具有代理简单的民事诉讼、行政诉讼和刑事自诉案件的能力。

3. 素质要求

(1) 掌握国家的主要法律、法规和司法解释,熟悉涉农法律知识和农村法律服务技能,具有办理农村法律事务、调解农村法律纠纷所需要的基本技能与职业能力。

(2) 思想政治素质。坚持四项基本原则,热爱祖国,热爱人民,热爱中国共产党;掌握马列主义、毛泽东思想和中国特色社会主义理论的基本观点;践行社会主义核心价值体系,树立正确的世界观、人生观和价值观;热爱和扎根农村,心系农民朋友,具有服务"三农"的责任担当、遵纪守法的行为规范、敬业奉献的道德情操、艰苦创业的务实作风和大局为重的合作精神。

(4) 身心素质。养成良好的生活习惯和卫生习惯,讲究体育锻炼,具有健康的体魄。具有良好的心态、健全的人格和适应农村法律服务中的各种复杂境的心理素质。

(5) 职业素质。具备从事农村法律服务工作的法律应用型人才应有的敬业精神、职业意识、职业道德、职业作风、职业技能,思维严谨,沉着冷静,客观公正,能够全力为当事人提供法律服务,公平公正地主持调解,模范守法、公正用法,维护法律的尊严,促进农村社会的公平和正义。

4. 职业资格

在按照教学计划完成学业的同时,获取湖南省司法厅颁发的基层法律服务工作者执业资格证书。

(五) 学制、学分、毕业条件和学位授予

1. 高起本

学制:学制 4 年,最低修业年限 5 年,学籍 8 年有效。

学分:毕业最低总学分 140 学分,其中最低必修课学分 91 学分,

最低选修课学分 49 学分。

毕业条件:修满最低必修课学分和最低选修课学分,经考核思想品质合格者,可获得毕业证书。

学位授予:取得专业最低毕业学分,课程平均成绩达到 70 分以上(含 70 分),毕业论文成绩良好以上,参加学位外语考试、学位论文指南考试并通过,可授予法学学士学位。

2. 专升本

学制:学制 2 年,最低修业年限 2.5 年,学籍 8 年有效。

学分:毕业最低总学分 70 学分,其中最低必修课学分学 35 分,最低选修课学分 35 学分。

毕业条件:修满最低必修课学分和最低选修课学分,补修课程考试及格,经考核思想品质合格者,可获得毕业证书。

学位授予:取得专业最低毕业学分,课程平均成绩达到 70 分以上(含 70 分),毕业论文成绩良好以上,参加学位外语考试、学位论文指南考试并通过,可授予法学学士学位。

(六) 主干课程介绍

1. 专业核心课程

(1) 法理学课程说明。法理学课程是必修专业基础课,第 1 学期开设,72 课时,4 个学分。

本课程讲授法律的概念、法律的价值、法律的功能、法律的制定、法律关系、法律规范、法律的实施、法律责任等法学基础理论和基本知识,使学生了解和掌握有关的基本概念和知识,初步树立现代法治的意识,为学生学习法律专业的其他课程奠定基础。

通过学习本课程,应当了解和掌握有关的基本概念和知识,初步树立马克思主义的法律观,能够运用所学的基础理论知识分析和初步判断法律问题的处理方向,为进一步学习本专业其他课程奠定基础。

法理学应当在所有部门法和农村法律服务技能课程之前开设。

(2) 宪法课程说明。宪法学课程是必修专业基础课,第 1 学期开设,72 课时,4 个学分。

本课程讲授宪法学基础理论、宪法的核心理念、公民的基本权利和义务、人民代表大会制度、政治协商制度、基本经济制度、国家结构、国家机构等知识。

通过本课程的学习,应当掌握宪法的基本概念与宪政制度的基本原则,了解中国宪政制度的基本框架与内容,能够运用有关知识分析、判断中国宪政实践中的现实问题。

宪法应当在法理学课程同时或之后、所有部门法和农村法律服务技能课程之前开设。

(3) 行政法与行政诉讼法课程说明。行政法与行政诉讼法是必修专业基础课程,第 2 学期开设,72 课时,4 个学分。

本课程讲授行政法的概念、特点、地位和基本原则;行政主体、国家行政机关、公务员、被授权的组织和被委托的组织、行政相对方;行政行为、行政立法、行政许可、行政强制、行政合同、行政指导、行政监督、行政责任及行政处罚;行政救济、行政复议和行政赔偿;行政诉讼的概念、构成要件及原则、行政诉讼的受案范围与管辖、行政诉讼参加人、行政诉讼证据、行政诉讼程序。

通过本课程的学习,应当掌握行政法的基本概念和基本内容,形成依法行政的理念,能够运用有关知识分析、判断和解决简单的农村行政法律事务。

行政法与行政诉讼法应当在法理学和宪法之后,村民自治法律制度、农村法律服务、农村常见法律纠纷处理技巧之前开设。

(4) 刑法课程说明。刑法课程是必修专业基础课。第 2 学期开设, 72 课时,4 个学分。

本课程讲授刑法总论与刑法分论两个部分。总论部分主要阐述刑法学的一般原理,犯罪、刑事责任和刑罚的基本理论、基本知识。分论部分主要阐述各类具体犯罪的概念、构成特征及其处罚原则。

通过本课程的学习,应当掌握我国刑法的基本精神和具体规定,能够运用有关刑法知识,分析、判断和处理农村常见的简单刑事案件。

刑法应在法理学和宪法之后、刑事诉讼法、农村常见法律纠纷处理技巧之前开设。

(5) 民法课程说明。民法课程是必修专业基础课。第3学期开设, 72课时,4个学分。

民法课程是以研究调整平等主体之间的财产关系和人身关系的民事法律规范为研究对象的学科。民法学的主要任务是研究民事法律规范的内在规律性,总结民事法律规范在适用中的经验,以正确理解和运用民事法律,为民事立法提供理论依据。《民法学》教学内容主要包括:民法概述、物权概述、债权、人身权知识产权,继承权,民事责任。本课程主要教学目的,是依据法律专业的需要,对必修本课程的学生进行有关民法基本理论、基础知识、基本技能的教育和培养。

民法应在法理学、宪法之后,在商法、合同法、知识产权法、婚姻家庭法、劳动与社会保障法、农村涉外法律制度、农村常见法律纠纷处理技巧和民事诉讼法课程之前开设。

(6) 刑事诉讼法课程说明。刑事诉讼法是必修专业基础课。第4学期开设,54课时, 3个学分。

本课程讲授总则、证据和程序三个部分的内容,各部分教学内容具有内在的、有机的联系。总则编解决对刑事诉讼具有普遍适用性的原则问题;证据编解决运用证据证明案件事实问题;程序编则解决刑事诉讼中各个诉讼阶段和诉讼行为的条件、内容和程序等问题。总则编对证据编、程序编具有普遍指导意义。

通过本课程学习,应当掌握我国刑事诉讼立法的基本原则和具体规定,形成分析和解决刑事诉讼实际问题的能力。

刑事诉讼法与刑法之间的关系是刑事程序法与刑事实体法的关系,应在法理学、宪法和刑法之后,农村法律服务、农村常见法律纠纷处理技巧之前开设。

(7) 民事诉讼法课程说明。民事诉讼法课程是必修专业基础课。第5学期开设,54课时, 3个学分。

本课程讲授内容分为五编:绪论是对本学科的初步介绍;总论是对本学科的集中论述,带有重要的指导意义;诉讼证据论是本学科的核心部分,是培养应用型法律人才的基础;诉讼程序论阐述通常诉讼程序的基本问题和具体规定,是诉讼程序的基本内容;特别程序论主要阐述非诉程序,与通常诉讼程序相对应。

通过本课程学习,应掌握民事诉讼法的基础理论、立法精神和实践经验,了解民事诉讼理论的新课题,民事诉讼立法的新发展和民事审判实践中的新问题,养成独立思考的习惯和发现、分析和解决民事诉讼实践问题的能力。

民事诉讼法与民法、经济法、合同法、商法、劳动和社会保障法、婚姻家庭法之间的关系是民事程序法与民事实体法的关系,应在法理学、宪法及民法类课程之后,农村法律服务、农村常见法律纠纷处理技巧之前开设。

(8) 环境资源法课程说明。环境资源法课程是必修专业基础课,第4学期开设,54课时,3个学分。

本课程讲授环境资源法的概念、体系、价值观、目的、基本原则,环境资源法律关系、环境权、环境法律责任、环境侵权纠纷处理制度,环境保护法(包括水污染防治法、大气污染防治法、固体废物污染环境防治法、环境噪声污染防治法、放射性污染防治法),生态保护法(包括水土保持法、野生动物保护法、防沙治沙法、海洋环境保护法和环境影响评价法),自然资源保护法(包括森林法、草原法、渔业法、矿产资源法、水法、清洁生产促进法)知识。

通过本课程的学习,应当掌握环境资源法的基本知识和农村环境法律事务处理的基本程序与方法,能够运用有关知识分析、判断和处理农村环境法律事务。

环境资源法应在法理学、宪法、行政法与行政诉讼法、民法、经济法之后,农村土地管理法律制度同时或者之前开设。

(9) 农村政策法规课程说明。农村政策法规课程是必修专业基础课,第3学期开设,54课时,3个学分。

本课程概要介绍农业法及其规定、农业资源保护法律制度、城乡经济社会统筹协调发展的政策与法律制度、农村社会生活法律制度、农村事务管理法律制度知识。

通过本课程的学习,应当掌握农村政策法规的基本知识和农村相关法律事务处理的基本程序与方法,能够运用有关知识分析、判断和处理农村有关法律事务。

农村政策法规应在法理学、宪法、行政法与行政诉讼法之后,农村经济组织法律制度、农村土地法律实务、农村常见法律纠纷处理技巧之前开设。

(10) 村民自治法律制度专题课程说明。村民自治法律制度专题课程是必修专业课。第4学期开设,36课时,2个学分。

村民自治法律制度专题课程讲授村民委员会的组成和职责、村民委员会的选举、村民会议和村民代表会议、对村民委员会的民主管理和民主监督、村规民约等。

通过本课程的学习,应当掌握村民自治法律制度的基本知识,能够运用有关知识分析、判断和处理村民自治法律事务。

村民自治法律制度专题应在法理学和宪法之后,行政法与行政诉讼法同时或者之后,农村常见法律纠纷处理技巧之前开设。

(11) 农村土地法律实务课程说明。农村土地法律实务课程是必修专业课。第5学期开设,72课时,4个学分。

本课程讲授农村土所有制、家庭联产承包的权利和义务、承包的原则和程序、承包期限和承包合同、土地承包经营权的保护、土地承包经营权的流转、其他方式的承包、法律责任;农村宅基地、自留地、自留山管理政策与法律制度;农村土地、房屋征收和拆迁补偿法律制度;农村土地纠纷调解与仲裁制度。

通过本课程的学习,应当掌握农村土地管理法律制度的基本知识,能够运用有关知识分析、判断和处理农村土地管理法律事务。

农村土地法律实务应在法理学、宪法、行政法与行政诉讼法、民法、村民自治法律制度专题之后,经济法、环境资源法同时或者之后,农村常见法律纠纷处理技巧之前开设。

(12) 农村法律服务课程说明。农村法律服务课程是必修专业技能课。第7学期开设, 54课时,3个学分。

本课程主要讲授农村法律服务的机构设置与职能、农村法律服务人员的素质、农村法律服务工作的基本内容、性质、作用、原则、要求、方法、程序、收费等,使学生较系统了解和掌握农村法律服务的基本理论和基本知识,明确其本专业其他课与该课程的内在关联,启发学生建立系统的农村法律服务知识结构,并树立起科学的农村法律服务理念。

农村法律服务应在法理学、宪法、行政法与行政诉讼法、刑事诉讼法、民事诉讼法之后,农村常见法律纠纷处理技巧和农村常用法律文书写作之前开设。

(13) 农村产业法律制度专题课程。本课程是专业选修课,课内学时 72 课时,第 6 学期开设,4 个学分。

本课程讲授农业、林业、畜牧业、渔业等种植与养殖业生产经营法律制度。

本课程主要教学内容:农业产业法律制度概述,农业法律制度,林业法律制度,畜牧业法律制度,渔业法律制度。

农村产业法律制度专题应在法理学、宪法、行政法与行政诉讼法、刑事诉讼法、民事诉讼法之后开设。

(14) 农村资源法律制度专题。本课程是专业选修课,第 4 学期开设,课内学时 72 课时,4 个学分。

本课程讲授农村土地、森林、草原、矿产、水资源管理的法律制度。

本课程主要教学内容:农村资源法律制度概述,农村土地管理法律制度,森林管理法律制度,草原管理法律制度,矿产资源管理法律制度,水资源管理法律制度。

(15)农村经济组织法律制度专题课程说明。农村经济组织法律制度专题课程是选修专业课,第 5 学期开设,72 课时,4 个学分。

本课程主要讲授乡镇企业法、合伙企业法、有限责任公司法律制度、农民专业合作社法和个体工商户法律制度,介绍农村经济组织的产权、内部治理结构、人力资源管理、财务管理等法律知识,以及国家对农村经营实体的特殊政策和优惠政策。

通过本课程的学习,应该掌握农村经济组织法律制度的基本知识,能够运用有关知识分析、判断和处理农村经济组织法律事务。

农村经济组织法律制度专题课程应在法理学、宪法、行政法与行政诉讼法、民法、商法、农村政策法规之后,农村常见法律纠纷处理技巧之前开设。

(16) 合同法课程说明。合同法课程是选修专业基础课。第 6 学期开设,72 课时,4 个学分。

本课程系统讲授我国合同法的基本理论、基本知识,以及各种民事、经济、技术等方面的合同规范。从理论与实践两个方面对合同的订立、合同的效力、合同的履行、合同的变更和转让、合同的权利义务终止、违约责任等有关问题进行系统的论述。并具体介绍了有关买卖、供用电、水、气、热力、赠与、借款、融资、承揽、建设工程、运输、技术、保管、仓储、委托、行纪、居间等合同。

通过本课程的学习,应当掌握合同基本知识和农村常见合同事务的处理规则与方法,能够运用有关知识分析、判断和处理农村常见的合同事务。

合同法课程应在法理学、宪法、行政法与行政诉讼法、民法之后,农村常见法律纠纷处理技巧之前开设。

(17) 劳动法与社会保障法课程说明。劳动与社会保障法是选修专业基础课。第 4 学期开设,54 课时,3 个学分。

本课程讲授我国劳动法、劳动合同法和社会保障法的概念、、基本原理和基本知识。

通过学习本课程,应当掌握劳动法、劳动合同法和社会保障法的基本知识,能够运用有关知识分析、判断和处理农村常见的劳动与社会保障法律事务。

劳动与社会保障法应在法理学、宪法、行政法与行政诉讼法、民法之后,农村经营实体法律制度、农村常见法律纠纷处理技巧之前开设。

(18) 婚姻家庭法课程说明。婚姻家庭继承法课程是选修专业基础课。第 6 学期开设,54 课时,3 个学分。

本课程讲授婚姻家庭制度、婚姻家庭法立法基本原则、结婚制度、婚姻的效力、婚姻的终止、亲属、继承法概述、法定继承、遗嘱、遗赠及遗赠扶养协议及最高法院的司法解释等相关具体内容。

通过本课程的学习,应当掌握婚姻家庭法的基本知识,能够运用有关知识分析、判断和处理农村婚姻家庭继承法律事务。

婚姻家庭法应在法理学、宪法、民法之后,农村常见法律纠纷处理技巧之前开设。

(19) 农产品质量安全法课程说明。本课程是选修专业课,第 6 学期开设,课内学时 54 课时,3 个学分。

本课程讲授农产品质量安全保障的基本原则、标准要求、对农产品生产与销售中的违法行为的查处、法律责任等知识。

本课程主要内容:农产品质量安全的概念,保障农产品质量安全的基本原则,农产品质量安全的主管部门,农产品质量安全的要求,违反农产品质量安全规定的法律责任,对农产品质量安全违法行为的查处程序。

农产品质量安全法课程应在法理学、宪法、行政法与行政诉讼法、民法、商法、农村政策法规之后,农村常见法律纠纷处理技巧之前开设。

(20) 人民调解实务课程说明。本课程是专业必修课,课内学时 54 课时,第 6 学期开设,3 个学分。

本课程以人民调解的法律规定为基本依据,结合我国农村多年来的人民调解实践,系统地阐述了农村地区人民调解的基础知识和基本方法。

本课程的主要教学内容:人民调解的概念、原则,农村法律纠纷调解的特点,人民调解组织,人民调解员的任职条件及权利义务,调解程序,调解协议的拟定、签订、法律效力、司法确认等。

人民调解实务课程应在法理学、宪法、行政法与行政诉讼法、民法、民事诉讼法之后,农村常见法律纠纷处理技巧之前开设。

(21) 治安管理处罚法课程说明。本课程是专业选修课,课内学时 54 课时,第 7 学期开设,3 个学分。

本课程的主要教学内容:治安管理处罚法概述,处罚的种类和适用,违反治安管理的行为和处罚,扰乱公共秩序的行为和处罚,妨害公共安全的行为和处罚,侵犯人身权利、财产权利的行为和处罚,妨害社会管理的行为和处罚,处罚程序,调查,决定,执行,执法监督等。

治安管理处罚法课程应在法理学、宪法、行政法与行政诉讼法、刑法、民法、刑事诉讼法、民事诉讼法之后,农村常见法律纠纷处理技巧之前开设。

(22) 人口与计划生育法课程说明。本课程是专业选修课,课内学时54课时,第3学期开设,3个学分。

本课程的主要教学内容:人口与计划生育概述,人口发展规划的制定与实施,生育调节,奖励与社会保障,计划生育技术服务, 法律责任等。

人口与计划生育法课程应在法理学、宪法、行政法与行政诉讼法、民法、农村政策法规之后,农村常见法律纠纷处理技巧之前开设。

(23) 农村常见法律纠纷处理技巧课程说明。农村常见法律纠纷处理技巧课程是必修专业技能课,第7学期开设,54课时,3个学分。

本课程讲授农村常见法律纠纷处理的主要途径、处理农村法律纠纷的基本原则和农村法律纠纷处理中的法律服务方式和村民自治法律纠纷、农村土地法律纠纷、林牧渔业法律纠纷、农村义务教育法律纠纷、农村计划生育法律纠纷、农村剩余劳动力转移法律纠纷、农村社会保障法律纠纷、农村婚姻家庭法律纠纷、农村常见合同纠纷、农村常见侵权纠纷、农村治安行政违法案件及农村常见刑事犯罪案件的主要情形、处理步骤与注意事项。

通过本课程的学习,应当掌握农村法律纠纷的处理路径、原则、法律服务和农村常见的各类法律纠纷处理步骤和需要注意的事项,能够运用有关知识分析、判断和处理简单的农村法律纠纷。

农村常见法律纠纷处理技巧应在法理学、宪法、各门实体法和程序法课程、农村政策法规、农村法律服务之后开设。

2. 实践课

(1) 法律服务模拟实践。法律服务模拟实践与课程学习同步进行。综合法律服务模拟实践3个学分。

根据统一安排,学生在学习应性较强的课程时,必须利用网络或者以现实的模拟法庭、调解会议等方式进行法律服务模拟实践,以训练法律服务、调解实践操作能力,消化、巩固课程知识。

(2) 专业实习。专业实习在第7学期进行,为期14—16周,5个学分.

实习方式与内容为,学生持湖南开放大学介绍信,到离自己家最近的乡镇基层法律服务所、法律援助站或者人民调解委员会进行专业实习,在教学点的专业责任教师和资深的基层法律服务工作者指导下处理农村法律事务。实习结束时,学生必须递交专业实习报告,实习单位给学生评定实习成绩。

(3) 毕业论文。毕业论文在第8学期完成,5个学分。

学生在导师指导下,结合自己最熟悉或者最感兴趣的具体方向,选择毕业论文研究主题,研究主题必须涉及学生所修的课程的某方面内容之,毕业论文的写作必须结合调查、实习所掌握的案例进行分析。撰写纯粹理论文章的,不得通过。

3. 补修课

注册湖南开放大学专科起点本科专业学习的学生,其专科专业必须是农村法律事务,专科专业不对口、未学习该专业相关基础知识课程的,必须补修刑法学、民法学、法律基础知识、农村政策法规4门课程,共计15学分;专科为法学或者法律事务专业、未学习该专业相关基础知识课程的,补修农村政策法规, 3学分。补休课学分不计入本科毕业所要求的70学分内。

(七) 专业教学实施模式

(1) 免试入学。根据自愿报名,对符合条件者择优注册,教学点负责对报名者进行开放教育的宣传与详细说明,并组织学生参加统一的入学水平测试。

(2) 配备学生责任教师。从学生入学至毕业,每30名学生必须配备1名法学专业本科以上学历的讲师或硕士以上学位的教师担任学生责任教师,负责为学生提供“保姆式”的学习支持服务。

(3) 入学教育。新生入学,教学点认真组织好入学教育,切实上好开放教育学习指南课,使学习者对远程教育的教学特点和学习要求与方式、本专业的课程设置和课程的实施与组织、综合实践教学的要求、学习支持服务等有基本的了解,同时培养学习者应用计算机的能力,利用网络获得信息和学习支持服务的能力。

(4) 制订学习计划。学生责任教师根据学生入学水平测试的结果,针对每一位学生的文化基础、法律知识水平、计算机应用能力等具体情况,指导学生制定切实可行的专业学习计划,并认真审定后交学生执行。

(5) 自主学习。学生根据学习计划,阅读文字教材,通过网上学习空间收看视频课,浏览辅导资料,理解和掌握课程基本内容。对自主学习过程中所遇到的问题,及时在学习空间向学生责任教师、课程辅导教师提出,要求释疑解难,并做好学习笔记。遇到特殊情况无法按学习计划完成学习任务时,应商请学生责任教师、课程辅导教师指导修改学习计划。

(6) 学习小组进行学习讨论。在强调充分发挥学生学习自主性的同时,注意发挥学生在一起学习时相互鼓励、互相启发的作用。学习法学(农村法律事务方向)专业的课程应组建大小不等的学习小组,在开学初确定讨论的主题,一般每门课程必须结合我国当前的现实问题进行 1—2 次小组讨论,讨论要有计划,包括时间、主题、地点、指导教师,并做好讨论的记录、总结分析。课程辅导教师至少有一次随组讨论。

(7) 教学辅导。在学生自学基础上,课程辅导教师进行适当的面授辅导,以解决学习中存在的较为普遍的问题。辅导要以学生自主学习为中心,以网络、资源为基础,导重点、难点、方法,同时,依托网上学习空间对教学过程进行督导和监控。各级电大利用网络,在平台空间发布教学资源,对专业的理论和实践教学开展指导,并在期初和期末对教学点进行教学检查。考虑到法学(农村法律事务方向)专业课程的复杂性和实用性,面授辅导一般要求占总学时数的 1/3。其他辅导形式如电话答疑、网上教学等,则偏重于对学生在学习中遇到的疑难问题、学习中理论联系实际的问题和学习时怎么把握重点等进行辅导。

(8) 作业。法学(农村法律事务方向)专业课程都有作业练习,学生必须认真独立地完成这些作业,辅导教师要全批全改,对论述题和案例分析题要有点评,期末对该门课程的作业要有讲评。作业的形式可以是问题讨论、案例分析、实践等,责任教师据此评定形成性考核成绩,一学期要对作业进行必要的面授课堂讲评。网上要有该课程的作业分析。

(9) 课程实践。法学(农村法律事务方向)专业的各门专业课要分别安排1次以上的课程实践活动。时间为一周左右,要求写出实践活动报告,并有实践过程的原始材料。辅导教师据此评定学生的课程实践成绩。经辅导教师审定随岗实践计划,学生可以进行随岗实践,进行随岗实践的同学,一定要按计划实施,辅导教师要对实践过程进行检查,学期末,写出随岗实践报告,辅导教师根据过程和结果评定实践的成绩。

本专业教学由湖南电大系统各级专职和兼职的专业责任教师、课程责任教师、辅导教师、学生责任教师及实习指导教师组成教学团队,共同组织实施教学。

四、法学(农村法律事务方向)专业建设规划及保障措施

(一)专业建设目标

争取将本专业纳入国家开放大学实施的教育部"一村一名大学生计划"项目提升计划,实现本专业在全国开放大学和电大系统共享,通过5年左右的时间,完成本专业的教学团队建设、质量监控与保障体系建设、学习支持服务体系建设和主干课程的建设,探索出适合农民大学生学习和符合农村实际的农村法律服务人才培养模式,把本专业建成国内一流的远程开放教育专业品牌。

(二)专业建设思路

以农村常见法律事务的处理为导向,以知识够用为原则,在确保培养规格不降低的前提下,合理设置实用的知识体系和课程体系。

依托湖南省司法厅基层工作体系,将专业教学和湖南省基层法律服务工作者和人民调解员的培训与考核结合起来,在确定教学内容、编制教学大纲、编写教材、组织实施教学和考核评价等方面实现互相渗透、融合或者同步,专业实习指导由司法所、基层法律服务所、人民调解委员会指派资深的基层法律服务工作者和人民调解员担任指导教师,学生毕业时获得本科毕业证书和基层法律服务工作者执业资格证书、人民调解员上岗培训证书,实现学生毕业和上岗无缝对接。

坚持开放、共享、服务的理念,在教学资源建设方面,充分发挥普通高校法学教授和行业专家的作用,聘请知名法学教授组成专家指导委员会,聘请省内普通高校教授和行业专家为兼职教师,力求建设国内一流的教学资源。

(三) 专业建设主要内容

1. 人才培养模式探索

依托福特基金资助的"湖南新型农民大学生培养模式研究"课题和湖南电大立项的"农村常见法律纠纷处理技巧课程教学改革与实践"课题,结合网上空间教学平台,利用各乡镇法律服务所和人民调解委员会作为学生实习单位的有利条件,积极探索适合农民大学生学习和符合农村实际的农村法律人才培养模式。

2. 教学团队建设

利用普通高校和行业的教学力量,充分发挥湖南广播电视大学系统的教师作用,以专业方向和课程为建设平台,在教学改革与实践中形成由专家指导委员会、行业与实践部门专家、专职教师及教辅人员组成的教学团队。制定高层次后备人才培养目标和培训计划,着眼于团队成员整体素质的提高。团队的学历结构上,硕士研究生以上学历的比例达到80%,职称结构中,高、中、初级职称比例达3∶4∶3,双师型比例超过20%。

从年龄结构、学历结构、职称结构、技能结构、双师结构等角度入手,结合专业建设需要,培养和引进优秀人才,加快专业骨干教师、"双师"素质教师的培养。结合课程建设需要、实践实训需要,多渠道、多形式聘任行业专家、高校知名法学教授。努力形成一支专兼结合,素质良好、结构优化,具有明确发展目标、良好合作精神和梯队结构,相对稳定的充满生机与活力的特色专业教学团队,促进特色专业的发展。

力争在2015年前将本专业教学团队申报成校级教学团队并开始建设,2017年申报省级重点专业教学团队。

3. 课程建设

课程建设方面,以网络课程为载体,主抓校级精品课程建设,力争在省级和国家级精品课程上有所突破。

课程建设围绕课程团队建设、网络课程建设、教材建设、学习支持服务和科研建设开展。精心做好每一门课程的教学设计,组织人员编写适应农民大学生学习的教材,围绕着精品课程建设,建好网络课程,全方位做好学习支持服务,积极申报相应的教改和科研课题,撰写相应的论文。

围绕精品课程建设,以在建的农村常见法律纠纷处理技巧课程为法范例,力争在2016年将3—5门涉农法律课程申报立项为校级精品课程,并在此基础上,积极申报省级精品课程和国家级精品课程。

4. 实践教学条件建设

校内,进一步完善和发挥模拟法庭与在线法律援助中心的实践教学功能,建设网上模拟法庭。校外,与司法所、法律援助站、基层法律服务所、人民调解委员会加强联系,建立适应多方面实践需要的实践教学基地,经商请湖南省司法厅支持,凡是开办本专业的教学点所在地的每个乡镇司法所、法律服务所、法律援助站和人民调解委员会,一律作为学生见习和专业实习单位,实践指导教师由司法所、基层法律服务所和人民调解委员会的业务骨干担任,并一律聘用为湖南广播电视大学的兼职实习指导教师,按统一要求组织培训和管理。

5. 学习支持服务体系建设

建立制度,明确湖南开放大学总部和各学院、学习中心的教学职能,明确专业责任教师、课程责任教师、课程辅导教师、辅导员及学生责任教师的职责,依托网上学习空间,全方位、多层次为学生提供学习支持服务。

6. 教学管理与质量监控体系建设

明确教学和教学管理岗位职责,落实工作条件。选择素质高、责任心强、懂业务的人员充实教学管理队伍,建立健全教学管理人员的调配、晋升、考核、奖惩制度。优化教学管理人员的工作环境,调动他们的工作积极性和主动性。支持、资助优秀教学管理人员参加进修、培训和交流,提高教学管理人员的素质和能力。

日常教学检查包括定期教学检查、经常性教学检查、重点教学检查。通过“三查”,实施日常教学监控,及时发现问题和解决问题。

每学期开学前,进行以教学准备、课前教材到书率、学习计划制定情况为重点的期初教学准备情况检查;学期中进行以学习进度、作业完成、学习计划落实情况、学习效果、形成性考核为重点的期中教学检查;学期末进行以迎接考试准备、期末复习指导、考风考纪教育为重点的期末考核检查。

贯穿于整个教学过程中的经常性教学检查,检查内容包括教师到课率、课程表和教师授课进度表执行情况;教师迟到和提前下课现象、学生到课率及课堂效果、毕业论文、见习实习进展和完成质量情况等。

教学检查以教学部为主,必要时报请教务处,督导办组织检查,总部检查和学习中心内自查相结合,随时掌握教学情况,督促学生按照本专业培养规格要求和本人的学习计划完成各个学习环节。

7. 教学改革、学科研究与服务农村法治建设相结合

结合实践教学过程中掌握的情况,针对农村法治建设中存在的问题,开展课题研究,将学科建设、教学改革、学生实习与农村法治建设结合起来,主动服务农村法治建设。

(四) 专业建设保障措施

为推动专业建设,提升专业建设水平,湖南电大对专业建设有以下具体支持保障措施:

1. 科学规划

2012—2014 年连续三年的湖南电大党政工作要点就已经明确:建设好拟申报的湖南开放大学首批 5—7 个本科专业建设方案。《湖南广播电视大学学科专业建设意见》则明确提出:2013 年至 2015 年重点建设 10—15 个开放教育本科专业,首批重点建设金融理财、会计学(法务会计方向)、汉语言文学(写作方向)、工业工程、网络工程、法学(农村法律事务方向)等本科专业。

2. 完善制度

湖南电大在专业的设置、建设、检查等环节建立了完善的教学管理制度。专业建设必须做好详细的前期调研和充分论证,有一定的学科支撑,遵循“名师、名教、名资源”的原则,按照《关于组织湖南广播电视大学专业建设的若干意见》、《湖南广播电视大学专业申报工作要

点》、《湖南广播电视大学专业建设标准要点》、《湖南广播电视大学课程建设标准要点》等开展专业建设。

在专业建设期间,成立了校领导指导下的主持人项目负责制,实行项目组长负责制,项目组长组织专业申报工作,调用人员,确定专业建设方案论证与课程建设付酬经费标准并批准使用经费等。

为保证专业建设质量,湖南电大成立了校内外评估小组,建立了定期或不定期的专业建设检查制度,随时掌握、监督专业建设的进程与质量。

3. 师资保障

专职教师建设方面,湖南电大制定了详细的师资引进与人才培训计划,面向社会公开招聘一批优秀教师、技术人员和管理骨干,选派部分骨干教师分别到国内外大学参加学习培训。从 2013 年开始,由湖南电大出资,每年选派 5 名教师赴欧美国家集中学习培训 3 个月。兼职教师管理方面,制定了《湖南广播电视大学兼职教师管理办法》,建立了法学专业教学专家库和兼职教师库。

4. 经费保障

一个专业安排 10 万元专业申报工作经费,用于专业调研、申报材料编制、专家论证、方案审定、评审答辩以及劳务费等开支。每门名师名教课程建设经费安排 10 万—12 万元建设费,一般课程建设经费安排 5 万元。

中西部高校涉外法律人才培养与涉外法律文书写作

——以法律文书写作课程改革为视角*

龚　微**　李　艳***

摘　要：随着我国改革开放进程的深入，涉外法律人才的培养日益受到重视。相关人才的培养离不开涉外法律文书写作能力的培养。绝大多数中西部高校未能进入教育部“卓越涉外法律人才培养计划”，面对日益增长的需要，现实中可以采用在《法律文书写作》课程中设立专章的方式推进法科学生涉外法律文书写作能力的培养。待成熟后，可以根据需要考虑设立独立的《涉外法律文书写作》课程。

关键词：涉外法律文书写作　中西部高校　法律实务部门

近些年来，外国人员、企业和组织来华快速增长，外商累计来华设立企业超过 80 万家，2013 年在华常住的外国人近 60 万，在华就业的外国人约 19 万，入境过夜游客超过 5000 万人次，“三非”（非法居留、

* 本文系湖南吉首大学 2014 年学位与研究生教育教学改革研究项目（编号 JG201407）；湖南省普通高等学校教学改革研究项目《西部基层应用型卓越法律人才培养目标下的法学实践教学研究与实践》的阶段性成果。

** 龚微，男，法学博士，湖南吉首大学法学与公管学院副教授、硕士生导师。

*** 李艳，女，湖南吉首大学法学与公管学院硕士研究生。

非法入境、非法就业)问题也日益突出。与此同时,在海外的中国公民数量大、增速快、分布广,2013 年我国内地居民出境旅游 9818 万人次,境外注册企业累计超过 2.2 万家,累计派出劳务人员近 700 万人次,海外留学生 160 多万人,涉及的各类利益纠纷、权益保护事件急剧上升。[1] 据统计,我国企业走出去并购的失败率高达 70%,资源类的并购失败率达到 80%。总结这些企业走出去失败的经验,多数是源于企业对外国文化、社会、政治和法律不了解,也没有适合的中介机构提供变性价比的服务。[2]

对此,中共十八届四中全会通过的《中共中央关于全面推进依法治国若干重大问题的决定》(以下简称《决定》)就新形势下加强涉外法律工作作出了重要部署,把涉外法律服务业与统筹城乡法律服务资源并列为建设完备的法律服务体系的两个重点;提出全面强化涉外法律服务,以维护我国公民、法人在海外及外国公民、法人在我国的正当权益,依法维护海外侨胞权益;要求创新人才培养机制,“建设通晓国际法律规则、善于处理涉外法律事务的涉外法治人才队伍”。

一、涉外法律人才的现状

涉外法律人才泛指所有从事具有跨国因素法律工作的专业技术人才包括在律师事务所、企业、司法机关、政府部门和国际组织、机构中从事涉外或国际法律事务的工作者。

与涉外法律工作在实践中日益受重视形成鲜明对比的是相关方面人才奇缺。据统计分析,目前中国律师中超过 99% 在国内从事法律服务,在国外从事法律服务的仅占不到 1%,涉外业务在整个行业中所占份额极小,而且中国在海外的案件胜诉率极低,海外仲裁 9 成以上案件败诉。例如,宁波市现有律师事务所 90 多家,注册律师 800 多名,其中能熟练地运用外语、贸易法和法律知识与国外客户洽谈业务,签订合同的不超过 10 个,而熟悉国际贸易惯例、国际贸易法和 WTO 规则的律师更加少。宁波市中级人民法院和海事法院负责处理涉外

[1] 汪洋:《加强涉外法律工作》,载《人民日报》2014 年 11 月 6 日。
[2] 张丹彬:《全方位思考涉外律师业务发展》,载《中国律师》2014 年第 9 期。

案件的审判员(以汉语审理案件),总共不超过 10 人。[1] 目前我国涉外律师人才主要集中在北京、上海和广州,但在中西部不发达省份,这类专业人才几乎是空白。[2]

国家、社会有着对涉外法律人才的强烈需求。对此,教育部和中央政法委《关于实施卓越法律人才教育培养计划的若干意见》(教高[2011]10 号)文件中指出"把培养涉外法律人才作为培养应用型、复合型法律职业人才的突破口。适应世界多极化、经济全球化深入发展和国家对外开放的需要,培养一批具有国际视野、通晓国际规则,能够参与国际法律事务和维护国家利益的涉外法律人才。"涉外卓越法律人才培养已于 2012 年正式启动。然而,该工程所建设的 24 个涉外卓越法律人才培养基地当中,只有 3 所位于西部地区,2 所位于中部地区,其余全部都在东部发达地区。随着我国西部大开发和中部崛起战略的推进,中西部地区的对外开放已经日新月异,中西部地区"走出去、引进来"的需要在不断增长。据海关总署新闻发言人、综合统计司司长郑跃声介绍,2014 年前 4 个月,广东、江苏等 7 个省市合计进出口所占比重回落,西部地区则出口活跃,增速远超全国平均水平。[3] 可见随着中西部地区的经济社会文化快速发展,涉外事项的增多,也同东部地区一样需要更多的涉外法律人才。

涉外法律人才的培养是一个浩大的系统工程,没有列入教育部"卓越涉外法律人才培养计划"的中西部地区的高校可以以课程改革为先导,在涉外法律人才的培养方面进行有益探索。涉外法律文书的教学不仅仅是将外文的法律文书翻译成中文,或将中文的法律文书翻译成外文。其需要深厚的法律知识和语言能力,本文仅以涉外法律文书写作课程为视角,以管窥豹,对涉外法律人才的培养进行一定的探索。

---

[1] 张慧珍:《必须重视涉外法律人才的引进与培育》,载《宁波通讯》2011 年 19 期。

[2] 中国教育在线,"律师行业现状调查报告:涉外律师需求量剧增",http://shengya.eol.cn/re_men_zhi_wei_8752/20100806/t20100806_504695.shtml。

[3] 覃星星:《西部投资环境改善,吸引外资增强》,载《信息日报》2014 年 6 月 17 日。

二、涉外法律文书教学的问题

法律文书是具体实施法律的重要手段,记录法律活动的载体。法律文书写作与社会正义的实现、社会稳定的维系干系重大且与法科学生毕业后的职业生涯息息相关,与其前途命运利害相连。[1] 涉外法律文书除了具有上述特性和价值之外,还具有涉外因素,随着我国改革开放进程的深入,其重要性越发凸显。我国目前的涉外法律人才培养是放在法学人才培养的框架之下的,并没有单独单列。因此,法学专业人才培养模式不可避免地影响到了涉外法律专业人才的培养。

涉外法律文书的写作与其研究、发展和在司法实践中的受重视程度相比较,呈现出不对称的状态。涉外法律文书在现有课程体系中受到的重视不足,现有体系过于重视理论研究。目前,我国法学学科核心课程在2007年由教育部高校法学学科教学指导委员会进行了调整,确立了16门核心课程。在法理学、宪法学、刑法学、民法学等课程当中,大多都是对本课程的基本概念、基本问题、基本理论、基本原则等知识进行诠释。经历了法学教育之后,法学学子们基本上都能形成系统的、完整的、具有内在逻辑的知识体系,对法学的多种学术流派、学术思想有初步的掌握。但是,法律教育缺乏法律职业部门的引导和规范。在政法院校的教学计划或培养方案中,人才培养目标长期满足于笼统抽象地表述——“培养具有……思想或头脑,掌握……理论知识,符合或适应……需要的法律专门人才;懂得一门外国语,身体健康”,不以法律职业为目标导向,没有进一步提出不同地区、不同层次的政法机关和不同职业分工的法律人才应当具备的特定的职业规格要求,进而使教学内容和教学方法脱离实际,重“学理”而轻视“术业”。[2] 集中表现为实践性课程不受重视,《法律文书写作》课程为代表的实践性课程没有进入核心课程之列,通常作为选修课程存在,其受重视程度和课时量难以保障。

---

〔1〕 肖晗:《法律文书学在我国法学本科教育中的地位应予提高》,载《时代法学》2014年2期。

〔2〕 王健:《构建以法律职业为目标的法律人才培养模式》,载《法学家》2010年5期。

司法实践中涉外商事、海事裁判文书上网的时间要早于一般法律文书的上网。其受外界关注和评论的时间较早。但是我国涉外民商事裁判文书无论在内容方面还是在形式方面均存在许多不足,格式不统一、语言不规范等现象普遍存在。文书内容的写作上,裁判方法的运用方面问题比较突出。[1] 提升司法人员的法律素养是非常紧迫的问题,实践中法律实务部门非常重视法律文书写作,实务部门内部多采取资深司法人员向新手进行口手传承、言传身教的传统方式,受众有限,影响不足,实务部门具有实际经验人才其实践经验无法有效推广。近年来司法行业内部培训正在向专门化、规范化转变,如 2012 年底,最高人民法院印发《关于建立全国法院"法官教学师资库"的决定》,正式建立全国法院"法官教学师资库"。首批聘任的 209 名教师包括部分最高人民法院业务庭室领导、全国审判业务专家以及部分获得"全国模范法官"、"全国优秀法官"、"全国法院办案标兵"等荣誉称号的优秀法官。[2] 但是,司法人员号称"社会的医生",面对日益复杂的社会问题,单纯的法律职业知识培养进修显然不能满足其发展需要,而综合素质和能力进行培养,单一或单纯的师资队伍是难以适应面对复杂社会需求的培养需要的。涉外法律纠纷则因为涉外因素的存在更为复杂,涉外法律文书写作能力的培养显然需要司法实务部门和高校联手进行。

三、推动涉外法律文书写作教学、完善涉外法律人才培养

美国法学教授托马斯·摩根曾言:"法学院的学生们需要工作技能,忽略技能训练会给学生们带来危害,技能应该伴随学生度过整个工作生涯。"欧洲大陆法系国家尽管比英美法系国家具有更多的理论传统,但法律被视为"是科学也是技术",法律技能的训练在法律教育中同样也受到重视。涉外法律人才的培养显然需要在现有重视理论

---

〔1〕 宋连斌、赵正华:《我国涉外民商事裁判文书现存问题探讨》,载《法学评论》2011 年 1 期。

〔2〕《人民法院报》2012-12-28。

教育的基础上加大对以涉外法律文书写作为代表的实践性课程的学习。

教育学的原理认为:科学的课程设置和合理的教学方法是提高法律教育质量的最关键因素。课程的设置直接关系到学生专业知识的深度和广度,是一个需要慎重对待、仔细考量和研究的问题,应合理构建涉外法律文书写作的教育教学课程体系,优化课程内容。我国法学院校比较重视司法文书写作的研究,设有全国性的专门的司法文书研究会,中国知网(CNKI)上有关法律文书的研究成果多达上千项。在核心课程《国际法》、《国际私法》当中有专门的章节介绍涉外国人的法律地位、外司法文书的送达等内容。然而高校的《法律文书写作》课程中并无对涉外司法文书写作的介绍,研究当中也鲜有对涉外司法文书写作的研究成果。

在目前涉外法律工作日益受重视的背景下,法学教育界应该重视涉外司法文书的写作教育,适时推进涉外司法文书写作教育正当其时。

(一) 首先可以考虑在《法律文书写作》课程中设涉外司法写作的专章

目前,我国关于涉外法律文书的范围主要集中在涉外民商事领域,以涉外民事合同以及一些商事活动的凭证为主。[1] 我们完全可以将其作为1—2章的内容列入《法律文书写作》课程之中。

目前我国的《法律文书写作》课程,在阐述了法律文书写作的基本理论之后,通常按照公安机关法律文书、人民检察院法律文书、人民法院法律文书、律师实务文书、公证文书、仲裁文书等顺序进行介绍。加强涉外法律文书写作教育,可以考虑在现有的教学体系之中增加1—2章,介绍涉外法律文书的写作。限于篇幅,可以优先介绍涉外民商事法律文书的写作。因为这部分内容与我国经济建设联系最为紧密,且有最高人民法院2002年决定建立的中国涉外商事海事审判网站。[2] 该网站集中发布中国涉外商事海事审判信息,以宣传涉外商事海事审

〔1〕 参见熊云英、任小军:《涉外法律文书写作》,中国政法大学出版社2013年版。
〔2〕 中国涉外商事海事审判网,www. ccmt. org. cn。

判法制,展示涉外商事海事审判成果,促进涉外商事海事审判工作交流为目的。网站上公开了大量涉外商事海事裁判文书,可以为涉外法律文书写作的教学、研究提供丰富的第一手资料。

(二) 随着教育和研究的深入将其升格成为一门独立的《涉外法律文书写作》课程

涉外法律文书内容非常丰富,简单的介绍涉外民商事文书写作并不能概括涉外法律文书的全貌。有条件的高校,可以选拔理论和实践经验丰富的骨干教师主持,邀请法律实务部门具有丰富实践经验的工作人员来共同合作编写《涉外法律文书写作》教材,然后将其列为一门法学院校的选修课程,供感兴趣的学生选修。

还可以通过"双千计划"安排法学院校具有相关课程经验的教师前往法律实务部门挂职锻炼等方式,促进法学院校教师与法律实务部门双向交流,消除涉外法律文书教学和人才培养上的瓶颈。

(三) 教学方法上

在涉外法律文书教学过程中,培养并提高学生涉外法律文书写作能力最为有效的手段有两个:一是法律实习,将学生送到法院、检察院、律师事务所等有关的实务部门,让他们有机会运用所学的法律知识解决实践当中真实存在的问题,亲自接触涉外法律文书,甚至动手撰写;二是利用模拟法庭来模拟相关案例的庭审过程,提高学生对涉外法律问题的实际应用能力,此即对法律的"模拟操练"或"模拟演习"。鉴于在校学生进行涉外法律的"实际操练"还存在诸多的现实困难,这个阶段最为适合、最为有效的实践途径是通过模拟法庭模拟实务中的涉外法律案件的整个庭审过程,提高学生利用相关法律理论处理具体案件的实践能力,使学生在涉外法律案件的同时,实际应用所学到的知识撰写相关法律文书,提升自己的实践能力。

房地产法律人才教育培养模式初探

黄志萍*

摘　要:传统的房地产法律人才培养模式存在着各种弊端,这些弊端导致人才培养与社会需求脱节,学生不能学以致用。本文主要从我国房地产法律人才的需求情况入手,在中国特色的房地产法行业的背景下,分析传统房地产法律人才培养中所存在的一些问题,从培养目标、课程设置、教学内容、教学方式方法、管理体制、评估方式等多种视角下综合阐述房地产法律的人才教育培养模式。

关键词:房地产法　培养模式　跨专业应用型人才　复合型人才

引言

随着我国房地产事业的高速发展以及房地产法制建设的逐步构建,房地产法的人才问题已成为房地产行业及法律界关注的焦点。房地产产业的高速成长,需要大批专业的高素质房地产法律人才的加入。而传统的房地产法律人才培养并不完善,首先房地产法的学科定位一直都不明确,导致各高校的课程设置不规范;其次课程设置、教学体系、方式方法过于传统,管理以及评估并不健全,这些弊端导致传统

---

* 黄志萍,女,回族,湖南常德人,法学硕士,湖南警察学院法律系讲师,民商法教研室副主任,主要从事民商法研究。

的房地产人才的培养难以满足各界的需求。为了提高房地产法的教育培养质量,达到房地产法人才培养与社会需求不脱节的目的,有必要研究出一套更加合理的房地产法律人才培养模式。

一、我国房地产法律人才的需求现状

房地产法是改革开放后的新兴法律部门,是一门应用法学,而且是高级应用学科。随着我国改革开放的不断推进,经济得到了快速的发展,房地产市场在拉动经济增长方面取到了举足轻重的作用。与此同时,房地产纠纷日渐增多,市场对于房地产法律人才的需求日渐凸显。复杂的房地产关系,繁琐的房地产开发流程,众多的国家干预政策,导致社会对于房地产法人才的需求越来越高,不仅需要有扎实的法律知识,还需要掌握房地产流程及其各方面的技术。这就要求学生不仅要具备扎实的理论基础,还需有丰富的实践经验;房地产法又是实践性很强的法律部门,因此社会需求的是实践能力强的人才。

不同时期,不同阶段,房地产法律人才的培养模式和目标也有所不同。我们应从需求的角度谈人才培养问题,人才培养又主要分为研究型人才和应用型人才,然后在此基础上具体细分。社会对于人才的需求多元化、个性化,避免培养出千人一面、千篇一律的人才。我国房地产法的教育从改革开放之后开始,最早的教材也是在 1993 年,我国的房地产法教育虽然只有 21 年的历程,但是,从 1993 年房地产市场并不景气,到近几年房地产成为国民经济的支柱行业,房价飞涨,国家加强宏观调控,房地产行业对各类人才大量需求,房地产法学界也出现了百花齐放、百家争鸣的景象,房地产法人才的培养显得愈加重要。关键是我国的房地产具有鲜明的中国特色。我国采取土地公有制,房屋私有制,但是房和地不能分离,所谓的私权建立在公权之上,这完全不同于西方的物权。房地产法的调整包括土地和房产,我国用两个系统来规范。房产用所有权调整,大多数是民事关系,但是在登记时有国家的规制和管理。土地仅仅是使用权,没有所有权,但又同时涉及民事和管理的关系,在土地的所有权上,国家以何种身份行使权利,是所有权人还是管理人的身份,中国特色的房地产法问题,比如城市房屋拆迁,农村的房地产问题,如征收、转让,城镇住房改革问题,俗称"房改房",房地产行业中的官商合作问题,我国房地产法充斥着各种政策规章,政治体制与房地产的联系密切,房地产法制化相对国外而言可能性减少了很多。而房地产的宏观调控,能否实现法治化关系到房地产的发展。[1]

早在2007年,山东省教育厅人文社会科学研究项目——"建设特色法学特色的专业人才培养模式研究"由山东省某高校承担。该校首先组织部分学生前往山东省滕州市进行问卷调查和访问。调查和访问的对象是该地区房地产建筑相关行业和相关政府部门人员,其次初步调查了山东省普通高校"建设特色法学专业本科人才"的培养现状;最后综合分析了该校法学本科毕业生就业意向、用人单位反馈意见。滕州市位于山东省南部,是建筑业鼻祖鲁班的故乡,素有"建筑之乡"的美誉。该高校在山东省滕州市建筑房地产业用人单位进行问卷调查和访谈,调查显示,所有的房地产建筑类单位都希望在招聘法学专业的学生时,若毕业生掌握房地产类知识,则在面试时会占有相当大的优势,单位会考虑优先录取。在有相关高校提供建筑法学的培训机会时,91%的单位都会支持相关人员参加培训。该高校分析了用人单位对法学专业人才的需求状况和质量评价,发现房地产建筑行业对具有复合型知识和实践能力强的法学毕业生需求比较旺盛。很多单位表示,房地产建筑领域不仅涵盖各种的专业技术问题,需要解决的法律问题也贯穿于整个流程当中,因此法律工作者不仅需要具备专业法律知识能力,更需要了解房地产类的专业流程与技术,才能将所学的法律知识运用到工作中来,只有这样房地产法专业培养的毕业生才能在房地产开发、房地产经营、房地产管理、房地产交易等所有流程中提供有效的法律服务。[2]

因此,我们应该站在中国特殊的房地产背景下,研究房地产法律

---

〔1〕 南京大学法学院:南京大学"房地产法学学科建设人才培养"学术研讨会会议记录,2008年。

〔2〕 王淑华、王倩:《建设法学专业人才社会需求和培养质量调查与分析》,载《中国电力教育》2009年第18期。

人才的培养模式,争取寻找出一个适合中国房地产背景下的法律人才培养模式思路。

二、传统房地产法律人才培养存在的问题

(一) 房地产法学学科定位的不统一导致课程设计不规范

我国房地产法的学科定位大致有以下几种:其一,属于经济法,经济法是对社会之一商品经济关系进行整体、系统、全面、综合调整的一个法律部门,价值取向侧重于调整社会整体经济利益和经济安全,保障经济民主公平。而房地产法,大部分涉及的是房屋、土地等经济主体,国家对于房地产行业的宏观调控,涉及税收,信贷等经济问题,有着明显的经济特性。我国高校房地产法的课程设置也偏重于在经济法教研室或者经济法系来研究建设,所以部分学者认为房地产法属于经济法。其二,属于行政法,主要是因为我国的土地和房地产是由立法文件的名称、目的等来决定的。我国关于土地和房地产法,如《土地管理法》、《城市房屋管理法》都含有管理二字,如城市房地产管理法第一条就阐述从四个方面制定本法,即(1) 加强对城市房地产的管理;(2) 维护房地产市场秩序;(3) 保障房地产权利人的合法权益;(4) 促进房地产的健康发展,这些都是显现了行政法的特性。其三,属于民法,房产和土地都属于不动产,不动产的性质决定了它属于民法的范畴,并且房地产的大部分活动都是民事行为,如房地产交易、商品房买卖、房屋租赁、房产抵押、土地使用权转让等都是民事行为,遇到的大部分问题都可以通过民事途径来解决。其四,属于独立的法律部门,也称为独立法律部门说,认为房地产是有机统一的法律整体,是指调整房地产开发、交易、产权登记、税费征收等房地产关系的法律规范的总称。[1] 其五,综合法律部门说,由于我国房地产的特殊性,土地属于公有制,土地上的房屋属于私有制,这种在公有制的基础上附有私有制,很难将其单独地归类于民法或者行政法,所以部分学者认为是民法、经济法、行政法交叉的学科。这种学科的不确定性导致各

---

〔1〕 李永全:《建筑法与房地产法概论》,西南交通大学版社2004年版,第157页。

高校课程设置不规范,教材风格不一。

(二) 传统的教学方式方法导致学生知识与实践脱节

我国目前的房地产法培养模式属于“专才教育”,围绕房地产法学学科的概念、学科理论内容、学科理论制度展开;以此模式来培养房地产法专业人才。在教学内容和方式上偏重法律概念、法律法规和原理的讲授,使知识与实践脱节。如此重理论轻实践的传统教学方法,导致学生缺乏主观能动性,课堂学习枯燥乏味,学习效率低下,学生不会主动思考问题,提出问题,解决问题。房地产法是应用法学,应该应用于社会,培养学生学以致用,尽管高校也有实践课,但实践教学重形式轻效果,缺乏创新。教学不仅是要传授法规内容,应该让学生懂得运用房地产法解决现实问题。

(三) 培养目标的单一化导致法学人才千人一面

现行法学教育培养定位单一,定位的单一造成了培养模式的千篇一律,尽管我国有专科教育、本科教育、硕士研究生教育,博士研究生教育;但不同层次、不同形式的房地产法学教育,培养模式培养目标却没有实质区别。口径窄、人才类型单一是我国目前房地产法教育的主要弊端,传统的培养模式很难满足同一行业不同层次对于人才的需求。培养的法律人才基本是“一个模子出来的”,没有区别,理论知识扎实,实践经验不足。

三、房地产法律人才教育培养模式的选择

(一) 中国特色背景下建立房地产法人才培养的几点建议

尽管我国对于房地产法学科性质定位不明确,但房地产法是一门应用型学科是毋庸置疑的,因此笔者认为可以根据房地产行业的需要,把房地产人才培养的目标定位于“跨专业的复合应用型法律人才”。

培养优秀的跨专业的复合应用型法律人才,人才培养模式是关键。房地产关系的复杂性导致房地产法的人才培养难度高的问题。

对于人才培养模式的概念,时任教育部副部长周远清曾在1998年教育部召开的第一次全国普通高校教学工作会议上,对“人才培养模式”下过定义——指“在一定的现代教育理论、教育思想指导下按照特定的培养目标和人才规格,以相对稳定的教学内容和课程体系,管理制度和评估方式,实施人才教育的过程的总和”[1]。

1. 房地产法人才培养的目标定位

把培养跨专业非复合应用型房地产法律人才作为目标。首先,具备良好的综合素质。优秀的创新能力,辩证的批判精神,严谨的逻辑思维,灵活的实践动手能力;既懂得传统,又理解现实,引领房地产的发展和法治建设,通晓中西文化,理解中西文化差异,具备为社会和房地产法学研究提出建设性的、对房地产发展有积极意义的方案的能力。其次,深厚的专业知识。在法律知识方面,法律知识渊博,了解法律运行规律,具备法律精神,能熟练地运用法律规则从事经济运作,处理实践性事务,能够准确把握我国国情,具有国际视野。在房地产知识方面,了解房地产等建筑行业的基本理论,能够将房地产法以及房地产建筑行业的知识融会贯通。了解各种房地产法实例,掌握房地产开发流程、房地产征收与补偿、房地产买卖、抵押按揭、房地产租赁、房地产金融与税收,还通晓涉外房产事务等。

2. 房地产法人才培养的教学内容和课程设置

房地产法的人才培养模式应该融合东西方教育模式。现行房地产法教育存在着不少局限,由于学科定位不确定,导致各高校教材风格不一,不过一些基本制度和概念没有争议,如不动产制度、基本财产关系。大部分学者也把房地产法归于经济法下,但从经济法的角度对房地产的管理教材几乎没有,导致课本、课程等都不规范。房地产是全新的发展的法律部门,现行我国的教学方法相对落后、僵硬,传统的理论灌输导致学生课堂上被动接受知识,

目前从我国大部分《房地产法》教科书来看,主要有两种框架教学内容的课程设置:一种是根据房地产法学的调整对象和调整关系进行课程设置,主要包括房地产财产关系,管理关系。财产关系主要是房

---

〔1〕 百度文库:《人才培养模式》,http://wenku.baidu.c,2012,2014年8月22日访问。

屋财产和土地财产，其中包含了房屋所有权和土地使用权，以及权利的归属、流转等；管理关系主要是房屋管理关系和土地管理关系，其中包含了国家对宅基地的规划开发，房屋产权管理，房屋的拆迁、土地征用等与国家行政权力直接有关的行政管理关系。还有少数教材是根据房地产的开发过程，从开发商到物业管理，按照开发的过程逐步进行讲解，仔细分析每一个环节当中遇到的法律问题。

根据房地产的自身特点，笔者认为对房地产法人才培养的教学内容应采做以下几点考虑：首先，教学内容体系上要完整，内容要创新，房地产是全新的不断发展的法律部门，作为教学内容要紧跟时代步伐，突出重点。将理论阐述、案例分析、问题探讨相结合，达到理论与实践相结合的目的。其次，建议完善上述课程设置中以房地产开发流程为主线的课程设置思路。在此思路上做一定取舍，满足不同专业背景学生的需要。对于法律专业的学生来说，其自身已经具备一定的法律基础理论，但对于房地产实际开发的流程了解相对较少，因此此种课程设计有助于法律专业背景的学生将法律知识与房地产知识进行很好的融会贯通；对于房地产专业背景的学生来说，若是直接传授枯燥的法律知识，难免会因为课程的枯燥无味而降低学生的学习积极性，此种课程设计很好地将房地产开发中的每一个环节可能遇到的法律问题添加其中，更生动有趣，易于学生接受，从而达到更好的学习效果。笔者建议房地产课程设计以房地产开发、经营、管理作为一条主线，涵盖房地产法律体系，权属体系，权属登记，土地使用权的取得、转让、征收，房地产开发，房地产交易、抵押按揭、房地产租赁、物业管理，房地产征收、拆迁和补偿，房地产市场管理，房地产社会保障，房地产行政管理。

（1）房地产法人才培养的管理制度模式。我国的房地产法人才培养主要是开始于大学本科阶段。重理论轻实践是我们教育的主要模式。但是前面我们就分析过，房地产法是一门应用型学科，旨在培养跨专业的复合应用型法律人才。因此，在我国房地产法人才培养教育模式的基础上，笔者建议借鉴美国和加拿大或者澳大利亚的法律人才培养教学管理制度。

（2）美国法律人才培养模式。美国法律人才的培养注重法律实务实践,目的在于培养高能力高素质的法律职业应用型人才。它的法学教育是一种高起点高层次的教育,学生都是获得学士学位且有一定工作经历的优秀大学毕业生,相当于研究生的教育。美国的法学硕士学制只有一年,在学生本科阶段学习了大量的关于房地产知识后,再根据自身工作后的经验,学习一年房地产法知识,这种理论与实践的结合,可以培养出我们需要的房地产法律精英人才。这一思路符合房地产法律人才培养要求。房地产法需要部分高端的法律人才,我们可以借鉴美国法律人才培养模式的思路,来构建我国房地产法的人才培养模式。学生在本科阶段学习房地产,研究生阶段再学习相关法律知识。此种模式可以保证学生的专业素质和综合素质,但其弊端就是学习周期长,培养成本高。

(3) 加拿大或者澳大利亚人才培养模式。鉴于美国模式的人才培养周期长,成本高,并且社会需要的并不完全是精英人才。那么,我们也可以借鉴中国政法大学法学院院长薛刚凌教授在法学杂志发表的《社会转型期:我们培养什么样的法律人才》一文中提到的加拿大或者澳大利亚的人才培养模式:“加拿大大学的双专业培养模式,即在一个学位的基础上,学习两门学科内容分。例如选择双专业的学生,在选择房地产专业的同时,还要选择法律作为另一学科的学习,如掌握法学的基本理论,学习房地产法”。另外一种培养模式,即澳大利亚的combined law degree或研究生课程项目培养模式。要求学生第二年大致完成房地产核心课程,然后申请房地产法课程的学习,毕业时获得两个学位,双专业或双学位的培养相对而言难度较高,对学生要求严格,因此在选择培养对象上:首先,房地产法学的内容必须高年级学生才可以学习,一二年级学生仍以学习本学科为主,不允许选择双学位或双专业;其次,对学生的成绩有较高的要求,成绩必须达到较高的GPA值;最后对学生的基本能力有要求,包括沟通、表达能力、逻辑思维能力等。[1]

(4) 我国少数高校建立的“建设法学”专业人才培养模式。通过了解发现我国对于房地产法人才培养模式培养也逐步向复合型、应用

---

〔1〕 参见薛刚凌:《社会转型期:我们培养什么样的法律人才》,载《法学杂志》2011年第4期。

型人才靠近，上述提到的山东省某高校对“建筑法学”专业人才社会需求和培养质量的调查与分析一文中做了如下总结：通过分析用人单位对法学专业人才的需求状况和质量评价，发现房地产建筑行业对具有复合型知识和实践能力强的法学毕业生需求比较旺盛。在此调查的结果上，山东省某高校迅速构建了建设法规特色课程群。该高校是一个以土木类为优势专业的理工类大学的综合性院校，法学专业不突出。在法学本科生就业形式日益严峻的背景下，该校基于学科发展的实际情况，依托学校优势学科资源，使法学学科交叉融合与土木工程房地产建筑类专业，重点创建“建设法学”作为学科发展特色。培养跨专业的复合型和应用型法律人才，构建建设法规特色课程群。教育部规定的法学学科有 14 门核心课程，在法学本科专业学生共有的知识平台上，将建筑类课程和法学课程合理地进行搭配，使其能够保证知识的系统性。通过整合、重组相关课程和丰富建筑类的教学内容，确定建设法学特色的法学本科专业交叉学科的培养方案，培养学生学科交叉的复合型知识结构。目前该校建设法规特色课程群包括基础必须课、限定选修课和专业任选课三个层次，建筑类房地产开发类基础知识、建设领域相关法规两个大方面，自第三学期开始连续五个学期进行讲授，已经培养出了多届初步具备复合型知识的法学毕业生，近两年，该校毕业生就业于建筑类房地产企业的比例稳步上升。虽然该校建设法学特色专业课程初步显现优势，但在具体操作上还需要进一步与社会对接和改进。但是这种模式笔者认为值得我国很多高校借鉴，以此来培养更多的房地产法人才，应该加大“建设法学”特色宣传力度。[1]

4. *房地产法人才培养的教学方法和评估方式构建*

在教学方法上，应当多元化教学，提高学生上课的趣味性，减少法律法规教学的枯燥性。首先，采用案例教学，视频教学，课堂讨论，法院旁听等丰富课堂趣味性，使得学生学以致用，改变重理论轻实践的教学方法。其次，法律诊所教学，提供学生接触真实案例，并且在老师协助下解决真实案例的机会。但这些方法都存在着自身一定的局限。

---

〔1〕 参见王淑华、王倩：《建设法学专业人才社会需求和培养质量调查与分析》，载《中国电力教育》2009 年第 18 期。

最后,我们可以特别借鉴美国哥伦比亚大学法学院 deals 教学法[1],通过让当事人、律师等将真实案例带入课堂,举办讲座,了解律师的工作流程,让学生接触真实案例以及交易中出现的现实问题,并安排律师或者委托人解答学生问题,举行模拟谈判。

在评估方式上,应该注重综合能力的培养,打破把期末考试作为评价学生学习优劣的唯一标准,房地产法作为一门应用型学科,评估方式应该是全方位的,它不仅要求学生掌握基础的理论知识,还要求学生具备良好的法律实务能力,运用法律基础知识和房地产知识解决社会中的实际问题。可以考虑把学生在实践中处理实际案例的表现作为评估的标准之一。应该包括平时测试、期中测试、课外实践、期末测试,增加课外实践的分值,注重平时表现。

总结

改革开放之后房地产业迅猛增长的速度,带动了房地产法律人才的大量需求。目前房地产法专业的本科教育学生有些共同的弊端:专业知识单一,实务实践能力不足,无法将理论知识与实践系统结合——这已经成为制约房地产法学专业学生就业的一个重要问题。但房地产法有其自身的特点,希望通过对人才培养模式的初探,了解房地产法人才培养的目标、教学方式方法、管理制度,探索一条合适的特定的人才培养思路,解决传统房地产法律人才培养模式不完善等问题,在新的房地产法律人才培养模式下,达到培养跨专业复合应用型人才的目的。不仅使得学生真正学有所得,学有所用,也解决社会对于人才的渴求,这也是房地产法人才培养模式研究的意义所在。

---

〔1〕 参见包振宇:《将市场交易带入课堂——Deals 教学法初探》,载《高教论坛》2009 年第 12 期。

房地产法律应用型人才培养的困境与出路

——以房地产法课程改革为突破口

朱珍华*

摘　要:房地产法在我国法律教学体系中具有重要的意义,当前我国房地产法律应用型人才培养模式存在学科定位不明确、理论研究不充分、课程设计不合理以及培养机制不健全四个方面的问题。建议立足于房地产法律专业硕士研究生的培养,通过对房地产法律课程、教学观念、考核方式的重新设计,建立起案例教学、情景化教学、法律诊所等多元化的房地产法课程教学模式,以重塑我国房地产法律应用型人才培养机制,为国家、社会和市场培养出一批招之即来、来之能用、用能胜任的当代房地产法律应用型人才。

关键词:房地产法　应用型人才培养　教学改革　课程设计

伴随土地和住房制度的改革,我国房地产业从无到有,从有到繁,发展之迅猛,体系建立之快速,逐渐形成了包括国有土地使用权的出让、房产买卖、租赁、抵押、继承、税收等在内的相对全面的房地产市场

---

* 朱珍华,男,瑶族,湖南汝城人,法学博士生,湖南警察学院法律系副教授,主要研究民商法学和警察法学。

体系。[1]《土地管理法》和《城市房地产管理法》两部法律是目前调整我国房地产法律关系的主要依据。[2] 遗憾的是,以房地产研究和应用的法律人才为主的培养却显得相对滞后,特别是尚未完全形成房地产法律应用型人才的培养机制。而对房地产法律人才培养极为关键的房地产法课程教学更是问题百出,存在人才培养定位和课程设计的严重失衡。尽快对房地产法课程进行改革,建立起房地产法律应用型人才培养机制,提高房地产市场准入人员的法律水平显得尤为重要。

一、房地产法律人才培养:徘徊于传统与现代之间

房地产法律人才在我国一直没有形成体系化的培养模式,房地产法律的应用型人才始终处于低层次的本科教育当中。其原因,为了实现大学教育的普及,我国大学从2004年开始近十年空前规模的扩招,导致大量并不具备大学生素质的人成了大学生,事实上造成了本科教育质量的快速滑坡。《房地产法学》课程的开设也只作为选修课散见于国内政法院校和城建学院当中,开设这一课程的院校大多数只是停留在浅显的、普法式的房地产法律人的培训中,距离房地产法律人才培养这一概念相去甚远。

房地产法是一门实践性和应用性极强的学科,在我国市场经济迅猛发展的今天,房地产市场发展过程中遇到的法律问题也更为复杂,社会对房地产法律人才的专业性和应用性要求也越来越高。传统"普法式"、"灌输式"的房地产法授课模式下培养出来的房地产法律人却与现代市场需求相去甚远,主要表现在实践经验缺乏,操作能力不强,知识面不够三个方面。我国现代房地产市场对房地产专业型人才的需求与我国传统房地产应用型法律人才培养的产出形成了一对鲜明的矛盾。

房地产法律人才的培养在传统模式与现代市场需求之间徘徊又

---

〔1〕 参见施海智:《试论房地产法学学科体系的构建》,载《今日南国》2010年第12期。

〔2〕 我国房地产法体系主要分为三部分:一是以《宪法》、《民法通则》等法律为主的基本法;二是以《土地管理法》、《城市规划法》、《住宅法》及其实施细则为主的专门法;三是与之有交叉关系的相关法,如《物权法》、《婚姻法》、《继承法》等。

主要存在四个方面的原因:学科定位不规范、理论研究不充分、课程设计不合理、培养机制不健全。[1] 这四个方面发展的滞后造成了房地产法律应用型人才的缺失,并直接或间接地导致了我国房地产市场的乱象丛生,各种违法违规,贪污腐败现象在房地产市场层出不穷。

二、传统房地产法课程教学模式存在的缺陷

(一)学科定位不明确

房地产法律学科在我国法律体系中的定位一直存在争议,主要有行政法说、民法说和经济法说、独立法律部门说和综合法律部门说。[2] 争议的焦点主要在房地产法在研究对象的性质方面,由于房地产业自身固有的多重属性(既有物权属性,受物权法调整,又具有债权属性,受合同法调整,同时,房地产业作为国名经济的支柱产业,很大程度上还直接受制于国家行政管理),这些多重属性使其具有强烈的交叉性和应用性,涉及房地产方面的法律法规散见于多个学科之中,如民法、行政法等。房地产法律学科自身定位的不明确,房地产法理论研究水平的参差不齐,使得市面上的房地产法学教材。要不就是理论概念的杂陈堆积,要不就是教学案例的陈旧过气,其次就是房地产法的教师自身对房地产法的重点、难点把握不住。

(二)理论研究不充分

二十几年来,我国对房地产法学理论研究的深度不够,照搬硬套国外理论居多,未能结合我国房地产业发展的实际,对其相关理论的研究严重滞后于合同法学、公司法学、金融法学等法律学科,高质量、高水平的研究成果远远落后于房地产业的发展速度和规模。虽然国内一些高等院校和法学研究机构对房地产法学进行了一些专题立项研究,但从整体水平来看,针对房地产课程设计的法律人才培养研究

---

〔1〕 参见陈绍方:《房地产法学高层次人才培养的困境及对策》,载《房地产与法律》2004年第7期。

〔2〕 参见金俭:《房地产法学》,科学出版社2008年版,第38页。

甚少。理论准备的不充分直接制约了我国房地产法律人才培养的发展,从立法、执法、司法、守法、法律服务和法学教育等多个方面影响着我国总体的法律水平。但应该看到的是,我国房地产法律法规的建立以及与之相配套的法律专业人才的培养从无到有,毕竟才短短二十几年,房地产法学理论研究的不充分有其客观原因。然而这并不能回避当前理论研究的滞后对房地产法律应用型人才培养所产生的制约这一客观现实问题。

(三) 课程设计不规范

普法式、理论灌输式的传统教学模式一直是我国各大学科惯用的教学手段,在我国长久的教学模式中占据重要地位。在全国,具有法律学科的院校不在少数,但是几乎所有的法学专业都将房地产法课程设置为选修课,且多媒体设备的利用率普遍偏低。而房地产法作为一门应用型和专业性极强的学科,完全凭借教师传统口述、学生记笔记的教学模式,而且还在学生无任何经验的情况下,往往会让学生感到雾里看花,对学习内容似懂非懂,对基础理论的了解也仅仅停留在死记硬背的层面,长此以往,房地产法本来是一门生动、实用的应用性学科,最后就造成学生对课程失去了主动性和兴趣感,如若授课教师的水平和表达能力再差点,则更直接地影响了学生们对这门课程的热情。究其原因,还是在于我们对房地产法教育的目的存在认识错误,进而造成了课程在设计上的错位。

(四) 培养机制不健全

我国尚未形成房地产法律专业人才的培养机制,各高等院校和法律研究专业机构对于房地产法律人才的培养模式尚处于实验和探索阶段。我国法学教育并没有将房地产法列为本科教育的核心课程之中,主要原因在于,房地产法是一门交叉学科和应用性很强的学科,其知识点贯穿于民法、经济法、行政法学科体系的始终。法学专业的抽象性,使得我国对法学本科阶段的教学主要还是在打基础,建立框架体系层面,而将更深层次的法律专业培养放到了研究生阶段。我国法律硕士专业研究生培养从2008年才开始,至今不到6年,各大高校对于法律专业硕士的培养尚处于摸索阶段，并没有形成健全的法律专业硕士培养模式。当前我国房地产法律应用型人才培养的现实情况是，房地产法律专业人才的培养在本科阶段难以有效展开，而在法律硕士研究生阶段却尚未形成专业成熟的培养机制。从而导致我国房地产法律人才显现出低层次队伍鱼龙混杂，中间层次青黄不接，高层次人才凤毛麟角的尴尬局面。传统教学认为以重理论，轻实践为主导，学生课堂学习的低参与度，满堂灌的粗放式传统教学方式严重制约了房地产法律课程设计所应达到的效果。

三、现代房地产法课程教学改革的新思路

基于上述分析，我们可以看到我国房地产法律应用型人才培养所遇到的问题涉及多个领域的方方面面，既有房地产法学理论研究水平偏低，房地产法学人才结构不合理的问题，也有房地产法学教学方法在传统与现代之间徘徊，新旧更替错位的因素在内。寻找适当的切入点应对当前房地产法学课程教学和应用型人才培养的困境，需要我们理性地看待传统房地产教学模式的缺陷与现代房地产市场人才需求之间的矛盾。

（一）以法律专业硕士研究生为房地产法应用型人才培养的突破口

在考虑到我国法学教育的现实情况以及房地产业发展过程中出现的问题，我们认为应当充分发挥法律专业硕士在市场应用型人才培养方面的作用，建议以法律硕士专业研究生为我国房地产法律应用型人才培养的突破口，通过培养房地产法律高学历、应用型人才实现高校人才培养与社会、市场需求的无缝对接。原因主要有以下三点：

（1）房地产法自身具有极强的学科交叉性和专业性，在没有一定法律基础，特别是民法基础的情况下，大学本科阶段是难以通过简单的、扫盲式的房地产法学课程培养出符合社会、市场需求的房地产法应用人才的。

（2）我国法律专业硕士与学术硕士的培养路径也已逐渐明晰，各

大高校已经招纳了一大批具有不同学科背景的法律专业硕士研究生,如果能对这些人进行适当而合理的引导和训练,再结合他们自身本科专业的优势,对于培养出复合型应用法律人才将有巨大的促进作用。

(3) 能够通过法学研究生入学考试进入硕士平台的学生,相较于本科生,无论是从人生阅历、做事成熟度、学习的目的性、主动性以及悟性方面都有本科生不可比拟的优势,能够在相对短的时间内理解和把握房地产法专业学习的目的。

然而,选定了房地产法应用型人才培养的受众群体还只是做好了培养房地产法应用型人才的前期准备。要从根本上解决房地产法领域应用型人才短缺的问题,更为关键的还是在于对房地产法课程的重新设计上。

(二) 我国现代房地产法律教学课程设计的展望

1. 增加课程的实用性,实现房地产法教学内容的新旧更替

通过查阅市面上与之相关的房地产法学教材可以发现,无论在内容上还是结构上,房地产教材几乎千篇一律。主要包括:房地产法律概论、城市房地产开发相关法律规定、房地产所有权的法律规定、房地产产权产籍管理的法律规定、房地产税收法律规定、房地产租赁法律规定、房地产继承法律规定、房地产抵押法律规定、国有土地使用权有偿转让法律规定等。[1] 当前房地产教材中有许多概念的诠释以及结构的设计依旧采用的是十几年以前的模式,而我国房地产业这些年的迅猛发展,已经使得房地产行业的各种经济活动被划分得越来越细,新的问题不断涌现,新的领域不断被开拓。例如这几年一直占据社会热点的房地产拆迁法律规定、房屋拆迁纠纷处理、安置原则、补偿办法等,而现有的房地产教材中对这些方面的介绍甚少。因此,尽快对房地产法教材的内容以及篇章结构进行重新布局具有客观必然性。建议在课堂教学中更多以房地产法律风险防范、房地产交易等与社会、市场联系紧密的法律制度安排授课。在教学目标的整体倾向上,要以帮助学生构建起房地产法律框架体系为基本目标。同时教师在授课

〔1〕 参见何红:《房地产法课程教学改革探讨》,载《现代企业教育》2014 年第 5 期。

上要注意把枯燥、死板的法律、法规同当前政策联系起来,针对现实问题进行剖析,从而实现培养学生发现问题、解决问题的思维。

2. 以案例教学为主,增加教学的互动性,实现房地产法教学方法的与时俱进

传统房地产法主要以理论概括式的教学模式和死记硬背式的考试方式为主,长期以来备受社会各界的诟病。改变房地产法授课方式,大量引入案例教学是最近几年理论界和实务界大力倡导的教改方向。所谓案例教学法是根据教学目的的要求,将已经发生或将来可能发生的问题作为案例,组织学生对案例进行调查、阅读分析、讨论交流的研究活动,提出各种解决问题的方案,并对之进行论证说明,促使学生加深对知识的理解,从而提高其发现问题、分析问题和解决问题的能力。[1]在房地产法教学中引入案例教学法主要有三个方面的积极意义:能够将枯燥的房地产法理论知识与社会经济活动结合起来,培养学生解决问题的能力;通过案例教学有问有答,大大提高了课堂教学的互动性,有利于激发起学生的学习兴趣;教学中案例的大量出现,提高了授课教师备课、教学的难度,能够有效提高教师的教学水平,体现了"教学相长"的教育理念。

房地产法因其具有较强的实践性以及法学理论固有的晦涩性,使得以情景化模式为主体的案例教学方法成为改革传统满堂灌式的房地产法课程教学中最为有效的手段之一。我们认为案例教学法在房地产法教学中要从筛选教学案例开始,在案例筛选的过程中伴随着对案例内容的深入研究,并合理分配案例教学在整个授课过程中的比例;在授课阶段,要从讲解基础知识开始,而后穿插教学案例,形成以"问题提出—小组讨论—自由发言—教师启发"为脉络的师生互动模式。同时,教师在基础理论和案例讨论的过程中要不断提醒、帮助学生建立起房地产法律知识体系的框架图,通过对抽象理论的具象化展示,让学生在思考发言的过程中潜移默化地形成房地产法律的思维模式。

---

〔1〕 参见刘晓晶,吴海燕:《案例教学法与创新人才培养》,载《黑龙江高教研究》2008年第3期。

3. 组建复合型教师队伍,增加课程教学的多样性,实现房地产法师资力量的资源共享

高素质、应用型房地产法律人才的培养绝对不能局限于一所学校或者几个老师之内。从当前我国房地产法律学科发展的现状来看,优秀的房地产教师绝大多集中在几所211、985院校和五所政法类院校,师资资源始终处于稀缺状态。以建立区域化教学为出发点,逐步实现学校、机构与社会之间师资力量的良性互动,通过联合培养的方式针对法律专业硕士研究生进行理论、实务与科研式的训练,逐步建立起学校、政府、房地产行业联动教学体系。[1] 我们认为可以尝试以一个省的大学城为基点,对房地产法的优秀师资进行资源整合,形成跨校区、夸领域有教无类的授课模式。形成以学校房地产教师传授法理论知识为主导,房地产行业培训师以案例教学讲解实务为支线,政府行政部门讲解房地产实施政策为辅助的复合型教师队伍,通过学校、政府、房地产业联合培养模式,可以最大限度地实现抽象的房地产法理论与行业实务操作、政府最新政策的结合,减少传统房地产法律人才培养中出现的人才"不接地气"、难以胜任的客观问题。

4. 改革封闭式考试方式,引入开放性命题考核办法,实现房地产法教学观念的推陈出新

房地产法律课程是一门涵盖了法律、经济、管理、建筑等领域,综合性极强的一门学科。现阶段,房地产业受国家宏观调控的影响很大,呈现出与法律制度联系极为紧密的特点。因此,在以房地产法律学习为主线的前提下增强其对经济、管理、建筑等领域知识的学习是现阶段培养房地产领域复合型人才相对正确的思路。[2] 法谚道:"法律的生命从来不在于逻辑而在于经验"。房地产法律课程教学的生命力也从来不在于对传统教学观念的传承,而在于对新事物、新问题的不断体验和应对。

以美国房地产教育模式为例,他们的一大特点就是对成人继续教育的重视,原因在于房地产业不断变化着的法律、政策、环境以及新的分析手段、分析工具的出现,使得他们对知识的更新有着极其迫切的

---

〔1〕 参见郭丹云:《房地产法教学改革问题研究》,载《教育教学论坛》2014年第4期。

〔2〕 参见王晨光:《回顾与展望:诊所式法学教育在中国》,载《法学教育研究》2011年第8期。

需求。而且在美国,房地产应用型人才培养主要依托于工商管理学院(商学院)或者建筑与城市规划学院,而我国房地产应用型人才的培养主要依托于法学院与建筑类院校,之所以有这样的区别是因为美国的本科并没有法学专业,法学专业只在研究生阶段出现。

美国大学教学普遍以学生为中心,教师对不同观点往往持开放式的态度,不拘于答案的唯一性,"通过动手来感悟,通过训练来学习"一直是美国教师教学秉持的基本观念。在具体的考核方式上,也多以开放性命题为导向,旨在培养学生的创新能力和实践能力。而在我国这种基本观念所体现出的惯性思维就是"满堂灌"、"填鸭式"的教学定势,绝大多数的课程都是以封闭式名词解释、简答为主。[1] 我国房地产法教学观念亟待更新,在考核方式上更是需要尽快转变以传统封闭式命题为主的应试教育模式。可以适当增加平时考试的分值比例,而平时分值又可以由课外作业、案例讨论、期中测试、出勤率、课堂表现等方面构成,在最终考核方式上,可以增加口试测验和情景化模拟来评估学生对知识体系的掌握,亦能培养学生的口头表达能力,提升实践技能。[2]

但是,我们也应该看到美国以学生为中心的教学观念有其存在的体制和历史背景,照搬照套,不加取舍全盘接受这些教学观念势必会造成"水土不服"而反噬其本的恶果。笔者建议,应当结合我国教育大环境的实情,落脚于法律硕士研究生为房地产法律应用型人才培养的主要受众群体,可以更多地对各种教学模式进行有益的创新尝试。例如:情景化教学模式[3]、多元性的教学考查模式、法律诊所式的教学[4]等。

---

〔1〕 参见张协奎:《美国高校房地产专业教育考察报告》,载《高等建筑教育》1999年第4期。

〔2〕 参见吴访非:《房地产法课程考试改革与创新》,载《沈阳干部学刊》2011年第4期。

〔3〕 情景化教学在房地产法上的应用主要是以房地产主题为线索,在开发商、买受人和主管行政部门之间,由学生进行角色扮演,其目的是通过充分发挥学生的主观能动性,帮助学生更加透彻地理解和学习。参见郭丹云:《房地产法教学改革问题研究》,载《教育教学论坛》2014年第4期。

〔4〕 诊所式法律教学突出的特点是它把学生放在了教学的主要位置上,以充分发挥学生的主动性为手段,把理论学习与亲历性的法律实践密切结合在一起。打破了人为的法学学科和课程的壁垒,使得法学教育更具有实战型和真实性,也使得法学教育更接地气。参见王晨光:《回顾与展望:诊所式法学教育在中国》,载《法学教育研究》(第5卷)2011年第8期。

结语

市场经济的迅猛发展,促进了房地产业的欣欣向荣,同时,也产生了大量的问题。一边是大批拥有高等学历却工作难寻的法学毕业生的哭诉,另一边是各大房企纷纷表示人才难觅的感慨。这些新情况、新问题的出现反映出我国传统的以填鸭式知识传授方法为主的教学模式已难再培养出适应现代房地产业需求的法律应用型人才,法学教育与市场需求的严重脱节,更促使我们不得不开始反思传统教育教学理念模式发展至今所产生的问题。

房地产业的调控不仅需要国家政策的宏观调控,更需要一大批具有房地产法律应用型人才的涌入才能从根本上医治我国房地产行业以及教育行业的"怪病",正式基于此种考虑,本文从传统房地产法律应用型人才的培养的课程教学模式着眼,分析了我国当前房地产法律人才培养机制的四大问题,即房地产法学科定位不明确、理论研究不充分、课程设计不合理以及培养机制不健全。我们建议应当充分利用和发挥起法律专业硕士研究生的资源优势,将房地产法律应用型人才培养的受众主要设定在法律专业硕士研究生这一群体中。同时,需要对房地产法律课程进行改革,实现房地产法从教学内容的新旧更替到教学方法的与时俱进;从师资力量的资源共享到教学观念的推陈出新。

对我国房地产法律应用型人才的培养急需经历一次从内到外的改革,以适应不断变化的社会发展与市场需求。革新传统房地产法课程教学模式,尽快建立起以法律专业硕士研究生为受众的培养机制,为国家、社会和市场培养出一批招之即来、来之能用、用能胜任的当代房地产法律应用型人才。

大学法科招生入学专业教育中的职业法律信仰培育*

——以湖南大学法学院实践为视角

张　正　张紫薇　林义朗

摘　要：作为法律职业人培养对象的大学本科学生，不仅要有崇法、守法、护法等全体公民都应当具备的素养，而且还应当具有法律职业人应有的职业法律信仰。大学要培养法律专业学生的职业法律信仰，培育优秀的法律人才，首先要从招生入学和专业入学教育开始。

关键词：大学法科　招生　入学专业教育　职业法律信仰

建设社会主义法治国家是我国的既定目标，自然应成为党和人民肩负的共同历史使命。法治国家的建成，需要具备诸多条件，而其中最为重要的则是要在全社会树立法治意识，对法律具有坚定的信仰。为此，中国共产党第十八届中央委员会第四次全体会议作出的《全面推进依法治国若干重大问题的决定》强调指出，"法律的权威源自人民的内心拥护和真诚信仰，全体人民都应成为社会主义法治的忠实崇尚

* 本文为湖南大学2015年国家级大学生创新性实验计划项目《大学本科法科学生法律信仰培育方案》的研究成果之一，项目组成员为张正、林义朗、张紫薇、曹天喆、康杰，指导教师为刘定华教授和付蓉芬副教授。

者、自觉遵守者、坚定捍卫者”,“要推动全社会树立法治意识”。作为法律职业人培养对象的大学本科学生,不仅要有崇法、守法、护法等全体公民都应当具备的素养,而且还应当具有法律职业人应有的职业法律信仰。这种职业法律信仰是:不论何种情况,始终忠于法律,恪守法律,坚持立法为民、司法公正、执法严格、护法无畏。

从事法律职业,首先要热爱法律职业。[1] 热爱法律职业,首先要接受法律专业教育,包括职业法律信仰教育、法律职业伦理教育和法律专业知识和技能教育。作为培养法律职业人的法学院,为实现培养目标,必须设计出科学的周密的培养教育方案。囿于篇幅,本文只对法科的法律信仰教育的第一阶段,即招生、入学专业教育阶段的法律信仰教育进行思考,提出一初步方案。

一、招生阶段

招生阶段包括招生宣传和新生录取两个方面。这一阶段的主要任务是:保证生源质量,吸引更多的优秀学子报考本校法学专业,尽量在以法律专业为第一志愿的考生中足额录取,为培养职业法律人才所需的法律信仰培育效果奠定良好基础。

(一) 招生宣传

近年来,法律专业已不是热门专业,报考法律专业的考生从总体上看有所减少,其原因是多方面的:一是新闻媒体披露法科毕业生的一次就业率近年居下[2];二是法院、检察院法律职业机关存在的贪腐、渎职、司法不公、冤假错案被揭露后,在社会上产生了一定的负面影响;三是招生宣传不到位,没有适应“热门”转入相对“冷门”的形势变化,仍抱着“皇帝的女儿不怕没人求婚”的思维模式。这些因素导致了法学专业近年招生情况的不理想,就连985 大学的法学专业,第一

---

〔1〕 立法主体、司法主体、执法主体,以及其他从事法律业务的主体,都是法律共同体,他们以法律为职业,履职时将自己行为与法律行为予以高度契合。

〔2〕 大楚网2015年6月12日载,2014届本科生毕业半年后就业率最低的为法学(87%),该专业类近三届均位于就业率排名后三位。

志愿为法学的录取比率均有所降低,被调剂的学生,有的索性不报到,有的则一年后再申请转专业。专业思想的不稳定,直接影响到学生的学习积极性。至于毕业后从事法律职业和怎样从事法律职业却很少考虑,这为培养法学本科生的职业法律信仰增加了一定的难度。

如何解决法律专业第一志愿的报考率问题,我们拟提出以下解决方案。

(1)要做好一年一度的招生宣传工作。在招生简章中一定要明确本校法律专业的培养目标。作为"千年学府,百年法学"的湖南大学法律专业的培养目标:一是为国家培养输送更高层次继续深造的法律人才;二是为社会培养从事法律职业的应用型人才,在培养目标中应把忠于宪法和法律作为法律专业学生基本素质要求;三是在招生宣传资料中,应当介绍本专业近年来的一次就业率,湖南大学法律本科专业的一次就业率均在97%以上。据统计,2013年为98.2%,2014年为97.45%。这有利于破解人们近年来形成的不分类别法律专业属于就业率最低的专业之一的观念。

(2)充分利用网络媒体对本校法学专业的办学特色和能引起社会 关注的与专业教学相关的活动,进行宣传介绍。使公众对本校法律专业有较全面的了解,吸引优秀的有志于从事法律职业的学子报考法律专业。

(3)组织就读本校法学专业的学生回访高中母校,以其在法学院学习的亲身体会向母校的老师和学弟学妹进行专业宣传。这不仅能加深学生与母校的感情,也有利于高中学生对大学法律专业的了解,增进对法律专业的兴趣。这比起一年一度的招生宣传,其范围更为广泛,其产生的作用更为深远。

(二)新生录取

录取新生时,对于第一志愿填法律专业的学生应优先录取,对需调剂进法学专业的考生,应当充分尊重考生志愿表上的志愿,将法学专业填为二、三志愿的可予考虑,对于未填法学专业的考生,哪怕填了服从分配,录取时也应慎重,特别是对理工类的考生更是如此。对于以学科大门类招进来的新生,在以后具体选择专业时,对选择法律专业的学生,应结合专业的特点进行必要的口试。询问其选择法学专业的原因以及对法律的一般了解,根据情况决定是否准入,以保证法律专业学生的特色,保证学生接受法律职业信仰教育和学习法律知识的稳定性、积极性。

二、入学专业教育阶段

入学专业教育的目的是使学生对本校法律专业的历史、现状和发展有初步了解,对培养目标和四年的学习流程有较全面的认识,坚定学习法律专业知识的决心和今后从事法律职业的信心,为自觉接受法律信仰培育和刻苦学习法律专业知识形成强大的动力。

入学专业教育可采取多种方式,不管哪种方式都应合理地融入法律职业信仰培育的内容。

(一) 举行隆重的开学典礼

开学典礼,特别是法学院一级的开学典礼,是新生开始全面了解法学院法学专业的极为重要的一环。应当隆重热烈,院领导和全体教师都应该出席,以表示对新生的热烈欢迎和对新一届学生的重视。院长应该对学院、专业的情况进行介绍,对培养目标、法律职业人在法治国家的地位和作用作出重点阐述,对法律学子的综合素质提出明确要求,使法学新生有一种专业身份上的荣誉感和自豪感。然而现在的学生入学,院级开学典礼往往安排在军训之后,老师已开始对往届学生授课,许多教师因在课堂讲学不能参加开学典礼,开学典礼的内容也不够充实,没有形成较为规范的开学典礼应有的行为模式,随意性较大,不能完全达到预想的效果。因此开学典礼的形式和内容都有完善的必要。

(二) 开好迎新期间的家长座谈会

据了解,历年报考法律专业的学生,其中有相当部分与家长有关。如有的是家长或亲属从事的职业就是与法律有关的职业,对法律职业有所了解,支持子女报考法律专业既想为社会培养法律人才,也想为家庭培养“接班人”；某些家庭因某种原因受过委屈或受到过挫折，为今后能过安稳日子，不再受他人欺侮，因而想培养自己的子女能成为懂法、用法、从事法律职业，为弱者伸张正义，能维护家庭权益的人。随着独生子女的增多，家长亲自送子女进大学报到的也增多。其中既有支持小孩报法律专业的家长，也有不支持小孩报法律专业，而是被调剂过来的学生家长。无论是哪种情况，学院都应该重视开好家长座谈会，这不仅是出于礼节的需要，而且也是进行专业教育和法律职业信仰教育的好形式。湖南大学法学院和原湖南财经学院法律系都有迎新时召开家长座谈会的好传统，但在座谈会上，往往只介绍院系的一般情况，而忽略了法律专业的培养目标和对学生职业法律信仰、职业伦理的基本要求的介绍，因而没有强调家长应与学校配合，做好法律信仰培育工作。因此，新生家长座谈会的内容和形式也应有一定的规范，使之能收到更好的效果。

(三) 组织好专业教育专题讲座

专业教育的专题讲座的目的是进一步解决新生对法律专业的模糊认识，纠正诸如“光宗耀祖”，“家有法官、检察官不受别人欺负”等不正确思想，使学生认识依法治国，建设社会主义法治国家，加强民主法治建设的重要性、必要性、艰巨性和长期性，认识法律教育培养职业法律人的重要地位和作用，使学生深切感受到作为一名法律人的责任感、使命感和自豪感，激发学生追求法律价值和刻苦学习的精神。

专题讲座可选择如下内容：

(1) 法律教育和法律职业人在依法治国中的地位和作用；

(2) 法律职业人的基本素质：法律信仰、法律伦理和法治思维；

(3) 法学院如何培养优秀的法律人才；

(4) 法律专业的学习内容和学习方法。

这四个方面的专题讲座应合理安排人选，注重效果，避免流于形式，让学生从不同的角度认识法律、法律信仰、法律教育。第一个专题可由对党的十八届四中全会决议有较全面研究，对依法治国、司法改革和法学教育的理论和实践理解较深的人士主讲；第二个专题可由法官、检察官和律师等专业人士分别主讲，也可由一个人综合主讲；第三个专题由法学院的负责人主讲;第四个专题可由法学院负责教学的领导和有关教师主讲。这些讲座可开阔学生的眼界,拓宽学生的视野,使学生能感受到法学源远流长,博大精深,感受到法律的神圣、公正和权威,同时也使学生对以后所要从事的法律职业有初步的了解,从而有利于学生的生涯规划和职业目标的确定。湖南大学法学院 2015 年就有效地采用了专题讲座的形式,对新生进行了入学教育,并收到了良好效果。入校一年后,法学专业转入别的专业的人数有明显减少,2014 年为 10 人,2015 年减少为 4 人。[1]

(四) 重视入学宣誓

经过专业教育入学讲座之后,可组织新生入校宣誓。宣誓是对自己行为的一种庄严公开的承诺,宣誓是对自己作为的有效约束,同时也为社会提供了一面评价、对照的镜子。为了全面推进依法治国,增强对宪法、法律的信仰,十二届全国人大常委会第十五次会议通过了实行宪法宣誓制度的决定,明确各级人民代表大会及县级以上各级人民代表大会常务委员会选举或者决定任命的国家工作人员,以及各级人民政府、人民法院、人民检察院任命的国家工作人员,在就职时应当公开进行宪法宣誓。

立誓的作用,孟德斯鸠在《论法的精神》中说:"誓言在罗马人心中有很大的力量,所以没有比'立誓'更能使他们遵守法律了。他们为着遵守誓言常是不畏一切困难的。"[2]正是认识到立誓的作用,湖南大学法学院从 2000 年开始,为培养法律新生的法律信仰和法律精神,激励其学习法律知识,实行过新生的宣誓制度,誓词为"我宣誓:为成为一名优秀的法律学子,我将严格遵守校规校纪,谨记'博学、睿思、勤勉、致知'的校训,热爱专业,努力做到:勤于思考,勇于实践,模范守法,树立崇尚公平与正义之法治观念。用我们的热血和青春捍卫真理,维护法律尊严,自强不息,敢为人先,为中华之腾飞而奋发学习。"新生入学制度收到了良好的效果,在全院学生中形成了自觉追求法律学问,勇于社会实践,培植法律信仰和法律道德的良好风气。这种行

---

〔1〕 2015 年,转入别的专业的这 4 名学生均为录取时被调剂进入法学的学生。
〔2〕 出自孟德斯鸠《论法的精神》。

之有效的制度，在当今依法治国之时代，更有提倡实施之必要。[1]

（五）分班组织讨论，总结入学专业教育效果

在开展了上述活动之后，有必要对开展上述活动的效果进行检验。首先由同学自我总结，在班上进行交流，畅谈入学一个月来的感受，对专业的认识和大学四年的个人规划。班级讨论会应由政治辅导员和班导师组织，邀请院领导和部分任课老师参加。这一方面为增进同学之间的了解，有利于班级良好学风的建设；另一方面，院领导、与会教师通过学生们的发言，在日后的思想政治工作和专业课的讲授中可因材施教，有的放矢。在讨论过程中应特别注意听取调剂生和少数民族学生的感受和想法，对他们的发言应予以鼓励，以激励他们对专业知识学习的兴趣和学好专业知识的信心。

以上是针对大一入学新生专业教育的方案，对于大二转入法律专业的学生的专业教育同样不容忽视。首先对转专业学生，应当设置一定的条件限制，以保证学生的质量。其次，转入法律专业后，可以利用人数较少的便利，以座谈会的形式进行专业教育。教育的内容主要包括：法律专业的培养目标，法律人的职业素养，法律专业学习方法的特点，对法学专业教学计划介绍等，让这些后转入的学生树立学习信心。最后，可以通过法学名著读书交流会、政治时事和案例讨论会等形式，让这些转入专业的学生尽快地学会法律思维，弥补其第一年缺乏接受法律教育的缺陷，使其尽快适应进入部门法的学习。

鉴于每年招生的情况不同以及社会形势变化迅速，入学的学生素质也会出现一定的差异。因此，在招生和入学教育阶段，应当根据每年不同的现实情况、结合时事热点对内容做出适当调整。同时，对于往年的招生宣传和入学教育，应关注学生的反馈与实际效果，以便对下一年度的招生和入学专业教育工作进一步予以完善。

三、小结

在公民法律意识比较薄弱、社会缺乏法律信仰、司法改革正在进

---

〔1〕 2004年后，因法学院领导的变更，新生入学宣誓制度中断。

行的社会大背景下,法学专业的学生更加需要严谨、切实、系统化的法律信仰培育方案。我国大学本科法科学生的教育,不仅需要夯实学生的知识基础、改善目前部分学校以司法考试为目标的教育理念,而且更为重要的是帮助学生正确树立法治观念、培育法律信仰。而招生阶段的宣传、条件筛选及入学教育对法科学生法律信仰的树立有着深远的影响,而这些方面往往又是目前被法学教育所忽视的部分。法学专业学生的学习意愿、入学时的思想教育深刻影响着其知识理论体系的构建、实践能力的培养,让学生一进校就建立起初步、浅层次的法律信仰,这为日后的培育专业基础理论、法律信仰、法律意识、业务知识教育、实践能力培养相融合打下良好的基础。法律信仰培育与法律专业知识教育、专业技能培养是相互促进的。只有当一批又一批具有坚定的法律信仰,又有坚实的法学基础和高水平的专业技能的法科学生进入社会,成为法律职业人,国家才会有足够的力量推动法治建设。

法学教育与中小学法治教育师资的培养

胡　峻*

摘　要:中小学法治教育工作是法治中国建设的基础工程,但当前中小学法治教育师资严重不足,因此高校法学教育应当承担起为中小学培养合格法治教育师资的重任。在具备条件的院校应开设法治教育专业,专门为中小学培养法治教育的专业人才。

关键词:青少年　法治教育　师资　法学教育　法治教育专业

党的十八届四中全会通过的《中共中央关于全面推进依法治国若干重大问题的决定》明确提出:"把法治教育纳入国民教育体系,从青少年抓起,在中小学设立法治知识课程。"教育部部长袁贵仁在2015年全国教育工作会议上的讲话中也提出要加强法治教育,并对如何加强法治教育进行了具体的安排与布置。高等教育应当紧跟社会发展的需要,与时俱进,其专业设置既不能由领导者个人意志决定,也不能故步自封,其开设的专业应当切合社会实际,所培养的人才应当服务于社会需要。对青少年进行法治教育,既是法治中国建设的必然要求,也是国民素质教育的核心内容。法治教育在我国全面推进依法治国过程中具有基础性和先导性的地位,是我国法治国家、法治社会、法治政府三位一体建设的基础工程。近年来中国法学教育得到了快速

* 胡峻,衡阳师范学院法学系教授,法学博士。

发展,不仅规模扩大了,而且法学教育的质量也得到了长足的发展。法学教育不仅要为社会培养合格的法律人,也要承担其为其他领域培养相关职业工作者的重任。

一、中小学法治教育的现状

(一)法治教育的目标不明确

青少年法治教育的目标还不明确,现行的法治教育更多停留在法律知识的传播上,忽视对青少年法治意识和信仰的养成教育。同时,法治教育的定位不清晰,法治教育与思想品德教育、安全教育、反腐败教育之间的关系没有厘清。青少年法治教育的基本目标不在于要求学生形成知识,而是帮助学生通过对法律规则的理解和领悟来改造自己的价值观,成为具有法治理念的有责任的公民。[1] 当前,许多教育主管部门和中小学往往将法治教育作为一项政治任务来完成,既不明确法治教育的基本任务与目标,也不能清楚地给法治教育以定位,导致在法治教育过程中单方性进行灌输法律基本知识和对法律条文的解读,其最终的结果是"事倍功半"。青少年法治教育是一个系统工程,需要建立起一个由法治知识、法治意识、法治行为、法治信仰和法治思维等有机构成的"阶梯性"目标体系。[2]

(二)法治教育师资匮乏

中小学没有配备专门从事法治教育的专业教师,大多由思想政治课教师兼任。这些教师没有接受过专门的法律专业学习,其本身不懂法、不知法,也不会用法,其个人法律意识是一种浅层次的法律意识(即盲从型、感性、自发性的意识),因此让其对学生进行法治教育显然是忽悠学生。法学教育在近年来虽然迅速发展,但其培养的学生并不是定位于给法治教育工作补充师资的,且各大法律院校(系)也没有开

---

〔1〕 参见余飞:《法治教育不是灌输知识而是培育法治理念》,载《法制日报》2014 年 11 月 28 日。

〔2〕 参见李辽宁、曾海萍:《论青少年法治教育的目标及着力点》,载《新教育》2015 年第 2 期。

设法治教育专业,所以其培养的学生从事中小学法治教育工作是“名不正言不顺”,同时缺失师范教育的内容让法学专业的学生从事法治教育工作也显得“牵强”。从而出现了一种反常的现象:一方面法学毕业生毕业后找不到工作,大部分法科学生一毕业就失业或者从事与自己专业毫不相关的工作;另一方面,青少年法治教育工作呼吁了多年,但没有专门的从事青少年法治教育的工作者。

(三) 法治教育教育教学体系和评价体系缺位

虽然自 1979 年开始我国已将法治教育纳入国民教育的计划,但由于在法治教育实践中教育主管部门、学校、教师与学生对法治教育的不够重视,且认识不够明确,没有形成法治教育的系统教育教学体系,往往在法治教育过程中一般是由各级各类学校自行把握。正如有学者所言,缺乏分年龄分年级的法治教育教材,应改革创新法治国民教育教学体系,设置独立的法治教育课程,加快法治教育教材体系建设。[1] 既没有明确的法治教育大纲,也没有具体的课程体系,导致在法治教育课程开设时,其具体的教学计划无法进行编排,因而大部分学校并没有严格按照上级要求安排足够的课时。同时课程体系的缺位,也使法治教育践行困难,因为法治教育工作者不知道应当讲授什么内容以及采取何种方式进行讲授。社会主义法治教育体系应当包括哪些课程以及各门课程应当如何进行安排也是不明确的,宪法、刑法、民法、行政法、经济法等体系中哪些属于法治教育的基本内容并没有厘清。法治教育的效果如何没有一个科学、合理的评价机制,法治教育评价体系不健全,不像其他文化教育的课程都有一套成熟、完整的评价机制,而法治教育不能采取考试或考查的方式对学生的法治意识予以科学评价,而且教育主管部门也没有设置一套具体的评价指标对学校、教师的法治教育成绩进行评价和进行相关的考核。

---

〔1〕 参见付子堂:《青少年法治教育不能大水漫灌》,载《人民日报》2015 年 4 月 15 日。

二、法学教育是中小学法治教育合格师资队伍建设之源

(一) 高校培养合格的法治教育师资队伍是法学教育迎合社会需要的要求

高等教育应当服务社会发展的需要,要为社会发展培养合格的社会主义建设者与接班人。法学教育是一门应用性极强的工作,其必须服务于社会实际工作,反映社会实际的需要,为相关领域培养合格的职业工作者。高校法学院(系)要紧紧围绕党中央提出的推进法治中国的战略,以此为契机,调整人才培养思路,对接社会需要,更新法律人才的培养方案,改革教学方式,为实现国家战略培养高质量的法律人才。[1] 在中小学开设法治教育课程,是我国推行法治中国建设过程中的重要内容,通过提高全民法治意识、树立正确的法治理念,使全体老百姓的法律意识得到提高,从而为法治国家的实现夯实基础。高校法学教育承担起为社会培养法学专业人才的重任,其为中小学培养合格的法治教育师资队伍,是满足市场对法学人才的需要。

(二) 培养合格的法治教育师资队伍是凸显法学教育之职业教育本性

关于法学教育的性质一直以来在法学界存在着不同的看法,有人认为其为大众教育和通识性教育,也有人认为其应当是一种精英教育和专业性教育。实际上,法学是一门实践性科学,其培养的人才应当是社会的职业工作者,因此法学教育应当是现代高等教育中的一门职业教育。将法学教育定位为职业教育,是为了体现法学教育其"接地气"的一面,但并不是对法学教育的"高大上"的遗忘。要实现法学教育的职业教育目的,必须解决好法学教育与相关职业工作的衔接问题,虽然法学教育主要是为国家培养法律人的,但法治中国建设是一

---

〔1〕 参见何勤华:《推进法治中国建设中的法律人才培养》,载《中国高等教育》2014年第2期。

个系统工程,要求各行各业都应当有相关的法律职业工作者,如公司的法务人员、政府的法律顾问、法治教育工作者等。因此,要求法学教育应当采取分类培养的方式进行,因为不同职业的工作内容、方式、性质都是有区别的。在强调分类培养的同时必须坚持"厚基础、宽口径培养与类型化、特色化培养相结合"的原则。[1]

(三) 中小学法治教育工作者应当具备相关综合素质与技能

2011 年底,教育部与中央政法委联合启动了我国卓越法律人才培养计划,要求高校培养的法律人才必须是优秀的、高素质的人才,其能够应对具体的法律实务工作,也能应对涉外法律事务。优秀法律人才不仅是懂得法律专业知识与法律应用技能,而且还应当具备较高的人文素养及综合协调能力。正如有学者所说,法学学科的发展需要与理学、工学、农学、医学、财经、人文、艺术等学科的交叉、综合,同样,法律职业也需要大批具有复合型知识能力和素质结构的高层次法律人才。当然,这种复合是分层次的,其层次结构为:跨课程复合、跨专业复合、跨学科复合以及自然科学与社会科学的复合。法学教育的任务不仅在于传授法律专业知识,更在于培养出传播法律精神、促进民主政治、维护社会正义与秩序、保障公民权利、实现双方公正等方面发挥积极作用的法律家和法学家。[2] 对于从事法治教育工作的教师,其不仅要对法律知识能够娴熟地掌握,而且要具有教育教学的职业教能和较高的职业道德素养。因为其作为法治教育工作者,要传授给学生正确的法治理念和法治意识,告知学生如何遵守法律规则和运用法律进行维权,同时法治教育也是对公民的基本素质教育,因此要培养学生如何做一个合格的公民。

---

〔1〕 参见黄进:《卓越法律人才培养的目标、观念、模式与机制》,载《法学教育研究》2012 年第 1 期。

〔2〕 参见霍宪丹:《法律职业与法律人才培养》,载《法学研究》2003 年第 4 期。

三、设置法治教育专业,培养合格中小学法治教育师资

(一) 法治教育专业开设的必要性

普法教育在我国已开展多年,现在已进入六五普法的最后一年,且近年来还采取其他许多方式如法制宣传日、国家宪法日等活动开展法治教育活动,但法治教育的效果并不理想,部分公职人员和许多公民的法律意识并不强。要实现法治中国,必须要求民众有较强的守法意识、权利意识,要求公权力得到有效、有力规制,能够恪守法律规定的底线。通过开展法治教育,特别是从中小学就开设专门的法律常识课程,使民众自觉养成较高的法律意识。法治教育是国民素质教育的重要内容,是一位普通公民应当接受的基础教育。邓小平同志就明确提出加强法制重要的是要进行教育,根本问题是教育人,法制教育要从娃娃抓起,小学、中学都要进行这个教育。法治教育在当前不仅不受重视,而且在实践中并没有发挥其应有的作用。

近年来,我国高等教育办学规模扩大,专业门类也日趋齐全,但部分专业并不切合社会实际需要,导致所培养的学生不能适应社会。法治教育专业应属于法学与教育学之间的一个交叉专业,其主要是为中小学培养合格的中小学法治教育师资。高校开设该专业,是应对社会需要的。高校也有能力开设该专业,因为近年来我国法学教育发展非常快,不仅有专业性的政法院校,而且综合性院校、师范院校也开设了法学专业,这为我们开设法治教育专业积累了经验和准备了充足的师资队伍。同时,法治教育专业的学生有着很大的就业市场,各级各类学校都需要从事法治教育的专门师资,要满足其需要,还需高校加大该专业的开设规模。

(二) 法治教育专业宜定位为师范教育专业

法治教育专业虽然是法学专业与教育学专业之间一个混合性的专业,其开设的课程有许多是法学专业课程,但法治教育专业应当定位为师范教育专业而不是法学专业。其理由:其一,法治教育专业的

培养目标是为社会培养合格的中小学法治教育师资队伍，培养的学生将来所从事的职业也是教育教学职业；其二，法治教育专业所开设课程主要是：法学主干课程、教育教学的技能与方法、教师职业道德等，其与法学专业开设的课程是不同一的；其三，法治教育专业的学生必须要取得中小学教师资格证，才能上岗；其四，法治教育的硕士研究生专业是一种典型的应用硕士，应当属于教育硕士，而不是法律硕士。

（三）法治教育专业开设的具体措施

法治教育专业虽然是一个文科专业，其开设没有一个理工科专业的门槛高，但该专业的开设也必须具备基本的条件，否则就不能保证该专业培养人才适应中小学法治教育教学的需要和有效开展法治知识、法治理念的传播。开设该专业的学校应当具有较深的人文背景，人文素质教育搞得有声有色；有一支素质较高的法学教育师资队伍，不仅能够诠释法律法规，而且具有崇高的法治理念和法治信仰；开设法治教育专业的学校应当是有多年办学历史与经验或具有研究生办学资格。

法治教育专业主要是为中小学培养合格的法治教育师资的，因此，法治教育专业的办学层次应当为大专、本科、研究生三个层次。其中大专层次的教育应开设在师范高等专科学校或师范学院，其与法律事务专业相当，但考虑到目前我国大部分专科学校不具备开设该专业的条件，所以建议在具备条件的师范学院开设；法治教育专业本科是该专业办学的主体，应当在符合条件的本科院校开设，其培养的学生可以胜任小学、初中、高中阶段的法治教育教学；该专业研究生层次的教育宜在重点师范大学或政法大学开设，其主要为高中阶段或高等学校培养合格的法治教育师资。法治教育专业是一师范教育专业，因此开设该专业主要应由师范院校开设，并且并不是所有的师范院校都能开设该专业，开设该专业的师范院校应开设有法学专业、有较强的法学师资队伍和法学教学的丰富的经验和相关教学条件，如广东技术师范学院法学院在法学专业中开设师范教育方向，其为法治教育专业的开设积累了较丰富的经验。法治教育专业的开设绝不能像法学专业一样，采取全国遍地开花。对于部分专业性的政法院校也可考虑开设法治教育专业,其他院校则不宜开设该专业。

法治教育专业开设的课程除了外语、计算机等公共课程外,主要开设法学专业课程、教育学、心理学、教育教学技能与方法、教师职业道德等课程。而法学专业课程应当是主要专业课程,其包括宪法学、法理学、刑法学、民法学、诉讼法学、行政法学、经济法学、婚姻法学等课程,这些课程不能完全等同法学专业的课程,其课程门数少于法学专业的,且所开设的课程内容也与法学专业的专业课不同,只能选取其核心内容予以讲授。对法治教育专业学生开设法学课程有两个目的:让学生了解和掌握法学的基本理论知识与常用性法律法规的运用;使学生树立正确的法治理念、法治信念和法律价值观。正如1978年美国《法治教育法案》所规定:法治教育是一种培养非法律专业者掌握在法律、法律程序和法律体系等方面的知识与技能,以及赖以建立的基本原则和价值观的教育。法治教育专业是师范教育专业,因此其必须开设师范专业的相关课程,培养学生的教育教学技能与方法。同时也应开设教师职业伦理的课程,对学生进行师德师风教育。法治教育专业的学生应当在校期间参加全国教师资格证的统一考试,只有取得教师资格证的学生才能从事中小学的教育教学工作。

该专业学生在校期间主要学习法治基本知识和掌握常用法条的应用,毕业后其应当将在校所学习的内容应用于实际工作之中。该专业的毕业生的毕业去向主要是中小学的教育教学岗位,对学生进行法治理念、法律常识、权利意识等的教育,告知学生如何守法、崇律、尚权、用法等,使学生从小就养成信仰法律、呵护人权、关爱他人的良好品行,并学会用法治的方式解决具体的问题。该专业的毕业生还可以去普法教育机构从事普法宣传教育,为弘扬社会主义法治理念鼓与呼。该专业学生可以参加国家统一司法考试,如果取得资格证的,毕业后既可以参加两院的招考,成为法官、检察官,也可以担任律师、公证员、人民调解员等。

论“以学生为中心”的法律人才培养

李志春*

摘　要:世界本科教育教学理念转向“以学生为中心”,包括法学教育在内的高等教育的媒介转变和理论发展以及现阶段法学教育的“以教师为中心”的传统模式难以适应法律人才的培养需要等,要求我国法学教育、法律人才的培养从以“教”为中心向以“学”为中心转变,即从“教师将法学知识传授给学生”向“让学生自己去发现和创造法学知识”转变。为此,要从法学教育的教育教学理念转向、教育教学模式构建、实践教学体系探索和法学教育质量评估体系的完善等方面入手,真正落实“以学生为中心”的法律人才的培养。

关键词:以学生为中心　法律人才　法学教育　培养

社会需要什么样的法律人才,这是法学教育必须认真面对的问题;也是关乎高校“培养什么人”、“怎样培养人”的办学理念和21世纪中国法学教育向何处去的问题。目前,基本共识是:除少数学术人才外,我们培养的法科学生应是职业法律人,应能像法官、律师一样思考和行为。但当下中国的法学本科教育,除少数法学院实现了范式转换,“以学生为中心”,满足其职业能力发展需要,将学生作为职业法律

* 李志春,男,汉族,湖南隆回人,湖南师范大学法学院博士生,湖南财政经济学院讲师,主要从事国际法与网络法研究。

人加以培养外,“以教师为中心”的传统教学范式仍然牢固地占据我们法学专业的讲坛。其优点尽管不少,但弊端更为突出,长期以来,饱受诟病。放眼世界,“以学生为中心”是21 世纪凸显的大学主题,也已成为全球高等教育改革的方向。中国法学教育,作为世界高等教育的重要组成部分,实现范式的转变,“以学生为中心”,培养法律人才,不仅必要而且必须;否则,法学教育就可能脱离社会发展的需要,迷失正确的发展方向。

一、法律人才的培养为何要提倡“以学生为中心”

(一) 世界本科教育教学理念已转向“以学生为中心”

1952 年美国学者卡尔·罗杰斯提出了“以学生为中心”的本科教育理念,引发了高等教育的系列变革。联合国教科文组织在世界首届高等教育大会上指出:“在当今这个日新月异的世界,高等教育显然需要有以学生为中心的新的视角和新的模式”,并预言“以学生为中心”的新理念必将对21 世纪的整个世界高等教育产生深远的影响;其还认为教育应当围绕几大基本能力:学会求知、学会做事、学会共处、学会发展来进行。为此,世界各国纷纷进行了本科教育教学改革,将教育范式转向以学生为中心。例如,英国约克大学以学生为中心,构建了灵活多样实用的人才培养体系[1];美国伍斯特理工学院以学生为中心、以项目为驱动力、以结果为导向形成了创新的本科工程教育模式[2];而德国法律教育的最高原理,则不外乎职业的教育与人格的陶铸[3]。凡是当下实现了高等教育大众化的国家与地区,所面临的共同问题都是如何实现“以学生为中心”,让众多的大学生成为主动的学习者。

---

〔1〕 李进华、李方泽:《以学生为中心,构建灵活多样实用的人才培养体系——英国约克大学人才培养模式的启示》,载《外国教育研究》2010 年第 11 期。

〔2〕 李江霞:《以学生为中心、以项目为驱动力、以结果为导向——美国伍斯特理工学院本科工程教育模式创新及启示》,载《高等工程教育研究》2013 年第 3 期。

〔3〕 尹超:《法律职业教育的比较与探索——以美、德、日为例》,载《中国法学教育研究》2006 年第 2 期。

以美国为例,其近年高等教育研究项目的80%以上都是关涉学生的学习。1983年美国教育质量调查委员会发表了《国家处在危机中:教育改革势在必行》的报告,直接推动了"以学生为中心"教学模式的变革;随后,卡内基教育促进基金会主席博耶在著名的《美国大学教育:现状、经验、问题与对策》报告中认为:美国大多数教授热衷于采用讲授的方法,学生只是被动地接受教师传递的信息,这是美国大学教育最不可取的地方。随后,博耶推出的具有全球影响的"重建本科教学"系列报告,都强调"以学生为中心"的本科教育教学改革,最大限度地提高学生的智力及创造能力。

中国的本科教育,自改革开放以来总的趋势,就是实现从"以专业为中心"的教育向"以学生为中心"转变[1],其代表性改革,就是设立创新人才培养特区,如浙江大学的"竺可桢学院"、北京大学的"元培学院"、清华大学的"清华学堂"、中国科技大学的"少年班学院"等。这一教学改革的尝试,制度逻辑则可追溯到国外高等教育实施的"以学生为中心"的教育范式的转型。综上可见,"以学生为中心",提升学生的智识、能力与素质,已成为当下高等教育的必要发展趋势,中外概莫能外,中国法学教育也不可能例外。

(二)现阶段法学教育"以教师为中心"模式难以适应法律人才的培养需要

诚然,"以教师为中心"的填鸭式教学有不少的优点,如知识灌输可帮助学生多快好省地掌握法学知识体系及其重点难点,但亦存在诸多弊端,感触最深的是"学生眼睛不亮",对知识死板掌握,不会灵活运用。麦可思的一项调查表明,中国70%的学生认为教师讲课单调、师生间缺乏真正意义上的交流;同时,学生的到课率、听课率都比较低。首先,这种"在教学主体上,以教师为主;教学方法上,以讲授为主;教学内容上,以教材为主;教学场所上,以课堂为主;考查方式上,以考试为主"[2]的教学模式,违背了教育的本质,不仅歪曲地体现了教育的

---

〔1〕 周光礼、黄容霞:《教学改革如何制度化——"以学生为中心"的教育改革与创新人才培养特区在中国的兴起》,载《高等工程教育研究》2013年第5期。

〔2〕 陈新忠:《以学生为中心 深化本科教学改革》,中国高等教育2013年版,第50—51页。

个体社会化,也忽视了社会的个人化和学生的个体性;二是其违背了高等教育的根本目的,即要培养有创新精神、思维和能力的人,仅注重知识的培养,教师的权威,而忽视了学生参与,学生对知识的反思、质疑及创新思维、学习及实践能力等的培养。三是其“只见树木,不见森林”,违背了学生学习的主动性和主体性。教师处于教学的主导地位,学生被动学习,严重影响学生的学习积极性,制约了教学效果。在法律人才培养上,造成的后果是:中国的法学教育重理论,轻职业教育,特别是忽视司法伦理和职业技能训练。

“人是法律的本源”,而“法律的生命在于经验”。卓越法律人才培养要“以全面实施素质教育为主题”,“以培养应用型、复合型法律职业人才为目标”。但传统以教师中心的教学模式忽视或无力于学生创造性思维、视野、能力和素质的培养,无法实现这一目标。为解决这一矛盾,法学界提出了“以学生为中心”、“以学生和教师双主体为中心”以及徐显明教授的“以教师为本位,以学生为中心”等法学本科教育理念。[1] 尽管这些观点略有不同,但法学本科教育要“以学生为中心”则是基本共识。

(三) 高等教育的媒介转变和理论发展要求“以学生为中心”培养法律人才

理论指导实践,媒介(手段)决定了教学方式。之所以要提倡“以学生为中心”来开展法学教育,培养法律人才,其现实紧迫性在于高等教育的媒介、手段的变化和指导理论的新发展。

网络信息技术的发展对包括法学教育在内的整个高等教育都是一场革命,教和学的革命。首先是高等教育媒介的网络化使自主学习成为可能。不仅在传统的教学中出现了 PPT 教学、网络课堂、精品课程、视频公开课,同时,“翻转课堂”、“微课”和“慕课”(MOOC)等新方式也随着网络技术的发展而不断更新。这使包括法学在内的各专业的教学不再受时空的限制,学生可随时随地,依据自己的进度、兴趣和爱好,自主学习,可以听世界最顶尖法学名家的课,接受其指导,与其

---

〔1〕 曾赛刚、杨庆玲:《大学以学生为中心的教学策略与方法提出的背景,理论依据及意义——以法学本科教学为视角》,载《黑龙江省政法管理干部学院学报》2013 年第 3 期。

交流,探讨法学热难点问题。其次是网络信息革命破坏了原有教学范式的制度逻辑。在网络的开放性教育环境下,教师角色重在监督学生的学习过程和解学生学习之惑,让学生自由发展;而大学的角色从提供教学转向为学生自主发现和建构学问创造环境,使学生成为能够发现和解决问题的学者。[1] 另外,网络的交互性和基于用户需求的平台架构,也势必要求教学范式转为"以学生为中心"而无法保持原有的"以教师为中心"。

高等教育理论的发展,首先表现为人本思想和生本教育哲学理念的兴起,其核心就是教育要"以学生为中心"。人本思想在哲学上首先要求的就是要尊重人的尊严、价值和主体性。马克思说:"人是人的最高本质"。"以人为本"要求将人本身为最高价值,主张应善待一切人、爱一切人、把一切人都当做人来看待。教学中的"学"才是目的,"教"仅为手段。因此,生本教育就是一种主张学生为学习的主人,为学生好学、学好而设计的教育;其价值观是"一切为了学生"、伦理观是"尊重学生"、行为观则为"依靠学生"。[2] 即要"一切为了学生,高度尊重学生,全面依靠学生"来进行包括法学教育在内的现代教育。其次是"以学生为中心"的建构主义学习理论的兴起,其核心观点在于:尽管文化环境、教师传授等因素对学生的学习和发展有着重要影响,但仅为外因;应重视内因的作用,以学生为中心,强调学生对知识的主动探索、发现及其意义的主动建构。因为学生是信息加工的主体,是意义的主动建构者,而不是被动接受和被灌输的对象,每个学生都会将其原有的知识带入课堂,通过课堂经验互动,建构其自身的意义,从而实现"身躯、心智、情感、精神、心灵融为一体"的"完整人"(whole man)的培养。

二、何谓"以学生为中心"的法律人才培养

"以学生为中心"的法学教育和法律人才的培养,首先是一种法学

---

〔1〕 周光礼、黄容霞:《教学改革如何制度——"以学生为中心"的教育改革与创新人才培养特区在中国的兴起化》,载《高等工程教育研究》2013 年第 5 期。

〔2〕 沈虹:《以学生为本教育理念浅探》,载《文学教育》2012 年第 1 期。

教育新理念、教学新范式。川岛武宜说过,近代法意识的最根本的基础因素是主体性的意识。"以学生为中心",实质是要实现法学人才培养从以"教"为中心向以"学"为中心转变,即从"教师将法学知识传授给学生"向"让学生自己去发现和创造法学知识"转变,真正关心学生的所学,如何学及学到了什么。[1] 这是一种主体性意识的转变;要求法学教育要实现教学观念、方法,教学评价手段,管理与服务理念等的转变。一是要以学生的发展为中心。因为教育的根本就是人的发展;其目的在于通过引导人的成才、成才,促进人的发展。这重点在于如何根据人的发展规律的持续性与阶段性,适应学生的心理发展水平与状态。二是要以学生学习为中心。因为教育教学的归属都在于"学";而学习是一个自主建构、相互作用及不断生长的递进过程,因此,法学教育既要满足学生的学习需求,同时也要遵守学习规律,以学习促发展,以发展促学习。三是要以学生的学习效果为中心。教育教学也有着其自身的规律性,这要求在法学教学中,一方面教师要针对学生的个性和差异化,因人因时因地施教;另一方面要重视学生的学习效果,将其作为教学设计和教学评估的依据。"以学生为中心"的法学教育教学模式的核心在于:在教学过程中通过"激励学生,提出问题——我想学;诱导学生,确立目标——我要学;师生互动,探究过程——我会学;教师帮助,主动建构——我能学"的循序渐进引导方式最终达到培养学生自我学习、自我实践、自我提高的育人目的。[2]

"以学生为中心"的"学"是一种学生自我责任、自主学习和学生在教师的指导下的研究性学习。其更加重视学生学习的权利,强调其主动学习、自主参与和自我选择,包括学习内容、学习方式、教师等的选择;而不是将学习视为一种任务或者负担而压力山大。同时,"以学生为中心"的学,并非零起点的学,其主要是进行更高层次(即分析、评价和创新)思考的研究性学习。其中,教师的作用是指导性的,主要是学生环境的设计者;其要通过创设高效的学习环境,引导学生自我发现,自主建构知识,重点在于学生自主学习过程的监控,学习产出、效

---

〔1〕 刘献君:《论"以学生为中心"》,载《高等教育研究》2012 年第 8 期。

〔2〕 兰红、李淑芝:《基于"以学生为中心"理念的信息类专业教学模式构建与实施》,载《江西理工大学学报》2010 年第 31 期。

果的评测。同时,大学不再是教学提供机构,其使命是产生学习,而非提供和管理教学,重点在于如何理解学生的需求,提供团队合作和共同治理,支持学生成才和成功;就法学教育言,其以培养全面发展的“法律人”作为根本使命,因此应遵从和坚守“一切为了法学院学生的成长,一切从法学院学生的实际出发,一切都让法学院学生自主选择、为法学院学生的发展提供一个宽松的环境和宽广的学术空间”的理念。[1]

值得警惕的是,“以学生为中心”,培养法律人才,并非要抬高学生的主体地位,否定法学教师的主导地位和否定传统讲授法的作用。相反,“以学生为中心”的教学,要求更高、难度和工作量更大,更需要发挥教师的主导作用。一方面要求教师帮助学生跳出自我,从更高的高度看自己,进行自主建构;另一方面要求教师更具有爱心,更注重教学的艺术性,去发现、欣赏和雕琢每一个学生;不仅要求其精心选择教育资源、给学生导好学;也要求其激活知识,激发学生的学习兴趣;更要求其多措并举,促进学生思考,调动学习的积极性。就教法而言,“以学生为中心”不是一种特定教学的方法,其可以融多种教法于一体,关键是看是否有利于学生的自主学习,有利于学生自主发现和建构知识,有利于问题的解决和学习效果。讲授法仍可以是其中的主要教法,关键看教师是否注意问题导向或以问题为中心,是否能激发学生自主学习的热情和适合学生的需要。最后,还应注意“以学生为中心”,并非教育主体的学生独挡或过于高看学生的主体地位。在教学中,教师和学生都是主体,教师是教的主体,学生是学习的主体,无高低之分,二者同等重要,目的都是培养学生,为了学生的学习、发展和成才。因此,需要将二者有机结合,不能抬高一方,贬低或边缘化另一方主体。

三、法律人才的培养如何“以学生为中心”

“言之易,行之难。”如何实现法律人才培养“以学生为中心”,是

---

〔1〕 徐冬根:《以学生为中心,培养创新性法律人》,载 http://news. sjtu. edu. cn/info/1006/134438. htm, 2013-03-15/2015-05-10.

问题的关键所在。对此,可谓众说纷纭,见仁见智。笔者认为,由于其涉及教育教学范式的转换,因此必须全面、整体、协同推进;除推行高校、政府和社会三位一体,开展包括政府政策引导和改进、教师评聘和高校治理等配套管理制度转变、学生学习指导支持系统开发、基于法律实务流程的教材体系建设及建设"以学生为中心"的优质校园文化等在内的,"以学生为中心"的法学本科教育教学改革外,还应做好如下工作:

(一) 树立"以学生为中心"的法学教育教学理念

法律人才培养实现"以学生为中心",是对法律教育本质的崭新认识,既是法学教育人本化的回归,也是对法学教育思想、观念的变革,即以"教"为中心向以"学"为中心的大胆转换。目前,我国各高校法学院的大多数领导、教师和管理人员等都是传统的"以教师为中心"的教育下培养和成才起来的,以"教"为中心的思想可谓根深蒂固。因此,首先要进行一次法学教育教学思想洗礼,将教育教学的理念转到"以学生为中心"上来;充分认识到法学教育仅向法律学子提供学习服务,而学生通过接受学习服务,加上自身的理解、消化,构建自身知识,进而实现自身及社会的需要。这要求我们教师必须深入了解所授学生,了解其现有的法律知识层次、结构及能力;了解学生需要什么样的法律知识、以什么样的方式获得法律知识,及以什么样的手段来检验和巩固所学的法律知识,从而达到学有所成、成有所用。高校或者说法学院各部门,包括校院二级,教务和学生工作部门等,要树立"学生就是大学","以学生为中心"的理念,应协同考虑:若把学生学习放在首位,将如何做事,如何服务,如何制定相应制度和政策,如何提供学生学习学术氛围和校园环境;将如何转管理为服务,如何将学生事务和学术事务、学生辅导和学术指导相结合等。一句话,应转变理念,以"父母之心"对待学生,从有利于、服务于学生学习、学生发展的思路下顶层设计并开展工作。

(二) 探索"以学生为中心"的法学教育教学模式

在法学专业课程体系上,要着眼于学生的全面发展,注重学生的创造、创新能力以及自主学习能力的培养,建立以满足学生学习需要为目的的课程结构,建构以学生发展为导向的结构优化的课程体系。要根据法科学生的学习状况、需要以及法律专业职业性和实用性强的特点,重视实践性课程、个性化课程和批判性思维课程的开设;着力创新课程建设,为学生搭配"课程营养套餐"。例如,聘请和倡导知名法学教授为新生开设研讨课,进行专业教育,激发学生专业兴趣和学习动力。同时,在课程设置上,既要强化通识课、法学专业基础课与专业必修课的融通性、整体性与系统性,也要增加法学专业选修课的弹性与选择性。

在教学方法上,要实现由"讲授"向"指/引导"的转变。心理学家皮亚杰说:"教师的任务应该是一个良好的引导者,激起学生的首创性和探索性。""以学生为中心"开展法学教育,不论采用何种教法,教师都应根据学生的学习状况,着力于教会学生学会学习和自主学习,要激活学生的情感,唤起学生内驱力,启动学生的自主意识和内在潜能,使学生自觉地置身于教学情境中,提高学习积极性,并坚持始终。[1]例如,教师可运用罗杰斯的非指导性教学法,通过创设环境、学生探讨、教师引导的方式指导学生自己去积极主动地获取知识[2];也可具体运用如分组课堂自行讲授、讨论或辩论,协作式学习,阅读经典文献和学生作报告,团体项目,学生作业互评,回顾思索类写作,体验式学习,实地或田野调查等方法来启发学生思维,培养持续学习的能力[3]。法学教师更要根据法学专业的培养目标,紧密结合社会的需求,采取包括案例教学、专题讲解、诊所教学等法律教学方式,灵活结合参与式、研究式、辩论式等多种方法,强化法学学生的法律分析、推理、写作和操作能力的培训。

在教学内容上,既要允许法学教师教学内容的个性化,也要注重从"教材"向"新知"的转变。一是要根据最新法律规定,不断更新和深化教学内容,增加专题化、案例化、即时性的专业知识。专业基础课

---

〔1〕 顾微微:《法学教学中"主导·主体"教学模式初探》,载《经济与社会发展》2007年第5期。

〔2〕 陈新忠、李忠云、胡瑞:《"以学生为中心"的本科教育实践误区及引导原则》,载《中国高教研究》2012年第11期。

〔3〕 刘献君:《论"以学生为中心"》,载《高等教育研究》2012年第8期。

教学,要注重将经典的、最有价值的法律基础知识和最新基础理论,系统地传授给学生;专业必修课和选修课的教学,要打破教材固有体系,结合最新规定和前沿知识,以业务流程和问题为导向,尽可能分专题进行。二是在教学设计上,要坚持以"学生为中心",以法律职业为导向,以法律事实为进路,通过案例导入、问题或案例情景设计,引导学生自我发现,自主建构,让学生能灵活地往返于法律规范与事实之间,自主学习、自我发展。

在学生考核上,要改革考试方式、方法。一是要减少闭卷和死记硬背知识的考试,增加法律案例分析等灵活性内容和方式的考试比重,鼓励学生进行自己独立的思考和分析。二是考试可不设标准答案,同时对要用到的法律法规允许学生开卷查阅。三是学业考核可采取考查、提交课程论文、调查报告、学习心得和撰写法律文书等多种形式进行,注重实践知识和技能的考核。

在师资上,要加强对法学教师,特别是新进教师科技整合的教学及主动、探究式的培训。一方面要使法学教师熟练掌握如何开设研讨课、如何实践基于问题的教学、如何开创高峰体验教学,能灵活运用这种"以学生为中心",学生在教师指导下,通过以"自主、探究、合作"为特征的学习方式,对教学中的主要知识点进行自主学习、深入研究并进行小组合作交流,从而实现学习目标的教学模式。[1] 另一方面要求法学专业教师密切关注法律的立、改、废,及时更新自身的专业知识;同时积极与法律实务部门保持密切联系,及时掌握社会所需法律人才的最新标准,以便教给学生最新的、所需和有用的知识。另外,法学教师要注重境界的培养,努力使自身具备"法学家的风采、演讲家的雄辩、教育家的胸怀和政治家的气概"[2],以满足学生全面发展的需求。

(三) 创新"以学生为中心"的法学实践教学体系

法学实践教学是培养法科学生实践能力的重要方式。目前,饱受

---

〔1〕 邹琴:《20世纪80年代以来美国"以学生为中心"本科教学改革研究》,湖南师范大学2014年版,第49—50页。

〔2〕 李龙、廖奕:《人本法学教育观论要——高境界法律人才培养目标模式》,载《中国法学》2005年第2期。

用人单位诟病的法科学生实践能力不强问题,追根溯源之一在于:我国法学实践教学体系不合理,不管是实践案例教学法、模拟法庭教学、法律诊所教育、还是法学专业实习等都未能很好考虑法律职业现状、趋势及学生实际需要;未"以学生为中心",而是以教师为本位,闭门造车或言必称欧美。因此,要坚持"以学生为中心",推进法学实践教学的体系创新。一是实践性案例教学,要根据教学对象、目的及课程性质的不同,科学选取教学案例,既要通过头脑风暴,启迪思维,又要充分发挥学生的主体性作用,让其真正理解案例并积极参与到案例的讨论中,而不是将案例教学法简化为讲授程中穿插案例分析的举例法。二是模拟法庭教学要假戏真做,让学生唱主角,让学生在教师的指导下充分自主,激发其在角色模拟及模拟审理中的积极性、主动性。三是法学专业实习要摒弃"放羊式实习",从学生实际出发,采指导老师人盯人式的精准式指导,因材施教,既灵活多样、又保证质量。四是法学实践教学课程体系可以模拟法庭教学为主导,辅以实践案例分析、社区法律咨询与援助、法律诊所、法律运作田野调查、律师实务课、各类讲座与研讨、典型案例研讨、热点问题聚焦程等,以在开放式的教学中培养学生的非诉法律职业能力,不断提升学生的社会适应和创新能力。[1]

(四)建构"以学生为中心"的法学教育质量评估体系

首先,应树立"以学生为中心"的评估理念。目前,中国包括法学专业在内的本科教育教学质量评估,多数是以声誉观、资源观和产出观等质量观为理论依据,过于重视大学的办学条件、学术水平、科研成果或毕业生成就等教育的外部因素,忽视了教育教学实践过程和学生学习结果等核心问题;忽视了学生的学习发展才是高等教育质量的唯一载体。因此,要将评估理念从以教育教学的外部因素为主的资源声誉观转向以教育过程和结果为重点的学生学习发展观,"以学生为中心",重视学生的学习过程、资源利用程度、学习经验以及学习效果。其次,评估主体要变政府评估占主导地位为评估主体多元,以便从不

〔1〕 白平则:《我国高校法学专业实践教学体系创新研究——以学生为本位的反思》,载《吕梁学院学报》2014年第4期。

同的角度评价学生的学习效果。这一是要建立多元化非官方的法学教育评估机构,将政府的评估职能转变为引导与监控;同时,也要将高校的自我评估和学生对教育质量的评估纳入评估体系。另外,要运用科学的信息管理系统对法学教学质量进行定性与定量分析,开展法科学生的学习投入性调查,通过测量教学过程中学生学习投入度多少来反映教学质量高低;指标可分为:学生学业挑战度;主动合作水平;师生互动频度;教育经历的丰富度;校园环境的支持度等。[1]

---

〔1〕 白逸仙:《走向"以学生为中心"的评估模式——以中国〈本科教学质量报告〉与美国 NSSE 为比较对象》,载《中国高教研究》2014 年第 11 期。

长沙学院政法系简介

长沙学院（长沙大学）是湖南省较早开办法学高等教育的院校之一，其前身原长沙大学于1983年创办政法系。尔后虽几经调整，但仍薪火相传。2014年7月，长沙学院（长沙大学）重设政法系。

政法系法学学科现有法学理论（交叉法学）、法律史、宪法学与行政法学、刑法学、民商法学（知识产权法学）、诉讼法学、经济法学（财税法学、劳动法学与社会保障法学）、环境与资源保护法学、国际法学（国际公法学、国际私法学、国际经济法学）九个二级学科组，学科组设置涵盖除军事法学之外所有的法学二级学科。同时，政法系设有法学研究所，理论法学、部门法学、知识产权教研室，法律教育资料中心、立法实验室、司法实验室（模拟法庭）、法学教育技术实验室等教学科研和实践教学机构。

经过三十多年的发展，政法系形成了一支老、中、青相结合，以高学历、高职称、优秀中青年教师为主的教学科研团队，目前，拥有教授9人，副教授9人，讲师10人。其中，有1名教师入选2014年国家百千万人才工程，被授予"有突出贡献中青年专家"荣誉称号，是湖南省政治学学科研究领域首批入选教育部"新世纪优秀人才支持计划"专家人选和省级重点学科政治学科学术带头人；并且担任教育部高等学校政治学类专业教学指导委员会副主任委员和教育部高等学校中学教师培养教学指导委员会委员，系湖南省青年社会科学研究"百人工程"培育对象、湖南省"新世纪121人才工程"第二层次专家人选、湖南省高校学科带头人和第十一届全国青联委员。另有4名教师系湖南省青年骨干教师,1 名教师系湖南省青年岗位能手,1 名教师系湖南省普通高校青年教师教学能手。

政法系在法律课程建设方面特色鲜明。政法系法律课程建设团队与国家税务总局税科所、政策法规司以及上海交通大学、中南财经政法大学等单位专家合作编写的高等教育出版社专业课程教材《税法》在税法教育和实务界有着广泛的影响。政法系法律课程建设团队与武汉大学、厦门大学、上海交通大学等高校有关专家合作编写的高等教育出版社核心课程教材《经济法律通论》已在全国十一个省市自治区的普通高校教学中使用;该课程慕课(MOOCs)建设已取得了阶段性的成果,在湖南省首届微课大赛中,该慕课团队获得了法学类唯一的优秀团队奖以及若干个人奖项。

政法系在教学科研方面取得了较为突出的成绩。有 1 名教师先后主持国家社科基金课题 3 项(含重点项目 1 项)和霍英东教育基金会第九届高等院校青年教师基金课题等重大科研项目,曾获国家级教学成果二等奖 1 项,省级教学成果一等奖 2 项。另外,近年来政法系教学科研团队共计出版专著 7 部,在《法学》等 CSSCI 期刊发表论文 30 余篇,主持教育部人文社会科学科研课题 4 项,司法部科研课题 1 项,省级和市厅级科研项目 22 项,获湖南省第 17 届优秀社会科学学术著作出版资助项目 2 项;主持国家教育科学规划课题 1 项,湖南省"十二五教育规划课题" 3 项,省级教研教改课题 1 项。

政法系积极培养适应经济社会需求的复合型法律人才,注重学生综合素质的锻炼,不断提高学生的创新创业能力和实践能力。近几年,政法系积极与湖南省人民检察院、长沙市人民检察院、湖南省高级人民法院、长沙市中级人民法院,特别是长沙市开福区人民法院、长沙市岳麓区人民法院以及各类律师事务所等实务部门合作,先后建立多个教学实习基地,聘请了一批资深法律实务界人士参与课堂教学、指导学生毕业论文、毕业实习。近年来,政法系学生先后获得湖南省首届大学生模拟法庭竞赛二等奖 1 项,湖南省高校知识产权抢答赛决赛一等奖 1 项、二等奖 1 项、三等奖 2 项,国家实用新型专利 2 项,另有 10 多篇论文在省级以上专业刊物上发表。政法系学生通过司法考试人数常年稳定在 40% 左右。在湖南省公务员考试、湖南省"两院"招考中总计有十多名学生脱颖而出。政法系毕业生社会认同度较高，一次性就业率常年保持在90%左右。

"乘风破浪会有时，直挂云帆济沧海"，长沙学院(长沙大学)政法系正锐意创新，积极进取，朝着"法律课程建设国内有影响，法学教育研究省内有特色，复合人才培养社会有口碑"的战略目标奋勇前进。

政法系法学学科教学科研团队

(学科组内人员按姓氏笔画排列)

法学理论(交叉法学)组

杨小云　谷建春　胡石明　梁耀东　蒋云贵　彭慰慰　喻磊

法律史组

周执前　戴开柱

宪法学与行政法学组

蒋伟龙　韩敬

刑法学组

孙喜峰　宋玲

民商法学(知识产权法学)组

王超海　龙龙　杨志祥

诉讼法学组

刘福泉　龚喜

经济法学(财税法学、劳动法与社会保障法)组

邓中华　佘艺颖　张辉柳　湘喻雷

环境与资源保护法学组

唐珍妮　聂毅　裴昊铭

国际法学(国际公法学、国际私法学、国际经济法学)组

刘琼瑶　陈立彦　周欣　祝磊